NO CAFÉ EXISTENCIALISTA

Sarah Bakewell

No café existencialista
O retrato da época em que a filosofia, a sensualidade e a rebeldia andavam juntas

TRADUÇÃO
Denise Bottman

2ª reimpressão

Copyright © 2016 by Sarah Bakewell

Grafia atualizada segundo o Acordo Ortográfico da Língua Portuguesa de 1990, que entrou em vigor no Brasil em 2009.

Título original
At the Existentialist Café: Freedom, Being and Apricot Cocktails

Capa
© Simone Massoni

Preparação
Diogo Henriques

Índice remissivo
Probo Poletti

Revisão
Jane Pessoa
Angela das Neves

Dados Internacionais de Catalogação na Publicação (CIP)
(Câmara Brasileira do Livro, SP, Brasil)

Bakewell, Sarah
   No café existencialista: O retrato da época em que a filosofia, a sensualidade e a rebeldia andavam juntas / Sarah Bakewell; tradução Denise Bottman. — 1ª ed. — Rio de Janeiro: Objetiva, 2017.

   Título original: At the Existentialist Café.
   Bibliografia.
   ISBN: 978-85-470-0040-0

   1. Existencialismo 2. Existencialismo — História 3. Filósofos — Biografia I. Título.

17-03482   CDD-142.78

Índice para catálogo sistemático:
1. Existencialismo : Filosofia   142.78

[2022]
Todos os direitos desta edição reservados à
EDITORA SCHWARCZ S.A.
Praça Floriano, 19, sala 3001 — Cinelândia
20031-050 — Rio de Janeiro — RJ
Telefone: (21) 3993-7510
www.companhiadasletras.com.br
www.blogdacompanhia.com.br
facebook.com/editoraobjetiva
instagram.com/editora_objetiva
twitter.com/edobjetiva

Para Jane e Ray

Sumário

1. Oh, que horror, o existencialismo!...9
2. Às coisas mesmas 41
3. O mago de Messkirch 55
4. O eles, o chamado 78
5. Mastigar amendoeiras em flor 101
6. Não quero comer meus manuscritos 123
7. Ocupação, Libertação... 138
8. Devastação..174
9. Estudos ao vivo 205
10. O filósofo dançarino 224
11. *Croisés comme ça* 237
12. Os olhos dos desfavorecidos 264
13. Tendo provado uma vez a fenomenologia 291
14. A imponderável exuberância 308

Agradecimentos 319
Lista de personagens 321
Notas 327
Bibliografia selecionada 385
Créditos das imagens 401
Índice remissivo 403

1
Oh, que horror, o existencialismo!

Em que três pessoas tomam coquetéis de damasco, outras ficam acordadas até tarde conversando sobre a liberdade e outras ainda mudam de vida. Nós também queremos saber o que é o existencialismo.

Diz-se às vezes que o existencialismo é mais um estado de espírito que uma filosofia, e que pode ser rastreado até os romancistas atormentados do século XIX; antes deles, até Blaise Pascal, que se sentia aterrorizado diante do silêncio dos espaços infinitos; antes dele, até santo Agostinho, o escrutinador da alma; antes dele, até o Antigo Testamento, com o cansaço de Eclesiastes e a contestação de Jó, que ousou questionar a peça que Deus lhe pregava e só se calou perante intimidações. Pode ser rastreado, em suma, até qualquer um que tenha alguma vez sentido insatisfação, revolta ou desgosto com alguma coisa.[1]

Mas pode-se fazer o caminho inverso e situar o nascimento do existencialismo moderno na virada de 1932 para 1933, quando três jovens filósofos estavam sentados no Bec-de-Gaz, um bar na Rue du Montparnasse, em Paris, pondo as novidades em dia e tomando coquetéis de damasco, a especialidade da casa.[2]

Dos três ali presentes, quem depois contou a história com mais detalhes foi Simone de Beauvoir, que então estava perto dos 25 anos e gostava de observar detidamente o mundo com seus elegantes olhos velados. Estava com o namorado Jean-Paul Sartre, de 27, ombros caídos, boca de peixe, pele áspera e irregular, orelhas de abano e olhos que apontavam para dois lados diferentes, pois o olho direito quase cego puxava para fora, com forte estrabismo ou exotropia. O incauto podia ficar desnorteado ao falar com ele, mas, se se concentrasse no olho esquerdo, veria que o fitava atento e cordial: o olho de um homem interessado em tudo o que a pessoa tinha a dizer.

Agora Sartre e Beauvoir estavam sem dúvida interessados, pois a terceira pessoa à mesa tinha novidades para lhes contar. Era o velho amigo de escola de Sartre, o afável Raymond Aron, colega de curso na École Normale Supérieure. Como os outros dois, Aron estava em Paris para as férias de inverno. Mas, enquanto Sartre e Beauvoir davam aulas na província — Sartre em Le Havre, Beauvoir em Rouen —, Aron estivera estudando em Berlim. Agora comentava com os amigos sobre uma filosofia que havia conhecido por lá, com o nome meio complicado de fenomenologia — palavra comprida, mas com um equilíbrio elegante, que rende sozinha um verso inteiro de trímetro jâmbico, tanto em francês quanto em inglês.

O que Aron estava dizendo podia ser algo mais ou menos assim: os filósofos tradicionais costumavam começar por teorias ou axiomas abstratos, mas os fenomenólogos alemães iam direto à vida como a viviam a cada momento. Deixavam de lado quase tudo o que vinha alimentando a filosofia desde Platão: enigmas sobre a realidade das coisas ou sobre a possibilidade de conhecermos com certeza alguma coisa sobre elas. Esses fenomenólogos alemães, em vez disso, ressaltavam que qualquer filósofo que faça tais perguntas *já* está inserido num mundo cheio de coisas — ou, pelo menos, cheio de aparências de coisas ou "fenômenos" (da palavra grega que significa "coisas que aparecem"). Então por que não se concentrar nesse encontro com os fenômenos e ignorar o resto? Não é necessário abandonar para sempre os velhos enigmas, mas eles podem ser postos entre parênteses, por assim dizer, para que os filósofos possam lidar com assuntos mais terrenos.

O principal pensador dos fenomenólogos, Edmund Husserl, formulou o grande lema: "Voltar às coisas mesmas!".[3] Significava: não perca tempo com as interpretações que vão se somando às coisas e, principalmente, não perca tempo perguntando se as coisas são reais. Apenas olhe para *isso* que se apresenta a você e descreva esse *isso*, seja o que for, com a máxima precisão possível. Outro fenomenólogo, Martin Heidegger, acrescentou mais uma volta. Ao longo de toda a história, os filósofos ficaram perdendo tempo com questões secundárias, dizia ele, esquecendo-se de responder à mais importante, a questão do Ser. O que é ser, para uma coisa? O que significa dizer que você é? Heidegger argumentava que, enquanto não respondermos a essa pergunta, nunca chegaremos a lugar nenhum. E recomendava o método fenomenológico: desconsidere o acúmulo intelectual; preste atenção nas coisas e deixe que elas se revelem a você.

"Pois veja, *mon petit camarade*", Aron disse a Sartre — "meu camaradinha", como o chamava afetuosamente desde os tempos de escola —, "se você é um fenomenólogo, pode falar sobre esse coquetel e fazer filosofia a partir dele!"

Segundo o que escreveu Beauvoir, Sartre ficou pálido ao ouvir isso. Ela criou um efeito mais dramático sugerindo que nunca tinham ouvido falar em fenomenologia. Na verdade, ambos haviam tentado ler um pouco de Heidegger. Saíra uma tradução de sua conferência, "O que é a metafísica?", no mesmo número da revista *Bifur* em que fora publicado um dos primeiros ensaios de Sartre, em 1931. Mas, acrescentou Beauvoir, "como não conseguimos entender uma palavra, não percebemos seu interesse".[4] *Agora* percebiam seu interesse: era uma maneira de filosofar que reconectava a filosofia com a experiência normal, vivida.

Estavam mais do que prontos para esse novo início. Na escola e na universidade, Sartre, Beauvoir e Aron haviam passado pelo austero programa de ensino francês de filosofia, dominado por problemas do conhecimento e pela reinterpretação interminável das obras de Immanuel Kant. As questões epistemológicas iam se abrindo uma a partir da outra, como num caleidoscópio em movimento, sempre voltando ao mesmo ponto: penso que sei algo, mas como posso *saber* que sei o que sei? Era difícil, mas inútil, e os três estudantes — apesar das ótimas notas nos exames — se sentiam insatisfeitos, em especial Sartre. Depois da graduação, ele deu a entender que estava incubando uma nova "filosofia destrutiva", mas não explicou que forma teria, pela simples razão de que ele mesmo não fazia muita ideia.⁵ Não avançara muito além de um espírito geral de rebelião. Agora era como se alguém tivesse passado à sua frente. Se Sartre empalideceu à notícia de Aron sobre a fenomenologia, provavelmente foi não só por entusiasmo, mas também por ressentimento.

Seja como for, ele nunca esqueceu aquele momento e, passados mais de quarenta anos, comentou numa entrevista: "Posso lhe dizer que aquilo me derrubou".⁶ Aí estava, finalmente, uma filosofia real. Segundo Beauvoir, ele foi correndo até a livraria mais próxima e falou: "Me dê tudo o que você tiver sobre fenomenologia, já!". O que o livreiro trouxe foi um pequeno volume de Emmanuel Levinas, que estudava Husserl, *La Théorie de l'intuition dans la phénoménologie de Husserl* ou *A teoria da intuição na fenomenologia de Husserl*. Naquela época, os livros ainda vinham com as páginas sem cortar. Sartre rasgou as beiradas do livro de Levinas sem nem esperar um estilete para abri-las e começou a ler andando pela rua. Parecia Keats ao se deparar com a tradução de Homero feita por Chapman:

> *Eu era como um observador do firmamento*
> *Quando um novo planeta vem ao campo de visão,*
> *Ou como o valoroso Cortez com olhar percuciente*
> *Fitava o Pacífico — e em delirante suposição*
> *Seus homens se entreolhavam mutuamente —*
> *Em silêncio, numa montanha em Darião.*⁷

O olhar de Sartre não era percuciente e ele nunca foi bom em manter silêncio, mas suposições certamente não lhe faltavam. Aron, notando seu entusiasmo, sugeriu-lhe que fosse a Berlim no outono seguinte, para estudar no Instituto Francês de lá, como ele mesmo fizera. Sartre poderia estudar alemão, ler as obras dos fenomenólogos no original e absorver de perto suas energias filosóficas.

Tendo os nazistas acabado de chegar ao poder, o ano de 1933 não era o mais propício para se estabelecer na Alemanha. Mas, para Sartre, era uma boa hora para mudar o rumo na vida. Ele estava entediado com o fato de dar aulas, com o que aprendera na universidade e por ainda não ter se tornado o autor genial que, desde a infância, esperava vir a ser. Para escrever o que queria — romances, ensaios, tudo —, ele sabia que antes precisava ter Aventuras. Entre suas fantasias, já pensara em trabalhar com os estivadores em Constantinopla, em meditar com os monges no monte Atos, em se esgueirar pelas ruas com os párias na Índia, em enfrentar tempestades com os pescadores nas costas do Labrador.[8] Por ora, o simples fato de não estar dando aulas em Le Havre já era uma aventura.

Sartre tomou as providências necessárias, o verão terminou, e lá foi ele estudar em Berlim. Quando voltou, ao cabo de um ano, trouxe uma nova mistura: os métodos da fenomenologia alemã, aos quais juntou ideias anteriores do filósofo dinamarquês Søren Kierkegaard e o tempero tipicamente francês de sua sensibilidade literária própria. Aplicou a fenomenologia à vida das pessoas de uma maneira pessoal e mais empolgante do que jamais seus inventores sequer imaginaram fazer, e assim se tornou o criador de uma filosofia que teve impacto internacional, mas mantendo o sabor parisiense: o existencialismo moderno.

O genial da invenção de Sartre foi que ele realmente converteu a fenomenologia numa filosofia de coquetéis de damasco — e dos garçons que os serviam. E também numa filosofia sobre a expectativa, o cansaço, a apreensão, o entusiasmo, um passeio pelas montanhas, a paixão por uma mulher desejada, a aversão por uma mulher indesejada, os jardins parisienses, o mar gelado de outono em Le Havre, a sensação de estar sentado no forro de um sofá muito estofado, a maneira como os seios de uma mulher se espraiam quando está deitada de costas, a emoção de uma luta de boxe, de um filme, de uma canção de jazz, a rápida visão de dois desconhecidos se encontrando à luz de um poste na rua.

Enquanto os filósofos anteriores escreviam com proposições e argumentos cuidadosamente elaborados, Sartre escrevia como romancista — o que não é de se admirar, pois de fato era romancista. Em seus romances, contos e peças, tal como nos ensaios filosóficos, ele discorria sobre as sensações físicas do mundo e as estruturas e os estados de espírito da vida humana. E, acima de tudo, sobre um grande tema: o que significava ser livre.

A liberdade, para ele, estava no cerne de toda a experiência humana, e era isso que diferenciava os seres humanos de todas as outras espécies de objetos. As outras coisas simplesmente ficam no lugar, esperando ser puxadas ou empurradas. Mesmo os animais não humanos seguem basicamente os instintos e comportamentos que caracterizam sua espécie, segundo Sartre. Mas, como ser humano, não tenho nenhuma natureza previamente definida. Crio essa natureza conforme escolho o que fazer. Claro que posso ter a influência de minha biologia ou de aspectos de minha cultura e formação pessoal, mas nada disso forma um esquema completo que produzirá o que sou. Estou sempre um passo adiante de mim mesmo, criando-me à medida que prossigo.

Sartre formulou esse princípio num lema de cinco palavras que, para ele, definia o existencialismo: "A existência precede a essência".[9] O que essa fórmula ganha em brevidade perde em inteligibilidade. Mas significa aproximadamente que, encontrando-me eu lançada no mundo, vou criar minha própria definição (ou natureza, ou essência) de uma maneira que jamais ocorre com outros objetos ou formas de vida. Você pode achar que me define com algum rótulo, mas é engano seu, pois sou sempre uma obra em andamento. Crio constantemente a mim mesma pela ação, e isso é tão fundamental para minha condição humana que, para Sartre, é *esta* a própria condição humana, desde o primeiro instante de consciência até o momento em que a morte anula tudo. Sou minha liberdade: nem mais nem menos.

Era uma ideia fascinante e, depois que Sartre acabou de elaborá-la — isto é, nos anos finais da Segunda Guerra Mundial —, ela o transformou numa celebridade. Era festejado, cortejado como guru, entrevistado, fotografado, solicitado a escrever artigos e prefácios, convidado para comitês, transmitido em programas de rádio. Pediam-lhe constantemente para se pronunciar sobre temas fora de sua área, mas ele nunca se intimidava. Simone de Beauvoir também escrevia obras literárias, transmissões radiofônicas, diários, ensaios e tratados filosóficos — tudo unificado por uma filosofia muitas vezes próxima à de Sartre, embora tenha elaborado grande parte dela independentemente dele, e com outra ênfase. Os dois saíam juntos em turnês de conferências e livros, às vezes, no centro dos debates, ocupando cadeiras que mais pareciam tronos, como condizia com o rei e a rainha do existencialismo.[10]

A primeira vez que Sartre percebeu que se tornara uma celebridade foi em 28 de outubro de 1945, ao dar uma palestra pública para o Club Maintenant ("Clube Agora"), na Salle des Centraux em Paris. Ele e os organizadores subestimaram o número de pessoas que iria aparecer para a palestra. Os bilhetes se esgotaram; muita gente entrou de graça porque não conseguiu chegar ao balcão de ingressos. No aperto, algumas cadeiras foram danificadas e alguns presentes desmaiaram no calor implacável. Como disse a chamada de uma foto na revista *Time*: "Filósofo Sartre. Mulheres desmaiam".[11]

A palestra foi um grande sucesso. Naquela multidão, devia ser difícil enxergar Sartre com seu metro e meio de altura, mas ele fez uma apresentação empolgante de suas ideias, que depois se converteu em livro, *L'Existentialisme est un humanisme*, traduzido como *O existencialismo é um humanismo* e, em inglês, como *Existentialism and Humanism*. O ponto alto da palestra e do livro era um caso que soava muito familiar a um público recém-saído da experiência da Ocupação nazista e da Libertação. O episódio resume o impacto e a atração de sua filosofia.

Um dia, durante a Ocupação, disse Sartre, um ex-aluno o procurou para pedir conselho. O irmão do rapaz fora morto em combate em 1940, antes da rendição francesa; depois seu pai se tornara colaborador e abandonara a família. O rapaz ficou com o apoio e a companhia apenas da mãe. Mas o que ele queria era atravessar clandestinamente a fronteira com a Espanha, para chegar à Inglaterra e se juntar às forças francesas exiladas e lutar contra os nazistas — enfim um combate viril, como oportunidade de vingar o irmão, desafiar o pai e ajudar a libertar o país. O problema era que a mãe ficaria sozinha, correndo perigo numa época em que era difícil até conseguir comida na mesa. E isso poderia causar problemas para ela junto aos alemães. Assim: devia ele fazer o correto com a mãe, em favor apenas dela mesma, ou devia se arriscar a entrar na luta e fazer o correto em relação a muitos?

Os filósofos ainda se debatem tentando responder a problemas éticos como este. O dilema de Sartre tem algo em comum com um famoso experimento mental, o "problema do trem".[12] A questão é que você vê um trem ou vagão desgovernado correndo por uma linha de ferro onde, um pouco adiante, há cinco pessoas amarradas. Se você não fizer nada, as cinco morrerão — mas você nota que há uma alavanca, a qual você pode acionar, desviando o trem para uma linha lateral. Mas, se você fizer isso, vai matar uma pessoa que está amarrada naquela parte e que estaria a salvo sem sua ação. Então, o que você escolhe? Age e causa a morte dessa pessoa ou não faz nada e deixa que morram cinco? (Numa variante, o "problema do gordo", você só conseguirá desviar o trem se atirar nos trilhos um sujeito gordo que está numa ponte ali perto. Dessa vez, você precisa colocar fisicamente as mãos na pessoa que vai matar, o que torna o dilema mais difícil e visceral.) A decisão do aluno de Sartre pode ser vista como um tipo de decisão do "problema do trem", porém mais complicada porque ele não tem como saber se ir para a Inglaterra realmente ajudaria alguém, nem se deixar a mãe iria prejudicá-la seriamente.[13]

Mas Sartre não estava preocupado em raciocinar fazendo um cálculo ético à maneira tradicional dos filósofos — e muito menos dos "trenzólogos", como vieram a ser chamados. Ele levou o público a refletir sobre o problema de maneira mais pessoal. Como é se ver diante de tal escolha? Como procede um rapaz confuso ao lidar com tal decisão na hora de agir? Quem pode ajudá-lo, e como? Sartre abordou esta última parte examinando a questão de quem *não* pode ajudá-lo.

Antes de consultar Sartre, o estudante pensou em se aconselhar com as autoridades morais instituídas. Pensou em ir a um padre — mas às vezes os próprios padres eram colaboracionistas, e de todo modo ele sabia que a ética cristã só lhe diria para amar o próximo e praticar o bem aos outros, sem especificar que outros seriam estes, a mãe ou a França. Depois, pensou em recorrer aos filósofos que estudara na escola, que supostamente eram fontes de sabedoria. Mas os filósofos eram abstratos demais: sentiu que não teriam nada a lhe dizer naquela situação. Então tentou ouvir sua voz interior: talvez encontrasse a resposta lá no fundo do coração. Mas não: ouviu em sua alma apenas um alarido de vozes dizendo coisas diferentes (talvez coisas como: devo ficar, devo ir, devo ser corajoso, devo ser bom filho, quero ação, mas tenho medo, não quero morrer, preciso ir. Vou ser um homem melhor do que meu pai! Amo mesmo meu país? Estou fingindo?). No meio dessa cacofonia, ele não podia confiar nem em si mesmo. Como último recurso, o rapaz recorreu a seu ex-professor Sartre, sabendo que pelo menos a resposta não seria convencional.

Naturalmente, Sartre ouviu o problema e disse apenas: "Você é livre, portanto escolha — isto é, invente". Não existem setas indicando o caminho neste mundo, disse ele. Nenhuma das antigas autoridades pode aliviá-lo do fardo da liberdade. Você pode pesar considerações práticas ou morais com todo o cuidado que quiser, mas, ao fim e ao cabo, terá de dar o salto e fazer alguma coisa, e cabe a você decidir que coisa é essa.

Sartre não nos conta se o estudante achou o conselho útil nem o que ele afinal decidiu fazer. Não sabemos sequer se ele existia, se era um amálgama de vários jovens amigos ou se era pura invenção. O que Sartre queria era que os ouvintes entendessem que eram tão livres quanto o estudante, ainda que seus dilemas fossem menos dramáticos. Você pode achar que é guiado por leis morais — era o que estava dizendo — ou que age de tal ou tal maneira por causa de seu perfil psicológico ou de experiências do passado, ou em razão de determinadas circunstâncias. Esses fatores podem desempenhar um papel, mas todo esse conjunto simplesmente se soma à "situação" na qual você deve agir. Mesmo que a situação seja insuportável — talvez você esteja para ser executado ou se encontre numa prisão da Gestapo ou à beira de um precipício —, você ainda é livre para decidir como lidar com isso em pensamento e ação. Partindo de onde está agora, você escolhe. E, ao escolher, também escolhe quem você será.

Se isso parece difícil e desgastante, é porque é mesmo. Sartre não nega que a necessidade de tomar decisões continuamente traz uma angústia constante. Ele acentua ainda mais essa angústia apontando que o que fazemos realmente *importa*. Temos de escolher como se escolhêssemos em nome de toda a humanidade, assumindo toda a carga de responsabilidade pelo comportamento da espécie humana. Se evitamos essa responsabilidade enganando-nos e fazendo de conta que somos vítimas das circunstâncias ou dos maus conselhos de outra pessoa, deixamos de atender às exigências da vida humana e escolhemos uma falsa existência, separada de nossa "autenticidade" própria.

Com essa faceta assustadora, vem outra muito promissora: o existencialismo de Sartre tem como implícito que é possível ser autêntico e livre, desde que nos empenhemos nisso. É estimulante no mesmo grau em que é assustador, e pelas mesmas razões. Como Sartre resumiu numa entrevista logo após a palestra:

> Não existe um caminho traçado que leve o homem à sua salvação; ele precisa inventar incessantemente seu próprio caminho. Mas, para inventá-lo, ele é livre, responsável, autêntico, e todas as esperanças residem dentro de si.[14]

É um pensamento revigorante, e era muito atraente em 1945, quando as instituições sociais e políticas existentes haviam sido minadas pela guerra. Na França e em outros países, muitos tinham boas razões para esquecer o passado recente com seus horrores e concessões morais, para se concentrar num novo início. Mas havia razões mais profundas para buscar uma renovação. O público de Sartre ouviu sua mensagem numa época em que grande parte da Europa estava em ruínas, viera à tona a notícia dos campos de morte nazistas, e Hiroshima e Nagasaki haviam sido destruídas por bombas atômicas.[15] Com a guerra, as pessoas entenderam que eram capazes de se afastar totalmente das normas civilizadas; não admira que a ideia de uma natureza humana permanente parecesse questionável. Qualquer que fosse, o novo mundo que estava para nascer do mundo anterior provavelmente teria de ser construído sem o auxílio das fontes de autoridade, como políticos, líderes religiosos e mesmo filósofos — aquela antiga estirpe de filósofos recolhidos em seus mundos distantes e abstratos. Mas ali estava uma nova espécie de filósofo, pronto para pôr mãos à obra e plenamente adequado à tarefa.

A grande questão de Sartre em meados dos anos 1940 era: visto que somos livres, como podemos usar bem nossa liberdade em tempos tão exigentes? No ensaio "O fim da guerra", escrito logo após Hiroshima e publicado em outubro de 1945 — no mesmo mês da palestra —, ele exortava os leitores a decidirem que tipo de mundo queriam e a se empenharem em sua construção. A partir de agora, escrevia ele, sempre é preciso levar em conta que sabemos que podemos nos destruir à vontade, acabando com toda a nossa história e talvez com a própria vida na Terra. Nada nos impede, a não ser nossa própria livre escolha. Se quisermos sobreviver, temos de *decidir* viver. Assim, ele oferecia uma filosofia adequada a uma espécie que estava apavorada consigo mesma, mas que finalmente se sentia pronta para crescer e assumir responsabilidade.

As instituições que tiveram sua autoridade contestada pelos textos e palestras de Sartre reagiram com agressividade. Em 1948, a Igreja católica colocou todas as obras de Sartre no Índex *de Livros Proibidos*, desde seu grande volume filosófico *O ser e o nada* até os romances, as peças e os ensaios.[16] A Igreja temia, com razão, que as reflexões de Sartre sobre a liberdade pudessem levar as pessoas a duvidarem da própria fé. *O segundo sexo*, tratado feminista de Simone de Beauvoir ainda mais provocativo, também foi acrescentado ao Índex. Que os conservadores políticos não gostassem do existencialismo, era previsível; mais surpreendente foi que os marxistas também o odiassem. Hoje em dia, Sartre é comumente lembrado como defensor dos regimes comunistas, mas por muito tempo foi execrado pelo Partido Comunista. Afinal, se as pessoas resolvessem pensar em si mesmas como indivíduos livres, como poderia haver uma revolução devidamente organizada? Para os marxistas, a humanidade estava destinada a atravessar determinadas fases até alcançar o paraíso socialista; isso não deixava muito espaço para a ideia de que somos pessoalmente responsáveis pelo que fazemos. Com diferentes pontos de partida ideológicos, quase todos os adversários do existencialismo concordavam que se tratava, como dizia um artigo em *Les Nouvelles Littéraires*, de uma "mistura abjeta de presunção filosófica, sonhos equivocados, tecnicismos fisiológicos, gostos mórbidos e erotismo hesitante [...] um embrião introspectivo que se teria grande prazer em esmagar".[17]

Tais investidas apenas intensificaram a atração do existencialismo para os jovens e rebeldes, que o adotaram como modo de vida e rótulo da moda. A partir de meados dos anos 1940, "existencialista" servia para designar qualquer um que praticasse o amor livre e ficasse acordado até tarde, dançando ao som do jazz. Como lembra a atriz e animadora de boate Anne-Marie Cazalis em suas memórias: "Se você tinha vinte anos em 1945, depois de quatro anos de Ocupação, liberdade também significava a liberdade de ir deitar às quatro ou cinco da madrugada".[18] Significava chocar os mais velhos e desafiar a ordem das coisas. O filósofo Gabriel Marcel ouviu uma senhora no trem exclamar: "Oh, que horror, o existencialismo! Tenho uma amiga cujo filho é existencialista; mora numa quitinete com uma negra!".[19]

A subcultura existencialista que surgiu nos anos 1940 encontrou morada nas cercanias da igreja de Saint-Germain-des-Prés, na Rive Gauche de Paris — área que ainda se aproveita ao máximo dessa associação. Sartre e Beauvoir passaram muitos anos morando em hotéis baratos de Saint-Germain, escrevendo nos cafés durante o dia, principalmente porque eram locais mais quentes do que os desaquecidos quartos de hotel. Preferiam o Flore, o Les Deux Magots e o Bar Napoléon, todos ao redor da esquina do Boulevard Saint-Germain com a Rue Bonaparte. O Flore era o melhor, pois o dono às vezes deixava que trabalhassem numa sala reservada no andar de cima, para escapar aos passantes ou jornalistas intrometidos.[20] Mas eles também adoravam as mesas animadas no andar de baixo, pelo menos nos primeiros tempos: Sartre gostava de trabalhar em espaços públicos entre o barulho e a agitação. Ele e Beauvoir se reuniam com amigos, colegas, artistas, escritores, estudantes e amantes, todos falando ao mesmo tempo e todos cercados por nuvens de fumaça de cigarro ou cachimbo.

Além dos cafés, podiam frequentar clubes de jazz subterrâneos: no Lorientais, a banda de Claude Luter tocava blues, jazz e ragtime, enquanto o astro do Tabou era o trompetista e romancista Boris Vian. Era possível se requebrar ao som estridente e queixoso de um grupo de jazz ou debater a autenticidade num canto escuro, ouvindo a voz rouca de Juliette Gréco, amiga e musa de Cazalis que ficou famosa após chegar a Paris em 1946. Ela, Cazalis e Michelle Vian (mulher de Boris) observavam os que chegavam ao Lorientais e ao Tabou e não deixavam entrar quem não tivesse perfil adequado — embora, segundo Michelle Vian, aceitassem todos "que eram interessantes — isto é, se estavam com um livro debaixo do braço".[21] Entre os frequentadores habituais estavam muitos autores desses livros, notadamente Raymond Queneau e seu amigo Maurice Merleau-Ponty, que haviam descoberto o mundo das boates por intermédio de Cazalis e Gréco.

Gréco lançou a moda do cabelo existencialista, liso e comprido — o ar de "vítima se afogando", como escreveu um jornalista —, e de parecer chique usando pulôver grosso e paletó masculino com as mangas enroladas. Ela disse que deixara o cabelo crescer nos anos de guerra, para se aquecer melhor; Beauvoir disse a mesma coisa sobre seu hábito de usar turbante. Os existencialistas usavam camisas e capas de chuva surradas; alguns exibiam uma espécie de estilo protopunk. Um rapaz andava com "uma camisa totalmente rasgada e esfrangalhada nas costas", segundo a matéria de um jornalista.[22] Por fim adotaram a peça existencialista mais icônica de todas: a blusa preta de lã com gola olímpica.

Nesse mundo rebelde, tal como entre os dadaístas e boêmios parisienses de gerações anteriores, tudo que era provocativo e perigoso era bom, e tudo o que era bonitinho e burguês era ruim. Beauvoir gostava de contar uma anedota sobre um amigo, o artista alemão pobre e alcoólatra conhecido como Wols (de Alfred Otto *Wolfgang Schulz*, seu nome verdadeiro), que ficava ali pela área, vivendo de restos e doações de roupa e comida.[23] Um dia, ele estava bebendo com Beauvoir na varanda de um bar quando um senhor elegante e de

aparência próspera parou para falar com ele. Depois que ele se foi, Wols virou para Beauvoir, constrangido, e disse: "Desculpe; aquele cara é meu irmão: um banqueiro!". Ela achou graça que Wols se desculpasse exatamente como um banqueiro se desculparia se o vissem conversando com um vagabundo. Hoje em dia, essa troca de papéis pode parecer menos estranha, depois de décadas dessas inversões contraculturais, mas na época ainda tinha um impacto que escandalizava alguns e deleitava outros.

Os jornalistas, que se refestelavam com as histórias lascivas do ambiente existencialista, tinham especial interesse pela vida amorosa de Beauvoir e Sartre. O relacionamento deles era sabidamente aberto, em que cada qual era o parceiro principal e duradouro do outro, mas ambos continuavam livres para ter outros amantes. Os dois exerciam essa liberdade com gosto. Mais tarde, Beauvoir teve relações significativas na vida, inclusive com o escritor americano Nelson Algren e com Claude Lanzmann, o cineasta francês que depois fez *Shoah*, o documentário de nove horas sobre o Holocausto. Como mulher, Beauvoir sofria julgamento mais severo por seu comportamento, mas a imprensa também caçoava das seduções em série de Sartre. Uma história no semanário *Samedi-Soir* de 1945 dizia que ele atraía as mulheres para a cama oferecendo-lhes uma cheirada de seu camembert. (Bom, queijo de qualidade era difícil de encontrar em 1945.)[24]

Na verdade, Sartre não precisava ficar acenando com um queijo para levar as mulheres para a cama. Isso pode parecer espantoso, ao se olhar as fotos dele, mas seu sucesso vinha menos da aparência e mais do ar de confiança e energia intelectual que ele emanava. Era fascinante ao discorrer sobre ideias, mas também engraçado: cantava "Old Man River" e outros sucessos do jazz com vozinha fina, tocava piano e imitava o Pato Donald.[25] Raymond Aron escreveu sobre Sartre, nos tempos de escola: "Sua feiura desaparecia assim que ele começava a falar, assim que sua inteligência apagava as espinhas e protuberâncias do rosto". Outra pessoa de suas relações, Violette Leduc, concordava que o rosto de Sartre jamais seria feio, porque era iluminado pelo clarão de seu intelecto, além de ter "a honestidade de um vulcão em erupção" e "a generosidade de um campo recém-arado".[26] E quando o escultor Alberto Giacometti desenhou Sartre, exclamou enquanto trabalhava: "Que densidade! Que linhas de força!". Era um rosto questionador, filosófico: tudo nele induzia a pessoa a avançar para outra parte, passando de um traço assimétrico a outro. Sartre podia ser cansativo, mas não era tedioso, e seu círculo de admiradores crescia sem parar.

Para Sartre e Beauvoir, a relação aberta era mais do que um acerto pessoal; era uma escolha filosófica. Eles queriam viver sua teoria da liberdade. O modelo de casamento burguês não os atraía, com seus estritos papéis de gênero, suas infidelidades secretas e sua dedicação a acumular bens e filhos. Eles não tinham filhos, possuíam poucos bens e nunca sequer moraram juntos, embora pusessem seu relacionamento à frente de todos os outros e se encontrassem quase diariamente para trabalhar lado a lado.

Sartre e Beauvoir também transformaram a filosofia na matéria da vida real de outras maneiras. Os dois acreditavam no engajamento político e colocavam tempo, energia e fama à disposição da causa que apoiassem. Amigos mais jovens recorriam à ajuda deles no início de carreira, e para obter auxílio financeiro: Beauvoir e Sartre sustentavam alguns protegidos. Escreviam inúmeros artigos polêmicos, que publicavam em *Les Temps Modernes*, revista que criaram com outros amigos em 1945. Em 1973, Sartre também foi um dos fundadores do principal jornal francês de esquerda, o *Libération*. Desde então, o impresso passou por várias transformações, inclusive adotando uma política mais moderada, e quase faliu, mas os dois periódicos ainda existem até hoje, no momento em que escrevo.

Enquanto subiam de status e tudo conspirava para atraí-los para o Sistema, Sartre e Beauvoir se mantiveram firmes na posição de intelectuais independentes. Nenhum dos dois se tornou acadêmico no sentido convencional. Viviam de dar aulas ou de trabalhos avulsos. Os amigos também: eram dramaturgos, editores, jornalistas ou ensaístas, mas apenas poucos pertenciam à universidade. Quando ofereceram a Legião de Honra a Sartre por suas atividades na Resistência, em 1945, e o Prêmio Nobel de Literatura em 1964, ele recusou ambos, invocando a necessidade do escritor de se manter independente de interesses e influências. Beauvoir recusou a Legião de Honra em 1982 pela mesma razão. Em 1949, François Mauriac apresentou o nome de Sartre na eleição para a Academia Francesa, mas ele recusou.[27]

"Minha vida e minha filosofia são uma coisa só",[28] Sartre escreveu certa vez em seu diário, e seguiu inflexivelmente esse princípio. Tal mescla entre vida e filosofia também lhe despertava o interesse pela vida de outras pessoas. Tornou-se um biógrafo inovador, publicando cerca de 2 milhões de palavras em estudos sobre Baudelaire, Mallarmé, Genet e Flaubert, assim como uma autobiografia de sua infância.[29] Beauvoir também reuniu as minúcias de experiências próprias e de amigos, juntando tudo na forma de quatro alentados volumes autobiográficos, complementados com uma biografia de sua mãe e outra de seus últimos anos com Sartre.

As experiências e idiossincrasias de Sartre estavam presentes mesmo em seus tratados filosóficos mais sérios. Isso podia resultar em coisas esquisitas, visto que sua abordagem pessoal da vida ia desde lembranças ruins de uma viagem com mescalina e uma série de situações embaraçosas com amantes e amigos até estranhas obsessões por árvores, líquidos viscosos, polvos e crustáceos. Mas tudo isso fazia sentido dentro do princípio enunciado pela primeira vez por Raymond Aron, naquele dia no Bec-de-Gaz: *você pode fazer filosofia a partir desse coquetel*. O assunto da filosofia é tudo o que você vivencia, como e enquanto vivencia.

Esse entrelaçamento de ideias e vida provinha de uma longa linhagem, embora os existencialistas lhe tenham imprimido novas feições. Os pensadores estoicos e epicuristas no mundo clássico haviam praticado a filosofia como forma de bem viver, e não como busca do conhecimento ou da sabedoria como fins em si. Acreditavam que a reflexão filosófica sobre os caprichos da vida podia lhes dar maior resistência, maior capacidade de se elevar acima das circunstâncias, mais recursos para lidar com a dor, o medo, a raiva, a decepção ou a angústia. Na tradição que deixaram, a filosofia não é uma busca puramente intelectual nem uma reunião de truques baratos de autoajuda, mas uma disciplina voltada para o florescer e o vivenciar uma vida plenamente humana e responsável.

Com o decorrer dos séculos, a filosofia veio a se tornar cada vez mais uma profissão exercida em academias ou universidades, por estudiosos que às vezes se orgulhavam da primorosa inutilidade da disciplina. No entanto, a tradição da filosofia como modo de vida persistiu, numa espécie de linha paralela a esse processo, muitas vezes conduzida por dissidentes que haviam passado por entre as frestas das universidades tradicionais. Dois desses desajustados do século XIX tiveram especial influência sobre os existencialistas posteriores: Søren Kierkegaard e Friedrich Nietzsche. Nenhum era filósofo acadêmico: Kierkegaard não teve carreira universitária e Nietzsche era um professor de filologia grega e romana que precisou se afastar da docência por razões de saúde. Ambos eram individualistas e contestadores por natureza, dedicando-se a incomodar as pessoas. Devia ser insuportável passar mais do que duas ou três horas com eles. Não foram precursores diretos do existencialismo moderno, mas tiveram grande impacto sobre os desenvolvimentos posteriores.

Søren Kierkegaard, nascido em Copenhague em 1813, deu o tom ao utilizar "existencial" numa nova acepção, para designar a reflexão sobre os problemas da existência humana. Utilizou o termo no longo título de um trabalho de 1846: *Pós-escrito conclusivo não científico às migalhas filosóficas: uma compilação mímico-patético-dialética: uma contribuição existencial*.[30] O título excêntrico era típico de Kierkegaard: ele gostava de brincar com suas publicações e tinha bom faro para formulações que prendessem a atenção: entre suas outras obras estavam *Dos papéis de alguém ainda vivo, Ou/Ou, Temor e*

tremor, *O conceito de angústia* e *Doença até a morte* [mais conhecida como *O desespero humano*].

Kierkegaard estava em boa posição para entender as dificuldades e complicações da existência humana. Tudo nele era irregular, inclusive o modo de andar, pois tinha problemas de coluna que lhe valiam cruéis zombarias dos inimigos. Torturado por questões religiosas e se sentindo à parte da humanidade, levava uma vida solitária durante grande parte do tempo. Mas, de vez em quando, saía para tomar "banho de gente" nas ruas de Copenhague, pegando e arrastando os conhecidos para longas caminhadas filosóficas. Os companheiros tinham dificuldade em acompanhá-lo enquanto ele seguia a passos largos, fazendo discursos bombásticos e brandindo a bengala. Um deles, Hans Brøchner, comentou que, nos passeios com Kierkegaard, "a pessoa vivia sendo empurrada nos dois lados da calçada, ora para as casas e escadas do porão, ora para a sarjeta".[31] Volta e meia, precisava mudar de lado para ter espaço. Para Kierkegaard, perturbar o andar das pessoas era uma questão de princípio. Ele escreveu que adoraria montar alguém num cavalo e dar um susto no animal para que este saísse a galope, ou talvez dar um cavalo manco para alguém que estivesse com pressa, ou mesmo equipar a carruagem com dois cavalos que andassem em velocidades diferentes — qualquer coisa para provocar a pessoa e fazê-la entender o que ele queria dizer com a "paixão" da existência.[32] Kierkegaard era um provocador nato. Arrumava briga com os contemporâneos, rompia relações pessoais e, de modo geral, criava dificuldade em tudo. Escreveu ele: "A abstração é desinteressada, mas, para quem existe, seu existir é o interesse supremo".[33]

Aplicava a mesma atitude contestadora ao elenco da história da filosofia. Por exemplo, discordava de René Descartes, que fundara a filosofia moderna ao enunciar *Cogito ergo sum*: Penso, logo existo.[34] Para Kierkegaard, Descartes invertera as coisas. A seu ver, a existência humana vem antes: é o ponto de partida para tudo o que fazemos, e não o resultado de uma dedução lógica. Minha existência é ativa: vivo-a, escolho-a, e isso precede qualquer afirmação que eu possa fazer sobre mim mesma. Além disso, minha existência é *minha*: é pessoal. O "eu" de Descartes é genérico: pode se aplicar a qualquer um, mas o "eu" de Kierkegaard é o "eu" de um desajustado polêmico e angustiado.

Ele também implicava com G. W. F. Hegel, em cuja filosofia o mundo se desenvolvia dialeticamente passando por uma sucessão de "formas de consciência", cada etapa substituindo a anterior até todas culminarem sublimemente no "Espírito Absoluto". A *fenomenologia do espírito* de Hegel nos leva a um clímax tão grandioso quanto o do Livro da Revelação da Bíblia, mas, em vez de terminar com toda a humanidade dividida entre o céu e o inferno, ele subsume todos nós na consciência cósmica. Kierkegaard se contrapunha a Hegel com perguntas tipicamente embaraçosas: e se eu não quiser fazer parte desse "Espírito Absoluto"? E se eu me recusar a ser absorvido e insistir em ser *eu*?

Sartre leu Kierkegaard e ficou fascinado com o espírito de contradição e a revolta do dinamarquês contra os grandiosos sistemas filosóficos do passado. Também tomou de empréstimo a Kierkegaard o uso específico da palavra "existência" para designar o modo humano de ser, em que nos moldamos fazendo escolhas "ou/ou" a cada passo. Sartre concordava com ele que essa escolha constante gera uma angústia generalizada, não muito diferente da vertigem que se sente na beira de um penhasco. Não é tanto o medo de cair, mas o de não poder confiar em si mesmo que não se atirará lá para baixo. A cabeça gira, você quer se segurar e se prender a alguma coisa — mas não é tão fácil se garantir contra os perigos que vêm com a liberdade. "A angústia é a vertigem da liberdade",[35] dizia Kierkegaard. Toda a nossa vida é vivida à beira desse precipício, tanto para ele quanto para Sartre.

Havia outros aspectos do pensamento de Kierkegaard, porém, que Sartre nunca aceitaria. Kierkegaard pensava que a resposta à "angústia" era dar um salto de fé nos braços de Deus, mesmo sem ter muita certeza de que Ele estaria ali. Era um mergulho no "Absurdo" — naquilo que não pode ser provado nem justificado racionalmente. Sartre não se preocupava com isso. Deixara de acreditar em Deus cedo na vida: ao que parece, quando tinha cerca de onze anos e estava num ponto de ônibus.[36] Simplesmente soube, de repente, que Deus não existia. A fé nunca mais voltou, e assim ele se manteve como ateu convicto até o final da vida. O mesmo se deu com Beauvoir, que rejeitou sua formação religiosa convencional. Outros pensadores seguiram de várias maneiras o existencialismo *teológico* de Kierkegaard, mas Sartre e Beauvoir tinham aversão a isso.

Encontraram uma filosofia mais ao gosto deles no outro grande precursor existencialista do século XIX, Friedrich Nietzsche. Nascido em 1844 em Röcken, na Prússia, Nietzsche iniciou sua brilhante carreira na filologia, mas depois passou a escrever ensaios filosóficos e aforismos idiossincráticos. Desferia-os contra os dogmas piedosos do cristianismo e da filosofia tradicional: para ele, ambos eram véus interesseiros para encobrir as realidades mais duras da vida. O necessário, a seu ver, não eram altos ideais morais ou teológicos, e sim uma forma profundamente crítica da história cultural ou uma "genealogia" que revelasse as razões pelas quais nós, humanos, somos como somos e como viemos a ser assim. Para ele, toda a filosofia poderia ser até redefinida como uma forma de psicologia ou história. Pensava que todo grande filósofo, em vez de empreender uma busca impessoal do conhecimento, na verdade escrevia "uma espécie de biografia involuntária e inconsciente".[37] Estudar nossa genealogia moral não nos ajudará a escapar ou transcender a nós mesmos. Mas pode nos permitir enxergar nossas ilusões com mais clareza e levar uma existência mais vital e afirmativa.

Não há Deus nesse quadro, porque os seres humanos que inventaram Deus também O mataram. Agora estamos por nossa conta. A maneira de viver é nos lançarmos não à fé, mas à nossa própria vida, conduzindo-a na afirmação de cada momento, exatamente como ele é, sem querer que nada fosse diferente e sem abrigar ressentimentos mesquinhos contra os outros ou contra nosso destino.

Nietzsche não foi exatamente capaz de aplicar suas ideias à própria vida, não porque lhe faltasse coragem, mas porque seu corpo o traiu. Na casa dos quarenta anos, foi vítima de uma doença, talvez sífilis ou tumor cerebral, que destruiu suas faculdades. Após um acesso de loucura nas ruas de Turim em janeiro de 1889, quando (assim dizem) abraçou aos prantos um cavalo maltratado, ele entrou num processo de demência irreversível e passou o resto de seus dias num manicômio. Lá morreu em 1900, sem fazer ideia do impacto que sua concepção da existência humana viria a ter sobre os existencialistas e outros. Provavelmente não ficaria surpreso: incompreendido em sua época, ele sempre acreditou que seu dia chegaria.

Nietzsche e Kierkegaard foram os arautos do existencialismo moderno. Pioneiros num estado de espírito rebelde e insatisfeito, criaram uma nova definição da existência como escolha, ação e autoafirmação e empreenderam um estudo da angústia e da dificuldade da vida. Também operaram na convicção de que a filosofia não era apenas uma profissão. Era a própria vida — a vida de um indivíduo.

Depois de absorver essas influências anteriores, os existencialistas modernos passaram a inspirar sua geração e as seguintes de uma maneira análoga, com sua mensagem individualista e inconformista. Por toda a segunda metade do século XX, o existencialismo forneceu razões às pessoas para rejeitarem a convenção e transformarem suas vidas.

A obra existencialista mais transformadora de todas foi *O segundo sexo*, estudo feminista pioneiro de Simone de Beauvoir, publicado em 1949. Trata-se de uma análise das experiências e escolhas de vida das mulheres, bem como de toda a história da sociedade patriarcal, encorajando as mulheres a se conscientizarem, a questionarem as ideias e rotinas adquiridas e a tomarem em mãos sua própria existência. Muitos leitores talvez não tenham percebido que estavam lendo uma obra existencialista (em certa medida porque a tradução em inglês obscureceu grande parte do sentido filosófico), mas é o que era — e quando as mulheres mudaram suas vidas depois da leitura, foi segundo as vias existencialistas, procurando a liberdade, uma maior individualidade e "autenticidade".

Na época, o livro foi considerado um escândalo, entre outras coisas porque trazia um capítulo sobre o lesbianismo — embora poucos ainda soubessem que Beauvoir mantivera relações carnais com ambos os sexos. Sartre também apoiava os direitos dos homossexuais, embora sempre insistisse que a sexualidade era uma questão de escolha, o que o fazia colidir com as noções de muitos homossexuais que sentiam ter simplesmente nascido assim. Em todo caso, a filosofia existencialista foi um incentivo para que os homossexuais vivessem da maneira que julgavam correta, em vez de tentarem se encaixar nas ideias alheias.

Para os oprimidos por questões de raça ou classe, ou para os que combatiam o colonialismo, o existencialismo proporcionou uma mudança de perspectiva — literalmente, na medida em que Sartre propunha que todas as situações fossem julgadas conforme apareciam aos olhos dos mais oprimidos ou dos mais sofredores. Quem se interessou, dentre os pioneiros dos direitos civis, foi Martin Luther King Jr.[38] Enquanto elaborava sua filosofia da resistência pacífica, ele leu Sartre, Heidegger e o teólogo existencialista germano-americano Paul Tillich.

Ninguém afirmaria que o existencialismo foi responsável por todas as mudanças sociais da metade do século XX. Mas, com sua insistência sobre a liberdade e a autenticidade, ele deu impulso a radicais e dissidentes. E quando as ondas da transformação se ergueram e se espalharam nas revoltas estudantis e operárias de 1968, em Paris e em outros lugares, muitos slogans pichados nos muros da cidade ressoavam com temas existencialistas:

— É proibido proibir.
— Nem deus nem patrão.
— Um homem não é burro ou inteligente; é livre ou não é.
— Seja realista: exija o impossível.[39]

Como Sartre observou, os manifestantes nas barricadas de 1968 não exigiam nada e exigiam tudo — isto é, exigiam liberdade.[40]

Em 1968, a maioria dos notívagos de camisa rasgada e *kohl* nos olhos já tinha se assentado no sossego do lar e do emprego, mas não Sartre e Beauvoir. Eles marcharam na linha de frente, participaram das barricadas de Paris, discursaram nos piquetes de operários e estudantes, mesmo que às vezes se sentissem perplexos com as atitudes da nova geração. Em 20 de maio de 1968, Sartre falou para uma assembleia com cerca de 7 mil estudantes, que haviam ocupado o grandioso auditório da Sorbonne.[41] Dentre todos os intelectuais ansiosos em participar, escolheram dar o microfone a Sartre e conduzi-lo perante a multidão para falar — como sempre, tão baixinho que mal dava para enxergá-lo, mas convicto de sua qualificação para o papel. Primeiro, ele apareceu a uma janela para falar com os estudantes no pátio externo, como o papa no balcão do Vaticano, e depois foi levado ao auditório abarrotado. Os estudantes haviam se amontoado por toda parte, subindo nas estátuas — "havia estudantes sentados nos braços de Descartes e outros nos ombros de Richelieu", escreveu Beauvoir. Os alto-falantes nas colunas dos corredores transmitiam os discursos para a área externa. Apareceu uma câmera de TV, mas os estudantes gritaram que fosse retirada. Sartre precisou berrar para ser ouvido, mesmo com microfone, mas aos poucos a multidão se acalmou e fez silêncio para ouvir o grande velho existencialista. Depois, cobriram-no de perguntas sobre o socialismo e os movimentos de libertação pós-colonial. Beauvoir ficou preocupada, achando que ele nunca conseguiria sair de lá. Quando enfim saiu, foi para encontrar um grupo de escritores roídos de inveja, esperando nos bastidores, ofendidos por ter sido ele a única "estrela" (como Marguerite Duras teria supostamente resmungado) que os estudantes quiseram ouvir.

Sartre estava para fazer 63 anos. Os ouvintes tinham idade para ser netos dele. Poucos se lembravam do final da guerra, e muito menos daquele começo dos anos 1930, quando Sartre começara a refletir sobre a liberdade e a existência. Viam Sartre mais como um monumento nacional do que como um deles. Mas deviam-lhe ainda mais do que podiam imaginar, num sentido que ultrapassava o ativismo político. Sartre formava um elo entre eles e sua própria geração de estudantes insatisfeitos do final dos anos 1920, entediados com os estudos e ansiando por novas ideias "destrutivas". E, recuando ainda mais, Sartre era um elo que os ligava a toda a linhagem de rebeldes filosóficos: Nietzsche, Kierkegaard e os demais.

Sartre era a ponte para todas as tradições que pilhou, modernizou, personalizou e reinventou. Mas, durante toda a sua vida, ele insistiu que o importante não era o passado, de forma alguma: era o futuro. É preciso estar sempre em movimento, criando o que *será*: agir no mundo, deixar uma marca. Sua dedicação ao futuro continuou inabalável mesmo quando, chegando aos setenta anos, começou a enfraquecer, a perder o resto da visão, a ensurdecer e ficar mentalmente confuso — e por fim sucumbir ao peso dos anos.

Doze anos após a ocupação da Sorbonne, reuniu-se a maior multidão de todas na aparição final da celebridade: o funeral de Sartre em 19 de abril de 1980.[42] Não foi uma cerimônia oficial, pois sua recusa das pompas do Sistema foi respeitada até o fim. Mas foi, sem dúvida, uma enorme ocasião pública.

É possível encontrar na internet trechos da cobertura de televisão: podemos ver quando as portas do hospital se abrem e dele sai um furgão com uma montanha de buquês de flores que ondulam e oscilam como um suave coral enquanto o veículo avança devagar entre o povo. Ajudantes vão à frente para abrir caminho. Atrás do furgão vem o carro funerário, dentro do qual se vê o caixão, bem como Simone de Beauvoir e outros enlutados importantes. A câmera enfoca uma rosa que alguém pôs no trinco da porta do carro fúnebre. Então a câmera passa para um canto do pano negro que cobre o caixão, decorado apenas com a letra "S". O locutor informa em voz baixa que há cerca de 50 mil pessoas presentes: 30 mil ao longo das ruas que se estendem por cerca de três quilômetros entre o hospital e o cemitério de Montparnasse, e 20 mil esperando no cemitério. Como os estudantes de 1968, algumas pessoas no cemitério subiram nos braços ou cabeças das estátuas fúnebres. Ocorrem alguns pequenos acidentes: consta que um homem caiu dentro da cova aberta e tiveram de puxá-lo dali.

Os veículos chegam e param; vemos os carregadores tirarem o caixão e o levarem até a sepultura, com dificuldade para avançar com postura digna, apertando-se entre a multidão. Um dos carregadores tira o chapéu, percebe que os outros não tiraram e o põe de volta: um pequeno instante constrangedor. Chegando à sepultura, descem o caixão e os enlutados se aproximam. Alguém passa uma cadeira a Simone de Beauvoir, para se sentar. Ela parece exausta e entorpecida, com um lenço na cabeça; vem usando sedativos. Lança uma flor sobre o caixão, e outros lançam inúmeras outras por cima.

A filmagem mostra apenas a primeira das duas cerimônias. Na semana seguinte, numa ocasião mais calma, o caixão foi desenterrado e retiraram dali o caixão menor onde estava Sartre, para ser cremado. As cinzas foram para um local permanente no mesmo cemitério, mas menos acessível à multidão. O funeral foi para a figura pública de Sartre; o segundo sepultamento foi presenciado apenas pelas pessoas próximas. O túmulo, com as cinzas de Beauvoir enterradas junto, quando ela morreu seis anos depois, ainda se encontra lá, bem cuidado e com flores ocasionais.

Com essas cerimônias encerrou-se uma era e encerrou-se a história pessoal que entreteceu Sartre e Beauvoir na vida de tantas outras pessoas. Na multidão televisionada, vê-se uma enorme variedade de rostos, novos e velhos, negros e brancos, masculinos e femininos. Eram estudantes, escritores, pessoas que se lembravam de suas atividades na Resistência durante a guerra, sindicalistas cujas greves ele apoiara, ativistas lutando pela independência da Indochina, da Argélia e de outros lugares, homenageando a contribuição de Sartre a suas campanhas. Para alguns, o funeral foi quase uma marcha de protesto: mais tarde, Claude Lanzmann descreveu a cerimônia como a última das grandes manifestações iniciadas em 1968.[43] Mas muitos foram apenas por curiosidade ou oportunidade, ou porque Sartre havia feito alguma pequena diferença em algum aspecto de suas vidas — ou porque o final de uma vida tão incomum exigia um gesto de participação.

Assisti uma dúzia de vezes ou mais ao curto clipe do filme, examinando as imagens de baixa definição das inúmeras pessoas, imaginando o que o existencialismo e Jean-Paul Sartre significavam para cada uma delas. Só sei realmente o que significaram para mim. Os livros de Sartre também mudaram minha vida, embora de forma discreta e indireta. Por alguma razão eu não soube da notícia de sua morte e enterro em 1980, mesmo já sendo na época uma existencialista de classe média de dezessete anos.

Eu ficara fascinada com ele um ano antes. Num impulso, gastei parte do dinheiro que havia ganhado em meu aniversário de dezesseis anos comprando seu romance *A náusea*, de 1938, principalmente porque gostei da imagem de Salvador Dalí na capa da edição da Penguin: uma formação rochosa verde-bílis e um relógio liquefeito. Também gostei da chamada de capa, dizendo que *A náusea* era "um romance sobre a alienação da personalidade e o mistério do ser". Eu não sabia bem o que significava alienação, embora eu mesma fosse um exemplo rematado na época. Mas não tive dúvida de que seria o tipo de livro ideal para mim. E foi, de fato: quando comecei a ler, senti uma ligação imediata com Antoine Roquentin, o protagonista solitário e melancólico que passa os dias vagueando desconsolado por uma cidade portuária de província, "Bouville" (inspirada em Le Havre, onde Sartre ficou preso algum tempo como professor). Roquentin fica sentado nos cafés, ouvindo discos de blues, em vez

de se dedicar à biografia que deveria estar escrevendo. Anda pela praia, atira seixos no mar denso e cinzento. Vai a um parque e fica olhando a raiz retorcida e exposta de uma castanheira, que lhe parece couro fervido e ameaça sufocá-lo com a pura força opaca de seu ser.[44]

Adorei tudo aquilo e achei interessante saber que, com esse romance, Sartre queria transmitir uma filosofia chamada "existencialismo". Mas o que era aquele tal "ser"? Eu nunca me sentira oprimida pelo ser de uma raiz de castanheira nem havia percebido que as coisas *tinham* ser. Experimentei ir aos parques públicos de minha própria cidade de província, Reading, e fiquei olhando uma das árvores até embaçar a vista. Não funcionou; pensei ter visto algo se movendo, mas era apenas a brisa na folhagem. Mas ficar olhando algo tão detidamente deu-me, de fato, uma espécie de clarão. A partir daí, também descuidei dos estudos para *existir*. Já era dada a cabular aulas; agora, com a influência de Sartre, virei uma cabuladora mais empenhada que nunca. Em vez de ir à escola, arranjei um bico de meio período numa loja caribenha que vendia discos de reggae e cachimbos de haxixe decorativos. Foi um ensino mais interessante do que jamais havia tido em sala de aula.

Sartre me ensinara a largar os estudos, uma reação ao mundo pouco valorizada e às vezes útil. Por outro lado, ele também me fez querer estudar filosofia. Isso significava prestar exames, e, assim, relutante, me inscrevi de última hora e passei raspando. Fui para a Universidade de Essex, onde me formei em filosofia e li mais Sartre, além de outros pensadores. Fiquei fascinada por Heidegger e comecei um doutorado sobre sua obra — mas então larguei os estudos outra vez, em meu segundo ato de desaparecimento.

Nesse meio-tempo, minha experiência estudantil me transformara mais uma vez. Comecei a passar meus dias e noites mais ou menos como os existencialistas faziam em seus cafés: lendo, escrevendo, bebendo, me apaixonando e me desapaixonando, fazendo amizades e falando sobre ideias. Eu adorava aquilo e achava que a vida ia ser sempre um grande café existencialista.

Por outro lado, também me dei conta de que os existencialistas já andavam fora de moda. Nos anos 1980, eles haviam cedido lugar a novas gerações de estruturalistas, pós-estruturalistas, desconstrucionistas e pós-modernistas. Esses filósofos pareciam tratar a filosofia como um jogo. Faziam malabarismos com signos, símbolos e significados; tiravam palavras avulsas dos textos uns dos outros para derrubar o edifício inteiro. Procuravam fragmentos de significado cada vez mais refinados e implausíveis nos escritores do passado.

Embora todos esses movimentos discordassem uns dos outros, o que unia a maioria deles era a consideração do existencialismo e da fenomenologia como a quintessência do que eles *não* eram. A vertigem da liberdade e a angústia da existência eram estorvos. A biografia não tinha nada a ver, porque a própria vida não tinha nada a ver. A experiência não tinha nada a ver; o antropólogo estruturalista Claude Lévi-Strauss havia escrito num tom especialmente depreciativo que uma filosofia baseada na experiência pessoal era "metafísica para costureirinhas".⁴⁵ O objetivo das ciências humanas era "dissolver o homem", dizia ele, e pelo visto o objetivo da filosofia também. Esses pensadores podiam ser instigantes, mas também voltavam a converter a filosofia num campo abstrato, despido dos seres atuantes e apaixonados que a ocupavam na época existencialista.

Durante décadas, depois de largar os estudos pela segunda vez, de vez em quando eu dava uma olhada em livros de filosofia, mas perdi a prática de lê-los com a profunda atenção que exigem. Meus velhos favoritos continuaram no fundo da estante, que parecia uma prateleira de temperos na cozinha de um demiurgo: *O ser e o nada*, *Ser e tempo*, *Sobre o tempo e o ser*, *Totalidade e infinito*. Mas raramente se desempoeiravam — até que, alguns anos atrás, peguei uma coletânea de ensaios de Maurice Merleau-Ponty, à procura de um texto de que tinha uma vaga lembrança, sobre o autor renascentista Michel de Montaigne, que estava pesquisando na época.

Merleau-Ponty era amigo de Sartre e Beauvoir (até que brigaram), fenomenólogo especializado em questões do corpo e da percepção. Era também um ensaísta brilhante. Desviei minha atenção de Montaigne e fiquei lendo os outros ensaios do volume, e então passei para *A fenomenologia da percepção*, principal obra de Merleau-Ponty. Voltei a sentir admiração por seu pensamento, tão rico e aventureiro. Não era à toa que eu adorava esse tipo de coisa! De Merleau-Ponty, fui reler Simone de Beauvoir — cuja autobiografia eu descobrira numas longas férias de verão da escola, as quais passei vendendo sorvete numa praia inglesa cinzenta e triste. Agora reli o volume inteiro. Então vieram Albert Camus, Gabriel Marcel, Jean-Paul Sartre. Por fim voltei ao monumental Heidegger.

Enquanto prosseguia, tive a curiosa sensação de me fundir com aquele meu eu de vinte anos de idade, sobretudo porque meus exemplares estavam cheios daquelas anotações de juventude estranhamente enfáticas. Mas meu eu atual também observava minhas reações, com comentários críticos ou sardônicos do lado de fora. Os dois eus se alternavam enquanto eu lia, às vezes brigando, às vezes sentindo uma agradável surpresa mútua, às vezes um achando o outro ridículo.

Percebi que, tal como mudei nesses 25 anos, o mundo também mudou. Alguns daqueles movimentos da moda que haviam afastado o existencialismo envelheceram muito e entraram em decadência. As preocupações do século XXI não são as mesmas da segunda metade do século XX: hoje em dia, nossa propensão é, talvez, procurar algo diferente na filosofia.

Se assim for, a releitura dos existencialistas, com seu vigor e sua ousadia, permite certa renovação das perspectivas. Eles não ficavam por aí brincando com seus significados. Faziam grandes perguntas sobre o que significa viver uma vida plenamente humana e autêntica, lançados num mundo com muitos outros seres humanos também tentando viver. Tratavam de questões sobre a guerra nuclear, nossa relação com o meio ambiente, a violência, a dificuldade de conduzir as relações internacionais em tempos perigosos. Muitos queriam mudar o mundo e examinaram os sacrifícios que podemos ou não fazer para isso. Os existencialistas ateus perguntavam como podemos viver uma vida dotada de sentido na ausência de Deus. Todos escreviam sobre a angústia e a experiência de se sentirem esmagados pela escolha — sentimento que veio a se intensificar mais e mais nas áreas relativamente prósperas do mundo do século XXI, mesmo enquanto as escolhas no mundo real se fechavam de uma maneira assustadora para alguns de nós. Preocupavam-se com o sofrimento, a desigualdade e a exploração, e perguntavam se era possível fazer algo em relação a esses males. Como parte de todas essas indagações, perguntavam-se o que os indivíduos podiam fazer e o que eles mesmos tinham a oferecer.

Também perguntavam o que é um ser humano, em vista do entendimento cada vez mais sofisticado da fisiologia cerebral e da química corporal nesse último século. Se somos escravos de nossos neurônios e hormônios, como ainda podemos acreditar que somos livres? O que diferencia os humanos dos demais animais? É apenas uma diferença de grau ou somos realmente distintos de alguma maneira? O que pensar de nós mesmos?

Indagavam acima de tudo sobre a liberdade, que muitos deles consideravam o tema fundamental, base de todos os outros, e que interpretaram em termos tanto pessoais quanto políticos. Nos anos subsequentes ao declínio do existencialismo, esse tema perdeu destaque numa parte do mundo, talvez porque os grandes movimentos de libertação dos anos 1950 e 1960 tenham trazido muitas conquistas em direitos civis, descolonização, igualdade das mulheres e direitos dos homossexuais. Era como se essas campanhas tivessem conseguido o que queriam e não fizesse sentido continuar a falar em política de libertação. Numa entrevista à televisão em 1999, o acadêmico francês Michel Contat falou do Sartre dos anos 1960 como alguém que dera a ele e à sua geração "um senso de liberdade que guiou nossas vidas",[46] mas logo acrescentou que era um tema pelo qual poucas pessoas ainda se interessavam.

Mas isso foi há dezesseis anos, e desde então a liberdade voltou aos holofotes. Somos vigiados e controlados em um grau extremo, ordenhados por nossos dados pessoais, cevados com bens de consumo, mas desencorajados a falar o que pensamos ou a fazer qualquer coisa incômoda demais no mundo, relembrados sistematicamente que os conflitos raciais, sexuais, religiosos e ideológicos, afinal, não se encerraram. Talvez estejamos prontos para voltar a falar de liberdade — e falar sobre ela de maneira política também significa falar sobre ela em nossa vida pessoal.

É por isso que, lendo Sartre sobre a liberdade, Beauvoir sobre os sutis mecanismos de opressão, Kierkegaard sobre a angústia, Camus sobre a revolta, Heidegger sobre a tecnologia ou Merleau-Ponty sobre as ciências cognitivas, às vezes nos sentimos como se estivéssemos lendo as novidades mais recentes. Suas filosofias continuam a ser de interesse, não porque sejam certas ou erradas, mas porque dizem respeito à vida e se detêm nas duas maiores perguntas humanas: *Quem somos nós? O que devemos fazer?*

Ao fazer essas duas perguntas, a maioria dos existencialistas (não todos) se baseava em sua experiência de vida. Mas essa experiência estava, ela própria, estruturada em torno da filosofia. Como Maurice Merleau-Ponty sintetizou: "A vida se torna ideia, as ideias retornam à vida".[47] Essa ligação se fazia especialmente evidente quando expunham um ao outro suas ideias, coisa que faziam o tempo todo. Como Merleau-Ponty também escreveu:

> Uma discussão não é uma troca ou um confronto de ideias, como se cada um formasse as suas, mostrasse-as aos outros, examinasse as deles e retornasse para corrigi-las com as suas [...]. Quer fale alto ou baixo, cada um fala por inteiro, com suas "ideias", mas também com suas obsessões, sua história secreta.

As conversas filosóficas entre pensadores que tinham investido tanto de si em seu trabalho muitas vezes ficavam acaloradas e às vezes desandavam em francas brigas. Suas batalhas intelectuais formam uma longa cadeia de beligerância que vai de uma ponta à outra da história existencialista. Na Alemanha, Martin Heidegger se virou contra seu ex-mentor Edmund Husserl, mas depois os amigos e colegas de Heidegger lhe deram as costas. Na França, Gabriel Marcel atacou Jean-Paul Sartre, Sartre brigou com Albert Camus, Camus brigou com Merleau-Ponty, Merleau-Ponty brigou com Sartre, e o intelectual húngaro Arthur Koestler brigou com todo mundo e esmurrou Camus na rua. Quando os dois colossos filosóficos de cada nação, Sartre e Heidegger, finalmente se encontraram em 1953, a coisa não deu muito certo, e a partir daí um sempre falava do outro em tom de escárnio.

Outras relações, porém, foram excepcionalmente próximas. A mais íntima foi entre Sartre e Beauvoir, que liam os escritos um do outro e discutiam suas ideias quase todos os dias. Beauvoir e Merleau-Ponty também eram amigos desde a adolescência, e Sartre e Beauvoir ficaram encantados ao conhecer Camus.

Quando essas amizades degringolavam, geralmente era por causa das ideias — quase sempre, políticas. Os existencialistas viviam numa época de ideologias extremas e extremos sofrimentos e se engajavam nos acontecimentos do mundo, quer quisessem ou não — e em geral queriam. A narração do existencialismo, portanto, é política e histórica: em certa medida, é a história de todo um século europeu. A fenomenologia se desenvolveu inicialmente antes e durante a Primeira Guerra Mundial. Então surgiu Heidegger, na problemática situação da Alemanha no entreguerras. Quando Sartre foi a Berlim em 1933, viu marchas e bandeiras nazistas por toda parte, e a sensação de mal-estar permeou sua obra. O existencialismo de Sartre e de Beauvoir atingiu a maioridade durante a Segunda Guerra Mundial, com a experiência francesa da derrota e da ocupação, e seguiu em frente a velas pandas com enormes expectativas para o mundo pós-1945. Ideias existencialistas entraram na onda crescente de anticonformismo dos anos 1950 e, depois, no idealismo plenamente desabrochado do final dos anos 1960. Ao longo de tudo isso, os existencialistas mudavam suas ideias conforme mudava o mundo; com suas guinadas constantes — e nem sempre do lado certo, para dizer o mínimo —, eles continuavam, se não coerentes, pelo menos interessantes.

Em suma, os existencialistas habitavam em seu mundo histórico e pessoal, tal como habitavam em suas ideias. Essa noção de uma "filosofia habitada"[48] tomei de empréstimo a Iris Murdoch, a filósofa e romancista inglesa que escreveu o primeiro livro completo sobre Sartre e foi precoce adepta do existencialismo (embora depois tenha se afastado dele). Para Murdoch, não devemos esperar que os filósofos morais "vivam de acordo com" suas ideias de maneira simplista, como se seguissem um conjunto de regras. Mas ao menos podemos esperar que eles mostrem como vivem *dentro* de suas ideias. Deveríamos poder olhar pelas janelas de uma filosofia, por assim dizer, e ver como as pessoas ocupam esse espaço da filosofia, como se movem e se conduzem dentro dele.

Inspirada pelos lemas de Merleau-Ponty sobre as ideias vividas e pela "filosofia habitada" de Iris Murdoch, movida por estranhas sensações ao refazer meus passos, quero explorar a história do existencialismo e da fenomenologia de uma forma ao mesmo tempo filosófica e biográfica. Trata-se de uma combinação que atraiu muitos deles (e que um repudiou: Heidegger), o que também alimentou minha vontade de tentar a mesma coisa. Penso que a filosofia fica mais interessante quando seu perfil tem os moldes de uma vida. Da mesma maneira, penso que a experiência pessoal é mais interessante quando refletimos filosoficamente sobre ela.

Esta será uma narração do século XX, e é por isso que não haverá quase mais nada sobre os protoexistencialistas Nietzsche e Kierkegaard. Também não me deterei muito sobre os existencialistas teológicos e os psicoterapeutas existencialistas: são fascinantes, mas precisam de livros específicos que lhes façam justiça. Por outro lado, pessoas como Iris Murdoch, o "neoexistencialista" inglês Colin Wilson, o combativo Norman Mailer com seu "Partido Existencialista" e o romancista Richard Wright, de influência existencialista, compareçam aqui por várias razões. Alguns apenas pelo papel interessante que tiveram na vida dos outros: pessoas como o filósofo ético Emmanuel Levinas, o dinâmico salvador de manuscritos Herman Leo Van Breda e o fenomenólogo tcheco Jan Patočka, que desafiou o regime de seu país e morreu por ele.

As duas grandes figuras na narração são, inevitavelmente, Heidegger e Sartre — mas os que conhecem *Ser e tempo* ou *O ser e o nada* talvez se surpreendam ao encontrar essas obras-primas fatiadas em pedacinhos e misturadas como lascas de chocolate num biscoito, em vez de tratadas, por assim dizer, como uma barra inteira. E talvez eles nem sejam, ao fim e ao cabo, os pensadores com mais coisas a dizer.

Esses filósofos, junto com Simone de Beauvoir, Edmund Husserl, Karl Jaspers, Albert Camus, Maurice Merleau-Ponty e outros, parecem-me ter participado de uma conversa poliglota e polifônica que se estendeu do começo ao fim do século XX. Muitos nunca se conheceram. Apesar disso, gosto de imaginá-los num café mental grande e movimentado, provavelmente parisiense, cheio de vida e animação, barulhento com conversas e ideias, um café definitivamente *habitado*.

Quando espiamos pelas janelas, as primeiras figuras que vemos são as conhecidas, discutindo e pitando seus cachimbos, inclinadas uma para a outra, frisando seus pontos de vista. Ouvimos o tinir dos copos, o bater das xícaras, enquanto os garçons passam entre as mesas. No grupo maior, na frente, um sujeito atarracado e uma mulher elegante de turbante bebem na companhia de amigos mais jovens. Ao fundo, há outros em mesas mais tranquilas. Alguns dançam, talvez outro escreva numa sala reservada no andar de cima. Em algum lugar, erguem-se vozes irritadas, mas há também um murmúrio de amantes nas sombras.

Podemos entrar e sentar: talvez na frente, talvez num canto discreto. São tantas as conversas para ouvir que nem sabemos para que lado aguçar os ouvidos.

Mas, primeiro, antes que o garçom chegue...

O QUE É O EXISTENCIALISMO, AFINAL?

Alguns livros sobre o existencialismo nunca tentam responder a essa pergunta, pois é difícil dizer. Os principais pensadores discordavam tanto que qualquer resposta inevitavelmente excluirá ou distorcerá alguém. Além disso, não está muito claro quem era e quem não era existencialista. Sartre e Beauvoir eram dos poucos que aceitavam esse rótulo,[49] e mesmo eles, no começo, relutaram. Outros o rejeitavam, muitas vezes com razão. Alguns dos principais pensadores neste livro eram fenomenólogos, mas de forma alguma existencialistas (Husserl, Merleau-Ponty), ou eram existencialistas, mas não fenomenólogos (Kierkegaard); alguns não eram nem uma coisa nem outra (Camus), e alguns foram uma ou as duas coisas, mas depois mudaram de ideia (Levinas).

Apesar disso, segue minha tentativa de definir o que fazem os existencialistas. Ponho aqui só como referência, mas esteja à vontade para pular essa passagem e voltar se e quando quiser.

— Os existencialistas se interessam pela *existência humana concreta e individual*.

— Eles consideram a existência humana diferente das outras coisas, na espécie de ser que têm. Outras entidades são o que são, mas, como ser humano, sou o que escolho fazer de mim mesmo a cada momento. Sou *livre* —

— e, portanto, *responsável* por tudo o que faço, fato atordoante que causa

— uma *angústia* indissociável da própria existência humana.

— Por outro lado, só sou livre dentro de *situações*, que podem incluir fatores de minha biologia e psicologia, bem como variáveis físicas, históricas e sociais do mundo a que fui lançada.

— Apesar das limitações, sempre quero mais: estou apaixonadamente envolvida em *projetos* pessoais de todas as espécies.

— Assim, a existência humana é *ambígua*: encerrada dentro de limites, mas ao mesmo tempo transcendente e divertida.

— Um existencialista que também é *fenomenólogo* não oferece regras fáceis para lidar com essa condição, mas se concentra em *descrever* a experiência vivida, tal como ela se apresenta.

— Ao descrever bem a experiência, ele espera entender essa existência e nos despertar para modos de viver vidas mais *autênticas*.

Voltemos agora a 1933 e ao momento em que Sartre foi para a Alemanha, para se instruir sobre aqueles novos filósofos que o convidavam a prestar atenção no coquetel na mesa e em todo o resto na vida — em suma, nas coisas mesmas.

2
Às coisas mesmas

Em que encontramos os fenomenólogos.

Com a intenção de conhecer a fenomenologia, Sartre foi a Berlim, mas poderia encontrar a área central dos fenomenólogos numa cidade menor, mais perto de casa: Friburgo em Brisgóvia, no sudoeste da Alemanha, fronteira com a França.

Com o Reno a separá-la da França a oeste e a escura Floresta Negra a protegê-la a leste, Friburgo era uma cidade universitária com cerca de 100 mil habitantes, população que muitas vezes aumentava com os caminhantes ou esquiadores que passavam por ali rumo a suas férias nas montanhas — atividade em voga nos anos 1920 e 1930. Eles animavam as ruas de Friburgo com suas botas ferradas, joelhos bronzeados e cintos bordados em cores vivas, bem como com os bastões de caminhada guarnecidos de plaquetas de metal mostrando as rotas que já haviam conquistado.[1] Além deles e dos estudantes, os moradores mais tradicionais de Friburgo levavam a vida cercados por elegantes prédios universitários e uma catedral imponente, com sua torre de arenito trabalhada como renda cintilando em tom rosado ao entardecer. Mais além, havia bairros ocupando os montes em volta, sobretudo o enclave de Zähringen, ao norte, com as casas de muitos professores universitários em suas encostas.

Era uma cidade muito católica e intelectual, cuja atividade de estudos girava em torno do seminário e da universidade. Esta agora contava com um grupo importante no Departamento de Filosofia: os fenomenólogos. De início, o termo designava os seguidores de Edmund Husserl, que assumiu a cátedra de filosofia em Friburgo em 1916. Husserl levou para lá seus discípulos e alunos, e recrutou outros mais, de modo que, mesmo depois de se aposentar em 1928, Friburgo continuou como centro de seu trabalho por muito tempo. Ela ganhou o apelido de "Cidade da Fenomenologia", dado por um estudante, Emmanuel Levinas, o brilhante jovem judeu lituano cujo livro Sartre iria depois comprar em Paris. A trajetória de Levinas foi a mesma de muitos convertidos à fenomenologia. Em 1928, quando estudava filosofia em Estrasburgo, perto da fronteira francesa, Levinas viu alguém na cidade lendo um livro de Husserl. Interessado, resolveu lê-lo e prontamente providenciou sua transferência, para poder estudar com Husserl em pessoa. Toda a sua maneira de pensar mudou. Como ele escreveu: "Para os jovens alemães que conheci em Friburgo, essa nova filosofia é mais do que uma nova teoria; é um novo ideal de vida, uma nova página da história, quase uma nova religião".[2]

Sartre bem poderia ter se juntado a esse grupo também. Se tivesse ido para Friburgo, quem sabe o levassem para caminhar e esquiar, e ele se tornaria um montanhista esguio em vez do "verdadeiro Budazinho"[3] que disse ter se tornado com as cervejas e os bolinhos de Berlim. Mas ele ficou no Instituto Francês da capital lendo os livros dos fenomenólogos, principalmente Husserl, e aprendendo os termos alemães complicados à medida que avançava. Passou o ano formulando suas ideias "às custas de Husserl",[4] como disse mais tarde, mas nunca conheceu pessoalmente o mestre. Husserl provavelmente nunca ouviu falar dele. Talvez tenha sido melhor assim, pois é provável que se mostrasse indiferente à reelaboração de suas ideias feita pelo jovem existencialista francês.

Se pudéssemos fazer como Levinas, inscrevendo-nos para as aulas de Husserl em Friburgo no final dos anos 1910 e início dos anos 1920, talvez no começo ficássemos desapontados. Husserl não parecia nem falava como um guru e nem mesmo como o fundador de um grande movimento filosófico. Era calmo, com óculos redondos de armação de metal e um olhar suave. Quando jovem, era loiro, de cabelo ondulado macio, que logo escasseou e lhe deixou uma calva no alto, encimando o rosto com bigode e barba aparada.[5] Quando falava, gesticulava com as mãos muito minuciosamente: uma pessoa que assistiu a uma de suas palestras disse que ele parecia um "relojoeiro enlouquecido". Outra testemunha, o filósofo Hans-Georg Gadamer, comentou sobre "os dedos da mão direita fazendo círculos na palma aberta da esquerda, num lento movimento giratório",[6] enquanto Husserl destacava cada ponto — como se girasse a ideia na palma da mão para observá-la de diversos ângulos. Num curtíssimo vídeo gravado em 1936, em que Husserl, já idoso, aparece andando num jardim com a filha, podemos vê-lo levantando e abaixando a mão enquanto fala.[7] Ele mesmo sabia de sua tendência a uma repetição compulsiva: contava às pessoas que, quando menino, ganhara um canivete de presente e ficara encantado, mas afiava-o tão obsessivamente que gastou toda a lâmina e só sobrou o cabo. E ponderava: "Pergunto-me se minha filosofia não se parece com esse canivete".[8]

Durante a infância, não havia nenhum sinal de que seus talentos residiam na filosofia. Nascido em 8 de abril de 1859 na cidade morávia de Prostějov (ou Prossnitz, para os de fala alemã como ele; agora faz parte da República Tcheca), Husserl vinha de uma família judaica, mas converteu-se ao luteranismo na juventude. Nunca se destacou como aluno. Um ex-colega contou a um biógrafo que o jovem Husserl tinha "o hábito de dormir fundo durante a aula, e um de nós precisava sacudi-lo para acordá-lo. Quando o professor o chamava, ele se erguia sonolento, bocejava e ficava com um olhar parado. Uma vez, ele deu um bocejo tão grande que o queixo travou".[9] Mas isso só acontecia quando Husserl não se interessava pelo tema. Era mais atento durante sua matéria favorita na época, a matemática, que depois foi cursar na Universidade de Leipzig. Mas um colega morávio de lá, Tomáš Masaryk (mais tarde presidente da Tchecoslováquia), persuadiu-o a acompanhá-lo à Universidade de Viena, para ter aulas com um carismático professor de filosofia chamado Franz Clemens Brentano. A partir de 1884, ele passou dois anos em Viena e foi tão conquistado por Brentano que decidiu dedicar a vida à filosofia. A partir daí, parou de dormir em serviço.[10]

Brentano era o tipo de professor capaz de realizar milagres. Ex-padre formado na filosofia aristotélica, abandonara a batina e perdera um emprego anterior de professor depois de questionar a nova doutrina católica da infalibilidade papal, que considerava indefensável. Desempregado, passou um ano viajando pela Europa, conhecendo outras ideias, inclusive as do recente campo da psicologia experimental, e concluiu que a filosofia tradicional precisava se revigorar com essas fontes. Então voltou a lecionar na Universidade de Viena, de mentalidade mais arejada. Lá, incentivava os alunos a romperem com a tradição, a criticarem os grandes filósofos do passado e a pensarem por si mesmos, sempre com o cuidado de serem metódicos. Foi essa a combinação que fascinou Husserl. Provido das inovações de Brentano, ele se lançou à sua própria obra filosófica.

Seguiu-se um longo período difícil, enquanto Husserl construía lentamente sua carreira como *Privatdozent*, isto é, instrutor universitário não remunerado, sobrevivendo de pagamentos por aulas avulsas — caminho usual para ingressar na vida acadêmica alemã. Logo tinha um lar para sustentar: casou-se com Malvine Steinschneider, uma conterrânea judia também convertida ao protestantismo, e iniciou uma família de três filhos. Em meio a isso, encontrava tempo para publicar obras de filosofia cada vez mais inovadoras, em especial *Investigações lógicas* (em 1900-1) e *Ideias* (em 1913). Elas fizeram seu nome: ele obteve um trabalho remunerado em Göttingen e depois, por fim, ocupou a cátedra de filosofia em Friburgo, que se manteria como seu lar.

Husserl chegou a Friburgo em plena Primeira Guerra Mundial, em 1916, e foi um ano terrível para a família. Seus três filhos, agora adultos, participaram do esforço de guerra: a filha Elli trabalhava num hospital de campo, e os dois filhos lutaram na linha de frente. O mais velho, Gerhart, foi seriamente ferido, mas sobreviveu. O mais jovem, Wolfgang, foi morto em Verdun em 8 de março de 1916, aos vinte anos. Husserl, propenso a surtos depressivos, entrou num de seus piores períodos de desespero.

Geralmente ele saía da depressão trabalhando de maneira frenética, às vezes escrevendo grandes tratados em poucas semanas.[11] Dessa vez, foi mais difícil. Mas havia muitas coisas para distraí-lo em Friburgo. Além de escrever e dar aulas, ele agora coordenava um círculo de discípulos que formavam uma espécie de laboratório husserliano. Quando se fala em laboratório, imaginamos uma fila de fenomenólogos de avental branco trabalhando numa bancada, mas o trabalho deles assumia basicamente a forma de textos, aulas e projetos de pesquisa individuais. Mantinham um anuário em que publicavam textos fenomenológicos e davam aulas de nível básico na universidade — "jardim de infância fenomenológico",¹² como dizia Edith Stein, uma das principais assistentes. Stein ficava impressionada com a dedicação irrestrita que Husserl esperava dela e dos demais colegas. Não estava exagerando muito quando brincou com um amigo: "Tenho de ficar com ele até me casar; aí só posso aceitar um homem que também se torne assistente dele, e o mesmo vale para os filhos".

Husserl precisava ser possessivo com seus melhores seguidores, pois eram poucos — Stein estava entre eles — os que dominavam a arte de decifrar seus manuscritos. Ele tinha sua taquigrafia pessoal, baseada no sistema Gabelsberger, e enchia milhares de páginas com essa escrita peculiar minúscula num frenesi minucioso. Apesar de suas maneiras metódicas e precisas, não era ordeiro para escrever. Quando partia para novos projetos, descartava os anteriores como se fossem farelos, mas tampouco terminava esses outros. Os assistentes suavam para transcrever seus rascunhos e polir seus argumentos, mas, a cada vez que voltavam com um documento para revisão, Husserl o reescrevia como um novo texto. Sempre queria levar suas ideias a um ponto mais complexo e enigmático: algum lugar ainda não explorado. Seu aluno (e depois tradutor) Dorion Cairns se lembrava de Husserl dizendo que seu objetivo era sempre trabalhar em qualquer tema que lhe parecesse no momento o "mais penoso e incerto"¹³ — o que mais lhe causasse angústia e insegurança.

A filosofia de Husserl se tornou uma disciplina exaustiva, mas estimulante, em que é preciso renovar constantemente o esforço e a concentração. Para praticá-la, disse ele, "é necessário *um novo modo de olhar as coisas*" — um modo que nos remeta incessantemente a nosso projeto, "para ver, distinguir, descrever o que está diante de nossos olhos".¹⁴ Este era o estilo natural de trabalho de Husserl. Era também uma definição perfeita da fenomenologia.

Então, o que *é* exatamente a fenomenologia? É essencialmente um método e não um conjunto de teorias, e sua abordagem básica pode ser resumida — ao risco de uma simplificação extrema — em duas palavras: DESCREVER FENÔMENOS.

A primeira parte desse preceito é muito direta: a tarefa do fenomenólogo é *descrever*. É essa a atividade que Husserl recomendava incessantemente a seus alunos. Significava despir-se de distrações, hábitos, ideias feitas, pressupostos e clichês mentais a fim de dedicar a atenção ao que ele chamava de "as coisas mesmas". Devemos olhá-las de olhos bem abertos e capturá-las exatamente como aparecem, e não como pensamos que supostamente seriam.

As coisas que descrevemos com tanto cuidado se chamam *fenômenos* — o segundo elemento da definição. A palavra "fenômeno" tem um sentido específico para os fenomenólogos: designa qualquer coisa, objeto ou ocorrência comum *tal como se apresenta* à *minha experiência*, e não como pode ser ou deixar de ser na realidade.

Como exemplo, pegue-se uma xícara de café. (Husserl gostava de café: muito antes que Aron falasse da fenomenologia dos coquetéis de damasco, dizia aos alunos em seus seminários: "Deem-me meu café para que eu possa fazer fenomenologia com ele".)[15]

O que é, então, uma xícara de café? Posso definir a bebida em termos da química e da botânica da planta, acrescentar resumidamente como os grãos são cultivados e exportados, como são moídos, como a água quente passa pelo pó e então esse líquido é vertido num recipiente de determinado formato, para ser apresentado a um integrante da espécie humana que o ingere oralmente. Posso analisar o efeito da cafeína no corpo ou abordar o comércio internacional do café. Posso encher uma enciclopédia com esses fatos e ainda assim estarei longe de dizer o que é *esta* xícara de café em particular, à minha frente. Por outro lado, se procedo ao inverso e invoco um leque de associações puramente pessoais e sentimentais — como faz Marcel Proust quando molha sua *madeleine* no chá e então escreve sete volumes sobre isso —, isso tampouco me permite entender essa xícara de café como um fenômeno imediatamente dado.

Em vez disso, essa xícara de café é um aroma rico, ao mesmo tempo agreste e perfumado; é o movimento indolente de uma voluta de vapor erguendo-se de sua superfície. Quando o levo à boca, é um líquido que se move placidamente e um peso dentro da xícara de bordas grossas em minha mão. É um calor que se aproxima, então um intenso sabor carregado em minha língua, começando com um impacto levemente austero e então se distendendo num calor reconfortante, que se espalha da xícara para meu corpo, trazendo a promessa de um estado duradouro de alerta e revigoramento. A promessa, as sensações antecipadas, o cheiro, a cor e o sabor fazem, todos eles, parte do café como fenômeno. Todos emergem ao serem experimentados.

Se eu tratasse todos esses aspectos como elementos puramente "subjetivos" a serem descartados para ser "objetiva" em relação a meu café, concluiria que não restou nada de minha xícara de café enquanto fenômeno — isto é, como ele aparece na minha experiência como consumidora de café. Essa xícara de café experiencial é a única da qual posso falar com certeza, enquanto todas as outras coisas referentes à cafeicultura e à química são por ouvir dizer. Tudo isso por ouvir dizer pode ser interessante, mas, para um fenomenólogo, não vem ao caso.

Então Husserl diz que, para descrever fenomenologicamente uma xícara de café, devo deixar de lado as suposições abstratas e qualquer associação emocional invasiva. Aí posso me concentrar no fenômeno escuro, perfumado, rico, agora à minha frente. A esse "deixar de lado" ou "pôr entre parênteses" os acréscimos especulativos, Husserl chamava de "epoché" — termo tomado aos antigos céticos, que o empregavam para designar uma suspensão geral do juízo sobre o mundo. Às vezes, Husserl se referia também a uma "redução" fenomenológica: o processo de reduzir (como numa fervura) a teorização adicional sobre o que o café "realmente" é, até que nos reste apenas o sabor intenso e imediato — o fenômeno.

O resultado é uma grande libertação. A fenomenologia me libera para falar sobre o café de minha experiência como tema sério de investigação. Também me libera para falar sobre muitas áreas que surgem *apenas* quando discutidas fenomenologicamente. Um exemplo evidente, próximo ao caso do café, é a degustação de vinho de um especialista — uma prática fenomenológica, se é que existe alguma, na qual o discernir e o descrever qualidades experienciais são igualmente importantes.

Há muitos tópicos assim. Se quero comentar com você sobre uma música de dilacerar o coração, a fenomenologia me permite descrevê-la como uma música comovente, em vez de uma série de vibrações de cordas e relações matemáticas entre notas sobre as quais anexo uma emoção pessoal. Uma música triste é triste; uma canção doce é doce; são descrições fundamentais para o que é a música. De fato, o tempo todo falamos de música fenomenologicamente.[16] Mesmo se descrevo uma sequência de notas "subindo" ou "descendo", isso tem menos a ver com o movimento das ondas sonoras (de frequência maior ou menor, mais longas ou mais curtas) do que com a aparição da música em minha mente. Ouço as notas subindo uma escada invisível. Quase me ergo fisicamente da cadeira ao ouvir "The Lark Ascending" de Ralph Vaughan Williams; minha alma levanta voo. Não sou apenas eu: é o que a música é.

A fenomenologia é útil para falar sobre experiências místicas ou religiosas: podemos descrevê-las como se fazem sentir interiormente sem ter de provar que elas representam o mundo com precisão. Por razões semelhantes, a fenomenologia ajuda os médicos. Permite-lhes avaliar os sintomas médicos tal como são vivenciados pelo paciente, e não como processos físicos exclusivos. Um paciente pode descrever uma dor difusa ou penetrante, uma sensação de peso ou lerdeza ou um vago mal-estar no estômago. Os amputados muitas vezes têm sensações "fantasmas" na área do membro perdido; a fenomenologia permite a análise dessas sensações. O neurologista Oliver Sacks abordou essas experiências em seu livro *Com uma perna só*, de 1984, sobre sua recuperação de uma grave lesão que sofrera na perna. Muito tempo depois de ter se curado da lesão física, a perna parecia separada dele, como um molde de cera: Sacks conseguia movê-la, mas ela não parecia ser *dele*, por dentro. Depois de muita fisioterapia, a perna voltou ao normal, mas, se ele não tivesse conseguido convencer seus médicos de que a sensação era fenomenologicamente importante, fazia parte da condição física e não era um simples capricho pessoal, talvez não recebesse o tratamento e talvez nunca tivesse recuperado o pleno controle do membro.[17]

Em todos esses casos, o "pôr entre parênteses" ou a *epoché* de Husserl permite que o fenomenólogo ignore temporariamente a pergunta "Mas é real?", a fim de perguntar como uma pessoa vivencia seu mundo. A fenomenologia oferece um modo formal de acesso à experiência humana. Permite que os filósofos falem sobre a vida mais ou menos como fazem os não filósofos, mas permanecendo capazes de dizer a si mesmos que são metódicos e rigorosos.

A questão do rigor é crucial e nos leva de volta à primeira metade da prescrição de *descrever fenômenos*. Um fenomenólogo não pode se dar por satisfeito dizendo, ao ouvir uma música: "Que bonita!". Precisa indagar: é chorosa? É sóbria? É imponente e sublime? A questão é voltar sempre às "coisas mesmas" — aos fenômenos despidos de sua bagagem conceitual — para remover elementos fracos ou estranhos e chegar ao cerne da experiência. Talvez nunca sejamos capazes de descrever totalmente uma xícara de café. Mas é uma tarefa libertadora: devolve-nos o mundo em que vivemos. Funciona extremamente bem com as coisas que, de modo geral, não consideramos como matéria filosófica: uma bebida, uma música triste, um passeio de carro, um pôr do sol, uma sensação de desconforto, uma caixa de fotografias, um momento de tédio.

Restaura o mundo pessoal em sua riqueza, que dispomos de acordo com nossa própria perspectiva, mas que geralmente passa tão despercebido quanto o ar.

Há outro efeito colateral: em teoria, a fenomenologia deve nos libertar das ideologias políticas e outras. Obrigando-nos a ser leais com a experiência e a evitar as autoridades que procuram influenciar nossa interpretação dessa experiência, a fenomenologia tem a capacidade de neutralizar todos os "ismos" em torno dela, desde o cientificismo ao fundamentalismo religioso, ao marxismo e ao fascismo. Todos eles devem ser postos de lado na *epoché* — não têm que ficar invadindo as coisas mesmas. Isso, feito corretamente, dá à fenomenologia um gume revolucionário surpreendente.

Não admira que a fenomenologia fosse empolgante. Também podia ser desconcertante, e muitas vezes era um pouco das duas coisas ao mesmo tempo. Essa mescla de entusiasmo e perplexidade ficou evidente na reação de um jovem alemão que descobriu a fenomenologia em seus primeiros tempos: Karl Jaspers. Em 1913, ele trabalhava como pesquisador na Clínica de Psiquiatria de Heidelberg, tendo preferido a psicologia à filosofia porque gostava de sua abordagem concreta e aplicada. A filosofia lhe parecia ter perdido o rumo, ao passo que a psicologia, com seus métodos experimentais, produzia resultados definidos. Mas aí ele descobriu que a psicologia era bem-acabada *demais*: faltava-lhe a ambição grandiosa da filosofia. Nenhuma das duas satisfazia a Jaspers. Então ele ouviu falar da fenomenologia, que oferecia o melhor de ambas: um método aplicado, junto com a grande meta filosófica de compreender a totalidade da vida e da experiência. Escreveu uma carta entusiástica a Husserl, embora admitindo que ainda não tinha muita certeza do que era a fenomenologia. Husserl respondeu: "O senhor está usando o método perfeitamente. Apenas continue. Não precisa saber o que é; esta, de fato, é uma questão difícil".[18] Numa carta aos pais, Jaspers aventou que tampouco Husserl sabia o que era a fenomenologia.

No entanto, a incerteza não diminuía o entusiasmo. Como toda filosofia, a fenomenologia demandava muito de seus praticantes. Exigia "um *pensamento diferente*", escreveu Jaspers; "um pensamento que, no conhecer, lembra-me, desperta-me, traz-me a mim mesmo, transforma-me".[19] Fazia tudo isso e também dava resultados.

Além de dizerem transformar a maneira de pensarmos a realidade, os fenomenólogos prometiam mudar a maneira de pensarmos a nós mesmos. Acreditavam que não devíamos tentar descobrir o que é a mente humana, como se fosse uma espécie de substância. Em lugar disso, devíamos considerar o que ela *faz* e como capta suas experiências.

Husserl havia tomado essa ideia de seu antigo professor Franz Brentano, nos dias de Viena. Num rápido parágrafo em seu livro *Psicologia do ponto de vista empírico*, Brentano propunha que abordássemos a mente em termos de suas "intenções" — palavra enganosa, pois parece se referir a propósitos deliberados. Em vez disso, intenção significava uma ação geral de tender ou estender, da raiz latina *in-tend*, dirigir-se a ou para dentro de alguma coisa. Para Brentano, esse se estender aos objetos é o que nossa mente faz o tempo todo. Nossos pensamentos, invariavelmente, são *com* ou *sobre* alguma coisa, dizia ele: no amor, algo é amado; no ódio, algo é odiado; no julgamento, algo é afirmado ou negado.[20] Mesmo quando imagino um objeto que não está ali, minha estrutura mental ainda opera em termos de "*sobre*" ou "*acerca de*". Se sonho que um coelho branco passa por mim olhando seu relógio de bolso, estou sonhando *sobre* meu coelho onírico de fantasia. Se olho para o teto tentando entender a estrutura da consciência, estou pensando *acerca da* estrutura da consciência. Exceto no sono mais profundo, minha mente está sempre ocupada com esse *sobre*: ela tem "intencionalidade". Tomando seu germe a Brentano, Husserl lhe deu lugar central em toda a sua filosofia.

Experimente: se você tentar ficar dois minutos sem pensar em nada, provavelmente vislumbrará por que a intencionalidade é tão fundamental para a existência humana. A mente corre como um esquilo procurando comida num parque, capturando a tela brilhante de um celular, uma marca distante na parede, um tilintar de louça, uma nuvem que parece uma baleia, uma lembrança de algo que um amigo disse ontem, uma pontada no joelho, um prazo apertado, uma vaga expectativa de que vai abrir o sol, um tique-taque do relógio. Algumas técnicas orientais de meditação pretendem imobilizar essa criatura apressada, mas a dificuldade extrema em consegui-lo mostra como a inércia mental é pouco natural. Entregue a si, a mente se estende para todas as direções enquanto está desperta — e assim prossegue até mesmo na fase onírica do sono.

Entendida dessa maneira, a mente mal chega a *ser* alguma coisa: ela é um *acerca-de*. Isso diferencia a mente humana (e talvez algumas mentes animais) de todas as outras entidades que ocorrem naturalmente. Nada pode ser tão totalmente *sobre* ou *acerca de* coisas quanto a mente: mesmo um livro só revela "sobre o que é" a quem o pega e examina; do contrário, é um mero depositório. Mas dificilmente se poderia dizer que uma mente que não experimenta nada, não imagina nada, não reflete acerca de nada, seja uma mente.

Husserl viu na ideia de intencionalidade uma maneira de contornar duas grandes perguntas não respondidas da história filosófica: o que os objetos "realmente" são e o que a mente "realmente" é. Ao usar a *epoché* e colocar entre parênteses todas as considerações de realidade dos dois temas, a pessoa fica liberada para se concentrar na relação entre eles. Pode aplicar suas energias descritivas à interminável dança da intencionalidade que ocorre em nossa vida: o rodopio de nossa mente quando enlaça os fenômenos aos quais se estende, um após o outro, e os transporta incessantemente pela pista enquanto a música da vida prossegue.

Três ideias simples — descrição, fenômeno, intencionalidade — forneceram inspiração suficiente para manter salas e salas de assistentes husserlianos ocupadas durante décadas. Estando toda a existência humana à espera de sua atenção, como deixariam algum dia de ter algo para fazer?

A fenomenologia husserliana nunca teve a influência maciça do existencialismo sartriano, pelo menos não diretamente — mas foram seus alicerces que liberaram Sartre e outros existencialistas para escrever tão aventurosamente sobre tudo, desde garçons a árvores e seios. Lendo os livros de Husserl em Berlim, em 1933, Sartre desenvolveu sua arrojada interpretação pessoal, enfatizando sobretudo a intencionalidade e a forma como ela leva a mente *ao* mundo e suas coisas. Para Sartre, isso dá uma imensa liberdade à mente. Se não somos senão aquilo sobre o que pensamos, então nenhuma "natureza interna" predefinida pode nos conter. Somos proteicos. Ele deu a essa ideia uma renovação sartriana num curto ensaio que começou a escrever em Berlim, mas publicou apenas em 1939: "Uma ideia fundamental da fenomenologia de Husserl: a intencionalidade".

Os filósofos do passado, escreveu ele, ficaram presos num modelo "digestivo" da consciência: pensavam que perceber uma coisa era atraí-la para dentro de nossa substância, tal como uma aranha recobre um inseto com sua saliva para semidigeri-lo. Pelo contrário, com a intencionalidade de Husserl, ser consciente de algo é se projetar,

> arrancar-se à úmida intimidade gástrica para se estender adiante, além de si, até o que não é o si, lá adiante, perto da árvore e no entanto fora dela, pois ela me escapa e me afasta, e não posso me perder nela, assim como ela não pode se diluir em mim — fora dela, fora de mim [...]. Ao mesmo tempo, a consciência se purifica, faz-se clara como um grande vento, não há mais nada nela a não ser um movimento para fugir de si, deslizar para fora de si; se, numa hipótese impossível, "adentrássemos" uma consciência, seríamos tomados por um turbilhão e arremessados para fora, para perto da árvore, em plena poeira, pois a consciência não tem um "dentro"; ela não é senão o fora de si mesma, e é essa fuga absoluta, essa recusa de ser substância que a constituem como consciência. Imagine agora uma sequência encadeada de explosões que nos arrancam a nós mesmos, que nem sequer deixam a um "nós mesmos" o tempo de se formar atrás delas, mas que, pelo contrário, lançam-nos para além delas, na poeira seca do mundo, na terra nua, entre as coisas; imagine que somos assim lançados, deixados por nossa própria natureza num mundo indiferente, hostil e obstinado; você terá captado o sentido profundo da descoberta que Husserl exprime nessa frase famosa: "Toda consciência é consciência *de* alguma coisa".

Para Sartre, se tentamos nos fechar em nossas mentes, "num agradável quarto aquecido com as venezianas fechadas",[21] deixamos de existir. Não temos um lar acolhedor: estar na estrada empoeirada é a própria definição do que somos.

Graças ao talento de Sartre para metáforas de impacto, seu ensaio "A intencionalidade" é a introdução à fenomenologia de leitura mais fluente e uma das mais sucintas. Sem dúvida, é de leitura melhor do que qualquer coisa que Husserl escreveu. Mas, na época, Sartre já sabia que Husserl se afastara dessa abordagem da intencionalidade voltada para o exterior. Passara a tratá-la de outra maneira, como uma operação que, afinal, reconduzia tudo à mente.[22]

Muito tempo antes, Husserl considerara a hipótese de entender toda a dança da intencionalidade como ocorrência *dentro* do âmbito interior da pessoa. Como a *epoché* suspendia a indagação sobre a realidade das coisas, nada impedia essa interpretação. Real, não real; dentro, fora; que diferença fazia? Refletindo sobre isso, Husserl começou a converter sua fenomenologia num ramo do "idealismo" — a tradição filosófica que negava a realidade externa e definia tudo como uma espécie de alucinação particular.

Husserl adotou tal posição nos anos 1910 e 1920 porque ansiava por certezas. A pessoa podia se sentir insegura em relação a muitas coisas no mundo, mas de uma coisa podia estar certa: o que lhe passava pela cabeça. Numa série de palestras em Paris em fevereiro de 1929, a que compareceram muitos jovens filósofos franceses (embora Sartre e Beauvoir tenham perdido), Husserl expôs a interpretação idealista e destacou a proximidade com a filosofia de René Descartes, que dissera "Penso, logo existo" — o ponto de partida mais introspectivo possível. E, segundo Husserl, quem quiser ser filósofo deve tentar fazer pelo menos uma vez o que Descartes fez: "recolher-se dentro de si mesmo"[23] e começar tudo do zero, sobre um fundamento sólido. Ele terminava suas palestras citando santo Agostinho:

Não busques fora; retorna a ti mesmo.
A verdade mora no interior do homem.[24]

Mais tarde, Husserl passaria por outra mudança, voltando novamente a uma esfera externa, com o convívio de outras pessoas, numa fecunda mescla de experiência física e social. Em seus anos finais, discorreu menos sobre a interioridade de Descartes e Agostinho e mais sobre o "mundo" em que se dá a experiência. Mas, por enquanto, sua busca era quase inteiramente interna. Talvez as crises dos anos de guerra lhe tenham aumentado o desejo de encontrar uma zona particular, intocável, embora os primeiros movimentos nesse sentido fossem anteriores à morte do filho, em 1916, e os derradeiros tenham se prolongado por muito tempo depois. Até hoje prossegue o debate sobre a importância das mudanças de rumo de Husserl e a extensão de sua virada idealista.

O idealismo de Husserl, em seu longo reinado em Friburgo, sem dúvida se ampliou a ponto de afastar alguns discípulos muito próximos. Entre os primeiros a se queixar estava Edith Stein, logo após concluir sua tese de doutorado sobre a fenomenologia da empatia — tema que a fez procurar laços e ligações entre pessoas num mesmo ambiente externo, e não num mundo retirado e solitário. No começo de 1917, ambos debateram longamente o tema no gabinete de Husserl, Stein ocupando o "velho e querido sofá de couro" onde os discípulos diletos do filósofo costumavam se sentar. Os dois discutiram durante duas horas sem chegar a um acordo, e logo depois Stein deixou o cargo de assistente de Husserl e saiu de Friburgo.[25]

Ela tinha outras razões para ir embora: queria dispor de mais tempo para seu próprio trabalho, o que era difícil com as exigências de Husserl. Infelizmente, não foi fácil encontrar outra colocação. Primeiro, ela não pôde assumir um cargo formal na Universidade de Göttingen por ser mulher. Depois, quando surgiu uma vaga em Hamburgo, nem sequer se inscreveu, pois tinha certeza de que sua origem judaica seria um obstáculo: o departamento contava com dois filósofos judeus, o que já constituiria o limite.[26] Ela voltou à sua cidade natal, a Breslávia (agora Wrocław, na Polônia), e lá continuou a trabalhar em sua tese. Converteu-se ao cristianismo depois de ler a autobiografia de santa Teresa d'Ávila e em 1922 tornou-se freira carmelita — uma transformação drástica. A Ordem lhe concedeu licença especial para prosseguir nos estudos e encomendar livros de filosofia.[27]

Enquanto isso, em Friburgo, sua saída deixou uma lacuna no círculo de Husserl. Em 1918 — muito antes que Sartre tivesse ouvido falar deles ou pensado em ir à Alemanha —, essa lacuna foi preenchida por outro jovem fenomenólogo marcante. Chamava-se Martin Heidegger, e se revelaria muito mais problemático para o mestre do que a rebelde e resoluta Edith Stein.

Se Sartre tivesse ido a Friburgo em 1933 e encontrado Husserl e Heidegger, de fato seu pensamento poderia ter tomado outro rumo.

3
O mago de Messkirch

*Em que Martin Heidegger aparece
e ficamos perplexos com o ser.*

A provocação de Martin Heidegger a Husserl apareceu nas primeiras linhas de um livro, *Ser e tempo*, que publicou em 1927 no *Anuário*, o periódico fenomenológico do próprio Husserl. A primeira página trazia uma citação aparentemente inócua do diálogo *O sofista*, de Platão:

> Pois é evidente que sabes há muito tempo o que queres dizer ao usar a expressão "ser". Nós, porém, que outrora pensávamos entendê-la, agora estamos em perplexidade.[1]

E Heidegger prossegue: entre todas as coisas desconcertantes sobre o "ser", a que gera mais perplexidade é que as pessoas não se sentem muito perplexas com ele. Digo "o céu é azul" ou "eu *sou* feliz"[2] como se a palavrinha no meio da frase não tivesse qualquer interesse. Mas, quando paro para pensar, percebo que ela levanta uma questão fundamental e misteriosa. O que pode significar dizer que alguma coisa *é*? Os filósofos em sua maioria não deram atenção a essa questão; um dos poucos a abordá-la foi Gottfried von Leibniz, que a formulou assim, em 1714: Por que afinal existe alguma coisa, em vez de nada?[3] Para Heidegger, esse "porquê" não é o tipo de pergunta que busca resposta na física ou na cosmologia. Nenhuma explicação do Big Bang ou da divina Criação é capaz de satisfazê-lo. A razão de fazer a pergunta é principalmente surpreender a mente. Se tivéssemos de resumir a investida inicial de Heidegger em *Ser e tempo* numa única palavra, essa palavra seria "uau!".

Foi o que levou o crítico George Steiner a chamar Heidegger de "o grande mestre do assombro" — a pessoa que "colocou um obstáculo fulgurante no caminho do óbvio".[4]

Como novo ponto de partida para a filosofia, esse próprio "uau!" é, em si mesmo, uma espécie de Big Bang. É também uma grande bronca em Husserl. Espera-se que percebamos que ele e seus seguidores estão entre os primeiros a não conseguirem se surpreender com o ser, pois estão recolhidos em sua interioridade, olhando o próprio umbigo. Esqueceram a realidade bruta na qual deveríamos, todos nós, estar tropeçando o tempo todo. O livro de Heidegger elogia cortesmente os métodos fenomenológicos de Husserl[5] e traz uma dedicatória a ele "com amizade e admiração". Mas também sugere claramente que Husserl e sua turma acabaram se perdendo dentro da própria cabeça, que é o próprio lugar da incerteza e do isolamento de onde a intencionalidade deveria supostamente resgatá-los. Acordem, fenomenólogos! Lembrem-se do ser — lá fora, aqui dentro, sob vocês, acima de vocês, pressionando vocês. Lembrem-se das coisas mesmas, e lembrem-se de seu *próprio* ser!

Curiosamente, a inspiração inicial de Heidegger para seguir por esse caminho foi a leitura de Franz Brentano — não o seu parágrafo sobre a intencionalidade, mas sua tese de doutorado, abordando os diversos sentidos da palavra "ser" nas obras de Aristóteles. O filósofo que levou Heidegger a prestar atenção no ser foi o mesmo que levou Husserl à intencionalidade e, depois, à guinada para a interioridade.

Heidegger descobriu a tese de Brentano[6] aos dezoito anos de idade, quando morava em sua cidade natal de Messkirch, não muito longe de Friburgo, mas na região da Suábia no Alto Danúbio. É uma cidadezinha católica tranquila, dominada por uma igreja desvairadamente barroca ao estilo local. Seu interior, um verdadeiro festival de excessos brancos e dourados, com enxames de santos, anjos e querubins voando, desponta como uma agradável surpresa depois de sua fachada austera e das florestas sombrias e solenes rodeando a cidade.

Martin, nascido em 26 de setembro de 1889, era o primogênito, com uma irmã mais nova, Marie, e um irmão, Fritz.[7] O pai, Friedrich, era o sacristão da igreja, e a família morava logo em frente dela: a casa ainda existe, de telhado pontiagudo, com a frente lisa, em meio a outras duas. Desde pequenos, Martin e Fritz ajudavam nas tarefas da igreja, colhendo flores para a decoração e subindo ao campanário de manhã, para dar as sete badaladas do sino. A cada Natal, começavam cedíssimo. Tomavam café com leite e comiam bolo ao lado da árvore de Natal em casa, e já antes das quatro da manhã atravessavam a pracinha até a igreja e tocavam o *Schrecke-läuten* (toque de alarme) que acordava todos os habitantes da cidade. Na Páscoa, deixavam os sinos em paz e, em vez deles, giravam uma manivela que fazia uns pequenos martelinhos baterem na madeira, produzindo um som de chocalho surdo.[8]

O martelar na madeira ou no metal ressoava por todo o mundo de Martin, pois seu pai também era o mestre tanoeiro da cidade, fazendo barris, tonéis e outros objetos.[9] (Uma rápida busca na internet nos relembra que os tanoeiros faziam "barris, tonéis, tinas, dornas, barricas, batedeiras de manteiga, pipas, barriletes, galões de diversas capacidades" — uma bela lista de objetos que agora parece um sonho quase esquecido.) Os meninos iam até a floresta vizinha, depois que os lenhadores terminavam o trabalho, para recolher pedaços de madeira que o pai poderia usar.¹⁰ Heidegger, mais tarde, escreveu à noiva contando suas memórias da oficina de tanoaria do pai, bem como do avô sapateiro, que se sentava numa banqueta de três pernas martelando e pregando as solas dos sapatos, à luz de um lampião.¹¹ Vale a pena nos determos em tudo isso porque essas imagens de infância permaneceram importantes durante toda a vida de Heidegger, mais do que para a maioria dos escritores; ele nunca abandonou sua lealdade ao mundo que evocavam.

Quando terminava suas tarefas, o "filho prestativo" passava correndo pela igreja, atravessava o parque do castelo igualmente grandioso de Messkirch e ia para a floresta, onde se sentava com os deveres da escola num banco rústico ao lado de uma trilha no meio da mata. O banco e a trilha o ajudavam a deslindar qualquer texto difícil que estivesse estudando; mais tarde, sempre que se atolava numa tarefa filosófica complicada, ele pensava no banco e na mata e enxergava a saída.¹² Seus pensamentos estavam sempre repletos de imagens de árvores escuras e da luz variegada da floresta se filtrando pelas folhas e iluminando as clareiras e os caminhos desobstruídos. Dava a seus livros títulos como *Holzwege* [Caminhos da floresta] e *Wegmarken* [Marcas do caminho]. Suas páginas ressoam com o retinir dos martelos e o toque sereno dos sinos de aldeia, com ofícios rústicos e o peso e a sensação do trabalho manual.

Mesmo em seus escritos posteriores mais rarefeitos — ou principalmente neles — Heidegger gostava de se ver como um humilde camponês suábio, talhando e aparando sua obra. Mas nunca foi propriamente um homem do povo. Desde a infância, havia algo que o distinguia. Era tímido, franzino, de olhos negros, boca miúda, lábios apertados, e durante toda a vida teve dificuldade em olhar diretamente os olhos das pessoas.¹³ Mesmo assim, exercia um poder misterioso sobre os outros. Numa entrevista para um programa de TV da BBC, em 1999, Hans-Georg Gadamer contou que perguntara a um velho em Messkirch se tinha conhecido Martin Heidegger quando menino. O homem respondeu:

"Martin? Sim, claro que me lembro dele."

"Como ele era?"

"*Tscha* [Bem]", respondeu o homem, "o que posso dizer? Era o menorzinho, era o mais fraquinho, era o mais desobediente, era o mais imprestável. Mas mandava em todos nós."[14]

Ao crescer, Heidegger frequentou o seminário e depois foi para Friburgo, onde estudou teologia. Mas, nesse meio-tempo, seu contato com a tese de Brentano o levou a mergulhar em Aristóteles e a se sentir mais atraído pela filosofia do que pela teologia. Pegou emprestado na biblioteca da Universidade de Friburgo um exemplar das *Investigações lógicas* de Husserl e o manteve em seu quarto durante dois anos.[15] Ficou fascinado ao ver que a filosofia de Husserl não tratava de Deus. (Husserl, embora cristão, mantinha uma separação entre sua fé e seu trabalho.) Heidegger estudou o método husserliano de dar atenção cerrada e fazer a descrição dos fenômenos.

Então seguiu Husserl ao se transferir para a filosofia e construir sua carreira vivendo à míngua como *Privatdozent* não remunerado durante anos. Também como Husserl, passou a ter família para sustentar: casou-se com Elfride Petri em março de 1917 e tiveram dois filhos, Jörg e Hermann. Elfride era protestante, e, para não deixar nenhuma brecha, tiveram um casamento civil no cartório e dois casamentos religiosos, um protestante e um católico — feito isso, ambos romperam totalmente com suas respectivas igrejas. Heidegger deixou oficialmente de se considerar um fiel, embora não seja difícil encontrar em sua obra sinais de um anseio pelo sagrado. O casamento durou, apesar de infidelidades de ambos os lados. Muitos anos depois, Hermann Heidegger revelou um segredo que sua mãe lhe contara muito tempo antes: seu verdadeiro pai não era Martin Heidegger, e sim um médico com quem ela tivera um caso.[16]

Nos primeiros tempos de estudo e docência de Heidegger em Friburgo, Husserl ainda não estava lá; tão logo chegou, em

1916, Heidegger começou a procurá-lo. De início, Husserl respondia de maneira vaga e formal. Depois, como aconteceu com muitos outros, ele se encantou com aquele rapaz estranho. No final da guerra, Husserl já sentia tanto entusiasmo quanto Heidegger em *symphilosophein* — filosofar juntos, no termo grego que o círculo deles gostava de usar.[17]

Naquela época, Husserl ainda sofria profunda dor pela morte do filho na guerra — e Heidegger tinha mais ou menos a mesma idade dos filhos de Husserl. (Ao contrário destes, ele não fora para a frente de batalha em razão de problemas cardíacos, sendo designado como censor de correspondência e assistente da estação meteorológica.) A proximidade do jovem Heidegger teve um efeito extraordinário em Husserl. "Oh, sua juventude — que alegria é para mim", escreveu ele.[18] Tornava-se atipicamente efusivo, chegando numa carta a acrescentar três pós-escritos, censurando-se em seguida por parecer uma matraca velha.[19] Relembrando mais tarde, Husserl se espantou ao ver até que ponto se afeiçoara pelo rapaz, mas não é difícil entender como isso aconteceu.[20] Em sua festa de aniversário de 61 anos, em 1920, sua esposa Malvine gracejou, dizendo que Heidegger era o "filho fenomenológico".[21] Heidegger desempenhava alegremente o papel de filho adotivo, às vezes começando suas cartas com "Querido amigo paterno". Certa vez escreveu uma carta a Husserl, agradecendo-lhe a hospitalidade, em que dizia: "Realmente tive a sensação de ser recebido como um filho".[22]

Em 1924, Husserl ajudou Heidegger a conseguir um emprego remunerado na Universidade de Marburgo, não muito longe de Friburgo. Ele ficou lá por quatro anos. Em 1928, aos 39 anos, voltou a Friburgo para assumir a cátedra que vagara com a aposentadoria de Husserl — novamente com o prestimoso apoio do mestre. Foi um alívio voltar: Heidegger nunca se sentira feliz em Marburgo, que chamava de "buraco nevoento",[23] mas foi onde recebeu seu primeiro grande empurrão, e enquanto permaneceu por lá também manteve um caso estonteante com sua aluna Hannah Arendt.

Nos anos de Marburgo, Elfride Heidegger utilizou uma herança para comprar um terreno próximo, na aldeia de Todtnauberg, na Floresta Negra, a 29 quilômetros de Friburgo, que dava para a grandiosa curva que se estendia até o vale e a aldeia. Ela projetou a construção de um chalé de madeira, encravado na vertente da colina.[24] Era um presente para o marido: muitas vezes ia toda a família, mas Heidegger passava muito tempo trabalhando ali sozinho.

A paisagem, recortada por várias trilhas para ajudá-lo a pensar, era ainda mais bonita do que a de sua infância. Tal como agora, era frequentada por aficionados de esqui, trenó e caminhadas, mas nos serões ou fora de temporada o local era quieto e tranquilo, com as árvores de grande porte sobranceando a paisagem como solenes adultos observando as brincadeiras das crianças. Quando estava ali sozinho, Heidegger esquiava, caminhava, acendia o fogo da lareira, cozinhava uma comida simples, conversava com os camponeses vizinhos e passava longas horas à escrivaninha, onde — como escreveu a Arendt em 1925 — escrevia seus textos na cadência tranquila de um homem cortando lenha na floresta.[25]

Aos poucos, Heidegger também introduziu a imagem de camponês em seu emprego na cidade. Começou a usar uma versão do traje tradicional da Floresta Negra, feita especialmente para ele: um casaco marrom de agricultor, com lapelas largas e colarinho alto, e calções pela altura dos joelhos. Seus alunos diziam que este era seu estilo "existencial" ou "mais próprio" [*wesen*], referência a uma das expressões favoritas dele.[26] Consideravam-no engraçado, mas ele não participava da piada porque seu senso de humor se situava em algum ponto entre o excêntrico e o inexistente. Não fazia diferença: as roupas, o sotaque rústico suábio e a seriedade de Heidegger apenas intensificavam a aura mística. Seu aluno Karl Löwith dizia que a qualidade "impenetrável"[27] de Heidegger lhe conferia um poder hipnótico sobre a turma; nunca sabiam em que pé estavam e, assim, ficavam presos a cada palavra dele. Hans Jonas, que estudou com Husserl e Heidegger, comentou numa entrevista radiofônica posterior que Heidegger era, de longe, o mais entusiasmante dos dois. Quando lhe perguntaram a razão, ele respondeu que, em larga medida, era "porque ele era muito mais difícil de entender".[28]

Segundo Gadamer, o estilo próprio de Heidegger era levantar um "turbilhão arrebatador de questões" que iam se avolumando até que, finalmente, ele as envolvia em "densas nuvens escuras de frases por onde lampejava um raio",[29] deixando os estudantes assombrados. Havia algo misterioso nisso, e assim os alunos criaram outro apelido para ele: o "pequeno mago de Messkirch".[30] Mesmo entre nuvens e raios, porém, geralmente suas aulas se concentravam na leitura minuciosamente cerrada dos filósofos clássicos, exigindo extrema concentração no texto. Segundo as memórias de Hannah Arendt, contando os cursos que teve com ele, Heidegger os ensinava a *pensar*, e pensar significava "escavar".[31] Ele abria caminho até as raízes das coisas, disse Arendt, mas, em vez de alçá-los até a luz, deixava-os ali enterrados, apenas abrindo vias exploratórias em volta — assim como suas amadas trilhas seguiam em curvas tortuosas pela floresta. Anos depois, e numa atitude menos simpática, Daniel Dennett e Asbjørn Steglich-Petersen, em seu satírico *Dicionário filosófico*, definiram "heidegger" como "uma máquina pesada de perfurar grossas camadas de substância", como em "Está enterrado tão fundo que teremos de usar um heidegger".[32]

Georg Picht, que frequentou os cursos de Heidegger aos dezoito anos, dizia que a força de seu pensamento era algo quase palpável. Podia-se sentir quando Heidegger entrava na sala, e ele também trazia em torno de si uma aura de perigo. Suas aulas eram uma forma de teatro, "magistralmente encenadas". Heidegger insistia que os alunos pensassem, mas não precisavam responder. "Ele julgava que dizer a primeira coisa irrefletida que viesse à mente, o que hoje se chama 'discussão', era um palavrório vazio." Gostava que os estudantes fossem respeitosos, mas nunca aduladores. "Certa vez, quando uma aluna leu suas anotações, temperadas com a terminologia de Heidegger, ele a interrompeu: 'Aqui não heideggerizamos! Vamos para o assunto em questão.'"[33]

Picht desconfiava que parte dessa rudeza heideggeriana era uma reação defensiva: ele se sentia ameaçado, tanto pelos outros quanto por si mesmo. "A história do Ser podia entrar bruscamente no pessoal, e o pessoal no que devia ser pensado." Uma vez, Picht sentiu num relance assustador como seria *ser* Heidegger: "Como se poderia descrever a pessoa Heidegger? Ele vivia numa paisagem tempestuosa. Quando estávamos passeando em Hinterzarten durante um temporal violento, uma árvore foi arrancada dez metros à nossa frente. Aquilo me tocou, como se então eu enxergasse o que se passava dentro dele".

Mesmo com seus gracejos nervosos, os estudantes em torno de Heidegger sabiam que era um privilégio poder acompanhar passo a passo o desenvolvimento de uma grande filosofia. Em meados dos anos 1920, com seus cursos sobre Platão, Aristóteles ou Kant, ele imprimia uma interpretação original e invulgar a cada texto, até que os alunos sentiam que edifícios inteiros construídos por filósofos anteriores estavam prestes a desabar sobre eles. Como resumiu Hannah Arendt: "O pensar voltou à vida; os tesouros culturais do passado, tidos como mortos, ganham voz [...]. Existe um professor; talvez se possa aprender a pensar".[34]

Entre todos os momentos empolgantes que viveram, poucos poderiam se equiparar ao que ocorreu no começo de 1927. Seu aluno Hermann Mörchen recorda que Heidegger chegou a um de seus seminários e, "sem dizer uma palavra, com ar de expectativa, como uma criança mostrando seu brinquedo favorito, apresentou uma prova tipográfica que acabava de sair da gráfica".[35] Era a página de rosto de sua obra-prima, *Ser e tempo* — com aquela grande convocação inicial ao espanto, seguida por páginas de um texto estranho que seria impossível confundir com qualquer outra coisa escrita por qualquer outro filósofo, antigo ou contemporâneo.

Então, o que *é* o ser que Heidegger quer que nos desperte assombro em *Ser e tempo*, e o que são os seres que o têm?

Não é fácil definir a palavra "Sein" (ser) de Heidegger, porque aquilo a que ela se refere não é como outras categorias ou qualidades. Certamente não é um objeto. Nem é uma característica usual comum aos objetos. Pode-se ensinar a alguém o que é uma "construção" apontando para diversas estruturas, de palhoças a arranha-céus; talvez leve algum tempo, porém a pessoa acabará entendendo. Mas pode-se continuar apontando infindavelmente para cabanas, alimentos, animais, caminhos pela floresta, portais de igreja, atmosferas festivas, nuvens carregadas, dizendo a cada vez: "Olhe: ser!", e o interlocutor provavelmente ficará cada vez mais confuso.[36]

Heidegger sintetiza a questão dizendo que o Ser não é em si um ser. Isto é, não é nenhuma entidade definida ou delineada. Ele faz uma distinção entre a palavra alemã "Seiende", que pode se referir a qualquer ente individual, como um rato ou uma porta de igreja, e "Sein", que significa o Ser que esses entes seres particulares têm. (Em inglês, uma maneira de assinalar a distinção é utilizar o B maiúsculo em *Being* para *Sein* e o b minúsculo em *being* para *Seiende* [em português, usa-se respectivamente Ser e ente].) Não é uma distinção fácil de se ter em mente, mas a diferença ontológica entre o Ser e os entes é de extrema importância para Heidegger.[37] Se confundirmos os dois, cairemos em erro — por exemplo, estudando alguma ciência de entes particulares, como a psicologia ou mesmo a cosmologia, pensando que estudamos o Ser em si.

Ao contrário dos entes, é difícil se concentrar no Ser e é fácil se esquecer de pensar sobre ele. Mas um ente particular tem um Ser mais perceptível do que outros, e esse ente sou eu mesma porque, ao contrário das nuvens e dos portais, sou o ente que indaga sobre seu Ser. Até se evidencia que já tenho uma vaga compreensão preliminar e não filosófica do Ser — do contrário, eu nem pensaria em indagar sobre ele.[38] Por isso sou o melhor ponto de partida para a investigação ontológica. Sou o ente sobre cujo Ser indago e, ao mesmo tempo, o ente que já como que conhece a resposta.

Eu mesma, então, sou o caminho. Mas Heidegger volta a frisar que isso não significa que eu deva me matricular em cursos de ciências humanas como antropologia, psicologia ou sociologia. Essas indagações meramente "ônticas"[39] não têm nenhuma contribuição a dar para uma investigação ontológica. Como os refugos especulativos removidos pela *epoché* de Husserl, o mais provável é que elas apenas atrapalhem nossa investigação com ideias desnecessárias. Se eu quiser saber o que é um ente humano, de nada adianta fazer um eletroencefalograma da pessoa para medir as ondas cerebrais, nem analisar exemplos de comportamento. Assim como Karl Jaspers passara da psicologia para a fenomenologia a fim de praticar "um *pensamento diferente*", Heidegger também sentiu que a questão do Ser ou precisa ser realmente filosófica ou não é nada.

Além disso, não deve ser filosófica na velha acepção, estritamente concentrada em problemas do conhecimento. É necessário um *novo* começo novo.

Para Heidegger, isso significa não só começar com o Ser, mas também manter atenção e vigilância constante ao pensar. Ele nos ajuda generosamente nisso, ao usar um tipo de linguagem desconcertante.

Como seus leitores logo notam, Heidegger tende a rejeitar termos filosóficos habituais em favor de termos novos que ele mesmo cria. Deixa o *Sein* alemão, ou Ser, mais ou menos intocado, mas, quando se trata de falar sobre o investigador cujo Ser está em questão (isto é, eu, um ente humano), mostra vigoroso empenho em evitar termos como humanidade, homem, mente, alma ou consciência, devido aos pressupostos científicos, religiosos ou metafísicos implícitos em tais palavras. Ele fala em "Dasein", palavra que normalmente significa "existência" de modo geral, composta por *da* (lá, ali) e *sein* (ser). Assim, o termo significa "ser-aqui" ou "ser-aí".

O efeito é desorientador e, ao mesmo tempo, instigante. Ao ler Heidegger e sentir (como é frequente) que reconhecemos uma experiência descrita por ele, vem-nos a vontade de dizer: "Isso mesmo, sou eu!". Mas o próprio termo nos afasta dessa interpretação; obriga-nos a continuar indagando. O simples fato de se acostumar a dizer *Dasein* já é meio caminho andado para entrar no mundo de Heidegger. É um termo tão importante que os tradutores para o inglês costumam mantê-lo no original alemão; uma primeira tradução parcial para o francês, feita por Henry Corbin, usou "*réalité humaine*"[40] [realidade humana], o que contribuiu para aumentar ainda mais a confusão. [Em português, costuma-se usar ser-aí ou mesmo conservar o *Dasein*.]

Quantas vezes não reclamamos que "Heidegger bem que podia falar mais fácil"? Sua terminologia artificial e complicada é um convite à paródia — como em *Anos de cão*, romance de Günter Grass de 1963 em que um personagem cai sob a influência de um filósofo não nomeado, chamando as batatas malcozidas de "tubérculos esquecidos do Ser" e expulsando roedores da tubulação de água da cozinha, enquanto reflete: "Por que ratos e não outros essentes?[41] Por que alguma coisa, afinal, em vez de nada?". E alguém é até capaz de achar que, se Heidegger tivesse algo que valesse a pena dizer, poderia ter se comunicado em linguagem comum.

O fato é que ele não quer ser comum, e talvez nem queira se comunicar no sentido usual. Ele quer obscurecer o habitual e nos provocar. George Steiner achava que o objetivo de Heidegger era não tanto ser entendido, e sim ser vivenciado por meio de uma "sensação de estranheza".[42] É algo parecido com o efeito de "alienação" ou distanciamento utilizado por Bertolt Brecht em suas peças de teatro, para impedir que a gente se envolva demais no enredo e ceda à ilusão de familiaridade.[43] A linguagem de Heidegger nos mantém alertas. É dinâmica, importuna, às vezes ridícula, muitas vezes impetuosa; numa página de Heidegger, normalmente as coisas se apresentam irrompendo ou empurrando, sendo arremessadas, inflamadas ou escancaradas. Heidegger reconhecia que sua maneira de escrever dava certa impressão de ser "desajeitada",[44] mas parecia-lhe um baixo preço para demolir a história da filosofia e nos reconduzir de volta ao Ser.

Acrescente-se que, para os leitores não alemães, parte desse ar desajeitado resulta da tradução. O alemão aceita bem a construção de palavras imensas, mas em inglês elas costumam sair cheias de hifens, rolando como vagões desparelhados ao longo de linhas inteiras. A Questão do Ser, por exemplo, é um elegante *Seinsfrage* em alemão. Mas nem o alemão consegue acomodar bem *Sich-vorweg-schon-sein-in-(der-Welt) als Sein-bei (innerweltlich begegnendem Seienden)* ou "à-frente-de-si-mesmo-já-sendo-em-(o-mundo) como ser-junto--com (entes encontrados dentro do mundo)".[45]

Uma maneira é pensar Heidegger como inovador literário e talvez até como uma espécie de autor modernista. Eu já estava bem adiantada neste livro quando, lendo o estudo *Duas vidas: Gertrude e Alice*, de Janet Malcolm, topei com excertos do romance experimental *The Making of Americans* [A formação dos americanos], de Gertrude Stein.[46] Ela começa como se fosse narrar a saga de uma família normal, mas abandona as maneiras convencionais de escrever para dizer coisas assim sobre os personagens:

> Estou sempre sentindo cada tipo deles como uma substância mais escura, mais clara, mais fina, mais grossa, mais toldada, mais límpida, mais lisa, mais encaroçada, mais granulada, mais misturada, mais simples [...] e estou sempre sentindo em cada um deles o pouco, o muito, a totalidade do tipo de coisa que são, como caroços neles unidos às vezes por partes do mesmo tipo às vezes por outros tipos de coisas neles [...]. Alguns [...] são feitos de carocinhos de um tipo de ser unidos ou separados uns dos outros, como é a impressão que dão, os caroços neles uns dos outros por outro tipo de ser neles, algumas vezes por outro tipo de ser neles

que é quase o completo oposto dos caroços neles, algumas porque os caroços estão sempre se dissolvendo no ser circundante que impede os caroços de se tocarem, em algumas porque o tipo de ser neles está espalhado tão fino neles que tudo o que aprenderam, o que gostam de ser na vida, todas as reações a tudo o que é interessante, neles, não têm nada a ver neles com o ser espalhado fino neles [...]. Alguns são sempre inteiros embora o ser neles seja uma massa carnuda com uma pele para contê-los e torná-los unos.

O "ser" neles, explica ela, "pode ser limoso, gelatinoso, pegajoso, tipo de coisa opaco branco e pode ser branco e vibrante e claro e acalorado e isso tudo não é muito claro para mim".

Heidegger não iria gostar da imprecisão de Stein, mas talvez gostasse de ver uma escritora forçando a linguagem até seus limites para evitar o efeito de embotamento das percepções comuns. Talvez também reconhecesse que a distinção de Stein entre os personagens e o "ser" neles prenunciava sua própria noção da diferença ontológica.

Assim, pode ser útil pensar em Heidegger como romancista experimental ou como poeta. No entanto, mesmo rejeitando a virtude filosófica tradicional da clareza, ele era taxativo em afirmar que era filósofo e que não havia nada meramente literário ou jocoso em sua linguagem. O que pretendia era subverter o pensamento humano, destruir a história da metafísica e recomeçar a filosofia do zero. Em vista de um objetivo geral tão violento e radical, é de se esperar um pouco de violência contra a linguagem.

A maior subversão que *Ser e tempo* pratica contra a velha escola da filosofia é abordar a questão do Dasein e seu Ser de uma maneira que Husserl deveria ter feito, mas que não ficou muito evidente: por meio da vida cotidiana.

Heidegger nos oferece o Dasein com roupa de dia de semana, por assim dizer: não em seus trajes domingueiros, mas em sua "cotidianidade".[47] Outros filósofos costumam começar com um ser humano num estado pouco usual: por exemplo, sentado sozinho num aposento, fitando as cinzas da lareira e pensando — que foi como Descartes começou. Então passam para termos simples e corriqueiros para descrever o resultado. Heidegger faz o contrário. Ele pega o Dasein em seus momentos mais comuns e então fala sobre ele da maneira mais inovadora que consegue. Para Heidegger, o Ser cotidiano do Dasein está bem aqui: é o Ser-no-mundo ou *In-der-Welt-sein*.[48]

A principal característica do Ser-no-mundo bem aqui no cotidiano do Dasein é geralmente estar ocupado fazendo alguma coisa. Não costumo contemplar as coisas: pego-as e ajo sobre elas. Se pego um martelo, normalmente não é para "fitar a Coisa-martelo", como diz Heidegger. (Ele usa uma palavra adorável, *das Hammerding*.)[49] É para trabalhar martelando pregos.

Além disso, dou minhas marteladas com vistas a alguma coisa — por exemplo, fazer uma estante para meus livros de filosofia. O martelo em minha mão condensa toda uma rede de finalidades e contextos. Revela o envolvimento do Dasein com as coisas: sua preocupação ou "cuidado" [*Sorge*].[50] Heidegger cita exemplos: fazer algo, usar algo, procurar algo, deixar algo, bem como envolvimentos negativos como descuidar ou não terminar algo. São o que ele chama de formas "deficientes", mas ainda assim são formas de cuidado. Mostram que o Ser do Dasein, em geral, é o "cuidado". A diferença entre "cuidado" e "preocupação" é um tanto obscura, mas os dois significam que o Dasein está totalmente imerso no mundo, e ocupado em alguma atividade. Aqui não estamos muito longe de Kierkegaard e de sua posição de que não apenas existo, mas tenho um interesse ou investimento em minha existência.

Meus envolvimentos, prossegue Heidegger, me levam a utilizar "equipamentos"[51] ou "coisas úteis" — objetos como o martelo, por exemplo. Eles têm um Ser particular que Heidegger chama de *Zuhandenheit*: "acessibilidade-à-mão" ou "amanualidade".[52] Quando estou martelando, o martelo tem esse tipo de Ser para mim. Se, por alguma razão, pouso o martelo e fico olhando para ele como um *Hammerding*, aí seu Ser é de outro tipo: *Vorhandenheit* ou "presença-à-mão".

Para Heidegger, o segundo grande erro dos filósofos (depois do esquecimento do Ser) é falar sobre tudo como se estivesse presente-à-mão. Mas isso é separar as coisas da "cuidadosa" maneira cotidiana como as encontramos durante a maior parte do tempo. Isso as converte em objetos para contemplação por um sujeito sem o envolvimento do cuidado, que não tem mais nada para fazer o dia todo a não ser fitar objetos. E depois as pessoas se perguntam por que os filósofos parecem distantes da vida cotidiana!

Ao cometer esse erro, os filósofos permitem que toda a estrutura do Ser mundano se desmorone e aí têm uma enorme dificuldade em reconstruí-la de uma maneira que guarde alguma semelhança com a existência diária que reconhecemos. Inversamente, no Ser-no-mundo de Heidegger, tudo já vem interligado. Se a estrutura se desfaz, é um estado "deficiente" ou secundário. É por isso que um mundo bem integrado pode ser revelado pelas ações mais simples.[53] Uma caneta invoca uma rede de tinta, papel, mesa e lâmpada, e também uma rede de outras pessoas pelas quais ou para as quais estou escrevendo, cada qual com suas próprias finalidades no mundo. Como Heidegger escreveu em outro lugar, uma mesa não é apenas uma mesa: é uma mesa de família, à qual "os meninos gostam de se ocupar com alguma coisa", ou talvez a mesa à qual "foi tomada tal ou tal decisão com um amigo numa época tal, onde tal ou tal obra foi escrita em tal época, onde tal ou tal feriado foi comemorado em tal época".[54] Temos um envolvimento não só instrumental, mas também social. Assim, para Heidegger, todo Ser-no-mundo é também um "Ser-com", um *Mitsein*.[55] Convivemos com outros num "mundo-com", um *Mitwelt*.

Assim desaparece o velho problema filosófico de provar a existência de outras mentes. O Dasein se banha no mundo-com muito antes de se perguntar sobre outras mentes. Os outros são aqueles "dos quais, na maior parte, a pessoa *não* se distingue — aqueles entre os quais também se está".[56] *Mitsein* continua a ser característico até mesmo de um Dasein que seja um náufrago numa ilha deserta ou procure se afastar de todos vivendo no alto de uma coluna, visto que essas situações se definem basicamente em referência aos outros Daseins ausentes. O Dasein de um estilita ainda é um Ser-com, mas é um modo "deficiente" (Heidegger adora esse termo) de Ser-com.[57]

Heidegger dá um exemplo que reúne tudo. Saio para passear e encontro um barco na praia. Que Ser tem o barco para mim? Não é provável que seja "apenas" um objeto, uma coisa-barco que contemplo de um ponto de vista abstrato. Pelo contrário, deparo-me com o barco como (1) uma coisa potencialmente útil, (2) num mundo que é uma rede dessas coisas, e (3) numa situação em que o barco é visivelmente útil, se não para mim, para outra pessoa. O barco ilumina ao mesmo tempo equipamento, mundo e *Mitsein*. Se eu quiser, posso considerá-lo como mero "objeto", mas isso constitui uma violência com o Ser cotidiano.[58]

O surpreendente é que a filosofia precisasse esperar tanto tempo até vir alguém dizer essas coisas. Os pragmatistas americanos como Charles Sanders Peirce, John Dewey e William James haviam explorado a vida humana como uma questão prática e ativa, mas não tinham a visão filosófica grandiosa de Heidegger, e eram mais propensos a usar o pragmatismo para trazer a filosofia ao chão que para lembrá-la de suas maiores tarefas e indagações. Husserl, de fato, tinha a mesma escala de ambição de Heidegger, mas realocara tudo em sua caverna idealista. Para Heidegger, este foi um erro fatal: Husserl colocara entre parênteses a coisa errada. Pusera entre parênteses o Ser, a única coisa que é indispensável.

Heidegger faz a grande inversão da filosofia. Em *Ser e tempo*, o mais "ontológico" é o Ser cotidiano, e não os âmbitos remotos da cosmologia ou da matemática. A preocupação e o cuidado práticos são mais primordiais do que a reflexão. A utilidade vem antes da contemplação, o acessível-à-mão antes do presente-à-mão, o Ser-no-mundo e o Ser-com-os-outros antes do Ser-só. Não pairamos sobre o grande e rico entrelaçamento do mundo, contemplando-o lá do alto. Já somos no mundo, envolvidos nele — somos "lançados" aqui. E "a condição de lançados" deve ser nosso ponto de partida.

Ou, como disse seu biógrafo Rüdiger Safranski, Heidegger "afirma o óbvio de uma maneira que até os filósofos conseguem entender".[59]

Não passou despercebido a Edmund Husserl que, apesar da dedicatória e dos elogios, *Ser e tempo* era, em parte, dirigido contra ele. Leu várias vezes para se certificar. Depois da atenta leitura inicial, ele levou o livro para suas férias no Lago de Como, na Itália, no verão de 1929, e fez um exame detalhado, anotando suas reações de incredulidade nas margens: "Mas isso é absurdo", e frequentes "?", "!" e até "?!".[60] Mas, quando Husserl reclamou que o livro era um ataque a ele, Heidegger teria dito que essa interpretação era "Bobagem!".

Heidegger, em reservado, vinha descartando cada vez mais a filosofia husserliana. Mesmo enquanto Husserl escrevia entusiásticas cartas de recomendação para ajudá-lo a conseguir emprego, Heidegger dizia a outras pessoas que considerava seu mentor "ridículo".[61] Escreveu em 1923 a Karl Jaspers, de quem agora era amigo: "Ele vive com a missão de ser o *fundador da fenomenologia*. Ninguém sabe o que é isso". (Nisso Jaspers não poderia ajudar muito, pois já admitira muito tempo antes que não sabia o que era a fenomenologia.) Em 1927, estavam claras suas divergências. Quando Husserl e Heidegger tentaram escrever juntos um artigo sobre fenomenologia para a *Enciclopédia Britânica*, no começo do ano, tiveram de desistir.[62] Entre outras coisas, um achava que o outro tinha problemas em se expressar com clareza. Nesse ponto não estavam errados. Um problema mais sério era que agora discordavam em quase tudo na definição de fenomenologia.

Husserl ficou magoado com a rebelião de Heidegger. Imaginara algo tão diferente! Tinham conversado que Heidegger pegaria o *Nachlass* de Husserl — o legado de seus manuscritos inéditos — e levaria sua filosofia ao futuro. Depois de ajudá-lo a conseguir o emprego em Marburgo, Husserl também o ajudou a ocupar sua própria vaga em Friburgo, ao se aposentar — esperando, como reconheceu depois, que assim traria Heidegger de volta ao aprisco. Mas, ali se instalando Heidegger, Friburgo se tornou a Cidade de Duas Fenomenologias. A versão husserliana parecia cada vez menos empolgante, enquanto a heideggeriana se tornava um culto.

Heidegger fez um longo discurso[63] na comemoração do aniversário de setenta anos de Husserl, em 8 de abril de 1929, com conotações levemente ofensivas à guisa de homenagem, ressaltando que a filosofia de Husserl devia se prestar a reelaborações e mudanças de orientação. Em seu discurso de agradecimento, Husserl disse que era verdade que tentara cumprir uma tarefa, mas grande parte estava inacabada. Outra conotação aqui: ele estava no caminho certo, a despeito do que pensasse Heidegger, e todos deviam se unir a ele para concluir o trabalho.

O comportamento de Heidegger foi infame, mas as expectativas de Husserl eram excessivas.[64] Seu desejo de moldar Heidegger como um mini-Husserl para a geração seguinte devia ser sufocante. Não havia por que pensar que Heidegger devesse segui-lo sem questionar; a filosofia nunca se desenvolve dessa maneira. Na verdade, quanto mais revolucionária é uma filosofia, mais provável é que surjam revoltas contra ela, exatamente porque impõe tremendos desafios.

Mas Husserl não se considerava da velha guarda, de quem a nova geração deve naturalmente divergir e crescer. Pelo contrário, pensava que *ele* é que estava se tornando cada vez mais radical, ao passo que os mais jovens não conseguiam acompanhá-lo. Via-se como "um líder eleito sem seguidores, isto é, sem colaboradores no novo espírito radical da fenomenologia transcendental".[65]

Para ele, o erro filosófico de Heidegger era permanecer no nível da "atitude natural" ou do "senso comum".[66] Parece uma acusação estranha: o que haveria de errado nisso? Mas Husserl queria dizer que Heidegger não se desvencilhara do acúmulo de suposições sobre o mundo que deviam ter sido postas de lado na *epoché*. Obcecado pelo Ser, ele se esquecera de dar um passo básico na fenomenologia.

Para Heidegger, era Husserl que andava se esquecendo. Sua interiorização no idealismo significava que ele ainda dava prioridade à mente contemplativa abstrata, em vez do Ser-no-mundo dinâmico. Desde o começo de *Ser e tempo*, ele deixa claro que não quer investigações teóricas, nem meras listas de definições e provas, mas sim uma investigação *concreta*, partindo de qualquer coisa que o Dasein esteja fazendo no momento.

Isso é mera "antropologia", replicou Husserl numa palestra de 1931.[67] Partir do Dasein concreto no mundo significa renunciar às altas aspirações da filosofia e à sua busca de certeza. Husserl não conseguia entender por que Heidegger parecia não compreender isso —, mas Heidegger estava cada vez menos interessado no que Husserl pensava. Agora era ele a figura mais magnética, atraindo os protegidos de Husserl.

* * *

Ser e tempo, de Heidegger, invoca inicialmente um mundo inconsútil de marteladores felizes, comungando com seus companheiros no *Mitsein* em comum, com um vago germe de compreensão do Ser sobre o qual nunca se detêm para pensar. Se para Heidegger tudo se resumisse a isso, provavelmente não teria inspirado tanta paixão — e se tudo na vida humana se resumisse a isso, dificilmente teríamos qualquer interesse por filosofia. Quem precisa de filósofos num mundo sem costuras nem zíperes? Felizmente para a profissão, as costuras se rasgam, os zíperes travam, as coisas se quebram. E Heidegger analisa o que vem a seguir.

Então cá estou eu martelando a estante; praticamente nem noto o martelo, só percebo o prego entrando e meu projeto geral. Se estou digitando no computador um parágrafo sobre Heidegger, não presto atenção nos dedos, no teclado ou na tela; meu cuidado passa por eles e se dirige ao que estou tentando fazer. Mas aí alguma coisa sai errado. O prego entorta ou, talvez, a cabeça do martelo se desprende do cabo e sai voando. Ou o computador trava.

Por um instante, fico olhando estupidamente o martelo quebrado ou, em vez de olhar *além* do computador, fico encarando irritada a máquina e batendo nas teclas. O que antes era acessível-à-mão agora passa a ser presente-à-mão: um objeto inerte a se encarar. Heidegger resume esse estado alterado com a cativante expressão *das Nur-noch-vorhandensein eines Zuhandenen* — "o Ser-apenas-presente-à-mão de algo acessível-à-mão".[68]

Proliferam exemplos disso no cotidiano. Em *The Mezzanine* [O mezanino], romance de Nicholas Baker que é uma envolvente narrativa fenomenológica do horário de almoço de um homem, o protagonista puxa o cadarço para amarrar o sapato, mas o cadarço se rompe. Fitando com ar de bobo o pedaço de cadarço na mão, ele se lembra de relance de episódios parecidos: a hora em que a gente puxa um filete para abrir um band-aid e o filete se solta em vez de rasgar o papel, ou a hora em que vamos usar um grampeador, mas, em vez de se cravar no papel e firmar o grampo do outro lado, ele "falha feito um desdentado",[69] mostrando que está vazio. (Li o livro vinte anos atrás, e, por alguma razão, essa breve descrição se gravou tanto em mim que, quando topo com um grampeador vazio, é raro que não me passe pela cabeça um murmúrio de "falhou feito um desdentado".)

Quando essas coisas acontecem, diz Heidegger, elas revelam "a *obstinação* daquilo a que damos nosso cuidado".[70] Essa revelação ilumina o projeto de outra maneira, junto com todo o contexto de meu cuidado com ele. O mundo deixa de ser uma máquina zunindo suavemente. Torna-se um amontoado de coisas teimosas recusando-se a cooperar, e aqui estou eu no meio disso, aturdida e desorientada — que é precisamente o estado mental que Heidegger procura induzir em nós quando lemos seus escritos.

Normalmente, um pequeno incidente como um grampeador que ficou sem grampos não acarreta o desmoronamento de todo o nosso universo. Depois de um leve sobressalto, as conexões se unem outra vez e seguimos em frente. Mas, às vezes, ocorre uma falha mais abrangente — e aí é possível que um grampeador vazio seja o catalisador que me leva a questionar toda a minha carreira e meu caminho na vida.

Um desmoronamento dos significados em tal escala aparece num conto escrito em 1902 pelo dramaturgo e libretista austríaco Hugo von Hofmannsthal, traduzido como "A carta de lorde Chandos".[71] Apresentando-se como uma legítima missiva escrita em 1603 por um aristocrata inglês, a narrativa evoca as experiências pessoais de Hofmannsthal durante um colapso em que se esfacelou toda a estrutura das coisas e pessoas que o cercavam.[72] Objetos corriqueiros de repente aparecem a Chandos como coisas vistas numa lente de aumento, impossíveis de identificar. Ele ouve gente falando sobre amigos e figuras locais, mas não consegue extrair nada coerente do que é dito. Sem conseguir trabalhar e cuidar de suas propriedades, Chandos passa horas contemplando uma pedra coberta de musgo, um cão deitado ao sol, um rastelo largado no campo. As conexões desapareceram. Não admira que chamemos uma experiência dessas de colapso. Pode ser familiar a quem sofre de depressão e também pode ocorrer em vários distúrbios neurológicos. Para Heidegger, seria um caso extremo do desmoronamento do Ser-no-mundo cotidiano, em que tudo se desarticula, se impõe e se recusa a negociar com nossa habitual e abençoada desatenção.

Heidegger nos oferece outra maneira de entender por que entortar um prego com o martelo às vezes pode ser algo desproporcionalmente desacorçoante e por que sentimos que tudo se volta contra nós. Se jogamos o miolo de uma maçã e erramos a lata de lixo, para tomar emprestado um exemplo do poema "As Bad as a Mile", de Philip Larkin, nos aborrecemos não só porque precisamos nos levantar e recolher o miolo do chão. *Tudo* pode ficar parecendo desajeitado, questionável, incômodo. Mas é no questionamento e no incômodo que começa a filosofia.

Era esse tipo de conteúdo forte, pessoal, que as pessoas procuravam na filosofia em tempos difíceis: foi uma das razões pelas quais Heidegger adquiriu tanta influência. Seu ponto de partida era a realidade em suas roupas do dia a dia, mas ele também falava em tons kierkegaardianos sobre as mais estranhas experiências na vida, os momentos em que tudo sai pavorosamente errado — e mesmo os momentos em que enfrentamos a maior injustiça de todas, a perspectiva da morte. Não deve haver muita gente que não tenha experimentado o travo desses momentos na vida, mesmo em tempos pacíficos e estáveis. Na Alemanha dos anos 1920, lançada ao caos e ao ressentimento após a Primeira Guerra Mundial, quase todos poderiam reconhecer alguma coisa na concepção de Heidegger.

Em 1929, o culto a Heidegger se alastrara para além de Friburgo e Marburgo. Naquela primavera, ele participou de uma conferência na estância alpina de Davos[73] — cenário de *A montanha mágica*, o célebre romance de Thomas Mann, de 1924, que Heidegger lera[74] e que trazia um embate de ideias entre Luigi Settembrini, um crítico italiano racionalista e antiquado, e Leo Naphta, um ex-jesuíta místico. É tentador enxergar paralelos no embate que ocorreu entre os dois grandes nomes da conferência, quando Heidegger foi contraposto a um grande estudioso humanista da filosofia kantiana e do Iluminismo: Ernst Cassirer.

Cassirer era judeu, alto, calmo e elegante, com o cabelo branco armado num vasto topete, de estilo marcante, mas antiquado, que terminava nuns caracóis por cima. Heidegger era baixo, evasivo e impositivo, com um bigode espremido e o cabelo totalmente assentado e puxado para trás. Seus debates se concentraram na filosofia de Kant, pois divergiam drasticamente em suas respectivas interpretações do filósofo. Cassirer via Kant como o último grande representante dos valores iluministas da razão, do conhecimento e da liberdade. Heidegger, que publicara pouco tempo antes seu *Kant e o problema da metafísica*, acreditava que Kant havia demolido esses valores ao mostrar que não podemos ter acesso a nenhum tipo de realidade ou conhecimento verdadeiro.

Também sustentava que o principal interesse de Kant não era primariamente a questão do conhecimento, mas sim a da ontologia: a questão do Ser.

Embora nenhum dos dois tenha saído como inconteste vencedor do debate, muitos observadores julgaram natural tomar Cassirer como um retorno a um passado civilizado, mas já ultrapassado, enquanto Heidegger seria o profeta de um futuro arriscado, porém emocionante. Um dos que interpretaram o debate dessa maneira foi Emmanuel Levinas, que agora não era mais aluno de Husserl e estava assistindo à conferência como fervoroso adepto de Heidegger. Como disse ele numa entrevista posterior, era como ver o final de um mundo e o começo de outro.[75]

Toni Cassirer, esposa de Ernst, achou Heidegger vulgar. Relembrou a chegada dele na primeira noite: todos ficaram literalmente de cabeça virada quando ele entrou, depois que os demais delegados haviam se reunido para ouvir um discurso após o jantar. A porta se abriu — de certa forma como acontece em *A montanha mágica*, em que a sedutora Clavdia Chauchat costuma entrar atrasada na sala de jantar, batendo a porta num gesto descuidado. Toni Cassirer se virou e viu um homenzinho de grandes olhos redondos. Pareceu-lhe um daqueles numerosos campônios italianos que havia nas terras alemãs naquela época, com a ressalva de que estava com seus trajes suábios. Parecia "desajeitado como um camponês que tivesse caído por acaso numa corte real".[76]

Ela ficou com uma impressão ainda pior do grupo heideggeriano quando, mais tarde, entrou numa sala onde os estudantes estavam encenando uma sátira do debate.[77] Levinas fazia o papel de Ernst Cassirer, com o cabelo empoado de talco e retorcido num birote alto que parecia um cone de sorvete. Toni Cassirer não achou graça. Anos depois, Levinas lamentou não ter se desculpado com ela pela irreverência; nessa época, além de estar mais maduro de modo geral, ele já deixara de adular Heidegger.

Alguns meses depois da conferência de Davos, em 24 de julho de 1929, Heidegger deu andamento ao tema com uma brilhante aula inaugural em Friburgo, com o título "O que é a metafísica?"[78] — o texto que Sartre e Beauvoir leriam numa tradução em 1931, sem o entender. Dessa vez, o próprio Husserl estava em meio à enorme multidão que se reunira para ouvir a apresentação do novo catedrático da universidade. Heidegger não desapontou. *O que é a metafísica?* era de agradar multidões, com as ideias mais drásticas de *Ser e tempo* somadas a algumas outras, novas. Inclusive começa com o que parece ser uma piadinha infame, uma surpresa em se tratando de Heidegger: "'O que é a metafísica?' A pergunta desperta a expectativa de uma discussão sobre a metafísica. Isso dispensaremos." A seguir, a preleção compara o nada e o Ser e traz uma longa discussão dos "estados de ânimo" — outra ideia central de Heidegger. Os estados de ânimo do Dasein vão do entusiasmo ao tédio, ou talvez à sensação difusa de opressão e inquietude descrita por Kierkegaard como *Angst* — medo ou angústia. Cada estado de ânimo mostra o mundo a uma luz diferente. Na angústia, o mundo se mostra a mim como algo "estranho" — o termo alemão "unheimlich" aqui significa literalmente "não caseiro", "não doméstico". Ele revela "a total estranheza dos entes".[79] Nesse momento não familiar, o estado de angústia inaugura o primeiro movimento questionador da filosofia — em particular aquela grande pergunta que constitui o clímax da apresentação de Heidegger: "Por que existem entes e por que não o nada?".[80]

A apresentação de Heidegger foi assustadora e sombriamente palpitante. Também tinha passagens enigmáticas, o que aumentava o efeito. Quando terminou, pelo menos um ouvinte, Heinrich Wiegand Petzet, sentiu-se à beira de desmaiar de êxtase. "As coisas do mundo se abriram e se manifestaram com um fulgor que quase chegava a doer", escreveu ele. "Por um breve instante, foi como se eu tivesse um relance da base e da fundação do mundo."[81]

Husserl, entre o público, não se sentiu muito extasiado. Agora temia o pior em relação a Heidegger: não era mais um dileto, mas um filho monstruoso. Logo depois, ele escreveu a um colega comentando sua necessidade de rejeitar totalmente a obra de Heidegger. Em outra carta, dezoito meses depois, ele relembrou aquele momento: "Cheguei à triste conclusão de que, filosoficamente, não tenho nada a ver com essa profundidade heideggeriana".[82] A filosofia de Heidegger, concluiu ele, era daquela espécie que deveria ser combatida a todo custo. Era o tipo de filosofia que ele se sentia obrigado a tentar erradicar e "impossibilitar para sempre".

4
O eles, o chamado

Em que Sartre tem pesadelos, Heidegger tenta pensar, Karl Jaspers se desanima e Husserl conclama o heroísmo.

As apresentações magnéticas de Heidegger em 1929 intensificaram seu poder de atração filosófica num país que emergira da guerra e de uma crise hiperinflacionária em 1923 apenas para se afundar outra vez na catástrofe econômica. Muitos alemães se sentiam traídos pelo governo socialista que assumira o poder numa espécie de golpe, nos estágios finais da guerra.[1] Reclamavam de judeus e comunistas e os acusavam de conspirar para destruir a causa nacional. Heidegger parecia concordar com essas suspeitas. Também se sentia desiludido e desorientado com a Alemanha dos anos 1920.

Os observadores que visitaram o país nesses anos ficaram impressionados com a pobreza e com as reações do povo, aderindo a partidos extremistas de esquerda e de direita. Quando Raymond Aron esteve lá pela primeira vez, em 1930, seu choque logo se converteu numa pergunta: Como evitar que a Europa seja arrastada para mais uma guerra?[2] Dois anos depois, a jovem filósofa francesa Simone Weil percorreu o país e fez uma reportagem para um jornal de esquerda sobre a miséria e o desemprego que estavam destruindo a estrutura da sociedade alemã.[3] Quem tinha emprego vivia com medo de perdê-lo. Quem não tinha casa ou não podia pagar aluguel se tornava mendigo ou dependia da ajuda de parentes, o que levava as relações familiares a um máximo de tensão. A calamidade podia se abater sobre qualquer um: "Veem-se idosos de colarinho alto e chapéu-coco esmolando nas saídas do metrô ou cantando nas ruas com voz alquebrada". Os velhos sofriam, enquanto os jovens, que nunca haviam conhecido outra coisa, não dispunham sequer de boas lembranças em que pudessem se refugiar.

O potencial revolucionário da situação era evidente, mas ninguém sabia para que lado iria: para os comunistas ou para os nazistas de Hitler.[4] Weil tinha esperanças de que fosse para a esquerda, mas seu receio era de que, em tempos de desespero, os uniformes austeros e a organização dos comícios nazistas exercessem maior atração do que os vagos sonhos socialistas de igualdade. Tinha razão. Em 30 de janeiro de 1933, um frágil governo de coalizão, liderado pelo presidente Paul von Hindenburg, cedeu à pressão e nomeou Adolf Hitler como chanceler. Antes uma figura cômica secundária, Hitler agora controlava o país e todos os seus recursos. As eleições de 5 de março ampliaram a maioria de seu partido. Em 23 de março, um novo decreto lhe conferiu um poder quase total. Ele o consolidou ao longo do verão. Assim, no intervalo entre o convite de Aron a Sartre após as conversas regadas a coquetéis de damasco e a efetiva mudança de Sartre para Berlim, o país se desfigurara a um grau irreconhecível.

As primeiras transformações surgiram rapidamente naquela primavera, afetando a vida privada das formas mais básicas e invasivas. Em março, os nazistas se outorgaram novos poderes para prender suspeitos e revistar casas à vontade. Criaram leis que permitiam a gravação de conversas telefônicas e vigilância da correspondência — áreas da privacidade antes consideradas invioláveis.[5] Em abril, anunciaram "boicotes" a empresas judaicas e demitiram todos os funcionários públicos considerados judeus ou de filiações antinazistas. Os sindicatos foram proibidos em 2 de maio. A primeira queima de livros se deu no dia 10 do mesmo mês. Em 14 de julho de 1933, todos os partidos políticos, à exceção do Partido Nacional-Socialista, foram oficialmente proibidos.

Além de outros povos na Europa, muitos alemães observavam horrorizados essa rápida sucessão de eventos, mas se sentiam incapazes de fazer grande coisa a respeito. Mais tarde, Beauvoir comentou espantada a pouca importância[6] que ela e Sartre haviam atribuído à ascensão do nazismo na Alemanha no começo dos anos 1930 — e isso da parte de pessoas que, depois, se dedicaram energicamente à política. Liam os jornais, disse ela, mas naqueles tempos andavam mais interessados em casos de crimes ou de excentricidades psicológicas,[7] como as irmãs Papin que assassinaram a patroa da casa onde trabalhavam como domésticas, ou o episódio de um casal convencional que levou para casa outro casal para sexo a quatro e depois se suicidou no dia seguinte. Esses episódios eram curiosidades do comportamento humano individual, ao passo que a ascensão do fascismo parecia um assunto abstrato. Sartre e Beauvoir chegaram a ter um contato perturbador com sua versão italiana no verão de 1933, logo antes da transferência de Sartre para Berlim. Eles tinham ido a Roma[8] numa viagem com desconto concedido pelas linhas ferroviárias italianas; certa noite, estavam passeando pelo Coliseu quando se viram acuados à luz de um farolete, sob os gritos de homens usando camisas negras. Ficaram espantados, mas o episódio não serviu para politizá-los muito.

Então veio o ano de Sartre em Berlim, mas ele passou grande parte do tempo tão absorvido em sua leitura de Husserl e outros que mal percebia o mundo exterior. Saía para beber com os colegas e dar longas caminhadas. "Redescobri a irresponsabilidade", relembrou mais tarde num caderno de notas.[9] À medida que o ano acadêmico avançava, as bandeiras vermelhas e negras, os comícios das SA e as explosões periódicas de violência se tornavam mais inquietantes. Em fevereiro de 1934, Beauvoir fez sua primeira visita a Sartre,[10] e ficou impressionada sobretudo com as condições da Alemanha normal. Mas, quando retornou em junho e ambos tomaram o caminho de volta de Berlim para a França, passando por Dresden, Munique e Nuremberg, a cidade favorita dos nazistas, as paradas militares e as cenas brutais que viram de relance nas ruas fizeram-nos querer sair logo do país. Agora Sartre tinha pesadelos, sonhando com tumultos urbanos e sangue respingando em potes de maionese.[11]

A sensação de angústia mesclada de irrealidade que Sartre e Beauvoir experimentavam não era incomum. Muitos alemães sentiam algo parecido, exceto os convertidos ao nazismo ou os firmes opositores e alvos diretos. O país estava mergulhado na sensação que Heidegger chamava de "estranheza".

Às vezes, os mais cultivados eram os menos propensos a levar os nazistas a sério, considerando-os absurdos demais para perdurarem. Karl Jaspers foi um dos que cometeram esse erro,[12] conforme lembrou mais tarde, e Beauvoir notou essa atitude de minimização entre os estudantes franceses em Berlim. Em todo caso, os que discordavam da ideologia de Hitler logo aprenderam, em sua maioria, a guardar suas opiniões para si mesmos. Se passava um desfile nazista pela rua, eles escapavam dali ou faziam a saudação obrigatória como todos os demais, dizendo a si mesmos que, se não acreditavam naquilo, o gesto não significava nada. Como posteriormente escreveu o psicólogo Bruno Bettelheim a respeito daquele período, poucos arriscariam a vida por algo tão pequeno quanto erguer um braço[13] — no entanto, é assim que se corrói a capacidade de resistência de uma pessoa e depois a responsabilidade e a integridade também se acabam.

O jornalista Sebastian Haffner, estudante de direito na época, também utilizou a palavra "estranho" em seu diário, acrescentando: "Tudo se passa sob uma espécie de anestesia. Acontecimentos objetivamente pavorosos despertam uma reação emocional fraca, insignificante. Cometem-se assassinatos como brincadeiras de escola. A humilhação e a decadência moral são aceitas como ocorrências secundárias".[14] Haffner considerava que parte da culpa cabia à própria modernidade: as pessoas haviam se escravizado a seus hábitos e aos meios de comunicação de massa, esquecendo-se de parar para pensar ou de interromper suas rotinas para ter tempo de indagar o que se passava.

Hannah Arendt, ex-aluna e amante de Heidegger, afirmaria mais tarde, em *Origens do totalitarismo*, seu estudo de 1951, que os movimentos totalitários prosperaram, pelo menos em parte, devido a essa fragmentação da vida moderna, que deixava as pessoas mais vulneráveis à influência dos demagogos.[15] Em outra obra, ela cunhou a expressão "a banalidade do mal"[16] para descrever as mais extremas deficiências da consciência moral pessoal. A expressão atraiu críticas, principalmente porque Arendt a aplicou a Adolf Eichmann, genocida ativo, organizador do Holocausto, cuja culpa ia muito além de uma mera falha em assumir a responsabilidade. Mesmo assim, ela se ateve à sua análise: para Arendt, se não temos uma reação adequada quando os tempos exigem, mostramos uma falta de imaginação e de atenção que é tão perigosa quanto cometer uma violência deliberada. Consiste em desobedecer ao único comando que ela absorvera de Heidegger naqueles dias de Marburgo: *Pense!*[17]

Mas o que é pensar? Ou, como perguntaria Heidegger no título de um ensaio posterior, *Was heisst denken?*.[18] A pergunta contém um jogo de palavras em alemão, podendo ser traduzida como "O que se chama pensar?" e também como "O que chama o pensar?". Seria de se esperar que Heidegger, com seus constantes lembretes para nos livrarmos da distração e do esquecimento e para questionarmos a realidade do cotidiano, estivesse, entre todos os filósofos, na melhor posição para pensar bem e convocar seus compatriotas a um alerta responsável.

Na verdade, era o que ele julgava estar fazendo. Mas não o fez da maneira que Arendt, Jaspers, Husserl e a maioria de seus outros leitores posteriores gostariam.

* * *

Ser e tempo continha pelo menos uma grande ideia que deveria ser útil para resistir ao totalitarismo. Ali escreveu Heidegger que o Dasein tende a cair sob o domínio de algo chamado *das Man*,[19] "o eles" — uma entidade impessoal que nos rouba a liberdade de pensarmos por nós mesmos. Viver autenticamente exige que se resista ou se vença essa influência, mas não é fácil porque *das Man* é muito nebuloso. Em alemão, *Man* não significa o *"man"* [homem] do inglês (que se diz *der Mann*), mas é uma abstração neutra, algo como o *"one"* na expressão em inglês *"one doesn't do that"* [ou o "se" impessoal do português: "não se faz isso"] ou o *"they"* em *"they say it will all be over by Christmas"* ["dizem que estará terminado no Natal"]. "O eles" é provavelmente a melhor tradução disponível, com a ressalva de que parece indicar um grupo "ali", separado de mim. Para Heidegger, porém, *das Man* sou *eu*. Tal como o Ser, ele é tão ubíquo que é difícil de se enxergar. Se eu não tomar cuidado, *das Man* tomará as decisões importantes que deveriam ser minhas. Ele esvazia minha responsabilidade, minha capacidade de responder.[20] Como diria Arendt, escorregamos para a banalidade, deixando de pensar.

Para resistir ao *das Man*, devo responder ao chamado da "voz de minha consciência".[21] Esse chamado não vem de Deus, como supõe a definição cristã tradicional de voz da consciência. Ele vem de uma fonte realmente existencialista: meu próprio eu autêntico. Infelizmente, é uma voz que não reconheço e posso não ouvir, porque não é a voz de meu "eu-eles" habitual. É uma versão estranha ou diferente de minha voz usual. Tenho familiaridade com meu eu-eles, mas não com minha voz não alienada — assim, numa curiosa distorção, minha voz real é a que soa mais estranha para mim. Posso não a ouvir ou posso ouvi-la, mas não saber que sou eu chamando. Posso supor erroneamente que é algo que vem de longe, talvez um apelo numa voz fininha e aguda como os pedidos de ajuda inaudíveis do herói microscópico do filme *O incrível homem que encolheu* (1957) — uma das melhores expressões, em meados do século, da paranoia sobre o fim dos poderes de uma humanidade autêntica. A ideia de ser chamado à autenticidade se tornou um tema fundamental no existencialismo posterior, interpretando-se esse chamado como algo na linha de "Seja você mesmo", em oposição ao artificialismo. Para Heidegger, o chamado é mais fundamental do que isso. É um chamado para assumir um eu que você não sabia que tinha: é despertar para seu Ser. Além disso, é um chamado à ação. Exige que você *faça* alguma coisa, tome alguma decisão.

Podemos pensar que a decisão seria desafiar o canto da sereia do eu-eles na esfera pública e, portanto, resistir à intimidação e à tendência geral ao conformismo. Podemos deduzir que a voz autêntica do Dasein nos diria para *não* erguermos o braço ao desfile à nossa frente.

Mas não era isso que Heidegger queria dizer.

Fazia algum tempo que circulavam rumores sobre as ligações nazistas de Heidegger. Em agosto de 1932, o escritor René Schickele anotou em seu diário que Heidegger, diziam, estava se dando "exclusivamente com nacional--socialistas".[22] Avisaram a Husserl que Heidegger havia feito comentários antissemitas.[23] Hannah Arendt ouviu histórias semelhantes. Ela escreveu a Heidegger no inverno de 1932-3, perguntando sem rodeios se ele era simpatizante nazista. Ele negou numa carta zangada, onde enfatizava o quanto havia ajudado alunos e colegas judeus. Ela não se convenceu, e perderam o contato por dezessete anos.[24]

Heidegger parecia capaz de ocultar suas opiniões quando lhe era conveniente. Além disso, quando estava apaixonado por Arendt, o fato de ela ser judia não parecia incomodá-lo; mais tarde, ele ficou íntimo de Elisabeth Blochmann, também de origem judaica. Dera aulas a muitos estudantes judeus e não mostrara nenhuma objeção em trabalhar com Husserl no começo de sua carreira. Na época, era usual um certo grau de antissemitismo na linguagem cotidiana; assim, podia haver margens de dúvida quanto ao fato de esses rumores sobre Heidegger serem significativos.

Mas, conforme se revelou depois, Arendt tinha razão em supor o pior a respeito dele. Em abril de 1933, todas as dúvidas sobre Heidegger se desfizeram quando ele aceitou o cargo de reitor da Universidade de Friburgo, função que lhe exigia não só implantar as novas leis nazistas, mas também ingressar no partido. Ele fez isso, e então proferiu discursos pró-nazistas inflamados aos professores e estudantes. Teria sido visto na queima de livros[25] em Friburgo em 10 de maio, acorrendo na noite garoenta, à luz de tocha, para a fogueira na praça em frente à biblioteca da universidade — quase na escada de seu próprio departamento de filosofia. Enquanto isso, em caráter particular, enchia cadernos com reflexões filosóficas que se alternavam com comentários antissemitas de sabor nazista. Quando esses "Cadernos pretos"[26] foram publicados em 2014, forneceram confirmações adicionais do que já se sabia: Heidegger foi nazista, pelo menos por algum tempo, e não por conveniência, mas por convicção.

Temos uma ideia do que ele falava e pensava durante essa época lendo o discurso inaugural que proferiu como reitor[27] perante uma assembleia do corpo universitário e de membros do partido, em 27 de maio de 1933, num salão decorado com bandeiras nazistas. A maior parte do discurso reflete a linha do partido: Heidegger fala que os estudantes alemães devem substituir a chamada "liberdade acadêmica" anterior por novas formas de trabalho, em serviços militares e "do conhecimento". Mas acrescenta toques heideggerianos típicos, ao explicar, por exemplo, que esse serviço do conhecimento fará com que os estudantes coloquem sua existência "no mais agudo perigo em meio ao Ser esmagador". Assim como o *Volk* alemão em geral enfrenta "a extrema questionabilidade de sua própria existência", da mesma forma os estudantes devem se entregar "ao questionamento essencial e básico em meio ao mundo histórico-espiritual do *Volk*". Assim, Heidegger parodiou em seu discurso dois dos temas mais profundos da filosofia existencialista: o autoquestionamento e a liberdade. Ele voltou a enfatizar esse chamado "questionamento" em outro discurso em novembro daquele ano, dessa vez para acompanhar sua (obrigatória) "Declaração de Apoio a Adolf Hitler e ao Estado Nacional-Socialista".[28] Também desenvolveu entusiásticos programas próprios de ensino, prontificando-se a acolher docentes e estudantes em seu chalé de Todtnauberg em acampamentos de verão.[29] Esses programas previam exercícios físicos e seminários de discussão — uma espécie de acampamento militar nazista filosófico.

O nazismo de Heidegger foi significativo porque agora ocupava uma posição de verdadeiro poder sobre a vida de outras pessoas. De professor amalucado usando roupas engraçadas, que escrevia belas e quase incompreensíveis obras de gênio destinadas a um pequeno número de pessoas, passara a ser o alto funcionário a quem todos os estudantes e professores deviam cortejar. Se quisesse, podia arruinar carreiras e pôr em risco a segurança física das pessoas. Heidegger dissera que o chamado do Dasein seria irreconhecível, mas poucos leitores de *Ser e tempo* teriam imaginado que seria tão parecido com um chamado à obediência nazista.

Sua posição também o levou a traições pessoais. Entre as novas leis de abril de 1933, que Heidegger teve de implantar e manter em vigor, uma delas era excluir de cargos públicos e universitários todos aqueles que os nazistas identificassem como judeus. Isso atingia Husserl: embora estivesse aposentado, ele perdeu sua posição de professor emérito e o concomitante acesso privilegiado às instalações universitárias. O filho de Husserl, Gerhart, que era professor de direito na Universidade de Kiel, perdeu o emprego por causa dessa mesma regulamentação — Gerhart, que fora ferido na Primeira Guerra Mundial e cujo irmão dera a vida pela Alemanha.[30] As novas leis eram um insulto assombroso a uma família que havia dado tanto. O único apoio da parte dos Heidegger foi enviar um buquê de flores a Malvine Husserl, com uma carta de Elfride destacando o histórico de patriotismo dos Husserl.[31] Certamente, era para que eles usassem a carta em defesa própria, caso precisassem. Mas o tom era frio e Malvine, que não era de engolir insultos calada, ficou ofendida. No mesmo ano, saiu uma nova edição de *Ser e tempo*; a dedicatória de Heidegger a Husserl desapareceu.[32]

Outro amigo observava desalentado o novo papel de Heidegger: Karl Jaspers. Ambos haviam se tornado próximos, depois de se conhecerem na festa de aniversário de Husserl — aquela em que Malvine se referiu a Heidegger como o "filho fenomenológico". Como Jaspers morava em Heidelberg, apenas de vez em quando um ia visitar o outro, mas a correspondência e a amizade à distância eram calorosas.

Tinham muitos pontos de contato filosófico. Seguindo-se ao encontro inicial com as ideias de Husserl, Jaspers passara a desenvolver um trabalho próprio, baseando-o em sua formação em psicologia e também no existencialismo kierkegaardiano. Tinha especial interesse pelos estudos de Kierkegaard sobre as escolhas "ou/ou" e a liberdade: como enfrentamos os dilemas e decidimos o que fazer. Jaspers se concentrava no que chamou de *Grenzsituationen* — situações-limite.[33] São os momentos em que a pessoa se vê acuada ou encerrada pelo que está acontecendo, mas ao mesmo tempo impelida por esses fatos até os limites ou extremos da experiência normal. Por exemplo, talvez você precise fazer uma escolha de vida ou morte, ou algo o recorda subitamente de sua mortalidade, ou alguma ocorrência o faz perceber que precisa aceitar a carga de responsabilidade pelo que faz. Para Jaspers, experimentar tais situações é quase sinônimo de existir, no sentido kierkegaardiano. Embora sejam difíceis de suportar, são enigmas em nossa existência e, assim, abrem espaço ao filosofar. Não temos como resolvê-los pensando no abstrato; eles precisam ser vividos, e, no final, fazemos nossas escolhas com todo o nosso ser. São situações *existenciais*.

O interesse de Jaspers em situações-limite tinha, provavelmente, muito a ver com seu prematuro confronto com a mortalidade.[34] Desde a infância, sofria de um problema cardíaco tão grave que sempre esperava morrer a qualquer instante. Também tinha enfisema, o que o obrigava a falar devagar, com longas pausas para recuperar o fôlego. As duas doenças significavam que ele devia administrar suas energias com muito cuidado, para terminar sua obra sem colocar a vida em risco.

Para tudo isso, ele contava com a esposa Gertrud, a quem era muito ligado. Como várias esposas de filósofos, ela se encarregava de sua agenda e o ajudava com a papelada, mas também colaborava em seu trabalho. Jaspers desenvolvia suas ideias nas discussões com a esposa, quase como Sartre iria mais tarde trabalhar com Beauvoir, com a grande diferença de que Beauvoir tinha sua própria carreira filosófica. Heidegger ficou surpreso[35] ao saber que Jaspers e Gertrud trabalhavam juntos; ele jamais pensaria em envolver Elfride a tal ponto em sua vida intelectual. Para ele, filosofia era coisa que se fazia sozinho no chalé de Todtnauberg — ou, no máximo, martelando com discípulos e alunos seletos.

Jaspers acreditava muito mais do que Heidegger no valor do pensamento compartilhado. Apesar da falta de fôlego, adorava conversar com as pessoas. Hannah Arendt, amiga de toda a vida, relembrou as conversas de ambos nos anos 1920 e 1930: "Penso em seu gabinete [...] com a cadeira à escrivaninha e a poltrona do outro lado em que você trançava e destrançava as pernas em voltas maravilhosas". Heidelberg era renomada por seus salões acadêmicos e círculos sociais: o mais famoso girava em torno do sociólogo Max Weber, mas Jaspers veio a ser o centro de outro. Ele alimentava uma reverência quase sagrada pelo ideal de universidade como centro de atividade cultural, o que o levava a ser meticuloso até com tarefas administrativas enfadonhas. Seu ideal comunicativo se alimentava de toda uma teoria da história: para ele, toda a civilização remontava a um "Período Axial" no século V a.C., durante o qual a filosofia e a cultura eclodiram simultaneamente na Europa, no Oriente Médio e na Ásia, como se uma grande bolha de intelectos tivesse brotado da superfície da Terra. "A verdadeira filosofia precisa da *comunhão* para vir a existir", escreveu ele, acrescentando: "A ausência de comunicatividade num filósofo é praticamente um critério da inverdade de seu pensamento".[36]

O entusiasmo de Jaspers pela conversa filosófica o levou a convidar Heidegger, depois de conhecê-lo na festa de Husserl, para uma visita a Heidelberg, para uma primeira sessão "sinfilosofante" em 1920, e depois para outra estadia de oito dias em 1922. Gertrud estava fora nessa segunda ocasião, e assim os dois viraram noites filosofando, como garotos numa festa atravessando a madrugada durante uma semana. Jaspers ficou animadíssimo com a ideia de criarem um periódico juntos — dois editores, dois colaboradores — que se chamaria *A Filosofia da Época*, repleto de ensaios curtos, claros e decisivos sobre aqueles tempos. A revista nunca vingou, mas a ideia estreitou a amizade entre ambos. Começaram se tratando por "Professor" nas cartas; depois passaram para "Herr Heidegger" e "Herr Jaspers", e no final de 1923 já se tratavam por "Caro Jaspers" e "Caro Heidegger".[37] Heidegger era mais contido; quando estavam juntos, às vezes mergulhava no silêncio,[38] o que fazia Jaspers falar ainda mais, para preencher o vazio. Mas Heidegger também escreveu a Jaspers dizendo que esses primeiros passos de amizade lhe haviam dado uma sensação "estranha" — um alto elogio heideggeriano.

Ambos achavam que a filosofia precisava de uma revolução, mas discordavam sobre a forma que devia adotar.[39] Também discordavam quanto ao estilo. Heidegger considerava tediosa a mania de Jaspers por listas e colunas em seu trabalho, ao passo que Jaspers leu os rascunhos de *Ser e tempo* e os considerou obscuros. Havia outros sinais iniciais de desarmonia. Uma vez, disseram a Jaspers que Heidegger falara mal dele pelas costas, e Jaspers foi tirar satisfações. Heidegger negou e acrescentou em tom chocado: "Nunca me aconteceu uma coisa dessas antes". Isso também deixou Jaspers perplexo. O caso terminou com os dois desorientados e ofendidos, mas Jaspers deixou passar.

A confusão aumentou. Com a ascensão dos nazistas, criou-se certo "afastamento"[40] na relação dos dois, como Jaspers comentou em anotações pessoais sobre Heidegger, escritas anos depois. Jaspers tinha razão em se sentir afastado pelo amigo: ele mesmo não era judeu, mas Gertrud era. Como muitos outros, de início o casal tendia a minimizar a ameaça nazista. Faziam as ponderações usuais: certamente esses bárbaros não podem ficar muito tempo no poder. Mesmo para um professor eminente, seria difícil deixar o país e recomeçar em outro lugar, separado de tudo o que dera contexto à sua vida. Além disso, sair sempre significava conseguir vistos e pagar taxas de "Saída do Reich" de caráter punitivo. A partir de 1933, Karl e Gertrud passaram a avaliar regularmente a possibilidade de partir, mas permaneceram no país.

Houve um momento constrangedor quando Heidegger visitou Jaspers em março de 1933, logo antes de assumir a reitoria. O assunto do nacional-socialismo veio à tona e Heidegger disse: "É preciso acompanhar o passo".[41] Jaspers ficou chocado demais para falar e não insistiu, não querendo ouvir o que mais ele poderia dizer. Em junho do mesmo ano, Heidegger se hospedou outra vez com Jaspers, enquanto estava em Heidelberg para repetir seu discurso sobre o novo regime e as universidades. No auditório, Jaspers ficou assombrado com os "aplausos estrondosos" com que os estudantes saudaram as palavras de Heidegger. Quanto a ele mesmo, "sentei na frente, na lateral, com as pernas estendidas, as mãos nos bolsos, e não me mexi". As longas pernas que causaram tanta impressão em Arendt agora faziam seu próprio comentário sobre o discurso de Heidegger.

Depois, em casa, Jaspers começou a comentar com Heidegger: "É igual a 1914",[42] pretendendo continuar, "outra vez essa embriaguez enganosa de massa". Mas Heidegger concordou tão entusiasticamente com o começo da frase que Jaspers deixou o resto no ar. Um pouco mais tarde, durante o jantar, veio à tona o assunto de Hitler e sua falta de educação, e dessa vez Heidegger fez um comentário bizarro: "Educação não tem absolutamente nada a ver, veja só as mãos maravilhosas dele!". Vinda de outra pessoa, seria uma observação puramente excêntrica. Vinda de Heidegger, com o valor que dava ao trabalho manual e ao manejo de ferramentas, era significativa. Ele parecia atraído não tanto pela ideologia nazista, mas mais pela ideia de Hitler moldando o país numa nova fôrma, com destreza e firmeza.

Gertrud Jaspers estava com receio da visita de Heidegger, mas tentou recebê-lo bem por causa do marido. Antes que ele chegasse, escreveu aos pais:

"Agora preciso dizer a mim mesma: você é uma dama do Oriente, lá eles sabem como cultivar a hospitalidade! Preciso apenas ser gentil e ficar quieta!".[43] Foi o que fez, mas Heidegger foi grosseiro com ela ao sair: "Praticamente nem se despediu", escreveu Jaspers a Arendt, mais tarde. Isso, sobretudo, Jaspers não podia lhe perdoar. Anos depois, Heidegger alegou que havia se comportado daquela maneira porque estava "envergonhado",[44] provavelmente querendo dizer que estava constrangido com sua fase nazista, mas Jaspers não acreditou muito na explicação. A correspondência entre ambos se interrompeu por muito tempo, e Heidegger nunca mais voltou à casa de Jaspers.

Mais tarde, Jaspers julgou que talvez tivesse errado ao tratar Heidegger com excessiva delicadeza. Quando Heidegger lhe enviou uma versão impressa de seu discurso como reitor em 1933, a resposta de Jaspers foi extremamente diplomática: "Foi bom vê-lo em sua versão autêntica depois de ler a respeito dele no jornal".[45] Mais tarde indagou-se: Deveria ter sido mais crítico? Talvez tivesse faltado a "esse Heidegger embriagado e entusiasmado".[46] Talvez Heidegger precisasse daquilo que uma geração posterior chamaria de "intervenção" para salvá-lo de si mesmo. Jaspers sugeriu que foi uma falta de empenho de sua parte — e a associou a uma falta mais geral dos alemães tolerantes e cultivados em encarar o grande problema da época.

É claro que, para as gerações posteriores (ou para as mesmas pessoas anos depois), é relativamente fácil ver os problemas apresentados por uma determinada "situação-limite": mas os que a viviam não dispunham dessa visão retrospectiva. Uma tendência humana natural é tentar continuar a viver a vida mais normal e civilizada possível, enquanto possível. Bruno Bettelheim observou depois que, durante o nazismo, poucos perceberam de imediato que a vida *não poderia* continuar inalterada: foram os que partiram desde logo.[47] Bettelheim não estava entre eles. Capturado na Áustria com a anexação nazista, ele foi enviado primeiro para Dachau e depois para Buchenwald, mas depois foi libertado numa anistia em massa, como comemoração do aniversário de Hitler em 1939 — um indulto extraordinário, depois do qual ele partiu imediatamente para os Estados Unidos.

A importância de se manter aberto aos acontecimentos e ver prontamente quando é preciso tomar uma decisão foi um tema também explorado naquele mesmo ano por outro filósofo existencialista, agora um francês: Gabriel Marcel. Pensador cristão que fez nome como autor teatral e que transmitia suas ideias principalmente por meio de ensaios ou de reuniões com estudantes e amigos em seu apartamento em Paris, Marcel desenvolveu um ramo fortemente teológico do existencialismo. Sua fé o afastava tanto de Sartre quanto de Heidegger, mas também tinha a percepção das exigências que a história faz aos indivíduos.

Em seu ensaio "O mistério do ser", escrito em 1932 e publicado no fatídico ano de 1933, Marcel discorreu sobre a tendência humana de ficarmos presos a hábitos, ideias feitas e a um estreito apego a pertences e cenas familiares. Recomendava aos leitores que, pelo contrário, desenvolvessem a capacidade de se manter "disponíveis" às situações conforme surgem. Tais ideias de *disponibilité* haviam sido exploradas por outros autores, notadamente André Gide, mas Marcel a tomou como seu imperativo existencial central. Sabia como isso era raro e difícil. A maioria das pessoas cai no que ele chama de "crispação"[48] — uma forma fechada e enrijecida na vida —, "como se secretasse uma espécie de casca que aos poucos se endurece e a aprisiona".

A "casca" de Marcel faz lembrar a ideia husserliana das pressuposições acumuladas e intransigentes que devem ser deixadas de lado na *epoché*, para abrir o acesso às "coisas mesmas". Em ambos os casos, elimina-se o que é rígido e o frescor fremente do que está por baixo torna-se o objeto da atenção do filósofo. Para Marcel, a grande tarefa do filósofo é aprender a ficar assim aberto à realidade. Todo mundo pode fazer isso, mas é principalmente o filósofo que é chamado a se manter desperto, para ser o primeiro a soar o alarme se surgir a impressão de que há algo errado.[49]

Heidegger também acreditava na vigilância: estava decidido a espantar o esquecimento das pessoas. Mas, para ele, a vigilância não significava chamar a atenção para a violência nazista, para a invasão da vigilância do Estado nem para as ameaças físicas a seus semelhantes. Significava ser decidido e resoluto em atender as exigências que a história fazia à Alemanha, com seu Ser e destino próprios. Significava acompanhar o passo do herói escolhido.

Para Heidegger, no começo dos anos 1930, a questão toda *era* mesmo a dos alemães.

É fácil esquecermos esse aspecto de sua obra; estamos acostumados a ler filosofia como se ela oferecesse — ou, pelo menos, tentasse oferecer — uma mensagem universal para todos os tempos e lugares. Mas Heidegger desprezava a noção de verdade universal ou humanidade universal, que considerava uma fantasia. Para ele, o Dasein não é definido por faculdades comuns da razão e do entendimento, como pensavam os filósofos do Iluminismo. E ainda menos por qualquer espécie de alma eterna transcendente, como na tradição religiosa. Não existimos num plano superior e eterno. O Ser do Dasein é local: é situado historicamente e constituído no tempo e no espaço.

Logo no início de *Ser e tempo*, Heidegger promete que o livro nos levará a um final grandioso, em que será exposto esse aspecto supremo: *o significado do Ser do Dasein é o Tempo*.[50] Heidegger nunca chegou a esse ponto porque nunca terminou o livro: o que temos é apenas a primeira parte. Mas ele mostrou claramente aonde pretendia chegar. Se somos entes temporais por nossa própria natureza, então a existência autêntica significa aceitar, em primeiro lugar, que somos finitos e mortais. Todos morremos: essa percepção importantíssima é o que Heidegger chama de autêntico "Ser-para-a-morte",[51] e é fundamental para sua filosofia.

Em segundo lugar, também significa entender que somos seres históricos e captar as exigências que nossa situação histórica particular nos faz. Na chamada "resolução antecipatória",[52] como diz Heidegger, o Dasein descobre "que sua máxima possibilidade reside em se entregar". Nesse momento, por meio do Ser-para-a-morte e da resolução em encarar o próprio tempo, a pessoa se liberta do eu-eles e atinge seu verdadeiro e autêntico eu.

Estas são as páginas de *Ser e tempo* em que Heidegger soa mais fascista. Não há como ter muitas dúvidas de que estava pensando em termos políticos ao escrever as passagens sobre a morte e a resolução. Todavia, mesmo aqui, seus conceitos básicos *poderiam* levar a uma interpretação muito diferente. Assim como suas ideias do "eles" e da autenticidade poderiam levá-lo a defender a resistência contra a doutrinação totalitária, da mesma forma suas ideias de resolução e aceitação da mortalidade poderiam formar um arcabouço para a *resistência* corajosa ao regime e a suas técnicas de intimidação. Poderia ter sido um manifesto defendendo o heroísmo antitotalitário. Mas é evidente que Heidegger pretendia que todo um conjunto de sentidos políticos altamente carregados se fizesse visível nesse texto — ainda que apenas, talvez, aos que já se mostravam propensos a simpatizar com eles.

Hans Jonas, um dos ex-alunos de Heidegger, relembrou que esses termos codificados já estavam presentes mesmo nas preleções iniciais, embora ele não os percebesse na época.⁵³ Não os percebia porque não estava sintonizado naquela frequência, mas retrospectivamente — como disse a um entrevistador — ele reconheceu a linguagem de "Sangue-e-Solo" das aulas e o "(como direi?) nacionalismo primitivo" dos comentários de Heidegger sobre a resolução e a história, junto com seus ocasionais apartes políticos antifranceses e sua ênfase na rusticidade da Floresta Negra. Na época, parecia uma simples excentricidade. Só depois de saber do discurso de Heidegger na reitoria, em 1933, foi que Jonas reavaliou todas as suas lembranças dos seminários que frequentara muitos anos antes. "Foi aí que entendi pela primeira vez certos traços do pensamento de Heidegger, bati na testa e falei: 'É, deixei passar alguma coisa.'"

No Natal de 1933, porém, Heidegger estava se sentindo menos à vontade no papel de filósofo nacional-socialista oficial do que havia imaginado. Segundo seu próprio relato, ele passou aquelas férias de inverno chegando a uma decisão: iria renunciar ao cargo de reitor no final do semestre seguinte. Foi o que fez, em sua carta de renúncia com a data de 14 de abril de 1934.⁵⁴ Depois disso, conforme alegou posteriormente, não teve mais nada a ver com o nazismo. Arriscou-se até a um pequeno gesto de rebelião restaurando a dedicatória original a Husserl na edição de *Ser e tempo* de 1935.⁵⁵ A nova posição teve um custo significativo para ele mesmo, ao que dizia, pois, desde então, foi incomodado e espionado por funcionários do partido até o final da guerra.⁵⁶

Heidegger detestava falar sobre esse período, e nenhuma de suas explicações do que aconteceu em 1933 jamais foi satisfatória. Em 1945, ele escreveu apenas um breve texto sobre o assunto, intitulado "O reitorado 1933/34: Fatos e pensamentos".⁵⁷ Ali admitia que, por um breve tempo, julgou que o partido oferecia "a possibilidade de uma autocongregação interior e de uma renovação do povo, e um caminho para a descoberta de sua finalidade histórico-ocidental". Mas então, disse ele, viu seu erro e se desvencilhou. A mensagem do ensaio pode ser resumida como "ops, não pretendia ser nazista". Combinava com seu feitio fazer-se de tão ingênuo. Quando o escritor francês Frédéric de Towarnicki, também em 1945, abrandou as defesas de Heidegger com uma garrafa de bom vinho antes de lhe perguntar "por quê?", Heidegger se inclinou para a frente e disse, como se estivesse solenemente confidenciando um segredo: "*Dummheit*".⁵⁸ Repetiu a palavra, enfaticamente. "*Dummheit*." Asneira. O implícito era que seu grande erro fora seu desinteresse pelas coisas terrenas. Chegou a convencer Jaspers, sempre generoso, o qual se referiu depois da guerra ao Heidegger de 1933 como um "menino sonhador"[59] — um garoto entre acontecimentos difíceis demais para entender.

A verdade é bem diferente. Para começar, Heidegger manteve claramente simpatias nazistas por muito tempo após a renúncia. Em agosto de 1934, ele apresentou projetos[60] ao Ministério de Ciências e Educação para a academia filosófica que o governo pretendia criar em Berlim, uma espécie de versão urbana dos acampamentos em Todtnauberg, em que professores e alunos viviam juntos e se entregavam a várias atividades — "trabalho científico, recreação, concentração, jogos marciais, trabalho físico, caminhadas, esportes e celebrações" — sob a orientação de um diretor e de professores nacional-socialistas "politicamente seguros". A proposta de Heidegger foi rejeitada, mas não por falta de entusiasmo na maneira como ele a apresentou. Dois anos depois, em 1936, quando foi a Roma para apresentar uma palestra sobre o poeta Friedrich Hölderlin, ainda usava um alfinete nazista na lapela,[61] que manteve mesmo quando tirou um dia para passear com seu ex-aluno Karl Löwith, parcialmente judeu, e respectivas famílias para conhecer os pontos turísticos. Löwith se aborreceu: independentemente das posições de Heidegger, ele poderia ter tirado a insígnia, quando menos para não criar desconforto aos amigos.

Não foi a única vez que Heidegger mostrou casca-grossa — uma forma extrema da "crispação" de Gabriel Marcel — ao tratar as pessoas. O filósofo Max Müller,[62] que estudava com Heidegger e trabalhava como seu assistente, viu-se em problemas com o regime em 1937, por escrever artigos políticos e trabalhar com um grupo de jovens católicos. O vice-reitor da Universidade de Friburgo, Theodor Maunz, disse a Müller que Heidegger fora consultado para dar um parecer sobre as posições políticas de seu aluno e fizera uma boa avaliação geral, "como ser humano, educador e filósofo". Mas, por outro lado, incluíra a observação de que Müller tinha uma opinião negativa sobre o Estado. Uma simples frase como essa significava a condenação. "Vá ter com ele", Maunz recomendou a Müller. "Todo o resto passará se ele retirar essa frase."

Müller foi ter com Heidegger — mas Heidegger se aferrou a seu pedantismo, dizendo: "Dei a única resposta que corresponde à verdade. Mas envolvi-a numa capa de coisas boas e justificáveis".

"Isso não me ajudará", respondeu Müller. "A frase está ali."

Heidegger retomou: "Como católico, você deveria saber que é preciso falar a verdade. Portanto, não posso eliminar a frase".

Müller questionou a teologia por trás disso, mas Heidegger não se abalou: "Não, eu me atenho ao que me foi perguntado. Não posso retirar agora todo o meu parecer e dizer que não vou redigir nenhum, porque as pessoas já sabem que entreguei um parecer à universidade para ser encaminhado. Não há nada a fazer. Não me leve a mal".

O que mais espantou Müller foi a frase final. Heidegger parecia preocupado exclusivamente em justificar suas próprias ações, sem pensar por um instante sequer nos perigos que ameaçavam o outro. Felizmente, dessa vez Müller escapou a consequências graves, mas não graças a Heidegger. Ele recordou sua observação ao se despedir de Heidegger naquele dia: "A questão não é que eu possa levá-lo a mal; a questão é minha existência". A partir daí, seus sentimentos em relação ao ex-mentor mudaram: nunca mais pôde esquecer sua experiência de "uma certa ambiguidade no caráter de Heidegger".

A palavra "ambiguidade" retorna com frequência nas descrições de Heidegger, aplicada não apenas a seu caráter ou a suas ações, mas também à sua filosofia. Desde 1945, filósofos e historiadores tentam com frequência entender se o pensamento de Heidegger é totalmente invalidado por seu nazismo ou se pode ser julgado separadamente de suas falhas pessoais e políticas.[63] Alguns tentaram resgatar certos aspectos e rejeitar outros, enterrando os aspectos perigosos como uma espécie de lixo radioativo demasiado tóxico e mantendo os ocasionais fragmentos tidos como válidos.[64] Mas isso não parece muito satisfatório: a filosofia de Heidegger forma uma unidade densa e entrelaçada, na qual todos os aspectos dependem uns dos outros. Se se tentar remover tudo o que há de desagradável em *Ser e tempo*, a estrutura vem abaixo.

Além disso, quase todas as reflexões importantes em Heidegger guardam certa ambiguidade *dentro* delas mesmas. As ideias mais perigosas podem ser também as que têm mais a oferecer — como as passagens que nos conclamam à autenticidade e à responsabilidade. As mais desconcertantes são as seções sobre o *Mitsein*, ou o ser com os outros: foi o primeiro filósofo a dar um lugar tão central a essa experiência numa obra filosófica. Escreveu belamente sobre a "solicitude"[65] em relação aos outros: sobre os momentos em que "entramos de salto" em favor de outra pessoa, por cuidado e solidariedade. No entanto, nem por isso ele foi capaz de mostrar qualquer solidariedade pelos que sofriam ou eram perseguidos na Alemanha nazista. Podia escrever sobre o *Mitsein* e a solicitude, mas não os aplicava à história nem aos apuros daqueles que o rodeavam, nem mesmo dos que pareciam ser próximos.

Sem dúvida, Heidegger parecia não fazer ideia do que estava infligindo aos amigos. Muitos que o conheciam, sobretudo Husserl, Jaspers e Arendt, sentiam-se confusos com a ambiguidade de Heidegger e feridos por suas ações e atitudes. Não conseguiam esquecê-lo, e assim se atormentavam por causa dele. Em seus esforços para entendê-lo, enxergavam apenas um vazio. Não era que Heidegger fosse mau-caráter, escreveu Hannah Arendt a Jaspers, em 1949; era que ele não tinha *nenhum* caráter.[66] Sartre disse algo muito parecido num ensaio de 1944, falando sobre o nazismo de Heidegger: "Heidegger não tem caráter, esta é a verdade".[67] É como se houvesse algo na vida humana cotidiana que o grande filósofo da cotidianidade não captava.

Ruminando no chalé de Todtnauberg, Heidegger passou a década de 1930 a se debater com seus textos e reflexões. Em 1935, escreveu soturnamente sobre "o escurecimento do mundo, o desaparecimento dos deuses, a destruição da terra, a redução dos seres humanos a uma massa, o ódio e a desconfiança de tudo o que é livre e criativo".[68] Mas isso também era ambíguo: o que ele queria dizer? Que os nazistas eram responsáveis por isso, ou que o escurecimento geral e a massificação da humanidade haviam criado a necessidade do nazismo?

Talvez ele mesmo se sentisse um pouco confuso nesses anos; tinha uma dificuldade inegável em expressar seus pensamentos. Em julho de 1935, Heidegger escreveu a Jaspers dizendo que a única coisa que conseguira fazer em seu trabalho nos últimos tempos era um "fraco balbuciar". Mas andara fazendo traduções, e incluiu na carta alguns versos da *Antígona* de Sófocles, a seção do coro da "Ode sobre o homem". (Mais tarde, mandou imprimir essa tradução em caráter particular, como presente de aniversário para a esposa, em 1943.) Ela começa:

Múltiplo é o estranho, mas nada
Mais estranho há acima do homem.[69]

O próprio pensamento de Heidegger agora se tornava cada vez mais "estranho". Em sua floresta coberta de neve, ele começou uma longa e lenta reorientação que ficou conhecida como "a virada" (*die Kehre*),[70] embora não possa ser atribuída a nenhum fato isolado. Foi um processo que levou Heidegger a um modo de pensar mais ligado à terra, mais receptivo, mais poético, afastando-se de toda aquela história de ser resoluto e decidido.

No entanto, essas atividades poéticas e de comunhão com a floresta também levaram a novas decisões. Na época em que Heidegger avaliava se continuaria ou não no cargo de reitor, ofereceram-lhe um cargo universitário em Berlim — opção que deve ter complicado a decisão de Friburgo. Mas ele declinou a proposta. Apresentou suas razões num discurso pelo rádio, que foi publicado em 7 de março de 1934 em *Der Alemanne*, veículo aprovado pelos nazistas.

O discurso não tratava abertamente de política, apesar de suas implicações políticas. Ele declarou que não se transferiria para Berlim porque isso o afastaria de seu ambiente da Floresta Negra — com "o lento e constante crescimento dos pinheiros, o brilho singelo e deslumbrante dos prados em flor, a torrente das águas da montanha na longa noite de outono, a sóbria simplicidade das planuras cobertas de neve". Quando vem uma nevasca, cercando o chalé numa funda noite invernal, escreveu ele, "é o momento ideal para a filosofia". E:

> Tal como o jovem campônio puxa seu trenó pesado pela encosta acima e o conduz, carregado até em cima de toros de faia, pela perigosa descida até sua casa, tal como o pastor, perdido em pensamentos e de passo vagaroso, sobe a encosta com seu rebanho, tal como o lavrador em sua choça termina as incontáveis telhas para seu telhado, meu trabalho é da mesma espécie.[71]

Quando recebeu a proposta, disse Heidegger, ele foi se aconselhar com seu vizinho em Todtnauberg, um camponês de 75 anos depois identificado como Johann Brender. Brender pensou por um momento — um daqueles longos e pensativos momentos aos quais supostamente se entregam os camponeses sábios. Então respondeu, não com palavras, mas abanando a cabeça em silêncio. Foi o que bastou.[72] Nada de Berlim para Heidegger, nada de vida urbana cosmopolita, fim do flerte com a "embriaguez do poder". Era na floresta do sudoeste alemão, com as árvores de grande estatura, com o trabalho do lenhador e os bancos rústicos ao lado das trilhas, que seu pensamento funcionava melhor — isto é, onde "todas as coisas ficam lentas e solitárias".⁷³

Tais eram as cenas — que, aliás, correspondiam ao pior tipo de kitsch rural nazista — que guiariam o ulterior filosofar de Heidegger.

Karl e Gertrud Jaspers também se debatiam com sua decisão pessoal, o que prosseguiu ao longo de toda a década de 1930: sairiam da Alemanha? As Leis de Nuremberg de 1935 restringiam seriamente a vida deles: haviam retirado a cidadania dos judeus e proibido casamentos mistos, embora os casamentos já existentes, como o do casal Jaspers, fossem por ora oficialmente tolerados. No ano seguinte, Jaspers perdeu seu posto na universidade por causa da esposa judia. Mas ainda assim não conseguiam se decidir a ir embora. Preferiram abaixar a cabeça e viver com cautela, assim como Jaspers aprendera a respirar e a se mover cautelosamente, pelo receio de danificar seus órgãos vitais.

Hannah Arendt, pelo contrário, partiu sem demora: teve a sorte de receber uma vigorosa advertência. Assim que os nazistas tomaram o poder, na primavera de 1933, Arendt foi detida enquanto pesquisava materiais sobre o antissemitismo para a Organização Sionista alemã na biblioteca pública prussiana de Berlim; ela e sua mãe ficaram presas por pouco tempo e foram liberadas. Fugiram, sem se deter para providenciar documentos de viagem. Cruzaram a fronteira para a Tchecoslováquia (ainda segura, na época) com um método quase fantástico demais para ser verdade: uma família alemã solidária, que morava na fronteira, tinha uma casa cuja porta da frente dava para a Alemanha e a porta traseira para a Thecoslováquia. A família convidava as pessoas para o jantar, e depois, à noite, elas saíam pela porta dos fundos. De Praga, Arendt e a mãe foram para Genebra, então Paris e depois Nova York, onde Arendt estabeleceu domicílio. Mais tarde, ela disse a um entrevistador de TV que todos sabiam desde o princípio como era perigosa a Alemanha nazista, mas saber teoricamente era uma coisa, enquanto agir e converter a prática em "destino pessoal"[74] era muito diferente. Elas sobreviveram.

O ex-oponente de Heidegger no debate em Davos, Ernst Cassirer, não esperou o aviso. Morando em Hamburgo, onde lecionava desde 1919, logo viu o rumo que as coisas estavam tomando, quando saíram as leis de abril de 1933, e partiu prontamente com a família, em maio. Passou dois anos na Universidade de Oxford, depois seis anos em Gotemburgo, na Suécia; quando parecia que a Suécia ia cair sob o controle alemão, transferiu-se para os Estados Unidos, onde deu aulas em Yale e depois em Columbia. Cassirer morreu pouco antes do final da guerra: em 13 de abril de 1945, teve um ataque cardíaco em Nova York, durante um passeio.

Emmanuel Levinas fora para a França bem antes da ascensão dos nazistas ao poder. Deu aulas na Sorbonne, naturalizou-se francês em 1931 e se alistou no Exército quando a guerra começou.

Os filhos do casal Husserl, Elli e Gerhart, emigraram para os Estados Unidos. Edmund

Husserl recebeu um convite da Universidade da Califórnia do Sul em novembro de 1933; podia ter virado um californiano. Parece-me curiosamente fácil imaginá-lo lá, sempre com seu terno bem talhado, passeando com uma bengala à sombra das palmeiras e sob o sol resplandecente — como fizeram muitos outros intelectuais europeus emigrados. Mas ele não estava preparado para deixar o país que era seu lar.[75] Malvine Husserl ficou com ele, igualmente desafiadora.

Husserl prosseguiu no trabalho em sua enorme biblioteca pessoal. Muitas vezes Heidegger mandava até sua casa aquele mesmo estudante cuja segurança colocara em risco, Max Müller, geralmente para atualizar Husserl sobre quem andava fazendo o que no corpo docente da filosofia, e quais dissertações estavam em andamento. Pelo visto, Heidegger não queria que Husserl ficasse totalmente isolado, mas nunca foi visitá-lo pessoalmente. Müller gostava de ter essa desculpa para visitar o grande fenomenólogo. Pelo que viu, chegou à conclusão de que Husserl estava realmente bastante apartado, sobretudo por não se interessar muito por assuntos externos. "Ele tinha um perfil marcadamente monológico, e, como havia se concentrado por completo em seus problemas filosóficos, a época que se iniciara em 1933 não lhe pareceu 'dura', ao contrário do que pensava a esposa."[76]

Husserl, porém, estava prestando mais atenção no mundo do que parecia. Em agosto de 1934, ele pretendia ir a Praga para o VIII Congresso Internacional de Filosofia, dedicado ao tema "A missão da filosofia em nossa época". Negaram-lhe autorização de viagem, e então ele enviou uma carta para ser lida durante o congresso.[77] Era um documento curto, mas inspirador, em que Husserl alertava que havia uma crise ameaçando a tradição europeia da razão e da investigação filosófica. Ele convocava os estudiosos de todos os campos a assumir suas responsabilidades — de "responder a si mesmos", ou *Selbstverantwortung* — para se contrapor à crise e principalmente para criar redes internacionais que unissem os pensadores para além das fronteiras.

Ele repetiu ao vivo uma mensagem parecida durante uma palestra na Sociedade Cultural de Viena em maio de 1935, dessa vez tendo recebido permissão para viajar. Os estudiosos devem se unir, disse ele, para resistir ao atual deslizamento para um misticismo irracionalista e perigoso. A única esperança da Europa era um "heroísmo da razão".[78] Em novembro de 1935, solicitou nova autorização para ir a Praga, que lhe foi concedida, e assim fez outra preleção com argumentos semelhantes. Husserl passara aquele ano inteiro reunindo suas ideias num projeto mais amplo. Terminou as duas seções iniciais em janeiro de 1936, que publicou como *A crise das ciências europeias e a fenomenologia transcendental*.[79] Como as leis antissemitas agora proibiam que ele publicasse qualquer coisa na Alemanha, o texto apareceu em *Philosophia*, um anuário internacional de Belgrado.

Em agosto de 1937, Husserl sofreu uma queda e não se recuperou bem. A saúde piorou naquele inverno. Ele continuou a trabalhar com colaboradores e visitantes numa terceira seção da *Crise*, mas não a terminou. Nos últimos meses de vida, tinha lapsos mentais; falava pouco, mas de vez em quando dizia coisas como "Cometi muitos erros, mas tudo ainda pode dar certo" ou "Estou nadando no Lete e não tenho pensamentos". Então, reacendendo-se uma centelha de sua antiga ambição, disse: "A filosofia precisa ser totalmente reconstruída desde o princípio".[80] Morreu em 27 de abril de 1938, aos 79 anos. A freira que cuidava dele disse depois a Malvine: "Ele morreu como um homem pio".[81]

Edmund Husserl foi cremado, pois Malvine receava que vândalos pudessem profanar túmulos no cemitério.[82] Por ora, ela continuou no lar de ambos, guardando as cinzas do marido, a magnífica biblioteca e o arquivo de seus papéis pessoais — todos escritos naquela sua taquigrafia própria, com suas várias obras inéditas e inacabadas, bem como as seções finais da *Crise*.

Alegando doença, Heidegger não compareceu ao funeral.[83]

5
Mastigar amendoeiras em flor

Em que Jean-Paul Sartre descreve uma árvore,
Simone de Beauvoir dá vida a ideias e encontramos
Maurice Merleau-Ponty e a burguesia.

Em 1934, depois do ano que passou lendo Husserl em Berlim, Sartre voltou à França cheio de energia. Pôs-se a trabalhar, desenvolvendo seu próprio viés da fenomenologia, avivando-a com empréstimos tipicamente sartrianos de Kierkegaard e Hegel. Também se baseou em materiais próprios: suas experiências de infância, seus arroubos juvenis e sua ampla gama de fobias e obsessões interessantes. Agora que estava outra vez com Simone de Beauvoir, envolveu-a também em seu trabalho; ela, por sua vez, passou a inserir seu próprio passado e personalidade nas reflexões e nos textos que elaborava. Tornou-se uma mistura complexa.

Sartre teve de voltar às aulas, inicialmente ainda em Le Havre. No tempo livre, converteu-se em missionário da fenomenologia, insistindo com todos os amigos que a estudassem — inclusive aqueles que, como Merleau-Ponty, já a conheciam. Beauvoir, que lia bem em alemão (ao que parece, melhor do que Sartre, mesmo que ele tivesse passado o ano inteiro falando e lendo a língua), transcorreu grande parte de 1934 imersa em textos fenomenológicos.

Ansioso para pôr suas ideias no papel, Sartre terminou o ensaio que iniciara em Berlim, "Uma ideia fundamental da fenomenologia de Husserl: a intencionalidade" — o memorável texto que apresentava a intencionalidade como um exílio das aconchegantes câmaras digestivas da mente para o mundo empoeirado do ser.[1] Também trabalhou num estudo da fenomenologia da imaginação, que saiu em 1936 numa versão abreviada como *A imaginação*, e numa versão retrabalhada e completa em 1940 como *O imaginário*. As duas obras exploravam o enigma fenomenológico de poder pensar os sonhos, fantasias e alucinações em termos da estrutura da intencionalidade, mesmo quando seus objetos inexistem ou estão ausentes da realidade.

Para levar sua pesquisa a essas áreas, Sartre resolveu que devia experimentar pessoalmente algumas alucinações, e assim pediu ao médico Daniel Lagache, velho amigo de escola, que o ajudasse a provar a mescalina, que fora sintetizada pela primeira vez em 1919.[2] Na metade do século, intelectuais disputavam entre si para obter mescalina; a mania atingiu o ápice em 1953, com *As portas da percepção*, o famoso estudo fenomenológico de Aldous Huxley que descrevia como os quadros apareciam e como a música soava durante uma viagem alucinógena. Ao experimentá-la, nos anos 1950, o escritor existencialista inglês Colin Wilson disse que encontrar o puro Ser era "como acordar num trem e dar de frente com a cara de um estranho a dois centímetros da sua".[3] Muito antes disso, Sartre procurou seu encontro cara a cara com o Ser. O dr. Lagache lhe aplicou uma injeção de mescalina e supervisionou a viagem, enquanto Sartre, como bom fenomenólogo, observava de dentro a experiência e tomava notas.

Os efeitos foram dramáticos. Se a aventura alucinógena de Huxley foi de um êxtase místico e um dos assistentes do dr. Lagache ficou saltitando entre dançarinos exóticos em campinas imaginárias, o cérebro de Sartre soltou uma legião demoníaca de cobras, peixes, abutres, sapos, besouros e crustáceos. O pior é que depois eles se recusaram a ir embora. Sartre passou meses se sentindo seguido por seres que pareciam lagostas, logo além de seu campo de visão, e as fachadas das casas na rua o fitavam com olhos humanos.

Ele incluiu uma parcela relativamente pequena de sua experiência alucinógena nos estudos sobre a imaginação, talvez porque, durante algum tempo, tivesse medo de estar enlouquecendo. Mas utilizou a experiência em outras obras, inclusive no conto "O quarto", de 1937, e na peça *Os sequestrados de Altona*, de 1959, ambos apresentando rapazes acossados por monstros alucinatórios, e também num texto semificcional de 1938 chamado "Nourritures" [Alimentos]. Este se baseava tanto nas imagens sob os efeitos da mescalina quanto numa viagem à Itália em 1936. O narrador, passeando sozinho em Nápoles num dia de extremo calor, presencia coisas horríveis: uma criança de muletas pega da sarjeta uma fatia de melancia cheia de moscas e come.[4] Por uma porta aberta, ele vê um homem ajoelhado ao lado de uma menininha, que diz "Papai, papaizinho", enquanto ele lhe ergue o vestido e morde suas nádegas como se fosse um pedaço de pão. O narrador de Sartre é tomado pela náusea — mas ao mesmo tempo vem-lhe uma percepção: nada no mundo ocorre por necessidade. Tudo é "contingente", e poderia ter ocorrido de outra maneira. Ele fica horrorizado com essa revelação.

Sua percepção pessoal da "contingência" deve ter sido anterior, pois ele vinha reunindo notas fazia algum tempo, de início num caderno em branco devidamente aleatório que dizia ter encontrado num vagão do metrô, com uma propaganda dos "Supositórios Midi" na capa.[5] Essas anotações foram desenvolvidas em Berlim como esboço de um romance, ao qual ele deu o título provisório de *Melancolia*. Este, por sua vez, tornou-se o romance com que topei aos dezesseis anos de idade: *A náusea*, história do escritor Antoine Roquentin e suas perambulações em Bouville.

Roquentin chega inicialmente a essa cidade litorânea insípida para pesquisar a vida de um cortesão do século XVIII, o marquês de Rollebon, cujos documentos se encontram na biblioteca local. A vida de Rollebon constituía uma sucessão de aventuras desregradas e seria uma dádiva para qualquer biógrafo, só que agora Roquentin não sabe como escrever sobre elas. Ele descobre que a vida não tem nada a ver com essas fanfarronices e não quer falsear a realidade. Com efeito, é o próprio Roquentin que fica sem rumo. Sem a rotina ou a família que fornece uma estrutura para a vida da maioria das pessoas, ele passa os dias na biblioteca ou vagueando à toa ou bebendo cerveja num bar com uma vitrola tocando ragtime. Observa os moradores entregues a suas atividades burguesas de gente comum. A vida parece uma massa amorfa, caracterizada apenas pela contingência, não pela necessidade. Essa percepção aparece em episódios regulares, como ondas, e a cada vez Roquentin se sente tomado de uma náusea que parece ligada aos próprios objetos — ao mundo lá fora. Pega um seixo para atirar no mar, mas o seixo parece uma massa globular desagradável em sua mão. Entra numa sala e a maçaneta se torna uma protuberância esquisita. No bar, seu habitual copo de cerveja com a borda chanfrada e o brasão brilhante da cervejaria lhe parece horrível e contingente.[6] Ele tenta capturar fenomenologicamente essas experiências num diário: "Tenho de dizer como vejo esta mesa, a rua, as pessoas, minha bolsa de tabaco, pois foram *estas* coisas que mudaram".

Por fim, enquanto olha o "couro fervido" de uma castanheira no parque local e volta a sentir a náusea, Roquentin percebe que não é apenas a árvore, mas o *Ser* da árvore que o incomoda. É o modo como ela está simplesmente ali, inexplicável e sem qualquer razão, negando-se a fazer sentido ou a se enquadrar em alguma coisa. Roquentin entende que não consegue mais ver o mundo como antes, e que nunca terminará sua biografia de Rollebon porque não consegue tecer aventuras. Por ora, não consegue fazer quase nada:

> Deixei-me cair no banco, pasmo, aturdido com aquela profusão de seres sem origem: brotando, desabrochando por toda parte, meus ouvidos zunindo desabrochamentos; a existência zumbia-me aos ouvidos, minha própria carne era sensível à sua pressão, e entreabria-se, abandonava-se à germinação universal.[7]

Na verdade, ele tem alguns momentos de alívio, que surgem quando seu bar favorito toca o disco de uma mulher (provavelmente Sophie Tucker) cantando uma música triste, melancólica, chamada "Some of These Days".[8] Começa com uma delicada introdução ao piano, que se funde à voz cálida da cantora; durante alguns minutos, tudo se endireita no mundo de Roquentin. Cada nota leva à seguinte: nenhuma poderia ser diferente. A canção tem necessidade, e assim confere necessidade também à existência dele. Tudo desliza bem e é equilibrado: quando Roquentin leva o copo à boca, este segue uma curva harmoniosa, e Roquentin pode pousá-lo na mesa sem derramar a cerveja. Seus gestos fluem, como os de um atleta ou de um músico — até que a música termina e tudo torna a se despedaçar.

A história termina com Roquentin encontrando saída com essa visão da arte como fonte de necessidade. Ele decide ir para Paris, a fim de escrever não uma biografia, mas outro tipo de livro que será "belo e duro como aço e fará as pessoas se envergonharem de sua existência".[9] Mais tarde, Sartre julgou que essa solução era meio fácil demais; a arte pode mesmo nos salvar do caos da vida? Mas ela deu um rumo a Roquentin numa novela que, do contrário, seria interminável e sem solução, "brotando, florescendo" em todas as direções. Como veremos adiante, qualquer coisa que permitisse a Sartre terminar um livro merece aplausos.

Sartre incorporara muitas de suas experiências pessoais nesse conto: a cidade litorânea fora de temporada, as alucinações, a percepção da contingência. Mesmo a obsessão pela castanheira era pessoal: sua obra é cheia de árvores. Sartre conta em sua autobiografia que, quando criança, ficou apavorado com uma história de fantasmas, em que uma jovem doente, acamada, de repente solta um grito, aponta pela janela a castanheira lá fora e então cai morta no travesseiro.[10] Em seu conto "A infância de um chefe", o protagonista Lucien se sente horrorizado ao dar um chute numa castanheira que não reage. Mais tarde, Sartre comentou com seu amigo John Gerassi que seu apartamento em Berlim dava para uma bela figueira na rua — não uma castanheira, mas uma árvore com semelhança suficiente para lhe manter viva a lembrança das árvores de Le Havre enquanto escrevia.[11]

As árvores significavam muitas coisas para Sartre: Ser, mistério, mundo físico, contingência. Também constituíam um bom objeto para uma descrição fenomenológica. Em sua autobiografia, ele conta que a avó lhe disse certa vez: "Não é só uma questão de ter olhos; você precisa aprender a usá-los. Sabe o que Flaubert fez com o jovem Maupassant? Colocou-o sentado na frente de uma árvore e lhe deu duas horas para descrevê-la".[12] De fato, parece que Flaubert aconselhou mesmo Maupassant a observar as coisas "longa e atentamente", dizendo:

> Em tudo há o inexplorado, porque estamos acostumados a utilizar nossos olhos apenas com a lembrança daquilo que outros pensaram antes de nós sobre o que contemplamos. A mínima coisa contém um pouco de desconhecido. Encontremo-lo. Para descrever um fogo que arde e uma árvore numa planície, fiquemos diante desse fogo e dessa árvore até que não se assemelhem mais, para nós, a nenhuma outra árvore e a nenhum outro fogo.[13]

Flaubert estava falando da habilidade literária, mas era como se falasse do método fenomenológico, que segue exatamente o mesmo processo. Com a *epoché*, a pessoa de início descarta as ideias feitas e as noções de segunda mão e depois descreve a coisa tal como ela se lhe apresenta diretamente. Para Husserl, essa capacidade de descrever um fenômeno sem a influência de teorias alheias é o que liberta o filósofo.

O nexo entre descrição e libertação fascinava Sartre. Um escritor é alguém que descreve e, portanto, é livre — pois quem consegue descrever com precisão aquilo que experimenta pode também exercer algum controle sobre essas ocorrências. Sartre explorou constantemente esse vínculo entre escrita e liberdade em sua obra. Quando li *A náusea* pela primeira vez, creio que uma das coisas que me atraíram foi justamente isso. Eu também queria conseguir ver plenamente as coisas, experimentá-las, escrever sobre elas — e ganhar liberdade. Foi assim que fui parar num parque, tentando ver o Ser de uma árvore, e assim fui estudar filosofia.

Em *A náusea*, a arte liberta porque captura as coisas como elas são *e* também lhes dá uma necessidade interna. O ragtime de Roquentin é o modelo desse processo. Na verdade, Beauvoir nos conta em suas memórias que Sartre teve a ideia enquanto assistia a um filme, e não ouvindo uma música.[14] Eram cinéfilos ardorosos e tinham especial apreço pelas comédias de Charlie Chaplin e Buster Keaton,[15] que faziam filmes cheios de graciosos balés, com a elegância de uma canção. Adoro a ideia de que a epifania filosófica de Sartre sobre a necessidade e a liberdade da arte possa ter vindo de O vagabundo.

Sartre também se baseou em sua experiência pessoal em outro lado da obsessão de Roquentin: o horror a qualquer coisa carnuda, pegajosa ou viscosa. A certa altura, Roquentin sente nojo até da saliva na própria boca, dos lábios e de seu corpo em geral — "úmido de existência".[16] Em O ser e o nada, publicado em 1943, Sartre nos oferece muitas outras páginas sobre a qualidade física da viscosité [viscosidade] e de le visqueux [o viscoso]. Escreveu como o mel escorre ao verter de uma colher e evocou (com um arrepio) o "sugar úmido e feminino" que se sente quando uma substância pegajosa gruda nos dedos.[17] Imagino que Sartre não iria gostar do alienígena sugador do filme de Ridley Scott, Alien, o oitavo passageiro, nem da "esponja-abraço" gelatinosa de Identidade perdida: O homem que virou ninguém, romance de Philip K. Dick — a qual mata exatamente como sugere seu nome —, nem do Grande Boyg em Peer Gynt de Ibsen, um ser "vago e viscoso" sem contornos definidos. E menos ainda lhe agradaria topar com a forma de vida que se entrevê no final da história de H. G. Wells, A máquina do tempo: uma bolha se erguendo numa praia, alastrando os tentáculos. O horror de Sartre a essas coisas é literalmente visceral. Ele utilizou tanto essas imagens que, se aparecer uma poça viscosa de alguma coisa numa página de filosofia, você pode ter certeza de que está lendo Sartre — ainda que Gabriel Marcel reivindicasse os créditos por ter sido o primeiro a lhe dar a ideia de escrever a esse respeito de maneira filosófica.[18] A viscosidade é a maneira como Sartre expressa o horror da contingência. Ela evoca o que Sartre chamava de "facticidade", designando tudo o que nos arrasta para as situações e nos impede de voarmos em liberdade.

Sartre cultivava deliberadamente seu talento de combinar reações viscerais pessoais e raciocínios filosóficos. Às vezes dava algum trabalho. Numa entrevista à TV em 1972, ele admitiu que, pessoalmente, nunca sentira uma náusea espontânea diante da contingência. Outro entrevistado não acreditou muito, dizendo que certa vez tinha visto Sartre fitando um conjunto de algas na água com expressão de nojo.[19] Aquilo não era "náusea"? Talvez, na verdade, Sartre estivesse fitando as algas exatamente para despertar essa sensação e ver como ela era.

Sartre construiu suas ideias a partir de sua vida, mas suas leituras também o influenciaram. Não é difícil discernir sinais de Heidegger em *A náusea*, embora talvez não o Heidegger de *Ser e tempo*, que Sartre ainda não lera detidamente. Os temas de *A náusea* estão muito mais próximos dos temas de Heidegger em sua palestra de 1929, "O que é a metafísica?" — o nada, o ser e os "estados de ânimo" que revelam como são as coisas. Esta foi a palestra publicada que Beauvoir disse que haviam lido, mas não conseguiram entender.

Também me impressionam as semelhanças com outra obra: o ensaio "Da evasão", de Emmanuel Levinas, que saiu em 1935 em *Recherches philosophiques*, quando Sartre ainda trabalhava em seus rascunhos. Nesse texto, Levinas descreve sensações que podem acompanhar a insônia ou a náusea física, principalmente a sensação opressiva de sermos arrastados por algo que nos mantém prisioneiros — um "ser" sólido, pesado, indiferenciado, impondo-se sobre nós. Levinas chama essa sensação de um ser pesado e amorfo de "*il y a*",[20] o "há". Mais tarde, iria compará-lo ao som surdo e trovejante que ouvimos ao pôr uma concha no ouvido ou, na infância, quando estamos deitados num quarto vazio, sem conseguir dormir. É "como se o vazio estivesse cheio, como se o silêncio fosse barulho".[21] É uma sensação de pesadelo completo, que não deixa nenhum espaço para o pensar — sem nenhuma cavidade interna. Em *Existência e existentes*, de 1947, Levinas o descreveu como um estado em que os seres nos aparecem "como se não compusessem mais um mundo",[22] isto é, esvaziados de sua rede heideggeriana de finalidades e envolvimentos. Uma reação natural a tudo isso é querer escapar, e encontramos esse escape em qualquer coisa que nos devolva nosso senso de forma e estrutura. Pode ser a arte, a música ou o contato com outra pessoa.[23]

Até onde sei, ninguém afirmou que Sartre tenha copiado isso de Levinas e nem mesmo que tenha lido seu ensaio, embora outras pessoas tenham observado essas semelhanças interessantes.[24] A explicação mais provável é que ambos tenham desenvolvido seus pensamentos em resposta a Husserl e Heidegger. Sartre havia desistido de *Ser e tempo* por aquela época, tendo descoberto em Berlim que ler Husserl e Heidegger ao mesmo tempo era demais para uma cabeça só.²⁵ Mas, anos depois, ele chegou a Heidegger, enquanto Levinas seguiria em direção contrária, abandonando qualquer admiração por seu antigo mentor em razão de suas opções políticas. Levinas veio a sentir, ao contrário de Heidegger, que as pessoas nunca deveriam aceitar o Ser bruto como tal.²⁶ Tornamo-nos civilizados não por aceitar, mas justamente por *escapar* ao peso que nos oprime em nossos pesadelos.

Lendo Sartre, às vezes temos a impressão de que ele realmente tomou de empréstimo e até roubou ideias alheias, mas que tudo se mistura tanto com sua personalidade excêntrica e sua visão própria que o que emerge é totalmente original. Ele escrevia num estado de concentração quase em transe, o que se prestava a gerar experiências visionárias. Seu método ficou muito bem resumido numa carta que ele escreveu em 1926 à sua namorada da época, Simone Jollivet, aconselhando a ela técnicas de redação. Concentre-se numa imagem, disse ele, até sentir "um inchamento, como uma bolha, e também uma espécie de direção que lhe é apontada".²⁷ Esta é sua ideia; depois, você pode clareá-la e pôr por escrito.

Era, essencialmente, o método fenomenológico — talvez em uma versão freneticamente colorida, visto que Husserl provavelmente desaprovaria o gosto de Sartre por anedotas e metáforas. Enquanto Heidegger converteu a fenomenologia husserliana numa espécie de poesia, Sartre e Beauvoir lhe deram um perfil novelístico, portanto mais palatável para os leigos. Em sua palestra "O romance e a metafísica", de 1945, Beauvoir observou que os romances escritos por fenomenólogos não eram tão enfadonhos quanto os de alguns outros filósofos porque, em vez de explicar ou colocar as coisas em categorias, eram descritivos.²⁸ Os fenomenólogos nos levam às "coisas mesmas". Eles seguem, digamos assim, o mantra da escrita criativa: "Não conte; mostre".

Os textos literários de Sartre nem sempre são esplendorosos; variam. Os de Beauvoir também, mas, em seus melhores escritos, ela tinha mais naturalidade literária do que ele. Cuidava mais do enredo e da linguagem, e era mais hábil em subordinar as ideias cruas ao jogo dos personagens e acontecimentos. Também era boa em localizar os pontos falhos de Sartre. Quando ele se debatia com as revisões do manuscrito de *Melancolia* em meados dos anos 1930, ela leu os rascunhos e insistiu que ele injetasse um pouco do suspense que tanto apreciavam nos filmes e romances policiais.²⁹ Ele obedeceu. E também se apropriou desse princípio, dizendo numa entrevista que procurara fazer do livro uma novela de mistério, em que as pistas conduzem o leitor ao culpado – que era (e esse não é nenhum grande *spoiler*) a "contingência".

Sartre se esforçou muito para melhorar o manuscrito e prosseguiu nas revisões enquanto o texto era rejeitado por uma série de editoras. Por fim, a Gallimard o aceitou e continuou fiel a ele até o fim. Mas o próprio Gaston Gallimard escreveu pessoalmente a Sartre sugerindo que pensasse num título melhor. *Melancolia* não era muito comercial. Sartre propôs algumas alternativas. Talvez *Memorial sobre a contingência*? (Tinha sido o título de suas primeiras anotações para o livro, em 1932.) Ou que tal *Ensaio sobre a solidão da mente*? Gallimard não gostou e Sartre tentou outra linha: *As aventuras extraordinárias de Antoine Roquentin*, que viria com uma sinopse explicando minuciosamente a tirada, pois *não há* nenhuma aventura.[30]

No fim, o próprio Gallimard sugeriu o título simples e surpreendente de *A náusea*. O livro saiu em abril de 1938 e teve boa acolhida entre os críticos, um deles Albert Camus. Sartre ficou famoso.

Enquanto isso, Simone de Beauvoir também começava a esboçar seu primeiro romance, mas que só seria publicado em 1943: *A convidada*. Era baseado num caso amoroso recente entre ela, Sartre e Olga Kosakiewicz, ex-aluna de Beauvoir. Na vida real, foi um fértil triângulo amoroso que atraiu outras pessoas até se tornar um pentágono e por fim se desfez. Ao terminar, Olga estava casada com um ex-aluno de Sartre, Jacques-Laurent Bost, Sartre estava dormindo com Wanda, irmã de Olga, e Beauvoir se recolhera para lamber suas feridas – e manter um longo caso secreto com Bost. No romance, Beauvoir eliminou algumas complicações, mas acrescentou uma dimensão filosófica e um final melodramático, que incluía um assassinato. Mais tarde, Sartre também romanceou os mesmos episódios, como um dos vários fios narrativos no primeiro volume de sua série *Os caminhos da liberdade*.

As diferenças nos romances mostram as diferenças em seus interesses pessoais e filosóficos. A obra de Sartre era uma exploração épica da liberdade, em que o caso de amor é um entre outros fios da história. O interesse de Beauvoir se concentrava nas linhas de força do desejo, da observação, do ciúme e do controle que interligam as pessoas. Ela se detinha mais nos personagens centrais e primava em examinar como o corpo expressa as emoções e as experiências, talvez em forma de doença ou em sensações físicas estranhas, como na passagem em que a protagonista sente a cabeça especialmente pesada ao tentar se convencer a sentir algo que não sente.[31] Essas seções lhe valeram elogios de Merleau-Ponty, especializado na fenomenologia do corpo e da percepção. Ele iniciou seu ensaio "Metafísica e romance", de 1945, com a citação de um diálogo de A convidada, em que Pierre, o personagem inspirado em Sartre, comenta com a protagonista Françoise, inspirada em Beauvoir, sua surpresa ao ver como uma situação metafísica pode afetá-la de forma "concreta":

"Mas é concreto", diz Françoise, "todo o sentido de minha vida está em jogo."
"Não nego", diz Pierre. "Mesmo assim, é excepcional esse seu poder de viver uma ideia de corpo e alma."[32]

Essa observação poderia se aplicar à própria Beauvoir. Sartre, em A náusea, apresentava as ideias de modo carnal, mas nunca de uma maneira tão plausível quanto Beauvoir, talvez porque as sentisse em maior profundidade. Ela tinha uma espécie de talento especial em se sentir espantada com o mundo e consigo mesma; durante toda a vida, foi uma virtuose em se assombrar perante as coisas. Como disse em suas memórias, esta foi a origem de sua obra literária: começou naquela época em que "não se podia mais tomar as coisas como dadas".[33]

Sartre invejava essa sua qualidade. Tentou se induzir ao mesmo estado, olhando uma mesa e repetindo "é uma mesa, é uma mesa"[34] até que, conta ele, "surgiu uma tímida emoção que eu batizaria de júbilo". Mas precisava se forçar. Não se sentia banhado por ela como ocorria com Beauvoir. Sartre considerava esse seu talento para o assombro como o tipo mais "autêntico" de filosofia e, ao mesmo tempo, uma forma de "pobreza filosófica", significando talvez que não levava a lugar nenhum e não era suficientemente desenvolvido nem conceitualizado. E acrescentou, numa frase que reflete suas leituras heideggerianas da época: "é o momento em que a indagação transforma o indagador".

Entre todas as coisas que surpreendiam Beauvoir, a que mais a espantava era a imensidão de sua ignorância. Ela gostava de concluir, depois dos primeiros debates com Sartre: "Não tenho mais certeza *do que* penso, nem sequer se penso".[35] Ao que parecia, ela procurava homens com inteligência suficiente para fazê-la se sentir perdida — e não havia muitos.

Antes de Sartre, seu parceiro nessa esgrima tinha sido o amigo Maurice Merleau-Ponty. Os dois se conheceram em 1927, ambos com dezenove anos: ela estudava na Sorbonne e Merleau-Ponty na École Normale Supérieure, onde também estava Sartre. Beauvoir se saiu melhor do que Merleau-Ponty nos exames de filosofia geral naquele ano: ficou em segundo lugar e ele em terceiro. Na frente dos dois ficou outra mulher: Simone Weil. Depois disso, Merleau-Ponty fez amizade com Beauvoir porque, segundo ela, estava muito curioso em conhecer a mulher que o vencera.[36] (Pelo visto, não ficou tão curioso em relação à temível Simone Weil — e Weil, por sua vez, não mostrou entusiasmo em relação a Beauvoir, repelindo suas tentativas de amizade.)

Os resultados de Weil e de Beauvoir eram tanto mais extraordinários se considerarmos que elas não haviam passado pela instituição de elite que era a École Normale Supérieure: quando Beauvoir iniciou o curso superior em 1925, a escola não aceitava mulheres. Antes disso, aceitara alunas apenas durante um ano, em 1910, e a partir de 1911 foi exclusivamente masculina até 1927 — tarde demais para ela. Assim, Beauvoir frequentou uma série de escolas femininas que não eram ruins, mas as expectativas eram menores. Esta era apenas uma das várias diferenças na condição das mulheres em comparação à dos homens nas fases iniciais da vida; Beauvoir iria explorar detalhadamente esses contrastes em *O segundo sexo*, seu livro de 1949. Enquanto isso, a única coisa que podia fazer era estudar freneticamente, procurar vazão nas amizades e se enfurecer contra as limitações de sua existência — que atribuía aos códigos morais de sua criação burguesa. Não era a única a se sentir assim. Sartre, também filho da burguesia, rebelou-se contra ela com a mesma radicalidade. Merleau-Ponty provinha de um meio semelhante, mas reagia de outra maneira. Sentia-se muito à vontade no ambiente burguês, enquanto levava sua vida independente em outros ambientes.

Para Simone de Beauvoir, a independência só chegara depois de muita luta. Nascida em Paris em 9 de janeiro de 1908, criou-se basicamente na cidade, mas num ambiente social que parecia provinciano, pois a protegia com as noções habituais de feminilidade e boas maneiras. A mãe, Françoise de Beauvoir, impunha-lhe esses princípios; já o pai era mais descontraído. A rebelião de Simone começou na infância, intensificou-se na adolescência e parecia ainda continuar em curso na idade adulta. A dedicação constante ao trabalho, o gosto por viajar, a decisão de não ter filhos e a escolha pouco convencional de um parceiro mostravam sua dedicação total à liberdade. Foi nesses termos que ela apresentou sua vida no primeiro volume de sua autobiografia, *Memórias de uma moça bem-comportada*, e depois refletiu mais sobre sua formação burguesa no relato da doença final da mãe, *Uma morte muito suave*.

Quando começava a tomar sozinha seu rumo próprio, como estudante, ela conheceu Merleau-Ponty por intermédio de um amigo. Anotou suas impressões no diário, chamando-o de "Merloponti". Era um rapaz de personalidade e aparência atraentes, disse Beauvoir, mas receava que fosse um pouco vaidoso demais nesse segundo aspecto.[37] Na autobiografia (em que lhe dá o pseudônimo de "Pradelle"), ela descreve seu "rosto límpido e bonito, com densos cílios escuros e o riso alegre e franco de um escolar". Beauvoir gostou imediatamente dele, o que, segundo ela, não era de surpreender. *Todos* sempre gostavam de Merleau-Ponty desde o primeiro instante. Até a mãe de Beauvoir gostou do rapaz.[38]

Merleau-Ponty era apenas dois meses mais novo do que Beauvoir, nascido em 14 de março de 1908, e tinha uma segurança pessoal muito maior. Passava pelas situações sociais com uma desenvoltura confiante que (segundo o que ele próprio pensava) se devia provavelmente ao fato de ter tido uma infância muito feliz.[39] Sentir-se tão amado e incentivado quando criança, disse ele, nunca precisando se esforçar para obter aprovação, que sempre manteve um gênio alegre durante toda a vida. Às vezes podia se sentir irritadiço, mas quase sempre, como disse numa entrevista na rádio em 1959, estava em paz consigo mesmo. Com isso, ele é praticamente o único nessa história toda a se sentir assim: um dom precioso. Mais tarde, Sartre escreveria sobre Flaubert e a falta de afeto durante a infância, comentando que, quando o amor "está presente, a massa do ânimo cresce; quando ausente, murcha".[40] A infância de Merleau-Ponty sempre foi muito animada. Todavia, nem sempre deve ter sido tão fácil quanto ele pretendia sugerir, visto que perdeu o pai em 1913 devido a uma doença do fígado. Assim, ele, o irmão e a irmã cresceram apenas com a mãe. Enquanto Beauvoir manteve uma relação tensa com a mãe, Merleau-Ponty continuou profundamente devotado à sua até o final da vida.

Todos os que conheciam Merleau-Ponty sentiam a aura de bem-estar que emanava dele. Simone de Beauvoir se sentiu aquecida, de início. Vinha esperando alguém que pudesse admirar, e achou que poderia ser ele. Chegou a avaliá-lo como possível namorado. Mas a atitude excessivamente descontraída de Merleau-Ponty era incômoda para quem tinha, como ela, uma disposição mais combativa. Beauvoir escreveu em seu diário que o grande defeito dele era que "não é violento, e o reino de Deus é para os violentos". Ele insistia em ser gentil com todos. "Sinto-me tão diferente!", exclamou ela.[41] Beauvoir era de opiniões fortes, ao passo que Merleau-Ponty procurava os vários lados de uma situação. Ele via as pessoas como uma mescla de qualidades e gostava de lhes dar o benefício da dúvida, ao passo que ela, quando jovem, via a humanidade como "um pequeno grupo de eleitos numa grande massa de gente indigna de consideração".[42]

O que realmente incomodava Beauvoir era que Merleau-Ponty parecia "plenamente adaptado à sua classe e ao seu modo de vida, e aceitava a sociedade burguesa de bom grado". Às vezes, ela perorava sobre as idiotices e crueldades da moral burguesa, mas ele divergia com toda a calma. Ele "se dava muito bem com a mãe e a irmã e não dividia meu horror à vida familiar", escreveu ela. "Não era avesso a festas e às vezes ia dançar. 'Por que não?', perguntava-me com um ar de inocência que me desarmava."

No primeiro verão depois de fazerem amizade, os dois se viram em certa medida limitados um ao outro, pois os demais estudantes tinham ido passar as férias fora de Paris. Saíam para passear, primeiro pelos jardins da École

Normale Supérieure — "um lugar intimidador" para Beauvoir — e depois pelos Jardins do Luxemburgo, onde se sentavam "ao lado da estátua de uma ou outra rainha" e falavam de filosofia. Embora tivesse tirado nota melhor do que ele nos exames, Beauvoir achava natural assumir o papel de novata filosófica a seu lado. Na verdade, ela às vezes vencia os debates, quase por acaso, mas geralmente ficava a exclamar, feliz: "Não sei nada, nada. Não só não tenho resposta a dar, mas não encontrei sequer uma maneira satisfatória de apresentar as questões".

Ela apreciava as virtudes de Merleau-Ponty: "Não conheci nenhuma outra pessoa de quem pudesse aprender a arte da alegria. Ele carregava com tanta leveza o peso do mundo inteiro que deixou de pesar sobre mim também; nos Jardins do Luxemburgo, o azul do céu da manhã, os gramados verdes e o sol brilhavam como em meus dias mais felizes, quando os dias sempre eram bonitos". Mas um dia, depois de andar com ele em torno do lago no Bois de Boulogne, vendo os cisnes e os barcos, ela exclamou consigo mesma: "Oh, como ele estava sereno! Sua tranquilidade me feriu".[43] Agora estava claro que ele nunca daria um amante adequado. Era melhor como irmão;[44] ela tinha apenas uma irmã, e assim o papel estava vago e lhe cabia perfeitamente.

Merleau-Ponty exerceu outro efeito sobre a melhor amiga de Beauvoir, Elisabeth Le Coin ou Lacoin ("ZaZa", nas memórias de Beauvoir). Elisabeth também se irritava com a "invulnerabilidade" e a ausência de angústia de Merleau-Ponty, mas se apaixonou loucamente por ele. Longe de ser invulnerável, ela era propensa a extremos emocionais e entusiasmos desvairados, que Beauvoir considerara inebriantes durante a amizade de adolescência.[45] Elisabeth agora queria se casar com Merleau-Ponty e ele também parecia entusiasmado — até que, de repente, desmanchou o namoro. Só mais tarde Beauvoir soube a razão. A mãe de Elisabeth, achando que Merleau-Ponty não servia para a filha, ordenara que ele se afastasse, do contrário revelaria um suposto segredo da mãe *dele*: que fora infiel e pelo menos um dos filhos não era do marido. Para impedir um escândalo envolvendo a mãe e a irmã, que estava para se casar, Merleau-Ponty cedeu e se afastou.

Beauvoir ficou ainda mais revoltada ao saber da verdade. Que coisa mais típica dessa burguesia nojenta! A mãe de Elisabeth mostrara uma clássica mescla de moralismo, crueldade e covardia, típica da classe média. Além disso, Beauvoir considerou o resultado literalmente fatídico. Elisabeth ficara muito transtornada e, no meio da crise emocional, contraiu uma doença grave, provavelmente encefalite, que a vitimou. Morreu com apenas 21 anos.

Não havia relação causal entre essas duas calamidades, mas Beauvoir sempre achou que foi a hipocrisia burguesa que matou sua amiga.[46] Perdoou Merleau-Ponty pelo papel no que ocorrera. Mas nunca deixou de sentir que ele era comodista demais e respeitava demais os valores tradicionais, e que isso era um defeito nele — defeito que jurou nunca permitir entrar em sua vida.

Um pouco depois, o lado "violento" e opinativo de Beauvoir encontrou toda a satisfação que queria ao conhecer Jean-Paul Sartre.

Sartre também teve uma infância burguesa, filho único e adorado, nascido em 21 de junho de 1905, dois anos e meio antes de Beauvoir. Como Merleau-Ponty, cresceu sem pai. Jean-Baptiste Sartre, oficial da Marinha, morreu de tuberculose quando Jean-Paul tinha apenas um ano de idade. Quando pequeno, era muito mimado pela mãe e pelos avós maternos, com quem morava. Todos adoravam seus cachos de menina e sua beleza delicada. Mas aos três anos ele teve uma infecção que afetou seus olhos. Sob os cachos, mal dava para ver — até que um dia o avô levou o menino para um corte de cabelo radical, e o olho afetado veio à luz, bem como a boca rasgada e outros traços surpreendentes.[47] Sartre descreve com grande ironia todo o episódio em *As palavras*, livro de memórias em que relata os anos de infância. O tom divertido se acentua mais do que nunca quando Sartre comenta sua aparência, mas ele ficou realmente magoado com a mudança de atitude das pessoas. Tornou-se obcecado pela questão de sua feiura — à qual se referia sempre com esse termo direto. Por algum tempo afastou-se das pessoas por causa disso, mas concluiu que não deixaria que a feiura lhe estragasse a vida. Não iria sacrificar sua liberdade a ela.

A mãe se casou de novo, com um homem de que Sartre não gostava, e se mudaram para La Rochelle, onde ele era espezinhado por meninos maiores e mais brutos. Foi uma grande crise de infância: mais tarde, ele comentou que o fato de ser um garoto solitário em La Rochelle lhe ensinou tudo o que precisava saber "sobre a contingência, a violência, as coisas como são".[48] Mais uma vez, não se deixaria acovardar. Atravessou a situação e voltou a se desenvolver quando a família se mudou para Paris e ele foi enviado para uma série de boas escolas, culminando na École Normale Supérieure. De pária, tornou-se líder do grupo mais avançado, mais anárquico e mais temível na escola. Manteve-se sempre um indivíduo sociável, de presença marcante, cheio de problemas, mas nunca hesitando em liderar um círculo.

O grupo de iconoclastas e provocadores que girava em torno de Sartre e de seu melhor amigo, Paul Nizan, passava os dias em cafés, demolindo sonoramente as vacas sagradas da filosofia, da literatura e do comportamento burguês a qualquer um que se arriscasse a entrar no meio deles.[49] Atacavam qualquer tema que sugerisse uma sensibilidade delicada, a "vida interior" ou a alma; criaram alvoroço quando se negaram a fazer exames de religião, e escandalizavam a todos falando dos seres humanos como feixes de necessidades carnais em vez de almas nobres. Sob a rudeza, tinham a fácil confiança dos bem-educados.

Foi nessa época, em 1929, que Beauvoir conheceu o grupo de Sartre por intermédio de um amigo chamado Maheu. Pareceram-lhe instigantes e intimidadores. Riam dela porque levava os estudos muito a sério — e claro que levava mesmo, pois estar na Sorbonne representava tudo aquilo que tanto lutara para alcançar. Para Beauvoir, a educação significava liberdade e independência, e ela tornou-se amiga de Sartre. Ele e os demais lhe deram o apelido de Castor, supostamente por estar sempre muito ocupada, mas também como trocadilho em inglês — *Beaver* — com seu sobrenome. Sartre não tinha nada da tranquilidade conciliadora de Merleau-Ponty: era um radical bombástico e intransigente. Não foi rebaixado a irmão; os dois viraram amantes, e logo a relação entre eles se tornou ainda mais importante do que isso. Sartre passou a considerar Beauvoir como aliada, interlocutora predileta, a primeira e melhor leitora de tudo o que escrevia. Ele lhe deu o papel que Raymond Aron desempenhara nos tempos de escola: o de sinfilósofa a quem expunha todas as suas ideias.

Pensaram em se casar, mas nenhum dos dois queria um casamento burguês — nem filhos, pois Beauvoir decidira que não iria repetir a relação complicada que tinha com a mãe.[50] Certo dia, sentados ao anoitecer num banco de pedra nas Tulherias, os dois fizeram um trato. Ficariam como casal durante dois anos e depois decidiriam se prorrogariam o trato, se se separariam ou alterariam a relação para alguma outra coisa. Beauvoir reconheceu em suas memórias que, no começo, esse arranjo temporário lhe deu medo. Ela narra a conversa com os detalhes marcantes que derivam de uma forte emoção:

> Havia uma espécie de balaustrada que servia de recosto, um pouco afastada do muro; e naquele espaço por trás dela, parecendo uma jaula, um gato miava. O pobrezinho era grande demais para sair; como tinha entrado ali? Veio uma mulher e deu um pouco de comida ao gato. E Sartre disse: "Vamos assinar um contrato de dois anos".[51]

Confinamento, armadilha, aflição, migalhas atiradas por caridade: são imagens assustadoras para uma história que supostamente versaria sobre a liberdade. Parece uma sinistra sequência onírica. Foi assim mesmo que aconteceu ou ela recheou a lembrança com detalhes simbólicos?

Seja como for, o pânico passou e o trato deu certo. Sobreviveram aos dois anos e se tornaram companheiros numa relação duradoura, mas não exclusiva, que se estendeu por toda a vida de ambos. Talvez tenha sido mais fácil por terem deixado o sexo de lado desde o final dos anos 1930. (Ela escreveu ao amante Nelson Algren: "Desistimos depois de uns oito ou dez anos de bastante fracasso nisso".)[52] Também combinaram duas condições de longo prazo. A primeira era que um contaria ao outro tudo sobre seus envolvimentos sexuais com terceiros: devia haver honestidade. Cumpriram essa condição apenas em parte.[53] A outra era que a relação dos dois seria a primária: na linguagem deles, seria "necessária", enquanto as demais só poderiam ser "contingentes".[54] Esta eles cumpriram, mesmo que isso tenha afastado alguns amantes de longo prazo que se cansaram de ser vistos como acidentes. Mas o trato era esse, e quem se envolvia sabia disso desde o começo.

Tornou-se usual mostrar preocupação pelo bem-estar de Beauvoir nessa relação, como se ela (coisa típica de mulher!) tivesse sido forçada a entrar em algo que não queria. A cena nas Tulherias realmente sugere que talvez não fosse essa sua opção preferida, e que sofreu alguns episódios de pânico e ciúme. Mas um casamento burguês convencional dificilmente ofereceria proteção contra tais sentimentos.

Creio que a relação lhe deu exatamente aquilo de que ela precisava. Se tivessem tentado um casamento normal, acabaria em separação ou em frustração sexual. Tal como fizeram, ela teve uma ótima vida sexual — melhor do que a de Sartre, pelo visto, por causa dos melindres dele. As memórias de Beauvoir mostram estados de "excitação langorosa" e "sentimentos de intensidade dilacerante"[55] durante a juventude, e suas relações posteriores lhe trouxeram realização física. Para Sartre, a julgarmos pelas vívidas descrições em seus livros, o sexo era um processo assustador de lutar para não se afundar em coisas grudentas e pegajosas.[56] (Antes de caçoarmos demais dele a esse respeito, lembremos que só sabemos disso porque ele foi muito franco sobre a questão. Bom, tudo bem, vamos caçoar só um pouquinho.)

Os prazeres físicos da vida nunca foram ameaça para Beauvoir: ela nunca teve náuseas. Quando criança, queria consumir tudo o que via. Olhava gulosa as vitrines das docerias — "a cintilação luminosa das frutas cristalizadas, o brilho fosco das geleias, a inflorescência caleidoscópica das balas aciduladas — verdes, vermelhas, alaranjadas, roxas — eu cobiçava as cores tanto quanto os prazeres que elas me prometiam".[57] Gostaria que o mundo todo fosse comestível, para ser consumido como a casa de pão de mel de João e Maria. Mesmo adulta, escreveu ela, "eu queria mastigar as amendoeiras em flor e morder bocados do caramelo irisado do pôr do sol". Indo a Nova York em 1947, sentiu vontade de comer os anúncios de neon, que se estendiam brilhantes contra o céu noturno.

Seu apetite também envolvia colecionar coisas, inclusive muitos presentes e lembranças das viagens. Quando enfim se mudou dos quartos de hotel para um apartamento propriamente dito em 1955, ele logo ficou cheio de "saias e casacos da Guatemala, blusas do México [...], ovos de avestruz do Saara, gongos de chumbo, alguns tambores que Sartre tinha trazido do Haiti, espadas de vidro e espelhos venezianos que ele comprou na Rue Bonaparte, um molde de gesso das mãos dele, lâmpadas de Giacometti".[58] Seu hábito de manter um diário e escrever memórias também mostrava um impulso de adquirir e se deliciar com tudo o que lhe aparecesse pela frente.

Ela explorava o mundo com a mesma paixão, viajando e caminhando com grande entusiasmo. Quando morava sozinha em Marselha, dando aulas na juventude, preparava um farnelzinho com pães doces e bananas nos dias de folga, punha um vestido, calçava sapatilhas e saía ao amanhecer para explorar o interior montanhoso.[59] Uma vez, levando pão, uma vela e uma garrafa de água cheia de vinho tinto, ela subiu o Mont Mézenc e passou a noite num chalé de pedra no alto da montanha.[60] Ao acordar, viu que abaixo dela estendia-se um mar de nuvens e desceu a trilha de pedras que, quando apareceu o sol, se esquentaram e lhe queimaram os pés, atravessando a sola dos sapatos pouco adequados. Em outra caminhada, ficou presa num desfiladeiro, de onde só conseguiu sair com muita dificuldade.[61] Mais tarde, quando estava sozinha nos Alpes em 1936, caiu de uma rocha nua, mas escapou com apenas alguns arranhões.[62]

Sartre era diferente. Ela até conseguia convencê-lo a acompanhá-la nas caminhadas, mas ele não gostava da sensação de cansaço. *O ser e o nada* traz uma descrição maravilhosa dele subindo um morro a duras penas atrás de alguém de nome não citado, que imaginamos ser Beauvoir (embora a cena tenha algo em comum com a famosa subida de Petrarca no monte Ventoux).[63] A outra pessoa parece estar se divertindo, mas para Sartre o esforço é incômodo, algo que invade sua liberdade. Ele desiste logo, joga a mochila e se larga na beira do caminho. A companhia também está cansada, mas fica feliz em prosseguir devagar, sentindo o ardor do sol na nuca e apreciando a aspereza do solo que se revela a cada árduo passo. A paisagem como um todo se mostra diferente a um e outro.

Sartre preferia esquiar, e essa experiência também aparece em *O ser e o nada*.[64] Andar na neve é difícil, mas esquiar é uma delícia, comentava ele. A própria neve muda sob nossos pés, falando fenomenologicamente; em vez de se mostrar viscosa e pegajosa, fica dura e lisa. Sustenta nosso peso e deslizamos sobre ela, com a facilidade das notas do ragtime de *A náusea*. Sartre acrescentou que tinha curiosidade em conhecer o esqui aquático, invenção nova da qual ouvira falar, mas ainda não experimentara. Mesmo na neve, deixamos uma linha de marcas de esqui atrás de nós; na água não deixamos nada. Era o mais puro prazer que Sartre podia imaginar.

O sonho *dele* era passar pelo mundo sem estorvos. Os pertences que faziam as delícias de Beauvoir horrorizavam Sartre. Ele também gostava de viajar, mas não guardava nada das viagens. Depois de ler, dava os livros. Os únicos objetos que sempre conservou a seu lado foram o cachimbo e a caneta, e nem mesmo a eles era muito apegado.[65] Vivia a perdê-los: "Estão exilados em minhas mãos".

Com as pessoas, chegava a ser obsessivamente generoso. O dinheiro que recebia logo dava, livrando-se dele como se fosse uma granada de mão. Se chegava a gastá-lo consigo mesmo, não era em objetos, e sim "numa *noitada*: ir a um salão de baile, gastar a rodo, ir a toda parte de táxi etc. etc. — em suma, nada deve ocupar o lugar do dinheiro a não ser uma lembrança, às vezes *menos* do que uma lembrança".[66] Suas gorjetas aos garçons eram famosas, quando tirava o rolo de notas que carregava por toda parte e pagava as contas.[67] Era igualmente generoso com seus textos, distribuindo ensaios, palestras ou prefácios a quem pedisse. Nem as palavras eram para guardar e gastar parcimoniosamente. Beauvoir também era generosa, mas essa abertura funcionava nas duas direções: gostava não só de gastar, mas também de juntar. Nesses dois estilos divergentes, talvez possamos enxergar os dois lados do existencialismo fenomenológico: a parte que observa, coleta e examina atentamente os fenômenos e a parte que, para se liberar, descarta na *epoché* husserliana as concepções previamente acumuladas.

Apesar de todas essas diferenças, os dois tinham um entendimento mútuo que ninguém de fora parecia capaz de ameaçar. Quando Deirdre Bair, biógrafa de Beauvoir, conversou com as amizades de sua biografada, uma delas, Colette Audry, resumiu a questão, dizendo: "O deles era um novo tipo de relacionamento, e eu nunca tinha visto nada parecido. Não consigo descrever como era estar ali presente quando os dois estavam juntos. Era tão intenso que às vezes quem via aquilo até ficava triste de não ter algo assim".[68]

Foi também uma relação longuíssima, de 1929 até 1980, quando Sartre morreu. Foram cinquenta anos de demonstração filosófica do existencialismo na prática, definido pelos dois princípios da liberdade e do companheirismo. Para não soar pernóstica demais, digamos que as lembranças, observações e brincadeiras em conjunto uniram ambos como qualquer casal num longo casamento. Uma típica brincadeira começou logo que se conheceram: numa visita ao zoológico, viram um elefante-marinho enorme de gordo, de ar trágico, que suspirava e virava os olhos para o alto com ar suplicante, enquanto o tratador lhe enchia a boca de peixes.[69] A partir daí, toda vez que Sartre parecia abatido, Beauvoir lhe relembrava o elefante-marinho. Então ele revirava os olhos e soltava uns suspiros cômicos, e ambos se sentiam melhor.

Em anos futuros, Sartre ficou mais distante, à medida que seu trabalho o afastava daquele seu dueto particular, mas se manteve como ponto de referência constante de Beauvoir, alguém em quem ela podia se perder quando precisasse. Beauvoir sabia dessa sua tendência:[70] acontecera com Elisabeth Le Coin na época da escola, e depois ela tentara o mesmo com Merleau-Ponty, mas não tinha dado certo devido ao jeito irônico e sorridente dele. Com Sartre, era fácil brincar de se perder, sem perder *de fato* sua liberdade como mulher ou como escritora no mundo real.

Este era o elemento mais importante: era uma relação entre escritores. Ambos, Beauvoir e Sartre, se entregavam compulsivamente à comunicação. Mantinham diários, escreviam cartas, contavam um ao outro todos os detalhes do dia.[71] É atordoante pensar na quantidade de palavras ditas e escritas que trocaram entre si durante metade do século XX. Sartre era sempre o primeiro a ler os escritos de Beauvoir, a pessoa em cuja crítica ela confiava e que a incentivava a escrever mais. Se a flagrava na preguiça, ele ralhava com ela: "Mas, Castor, por que você parou de pensar, por que não está trabalhando? Pensei que você queria escrever. Não quer virar dona de casa, quer?".[72]

Enquanto se sucediam os dramas emocionais, o trabalho continuava constante. Trabalho! Trabalho nos cafés, trabalho durante as viagens, trabalho em casa. Sempre que estavam na mesma cidade, os dois trabalhavam juntos, independentemente do que estivesse acontecendo na vida de cada um. Depois que Sartre se mudou para um apartamento (com a mãe), em 1946, na Rue Bonaparte, número 42, Beauvoir ia vê-lo todos os dias, e assim podiam passar a manhã ou a tarde sentados lado a lado, cada qual numa escrivaninha, trabalhando. Num documentário feito em 1967 para a televisão canadense, podemos vê-los ali, fumando freneticamente, em silêncio total, rompido apenas pelo ruído da caneta no papel.[73] Beauvoir escreve num caderno de rascunho, Sartre lê um manuscrito. Pego-me imaginando a cena como uma espécie de memorial em vídeo infindavelmente repetido. Até podia ficar na sepultura que ambos dividem no cemitério de Montparnasse. É assustador imaginar os dois escrevendo ali sem parar, a noite inteira, com o cemitério fechado, e o dia inteiro, enquanto os visitantes passam — mas combinaria melhor com eles do que um túmulo branco ou qualquer imagem estática.

6
Não quero comer meus manuscritos

*Em que há uma crise, dois resgates
heroicos e a deflagração da guerra.*

Quanto a títulos, o da última obra inacabada de Husserl, *A crise das ciências europeias e a fenomenologia transcendental*, não é tão marcante quanto *A náusea*. Mas o substantivo inicial, "crise", resume muito bem a Europa em meados dos anos 1930. Os fascistas de Mussolini estavam no poder fazia mais de uma década, desde 1922. Na União Soviética, após a morte de Lênin em 1924, Stálin fez suas manobras e conseguiu se colocar em posição de controle em 1929, e passou os anos 1930 espalhando fome, prendendo, torturando e executando gente às pencas. Hitler, tendo consolidado sua primeira vitória eleitoral em 1933, deixou suas ambições expansionistas cada vez mais claras. Em 1936, eclodiu a guerra civil na Espanha, entre os republicanos de esquerda e os nacionalistas fascistas liderados pelo general Franco. Tudo parecia conspirar para dividir os europeus e levá-los a outra guerra. Era uma perspectiva que gerava grande temor, principalmente na França, onde a Primeira Guerra Mundial matara, apenas nas trincheiras, cerca de 1,4 milhão de soldados franceses. O próprio país trazia cicatrizes literais da guerra, visto que ela fora em grande parte travada em solo francês, e ninguém queria que aquilo se repetisse.

A França de fato tinha algumas organizações de extrema direita — a Action Française e a Croix-de-Feu, um movimento mais recente e mais radical —, mas o clima geral de pacifismo limitava sua influência. O romancista Roger Martin du Gard deu voz a um sentimento comum, ao escrever a um amigo em setembro de 1936: "Qualquer coisa, menos a guerra! Qualquer coisa! [...]. Mesmo o fascismo na Espanha! E não me pressione, pois até diria: sim [...] e 'mesmo o fascismo na França!'".[1] Beauvoir sentia algo parecido e disse a Sartre: "Decerto a França em guerra seria pior do que a França sob os nazistas, não?". Mas Sartre, que vira os nazistas de perto, discordava. Como sempre, sua imaginação contribuiu com detalhes sinistros: "Não quero ter de comer meus manuscritos. Não quero que arranquem os olhos de Nizan com colherinhas".[2]

Em 1938, poucos se atreviam a esperar um alívio. Hitler anexou a Áustria em março daquele ano. Em setembro, voltou sua atenção para a Tchecoslováquia, na área dos Sudetos fortemente germânica, onde ficava a Morávia, terra natal de Husserl. O primeiro-ministro britânico Neville Chamberlain e o presidente do Conselho francês Édouard Daladier concordaram com as exigências iniciais do chanceler alemão, e os tchecos não tiveram praticamente outra escolha senão aceitar. Hitler tomou o fato como incentivo a prosseguir, e assim, em 22 de setembro, reivindicou o direito de proceder a uma ocupação militar completa, que na prática abriria as portas para o resto da Tchecoslováquia. Seguiu-se então a semana que veio a ser conhecida como a Crise de Munique, durante a qual as pessoas ouviam o rádio e liam os jornais temendo o anúncio da guerra a qualquer instante.

Para um jovem existencialista de tipo individualista, a guerra era a afronta suprema. Ameaçava varrer da frente todas aquelas ideias e preocupações pessoais como brinquedos de cima de uma mesa. Como o poeta surrealista inglês David Gascoyne, então vivendo em Paris em delicadas condições mentais, anotou em seu diário naquela semana: "A coisa mais detestável na guerra é que ela reduz o indivíduo à insignificância total".[3] Ouvindo o rádio, Gascoyne tentava visualizar aviões bombardeiros percorrendo o céu e prédios caindo. *Um pouco de ar, por favor!*, romance de George Orwell publicado no ano seguinte, também é povoado por imagens de uma catástrofe iminente: o publicitário George Bowling anda pela rua de seu bairro imaginando casas destruídas por bombardeios. Tudo o que é familiar parece prestes a desaparecer; Bowling receia que se siga apenas uma interminável tirania.[4]

Sartre tentou captar o clima de crise em *Sursis*, o segundo volume da série *Os caminhos da liberdade* — publicado somente em 1945, mas ambientado na semana crucial de 23 a 30 de setembro de 1938. Todos os personagens procuram se adaptar à ideia de um futuro restrito e de que nada voltará a ser o que era. Sartre passa dos pensamentos de um para os pensamentos do outro, num método de fluxo de consciência[5] tomado de empréstimo aos romances de John Dos Passos e Virginia Woolf. O jovem Boris (personagem baseado num ex-aluno de Sartre, Jacques-Laurent Bost) calcula o tempo aproximado que sobreviverá no Exército quando a guerra começar, e então quantas omeletes poderá comer antes de morrer.[6] Num momento crítico, quando todos se reúnem para ouvir Hitler no rádio, Sartre se afasta da cena e mostra uma panorâmica geral de todos na França, então de todos na Alemanha e de todos na Europa. "Cem milhões de consciências livres, entre as quais cada uma via paredes, a ponta acesa de um charuto, faces familiares, e construía seu destino sob sua própria responsabilidade."[7]

Nem todos os recursos experimentais do livro funcionam, mas Sartre capta a estranheza de uma semana durante a qual milhões e milhões de pessoas tentavam se acostumar a outra maneira de pensar sobre suas vidas — seus projetos ou cuidados, como teria dito Heidegger. O livro também mostra os primeiros sinais de uma mudança no pensamento de Sartre. Nos anos seguintes, ele passaria a se interessar cada vez mais pela tração das forças históricas em larga escala arrastando os seres humanos, mas cada qual, ainda assim, mantendo-se como indivíduo livre.

Sartre, pessoalmente, encontrou a resposta para suas angústias de 1938 nada mais, nada menos do que na leitura de Heidegger. Percorreu o sopé de *Ser e tempo*, mas só dois anos depois escalou suas encostas mais íngremes. Posteriormente, ao relembrar aquele ano, comentou que ansiava por "uma filosofia que não fosse apenas uma contemplação, mas uma sabedoria, um heroísmo, uma sacralidade".[8] Comparou-o ao período da Grécia antiga em que os atenienses, após a morte de Alexandre, o Grande, passaram dos raciocínios serenos da ciência aristotélica para o pensamento mais pessoal e "mais brutal" dos estoicos e epicuristas — filósofos "que os ensinavam a viver".

Em Friburgo, Husserl não estava mais neste mundo para presenciar os acontecimentos daquele outono, mas sua viúva Malvine ainda morava na bela casa de subúrbio, cuidando da biblioteca e do imenso *Nachlass* de manuscritos, papéis e obras inéditas do marido falecido. Morando sozinha, com 78 anos de idade, oficialmente classificada como judia apesar da religião protestante, Malvine estava numa situação muito vulnerável, mas no momento mantinha o perigo à distância basicamente pela pura força de sua personalidade combativa.

Algum tempo antes, quando o marido ainda estava vivo, mas os nazistas já haviam subido ao poder, o casal conversara sobre a ideia de transferir os papéis de Husserl para Praga, onde, ao que parecia, ficariam mais seguros.[9] Um ex-aluno de Husserl, o fenomenólogo tcheco Jan Patočka, se dispunha a ajudá-los nisso. Mas a ideia não se concretizou, o que foi uma sorte, pois os papéis não teriam segurança nenhuma.

Praga se convertera numa espécie de centro fenomenológico nas décadas iniciais do século, em parte devido a Tomáš Masaryk — presidente da Tchecoslováquia e o amigo que persuadira Husserl a estudar com Franz Brentano. Ele morreu em 1937, sendo poupado de presenciar a calamidade que recaiu sobre seu país, mas, naquele meio-tempo, contribuíra muito para incentivar o desenvolvimento da fenomenologia e ajudara outros ex-alunos de Brentano a reunir os papéis do mestre num arquivo em Praga. Em 1938, com a ameaça de uma invasão alemã, os arquivos de Brentano corriam perigo. Os fenomenólogos só podiam sentir alívio que a coleção Husserl não estivesse lá com eles.

Mas tampouco em Friburgo havia segurança. Se estourasse a guerra, a cidade seria uma das primeiras a sediar o conflito, por ficar perto da fronteira com a França. E Malvine Husserl já estava à mercê dos nazistas: se resolvessem atacar a casa, não poderia fazer muita coisa para proteger os materiais.[10]

A situação do *Nachlass* de Husserl e também da própria viúva atraiu a atenção de um filósofo e monge franciscano belga chamado Herman Leo Van Breda. Ele redigiu uma petição ao Institut Supérieur de Philosophie, da Universidade de Louvain, para que subvencionasse a transcrição dos principais documentos de Friburgo — trabalho que só poderia ser feito por ex-assistentes que entendiam a taquigrafia de Husserl. Como Edith Stein se tornara freira carmelita e Heidegger tomara rumo próprio, a tarefa recairia basicamente em duas pessoas que haviam trabalhado com Husserl em data mais recente: Eugen Fink, natural de Constança, mas agora estabelecido em Friburgo, e Ludwig Landgrebe, então em Praga.

De início, Van Breda sugeriu que o projeto fosse financiado in situ, em Friburgo, mas, com a perspectiva de guerra, a ideia não parecia muito aconselhável. Ele notou que Malvine Husserl estava decidida a permanecer "como se o regime nazista não existisse e sem mostrar que era vítima dele", o que era admirável, mas talvez não fosse bom para os papéis. Em 29 de agosto de 1938, quando a crise tcheca começou a fermentar, Van Breda foi até Friburgo para se encontrar com ela e Eugen Fink; os dois lhe mostraram o acervo. Van Breda ficou admirado com o mero impacto visual: filas e filas de pastas, com cerca de 40 mil páginas de escritos na taquigrafia de Husserl, mais 10 mil páginas datilografadas ou manuscritas, transcritas por seus assistentes, e, na biblioteca, cerca de 2700 volumes reunidos ao longo de quase sessenta anos e uma quantidade incontável de artigos em separata, muitos com abundantes anotações de Husserl feitas a lápis.

Van Breda conseguiu persuadir Malvine Husserl de que era preciso fazer alguma coisa. Voltando a Louvain, dedicou-se a outra tarefa de persuasão: convenceu seus colegas, que concordaram em transferir e abrigar o acervo, em vez de financiar um projeto à distância. Feito isso, ele voltou a Friburgo, onde agora também estava Ludwig Landgrebe, que deixara a situação desalentadora de Praga. Estavam em meados de setembro: a guerra, ao que parecia, podia começar dentro de algumas semanas ou mesmo dali a alguns dias.

A questão imediata era *como* transferir o material. Os manuscritos eram mais fáceis de transportar do que os livros, e sua prioridade era maior. Mas certamente era complicado ir até a fronteira com milhares e milhares de folhas de papel, cobertas de algo que parecia ser um código secreto ilegível.

Uma ideia melhor seria levá-los a uma embaixada belga e então retirá-los do país por meio de um correio diplomático, que garantiria imunidade contra interferências. Mas o escritório com imunidade diplomática mais próximo ficava em Berlim, a um longo dia de distância na direção contrária. Van Breda perguntou aos monges de um mosteiro franciscano perto de Friburgo se eles esconderiam os manuscritos ou ajudariam a retirá-los clandestinamente do país, mas eles se mostraram relutantes. Então apareceu uma freira beneditina: a irmã Adelgundis Jägerschmidt, de um convento de Irmãs Lioba ali próximo. Era outra ex-estudante de fenomenologia, que visitara regularmente Husserl em sua doença final, desafiando as regras que proibiam ligações com judeus. Agora ela se prontificou a levar pessoalmente os manuscritos para uma casinha de suas irmãs freiras em Konstanz, junto à fronteira suíça. De lá, disse ela, as freiras levariam os manuscritos aos poucos, em pequenos fardos, para a Suíça.

Era um plano que gerava grande ansiedade. Se a guerra estourasse durante a operação, os manuscritos podiam acabar divididos entre os dois locais, com as fronteiras fechadas; alguns podiam se perder. O perigo para as freiras também era evidente. Mas parecia a melhor opção disponível, e assim a heroica irmã Adelgundis, em 19 de setembro, encheu três maletas pesadas com 40 mil páginas manuscritas e pegou um trem para Konstanz.

Infelizmente, embora as freiras se dispusessem a abrigar os manuscritos em caráter temporário, o transporte clandestino pela fronteira lhes pareceu arriscado demais. Adelgundis deixou as valises com elas e voltou para dar a má notícia a Van Breda.

Ele retomou a ideia de transferi-los para a embaixada belga em Berlim. Isso agora significava que teriam de fazer um desvio para pegá-los em Konstanz, e dessa vez ele foi pessoalmente. Assim, em 22 de setembro — dia em que Chamberlain se reuniu com Hitler e soube que este aumentara suas exigências sobre o território tcheco —, Van Breda foi até o convento. Pegou as maletas e prosseguiu para Berlim num trem noturno. Pode-se imaginar a tensão: a guerra se aproximando, três maletas pesadas cheias de papéis que pareciam conter segredos em código, um trem atravessando a noite escura. Chegando à cidade na sexta de manhã, dia 23 de setembro, Van Breda confiou as maletas a um mosteiro franciscano longe do centro e foi para a embaixada — lá, soube que o embaixador estava fora e não poderiam tomar nenhuma decisão em sua ausência. Mas os subordinados concordaram em cuidar das valises naquele meio-tempo.

Lá voltou ele aos franciscanos e depois à embaixada, agora com as maletas. Finalmente, no sábado, 24 de setembro, Van Breda pôde vê-las trancadas dentro do cofre da embaixada. Voltou para Friburgo e de lá saiu da Alemanha, indo para Louvain. Levava consigo apenas alguns textos, para poder dar início ao projeto de transcrição. Foi um alívio quando os guardas da fronteira apenas lhe acenaram para passar, sem olhar aquela letra ininteligível.

Poucos dias depois resolvia-se a crise europeia — temporariamente. Benito Mussolini intermediou uma reunião em Munique, em 29 de setembro, com a presença de Hitler, Daladier e Chamberlain. Não havia ninguém da Tchecoslováquia na sala quando Daladier e Chamberlain, na madrugada de 30 de setembro, cederam às exigências ampliadas de Hitler. No dia seguinte, as forças alemãs entram nos Sudetos.

Chamberlain voltou à Inglaterra triunfante; Daladier voltou à França envergonhado e temeroso. Ao descer do avião, perante a multidão que o aclamava, consta que ele murmurou: *"Les cons!"* [idiotas!] — pelo menos, ao que parece, foi o que Sartre ficou sabendo.[11] Passado o alívio inicial, muita gente na França e na Inglaterra duvidava que o acordo duraria. Sartre e Merleau-Ponty estavam pessimistas; Beauvoir preferia esperar que a paz prevalecesse. Os três debateram longamente o assunto.[12]

Como efeito colateral, o acordo de paz diminuiu a urgência de retirar os papéis de Husserl da Alemanha. Foi apenas em novembro de 1938 que a maior parte deles foi transferida de Berlim para Louvain. Quando os papéis chegaram, foram instalados na biblioteca da universidade, que montou orgulhosamente uma exposição. Ninguém podia imaginar que, dali a dois anos, o Exército alemão iria invadir a Bélgica e os documentos estariam outra vez em perigo.

Naquele mês de novembro, Van Breda voltou a Friburgo. Malvine Husserl agora decidira pedir um visto para se juntar à filha e ao filho nos Estados Unidos, mas, como isso era muito demorado, Van Breda providenciou que, nesse meio-tempo, ela se mudasse para a Bélgica. Malvine chegou a Louvain em junho de 1939, somando-se a Fink e Landgrebe,[13] que haviam se mudado para lá na primavera e começavam a trabalhar. Ela chegou com um carregamento enorme: um contêiner com a mobília, a biblioteca completa de Husserl em sessenta caixas, as cinzas do marido numa urna e um retrato dele,[14] que Franz Brentano e a esposa Ida von Lieben haviam pintado juntos, como presente de noivado, antes do casamento dos dois.

Enquanto isso, os papéis de Brentano[15] — ainda guardados num arquivo em Praga — haviam passado por suas próprias peripécias. Quando Hitler avançou dos Sudetos para ocupar o resto da Tchecoslováquia, em março de 1939, um grupo de arquivistas e estudiosos recolheu a maior parte deles e os remeteu às pressas para fora do país, no último avião civil a sair de lá. Os papéis acabaram ficando na Biblioteca Houghton na Universidade de Harvard, e lá estão até hoje. As poucas pastas que ficaram para trás foram jogadas pela janela por soldados alemães, e a maioria se perdeu.

Os Arquivos Husserl sobreviveram à guerra e continuam em grande parte em Louvain, junto com a biblioteca dele.[16] Faz 75 anos que têm ocupado a atenção de pesquisadores e deram origem a uma edição reunida sob o título de *Husserliana*. Até agora, são 42 volumes de obras reunidas, nove volumes de "materiais" extras, 34 volumes de correspondência e documentos variados e treze volumes de traduções oficiais para o inglês.

Um dos primeiros a ir a Louvain para ver o arquivo foi Maurice Merleau-Ponty, que já conhecia bem o trabalho anterior de Husserl e lera sobre os manuscritos inéditos num artigo da *Revue Internationale de Philosophie*.[17] Em março de 1939, ele escreveu ao frei Van Breda para combinar a visita e dar continuidade a seu interesse específico pela fenomenologia da percepção. Van Breda o recebeu bem e Merleau-Ponty passou a primeira semana de abril em Louvain, muito feliz, absorvido nas partes não revistas e inéditas que Husserl pretendia acrescentar a *Ideias* e *A crise das ciências europeias e a fenomenologia transcendental*.

Esses trabalhos finais de Husserl eram de índole diferente dos anteriores. Para Merleau-Ponty, sugeriam que Husserl, nos últimos anos de vida, começara a se afastar de sua interpretação idealista e subjetiva da fenomenologia, passando para um quadro menos isolado do indivíduo existindo no mundo junto com outras pessoas, imerso na experiência sensorial. Merleau-Ponty chegou a se perguntar se Husserl teria absorvido de Heidegger uma parte disso — interpretação com a qual nem todos concordam. Seria possível ver também outras influências: da sociologia e talvez dos estudos de Jakob von Uexküll sobre as maneiras como diferentes espécies sentem seu "ambiente" ou *Umwelt*. Qualquer que fosse a fonte, a nova linha de pensamento de Husserl agora incluía reflexões sobre o que chamava de *Lebenswelt*, ou "mundo da vida" — aquele contexto social, histórico e físico quase despercebido em que ocorrem todas as novas atividades e que geralmente tomamos como dado.[18] Mesmo nosso corpo raramente requer uma atenção consciente, embora o senso de *sermos encarnados* faça parte de quase todas as experiências que temos. Quando me viro ou me estendo para pegar alguma coisa, sinto meus membros e a disposição de meu eu físico no mundo. Sinto por dentro meus pés e minhas mãos; não preciso olhar num espelho para ver em que posição estão. Isso é conhecido como "propriocepção"[19] — a percepção de si — e é um aspecto importante da experiência, que costumo notar apenas quando há algo de errado. Quando encontro os outros, diz Husserl, também os reconheço implicitamente como seres que têm "seu mundo pessoal ao redor, orientado em torno de seus corpos vivos". Corpo, mundo da vida, propriocepção e contexto social estão, todos eles, integrados na textura da existência humana na Terra.

Pode-se entender por que Merleau-Ponty viu sinais da filosofia heideggeriana do Ser-no-mundo nesse novo interesse de Husserl. Havia também outros pontos de ligação: as obras finais de Husserl mostram que, tal como Heidegger, ele vinha examinando os longos processos da cultura e da história.[20] Mas aqui havia uma grande diferença entre eles. Os escritos de Heidegger sobre a história do Ser são tingidos de uma nostalgia por um tempo *natal*, uma era ou um lar perdido ao qual se deveria remontar a filosofia e a partir do qual se deveria renová-la. O lar dos sonhos de Heidegger muitas vezes faz lembrar o mundo germânico de sua infância, entre florestas, com sua habilidade artesanal e sabedoria silenciosa. Outras vezes, evoca a cultura grega arcaica, que ele considerava como o último período em que a humanidade filosofara devidamente. Heidegger não era o único a sentir fascínio pela Grécia; era uma espécie de mania entre os alemães daqueles anos. Mas outros pensadores alemães costumavam se concentrar no florescimento da filosofia e da erudição no século IV a.C., época de Sócrates e Platão, enquanto para Heidegger foi então que tudo começou a desandar. Para ele, os filósofos que realmente se conectavam ao Ser eram pré-socráticos, como Heráclito, Parmênides e Anaximandro. De toda maneira, o que os escritos de Heidegger sobre a Alemanha e a Grécia têm em comum é esse anseio de uma *volta* à floresta profunda, à inocência infantil e às águas escuras onde se haviam tangido pela primeira vez as cordas vibrantes do pensamento. Volta — volta a um tempo em que as sociedades eram simples, profundas e poéticas.

Husserl não buscava esse mundo da simplicidade perdida. Quando escrevia sobre história, era atraído para períodos mais sofisticados, principalmente aqueles em que havia o encontro entre culturas por meio de viagens, migrações, explorações ou comércio. Nesses períodos, escreve ele, as pessoas que vivem numa determinada cultura ou "mundo natal" (*Heimwelt*) encontram pessoas de um "mundo estrangeiro" (*Fremdwelt*).[21] Para estas, seu mundo é que é natal, e o das outras é o estrangeiro. O choque do encontro é mútuo e oferece a cada uma das culturas uma descoberta surpreendente: que seu mundo não é inquestionável. Um grego em viagem descobre que o mundo grego da vida é apenas um mundo grego, e que existem também mundos indianos e africanos. Perante essa descoberta, os integrantes de cada cultura podem vir a entender que são, em geral, seres "no mundo", que não devem tomar nada por assente.

Para Husserl, portanto, os encontros entre culturas geralmente são bons, porque estimulam o autoquestionamento. Ele suspeitava que a filosofia começara na Grécia antiga não porque os gregos tivessem uma profunda relação interiorizada com seu Ser, como imaginava Heidegger, mas porque eram um povo mercantil (se bem que às vezes beligerante) que percorria constantemente todas as espécies de mundos estrangeiros.

Essa diferença mostra um contraste mais profundo entre as posturas de Husserl e Heidegger nos anos 1930. Durante os eventos daquela década, Heidegger se voltou cada vez mais para o arcaico, o local, o interiorizado, como prefigurava seu artigo explicando suas razões para não ir a Berlim. Em reação aos mesmos eventos, Husserl se voltou para fora. Discorria sobre seus mundos da vida com um espírito cosmopolita — e isso numa época em que o termo "cosmopolita" vinha adquirindo um sentido insultuoso, muitas vezes interpretado como designação de "judaico". Ele estava isolado em Friburgo, mas mesmo assim aproveitou suas últimas palestras dos anos 1930, em Viena e Praga, para lançar um apelo à comunidade acadêmica internacional. Vendo a "crise" social e intelectual a seu redor, conclamou que trabalhassem juntos contra a ascensão do irracionalismo e do misticismo e contra o culto do meramente local, para resgatar o espírito iluminista da razão compartilhada e da livre investigação.

Em seu ensaio "O mistério do ser", de 1933, Gabriel Marcel apresentou uma bela imagem que sintetiza o que, segundo Husserl, os encontros "estrangeiros" e as misturas internacionais podem fazer por nós. Diz ele:

> Sei por experiência própria como, ao encontrar por acaso um estranho, pode surgir um apelo irresistível que derruba as perspectivas habituais tal como uma lufada de vento pode derrubar os cenários de um palco — o que antes parecia próximo se torna infinitamente distante e o que antes parecia distante parece próximo.[22]

A queda dos cenários de um palco e o súbito reajuste das perspectivas caracterizam muitos dos encontros de surpresa que comentamos até agora neste livro: a descoberta de Brentano para o jovem Heidegger, a descoberta de Husserl para Levinas em Estrasburgo, a descoberta de Husserl (e de Levinas) para Sartre por meio de Raymond Aron no Bec-de-Gaz e outros mais, que veremos adiante. A descoberta da obra madura de Husserl para Merleau-Ponty, em 1939, foi um dos momentos mais fecundos. Partindo em larga medida daquela semana de leituras em Louvain, ele veio a desenvolver uma filosofia própria, rica e sutil, sobre o sujeito encarnado e a experiência social. Sua obra, por sua vez, viria a influenciar várias gerações de cientistas e pensadores até a data presente, ligando-os a Husserl.

Husserl entendera plenamente o valor de seus escritos para a posteridade, por inéditos, inacabados, caóticos e quase ilegíveis que fossem. Ele escreveu a um amigo em 1931: "a parte mais extensa e, como realmente creio, mais importante do trabalho de minha vida ainda reside em meus manuscritos, de difícil manuseio devido a seu volume".[23] O *Nachlass* era quase uma forma de vida em si: o biógrafo Rüdiger Safranski o compara ao imenso oceano consciente de *Solaris*, o romance de ficção científica de Stanisław Lem.[24] É uma boa comparação, visto que o oceano de Lem se comunica evocando ideias e imagens na mente dos humanos que se aproximam dele. O arquivo de Husserl exerceu sua influência de maneira muito similar.

Todo esse acervo teria sido perdido não fossem o heroísmo e a energia do padre Van Breda. Nunca teria existido não fosse a persistência de Husserl em refinar e desenvolver suas ideias por longo tempo, embora muitos pensassem que ele simplesmente se aposentara e se retirara para seu refúgio. Além disso, nada teria sobrevivido não fosse uma pitada de pura sorte: um lembrete do papel que a contingência desempenha mesmo nos assuntos humanos mais bem administrados.

A visita de Merleau-Ponty a Louvain se deu nos últimos meses de paz, em 1939. Foi nesse ano, como depois comentou Beauvoir, que a história se apoderou de todos e nunca mais os soltou.[25]

Beauvoir e Sartre passaram as férias de agosto daquele ano numa casa de campo em Juan-les-Pins, com Paul Nizan e Jacques-Laurent Bost. Liam os jornais e escutavam a rádio, e ouviram com medo e desagrado a notícia do pacto nazissoviético em 23 de agosto, o que significava que a União Soviética aumentaria seu poderio e não levantaria oposição a um avanço da Alemanha. Foi um golpe especialmente forte para todos os que vinham apoiando o comunismo soviético como o grande contrapeso ao nazismo, tal era o caso de Nizan e, em certa medida, também de Sartre e Beauvoir. Se os soviéticos não enfrentassem os nazistas, quem enfrentaria? Mais uma vez, a guerra parecia prestes a estourar a qualquer momento.

Enquanto tomavam sol no campo, um assunto voltou a dominar as conversas dos amigos. "Será preferível voltar do front cego ou com o rosto desfigurado? Sem braços ou sem pernas? Paris será bombardeada? Usarão gases tóxicos?"[26] Ocorriam conversas semelhantes em outra casa de campo no sul da França, onde o escritor húngaro Arthur Koestler estava com seu amigo Ettore Corniglion; este comentou que a oscilação das emoções durante aquele mês de agosto o fazia lembrar a avó, que "costumava tratar as frieiras dele colocando seus pés alternadamente num balde de água gelada e num de água quente".[27]

Sartre sabia que não seria enviado para o front por causa de seus problemas oculares. Quando rapaz, já cumprira o serviço militar de praxe numa estação meteorológica, o que significava que agora seria encaminhado para tarefas semelhantes — o mesmo que acontecera com Heidegger na Primeira Guerra Mundial. (Raymond Aron também seria designado naquele ano para uma estação meteorológica; parece ter sido este o destino dos filósofos.) Essa função não envolvia combates, mas mesmo assim era perigosa. Para Bost e Nizan, os riscos eram maiores: os dois eram capazes fisicamente e podiam ser convocados e enviados para o campo de batalha.

As férias de verão na França terminaram em 31 de agosto, e nesse dia muitos parisienses voltaram para casa, retornando das férias no campo. Sartre e Beauvoir também voltaram a Paris,[28] Sartre pronto para pegar a mochila e as botas militares em seu quarto de hotel e se apresentar em sua unidade. Ele e Beauvoir fizeram baldeação em Toulouse, mas o trem para Paris estava tão lotado que não conseguiram embarcar. Tiveram de esperar por mais duas horas e meia, numa estação escura, entre uma multidão ansiosa e uma atmosfera apocalíptica. Chegou outro trem; entraram com dificuldade e rumaram para Paris, chegando em 1º de setembro — dia em que as forças alemãs invadiram a Polônia. Sartre pegou sua mochila. Beauvoir se despediu dele na Gare de l'Est na manhã seguinte, logo cedo. Em 3 de setembro, a Inglaterra e a França declararam guerra à Alemanha.

O visto americano para Malvine Husserl não se materializara, e assim, quando a guerra começou, ela continuava em Louvain. Permaneceu lá, discretamente refugiada num convento próximo, em Herent. A coleção Husserl foi transferida da biblioteca central da universidade para o Institut Supérieur de Philosophie em janeiro de 1940 — bem a tempo.[29] Quatro meses depois, no início da invasão alemã, boa parte da biblioteca da universidade foi bombardeada. Era a segunda vez que se perdia a biblioteca: um edifício mais antigo e um acervo original de livros e manuscritos inestimáveis tinham sido totalmente destruídos na Primeira Guerra Mundial.

Em 16 de setembro de 1940, o contêiner de bens de Malvine, agora armazenado em Antuérpia, foi atingido durante um ataque aéreo dos aliados. Segundo o que conta o próprio Van Breda, sempre dinâmico, foi uma coisa incrível: ele conseguiu chegar aos destroços e recuperar um único objeto valioso, a urna com as cinzas de Husserl, que guardou em sua cela do mosteiro até o fim da guerra.[30] Todo o resto foi destroçado, inclusive o retrato de Brentano. Para poupar Malvine, Van Breda demorou para lhe contar o acontecido. Ele transferiu os papéis de Husserl para vários locais em Louvain, de modo a mantê-los em segurança.

Outra pessoa que estava nos Países Baixos quando começou a guerra era a ex-assistente de Husserl, Edith Stein. Depois de concluir sua tese sobre a empatia, converter-se ao cristianismo, ordenar-se freira carmelita e se tornar irmã Teresa Benedicta, ela se mudara de uma comunidade em Colônia para outra em Echt, na Holanda, em 1938, que na época parecia oferecer mais segurança. Foi com sua irmã Rosa.

Em 1940, os alemães ocuparam a Holanda e os demais países da região. Começaram a deportar judeus para a morte em 1942. As carmelitas tentaram transferir as duas irmãs para outra comunidade na Suíça, mas agora era impossível conseguir vistos de saída. Por algum tempo, os cristãos convertidos foram poupados às deportações, mas a situação logo mudou, e em julho os nazistas começaram a fazer batidas em todas as comunidades monásticas holandesas, procurando todos e quaisquer não arianos. Em Echt, encontraram Edith e Rosa.[31] As duas, com vários outros judeus convertidos ao cristianismo, foram levadas para um campo de trânsito, de onde foram encaminhadas para o campo de Westerbork. No começo de agosto, foram enviadas para Auschwitz. No percurso, o trem passou pela cidade natal delas, Wrocław. Um empregado do correio que trabalhava na estação contou ter visto um trem parado ali por algum tempo; uma mulher com hábito carmelita olhou pela janela e disse que ali era sua cidade natal. Os registros da Cruz Vermelha mostram que as duas irmãs chegaram a Auschwitz em 7 de agosto de 1942. Em 9 de agosto, foram mortas na câmara de gás de Birkenau.

Edith Stein prosseguira com seu trabalho filosófico durante os anos em que esteve no convento, e assim também deixou uma coleção de papéis e obras inéditas.[32] As freiras guardaram os materiais enquanto lhes foi possível. Mas, quando os alemães passaram pela área, durante a retirada em janeiro de 1945, em meio a um grande caos, elas tiveram de fugir e não conseguiram levar os papéis.

Em março, depois da saída dos alemães, duas ou três freiras voltaram, acompanhadas por Herman van Breda. Encontraram muitos papéis ainda espalhados ao ar livre e, com a ajuda de moradores locais, reuniram tudo o que foi possível resgatar de Stein. Van Breda levou os papéis para os Arquivos Husserl. Nos anos 1950, a estudiosa Lucy Gelber os levou para casa, a fim de reunir meticulosamente os textos dispersos. Publicou-os em partes sucessivas, numa edição reunida.

Edith Stein foi beatificada em 1987 e canonizada pelo papa João Paulo II em 1998. Em 2010, numa medida deliberada para redefinir a noção germânica de "herói", seu busto em mármore foi acrescentado ao Valhala[33] de Luís II da Baviera, uma galeria de heróis no alto da floresta, dando para o Danúbio. Ela se reuniu a Frederico, o Grande, Goethe, Kant, Wagner e muitos outros, inclusive outra antinazista, Sophie Scholl, que fora executada em 1943 por suas atividades na resistência.

Malvine Husserl passou toda a guerra em Louvain. Só depois do final do confronto, com 86 anos, conseguiu, em maio de 1946, se reunir aos filhos nos Estados Unidos para seus últimos anos de vida. Morreu em 21 de novembro de 1950. Seu corpo foi transferido para a Alemanha, e ela foi enterrada no cemitério de Günterstal, logo na saída de Friburgo.[34] As cinzas de Edmund Husserl, que Malvine mantivera a seu lado nos Estados Unidos, foram enterradas junto com ela, e lá jazem até hoje, com o filho Gerhart, falecido em 1973, e uma lápide em memória de Wolfgang, o irmão mais novo que morreu na Primeira Guerra. Ainda hoje podemos caminhar pelas trilhas silenciosas e verdejantes do cemitério e usar um dos pequenos regadores de metal, pendurados em ganchos ali perto, para regar o túmulo.

7
Ocupação, Libertação

*Em que a guerra continua, encontramos Albert Camus,
Sartre descobre a liberdade, a França é libertada,
os filósofos se engajam e todo mundo quer ir para os Estados Unidos.*

Em 1939, depois que Beauvoir se despediu de Sartre com sua mochila e botas militares, na Gare de l'Est, só lhe restou ficar à espera de notícias; por muito tempo, não soube sequer onde ele estava servindo. Andando por Paris no primeiro dia após a declaração de guerra, ela se admirou que tudo parecesse tão normal. Havia apenas algumas singularidades: os policiais nas ruas portavam saquinhos com máscaras de gás e, ao cair da noite, muitos carros tinham faróis que brilhavam como safiras no escuro, com as lentes pintadas como medida de precaução.[1]

Essa situação sinistra prosseguiu por meses, no que os franceses chamavam de *drôle de guerre* [guerra de araque], os ingleses de *phony war* [arremedo de guerra], os alemães de *Sitzkrieg* [guerra sentada], e os poloneses invadidos de *dziwna wojna* [guerra estranha]. Havia muito nervosismo, mas pouca ação e nenhum dos temidos bombardeios ou ataques de gás. Em Paris, Beauvoir pegou uma máscara antiga no Lycée Molière, onde dava aulas, escrevia seu diário e arrumava obsessivamente o quarto: "O cachimbo de Sartre, as roupas dele".[2] Ela e Olga Kosakiewicz moravam em quartos do mesmo hotel (o Hotel Danemark na Rue de Vavin, que ainda existe). Juntas, escureceram as janelas com uma mistura meio esquisita de óleo, loção bronzeadora e corante azul.[3] Paris no final de 1939 era uma cidade de inúmeras penumbras azuis.

Beauvoir se entregou ao trabalho, ainda escrevendo e reescrevendo *A convidada*. Encontrou tempo para manter casos com duas alunas, Nathalie Sorokine e Bianca Bienenfeld; as duas moças depois se envolveram também com Sartre. Os biógrafos têm sido duros com Beauvoir pelo que parece ser um caso de "aliciamento" sórdido e de conduta antiprofissional. É difícil saber o que a motivou, visto que parecia indiferente às duas durante boa parte do tempo. Talvez a explicação se encontre na atmosfera tensa e debilitante de Paris na guerra de araque, que levava muita gente a adotar comportamentos estranhos. Em outra parte da cidade, Arthur Koestler observava como o cinzento parecia se alastrar por tudo, como se as raízes de Paris estivessem acometidas de uma doença.[4] O jornalista e escritor Albert Camus, que chegara à cidade vindo da Argélia, sua terra natal, encafuou-se num quarto, ouvindo pela janela os sons da rua lá fora e perguntando a si mesmo o que fazia ali. "Estrangeiro, reconheço que acho tudo estranho e estrangeiro", escreveu em seu caderno em março de 1940.[5] "Sem futuro", acrescentou numa nota sem data.[6] Mas não deixou que esse estado de espírito o impedisse de trabalhar em projetos literários: um romance, *O estrangeiro*, um longo ensaio, *O mito de Sísifo*, e uma peça, *Calígula*. Dizia que eram seus "três absurdos", porque lidavam com a falta de sentido ou absurdo da existência humana, tema que parecia aflorar naturalmente nessa época.

Enquanto isso, Sartre, cujo posto meteorológico ficava em Brumath, na Alsácia, perto da fronteira alemã, não tinha muito o que fazer além de ler e escrever. Entre soltar balões e observar a área de binóculo, ou ficar sentado na caserna ouvindo os sons da bolinha enquanto os colegas de Exército jogavam pingue-pongue, ele ainda conseguia trabalhar em seus projetos pessoais por até doze horas por dia.[7] Mantinha o diário e escrevia longas cartas a cada dia, muitas transbordando de afeto a Simone de Beauvoir — pois finalmente suas cartas chegavam e os dois haviam retomado o contato. Redigia as notas que depois evoluiriam para *O ser e o nada* e escreveu os primeiros rascunhos de sua sequência de romances, *Os caminhos da liberdade*. Concluiu a redação do primeiro volume em 31 de dezembro de 1939 e começou imediatamente o segundo. "Se a guerra continuar nesse ritmo lento, quando vier a paz vou ter escrito três romances e doze tratados filosóficos", disse a Beauvoir.[8] Pediu a ela que lhe enviasse livros:[9] Cervantes, Marquês de Sade, Edgar Allan Poe, Kafka, Defoe, Kierkegaard, Flaubert e o romance lésbico de Radclyffe Hall, *O poço da solidão*. Seu interesse por este último provavelmente foi despertado pelas notícias de Beauvoir, narrando suas aventuras, visto que, de acordo com o trato entre ambos, ela lhe contava tudo.

Sartre poderia prosseguir alegre e contente nesse ritmo por anos — mas a guerra, mesmo de araque, alcançou seu clímax. Em maio de 1940, a Alemanha arrasou subitamente a Holanda e a Bélgica e então atacou a França. Lutando na frente de batalha, Bost foi ferido e mais tarde receberia a Croix de Guerre.[10] Paul Nizan, o velho amigo e recente companheiro de férias de Sartre, foi morto perto de Dunquerque em 23 de maio, logo antes da grande evacuação das tropas aliadas. Merleau-Ponty foi designado oficial de infantaria em Longwy, na linha de frente. Mais tarde relembrou uma longa noite, em que ele e sua unidade ficaram ouvindo os pedidos de socorro de um tenente alemão que fora atingido e estava preso no arame farpado: "Soldados franceses, venham pegar um moribundo". Tinham ordens de não atender, pois podia ser uma cilada; mas, na manhã seguinte, encontraram-no morto no arame. Merleau-Ponty nunca esqueceu a cena do "peito estreito que o uniforme mal cobria naquele frio quase a zero grau [...] o cabelo loiro-claro, as mãos delicadas".[11]

O combate foi valoroso, mas breve. Com as lembranças da Primeira Guerra Mundial ainda tão frescas, os políticos e comandantes franceses defendiam uma rápida rendição, para evitar mortes desnecessárias — posição racional, embora, tal como outros cálculos aparentemente racionais na era nazista, tivesse seu custo psicológico. A unidade de Raymond Aron se retirou sem nem chegar a ver o inimigo e se juntou aos civis em fuga nas estradas; sendo judeu, ele sabia do perigo que corria com os alemães e logo partiu para a Inglaterra, onde passou a guerra trabalhando como jornalista para as forças da França Livre.[12] Merleau-Ponty foi feito prisioneiro e mantido durante algum tempo num hospital militar em Saint-Yrieix.[13] Sartre também foi capturado.

Beauvoir perdeu outra vez o contato com ele, e passou muito tempo sem notícias suas ou de qualquer outra pessoa. Também se somou aos civis refugiados, todos fugindo para o sudoeste sem nenhum objetivo claro, a não ser evitar o avanço que vinha do nordeste. Ela partiu com a família de Bianca Bienenfeld num carro lotado de gente e bagagens. Uma bicicleta amarrada na frente bloqueava a luz dos faróis enquanto o carro abarrotado avançava devagarinho no trânsito. Saindo da cidade, separaram-se. Beauvoir pegou um ônibus para Angers, onde passou várias semanas na casa de amigos. Depois voltou para Paris, como muitos outros, e na viagem de volta chegou a pegar carona num caminhão alemão.[14]

Paris lhe pareceu estranhamente normal — salvo que agora havia alemães andando por todo lado, alguns com ar arrogante, outros perplexos ou constrangidos. Mesmo meio ano depois, em janeiro de 1941, o escritor Jean Guéhenno observou: "Tenho a impressão de ler o embaraço no rosto das forças ocupantes [...]. Não sabem o que fazer nas ruas de Paris nem para quem olhar".[15] Beauvoir retomou o hábito de escrever nos cafés, mas teve de se acostumar à presença de nazistas de uniforme tomando café e conhaque nas mesas vizinhas.[16]

Ela também começou a se adaptar às pequenas frustrações e concessões que se tornaram necessárias aos parisienses. Para conservar o emprego na escola, teve de assinar um documento declarando que não era judia nem maçom. Foi "repugnante",[17] mas assinou. Encontrar no mercado negro alimentos ou carvão para o inverno próximo passou a ser uma ocupação quase em tempo integral, com a escassez de suprimentos na cidade. Quem tinha amigos no campo — como ela — recebia com muita gratidão os pacotes de comida fresca que enviavam. Mas às vezes demoravam muito para chegar: o primeiro pacote que chegou a Beauvoir era um belo pernil assado, coberto de larvas. Ela raspou os vermes e aproveitou o que pôde. Mais tarde, passou a lavar carne malcheirosa com vinagre e a cozinhá-la durante horas com ervas de gosto forte.[18] Seu quarto não tinha aquecimento, e assim ela dormia com calças de esqui e pulôver de lã, e às vezes dava aulas com a mesma roupa.[19] Passou a usar turbante, para economizar em cabeleireiro, e achou que lhe caía bem. "Eu procurava a simplificação em todas as esferas", disse em suas memórias.[20]

Uma adaptação necessária foi aprender a aguentar os sermões moralistas e idiotas emitidos diariamente pelo governo colaboracionista — as recomendações para respeitar a Deus, honrar o princípio da família, seguir as virtudes da tradição. Com isso, ela voltava à pregação "burguesa" que tanto odiava na infância, mas agora tendo por trás ameaças de violência.[21] Ah, mas será que essa pregação não esteve *sempre* respaldada por ameaças ocultas de violência? Mais tarde, essa convicção veio a ocupar o centro das posições políticas de Beauvoir e Sartre: para eles, os valores burgueses expressos em belas palavras nunca mereciam confiança nem podiam ser tomados ao pé da letra. Talvez tenham aprendido isso durante o governo fantoche da França Ocupada.

Beauvoir ainda não sabia se Sartre estava vivo ou não. Para se acalmar (e se aquecer), passava a manhã dando aulas ou escrevendo, e começou a frequentar todas as tardes a Bibliothèque Nationale ou a biblioteca da Sorbonne, onde leu atentamente a *Fenomenologia do espírito* de Hegel. O esforço de concentração era reconfortante, e reconfortante também era a majestosa concepção hegeliana da história humana que se desenvolvia seguindo uma sequência necessária de teses, antíteses e sínteses rumo à sublimação no Espírito Absoluto. Toda tarde, Beauvoir saía da biblioteca com uma sensação radiante de que estava tudo certo — sensação que durava uns cinco minutos antes de se desfazer perante a dura realidade da cidade. Era aí que Kierkegaard entrava, com mais a oferecer. Beauvoir leu também esse anti-hegeliano canhestro, angustiado, irreverente. Ler os dois ao mesmo tempo devia ser meio desnorteante, mas de alguma maneira, tal como ocorre com a dose certa de calmantes e estimulantes, deu-lhe aquilo de que precisava.[22] As duas filosofias entraram no gradual desenrolar de seu romance, *A convidada*. Vieram a se tornar duas fontes fundamentais para ela e para o existencialismo em geral: Kierkegaard com sua insistência na liberdade e na escolha, e Hegel com sua concepção do desenvolvimento histórico em escala épica, engolindo os indivíduos.

Enquanto isso, em Trier, na Renânia, perto da fronteira com Luxemburgo, Sartre estava vivo, com boa saúde, confinado num campo de prisioneiros de guerra, o Stalag 12D. Também estava mergulhado na leitura de uma obra difícil: *Ser e tempo*.[23] A obra de Heidegger já atendera à sua necessidade de reconforto em 1938. Agora, ao ler Heidegger de modo mais atento e concentrado, Sartre viu nele a perfeita inspiração para uma nação derrotada. A filosofia de Heidegger nascera em parte da humilhação da Alemanha em 1918; agora, falava a uma França humilhada após junho de 1940. Enquanto lia, Sartre também trabalhava em suas anotações filosóficas pessoais, que iam formando um livro. Numa das várias mensagens breves que tentou mandar a Beauvoir, em 22 de julho de 1940, ele acrescentou um pós-escrito: "Comecei a escrever um tratado filosófico".[24] Viria a ser sua grande obra: *O ser e o nada*. No mesmo dia em que mencionou o fato, e para seu grande alívio, ele recebeu um maço acumulado de sete cartas de Beauvoir. Então as cartas de Sartre também começaram a chegar a ela, e por fim os dois restabeleceram contato. Aí Sartre fugiu.

Não foi uma fuga muito dramática: foi simples e deu certo. Ele andava sofrendo muito com o problema da vista, por causa de tanto ler e escrever, geralmente com um olho só.[25] Às vezes, os dois olhos doíam tanto que ele tentava escrever de olhos fechados, a caligrafia vagueando pela página. Mas foi isso que lhe deu uma rota de fuga. Alegando precisar de tratamento, ele pediu um passe médico para consultar um oftalmologista fora do campo. Incrível: foi autorizado a sair, mostrou o passe e nunca mais voltou.

Os olhos de Sartre de fato salvaram sua vida várias vezes. Primeiro, isentaram-no dos combates na linha de frente; depois salvaram-no dos trabalhos forçados nazistas; agora davam-lhe o bilhete de saída do Stalag. Essa sorte cobrou seu preço no longo prazo: a exotropia pode causar um grau de cansaço e dificuldade de concentração que talvez tenham contribuído para sua tendência destrutiva, mais tarde, de recorrer a estimulantes e ao álcool.

Mas agora estava livre. Dirigiu-se a Paris e chegou satisfeito e, ao mesmo tempo, desorientado. Passara meses e meses confinado dia e noite com outros prisioneiros e, para sua surpresa, descobrira que era reconfortante ter tal fusão de solidariedade e igualdade com seus companheiros. Não havia disputa por espaço pessoal no campo. Como escreveu mais tarde, sua epiderme era o limite do espaço que tinha, e mesmo quando dormia sempre podia sentir o braço ou a perna de outro encostada na dele. E no entanto isso não o incomodava: esses outros eram parte dele mesmo. Nunca se sentira à vontade com a proximidade física, e aquilo foi uma revelação. Agora, retornando a Paris, viu-se adiando o momento de voltar aos velhos locais que frequentava:

> Em minha primeira noite de liberdade, estrangeiro em minha cidade natal, não tendo ainda encontrado meus amigos de outrora, abri a porta de um café. De repente senti medo — ou algo próximo do medo. Não conseguia entender como tais construções atarracadas e protuberantes podiam ocultar tais desertos. Estava perdido; os poucos frequentadores pareciam mais distantes do que as estrelas. Cada um ocupava um vasto espaço no banco a uma mesa toda de mármore [...]. Se esses homens, tremeluzindo comodamente dentro de seus tubos de gás rarefeito, me pareciam inacessíveis, era porque eu não tinha mais o direito de pôr minha mão direita em seu ombro ou em sua coxa, ou de chamar algum deles de "pateta". Eu me reintegrara à sociedade burguesa.[26]

Parecia que Sartre raramente se sentiria tão feliz e descontraído quanto se sentira como prisioneiro de guerra.

Beauvoir ficou radiante ao ver Sartre, mas a alegria durou pouco, e ela logo ficou francamente irritada quando ele começou a questionar tudo o que ela havia feito para sobreviver. Sartre interrogou: Comprou coisas no mercado negro? "Um pouco de chá, de vez em quando", respondeu ela. E aquele certificado de que não era judia nem maçom? Não devia ter assinado.[27] Para Beauvoir, isso só mostrava como Sartre levara uma vida protegida no campo de prisioneiros. Agradara-lhe jurar fraternidade eterna com seus camaradas enquanto roçavam coxas e ombros, mas a vida em Paris era outra — não tão "burguesa" quanto ele parecia crer e psicologicamente mais difícil. A essa altura de suas memórias, Beauvoir parece bastante crítica em relação a Sartre, o que era incomum. Mas ele logo ficou mais à vontade. Comia com gosto os ensopados do mercado negro[28] e também tomou as providências necessárias para tocar a vida, inclusive publicar seus textos sob a censura nazista.

Por outro lado, era inflexível: tinha voltado para *fazer* alguma coisa. Reuniu uma dúzia de amigos num novo grupo da Resistência, com o nome de "Socialisme et liberté", e escreveu um manifesto. O grupo passava a maior parte do tempo escrevendo ou discutindo manifestos e artigos polêmicos, mas isso já era bastante perigoso. Levaram um grande susto quando um dos membros, Jean Pouillon, perdeu uma pasta cheia de panfletos incriminadores, junto com os nomes e endereços dos integrantes do grupo.[29] Todos corriam o risco de prisão, tortura e morte. Felizmente, a pessoa que encontrou a pasta deixou-a numa agência de achados e perdidos. A incongruência da coisa — a ameaça de tortura nas mãos da Gestapo coexistindo com a tradição cívica decente de uma seção de achados e perdidos — capta bem a estranheza da vida durante a Ocupação.

O grupo acabou se dissolvendo — "por não saber o que fazer", escreveu Sartre mais tarde.[30] Mas o engajamento e outras iniciativas de resistência, mesmo as que pareciam tolas ou fúteis, tinham efeito positivo no moral dos participantes. Podia-se encontrar muito incentivo em minirrebeliões como as de Jean Paulhan — um dos membros —, que espalhava nas mesas dos cafés ou nos balcões das agências do correio pequenos poemas anticolaboracionistas assinados apenas com suas iniciais.[31] Outros parisienses faziam coisas parecidas: proibidas de andar com bandeiras tricolores no Dia da Bastilha, por exemplo, as pessoas achavam um jeito de juntar azul, vermelho e branco, fosse com um lenço colorido ou usando casaco vermelho com bolsa azul e luvas brancas.[32] Tudo isso fazia diferença.

Agora Merleau-Ponty também estava de volta a Paris, e criou um grupo da Resistência chamado "Sous la botte", que então se fundiu com o de Sartre.[33] Casou-se com Suzanne Berthe Jolibois no final de 1940, e tiveram uma filha a quem deram o nome patriótico de Marianne — um bebê da Ocupação que também era um sinal de esperança no futuro. Merleau-Ponty lecionava no Lycée Carnot, onde, apesar de suas atividades pessoais, recomendava aos alunos que fossem cautelosos. Um dia, quando viu que eles haviam retirado da parede o retrato obrigatório do marechal Pétain, mandou que o recolocassem, não por qualquer sentimento colaboracionista, mas para proteger a segurança dos estudantes. O cotidiano exigia uma negociação constante nesse equilíbrio entre submissão e resistência, entre atividade normal e realidade excepcional por detrás.

Era até possível tirar férias dos alemães: Beauvoir e Sartre fizeram várias viagens de bicicleta na zona "livre" do sul da França, com o governo fantoche de Vichy.[34] Enviavam antes as bicicletas e depois atravessavam a fronteira, esgueirando-se por florestas e campos com um guia, à noite, com roupas escuras. Passavam algumas semanas pedalando pelas estradas da Provença e visitando outros escritores, na vaga esperança de atraí-los para a Resistência (inclusive André Gide e André Malraux), e depois retornavam, revigorados pelo gosto dessa liberdade parcial. Pelo menos havia mais comida no sul, embora não tivessem dinheiro para comprar muita coisa. Devido à falta de alimentos nutritivos, estavam fracos e propensos a acidentes. Uma vez, Sartre saiu voando por cima do guidão e Beauvoir colidiu em outra bicicleta, caindo de cara no chão, perdendo um dente e ganhando um olho inchado.[35] Semanas depois, já em Paris, ela apertou um furúnculo no queixo e dali saiu uma coisinha dura e branca. Era o dente, que se enterrara na carne do maxilar.

De volta a Paris, era importante ficar sempre atento ao perigo dos ocupantes — coisa fácil de esquecer se a pessoa não fosse um alvo direto. Sartre contava como os alemães "ofereciam seus lugares às senhoras no metrô, eram carinhosos com as crianças e apertavam suas bochechas". Além do mais, acrescentou, "não fique pensando que os franceses lhes mostravam um ar de grande desprezo"[36] — embora de fato arriscassem pequenas descortesias quando podiam, como forma de preservar o amor-próprio. Jean Guéhenno anotava em seu diário todas as ocasiões em que fazia questão de não dar informações na rua aos alemães ou dá-las com grosseria, coisa que normalmente nunca faria.[37] Merleau-Ponty comentou sua dificuldade em abandonar as regras de boa educação que aprendera na infância, mas também se obrigou a ser grosseiro como dever patriótico.[38] Para alguém tão naturalmente afável e bem-educado como ele, isso demandava um esforço considerável.

Os judeus e quaisquer suspeitos de atividades de resistência tinham uma noção mais clara do que realmente significava a Ocupação — mas às vezes também se demoravam demais. Quando saiu a determinação, em 29 de maio de 1942, de que os judeus deviam usar a estrela de davi, muitos amigos judeus de Sartre e Beauvoir ignoraram o decreto.[39] Também desafiavam as proibições indo a restaurantes, cinemas, bibliotecas e outros locais públicos. Ao anúncio de cada nova determinação, alguns tomavam o fato como sinal para fugirem, se fosse possível, geralmente passando pela Espanha para chegar à Inglaterra ou aos Estados Unidos, mas outros ficavam. Parecia ser possível conviver com os insultos e as ameaças — até que deixou de ser.

Nos momentos mais inesperados, abriam-se rombos pavorosos no tecido das coisas. Sartre descreveu com seu usual senso cinemático:

> Telefonava-se um dia a um amigo e o telefone tocava sem parar no apartamento vazio; tocava-se sua campainha e ele não atendia; se o zelador forçasse a porta, encontravam-se duas cadeiras juntas na entrada com tocos de cigarros alemães entre as pernas.[40]

Era como se todas as calçadas da cidade se abrissem de vez em quando, escreveu ele, e um monstro tentacular aparecesse para tragar alguém. Os cafés, sempre cheios de conhecidos, também se tornaram indicadores dos desaparecimentos. Beauvoir escreveu contando como duas belas tchecas, clientes habituais do Café de Flore, certo dia não apareceram. Nunca mais voltaram. Era intolerável ver seus lugares vazios: "Era, precisamente, um *nada*".[41]

Cafés como o Flore continuavam a ser um centro da vida parisiense. Em primeiro lugar, eram os melhores locais para se aquecer, certamente melhores do que os hoteizinhos baratos sem aquecimento nem local para cozinhar onde muitos moravam. Mesmo depois da guerra, o escritor americano James Baldwin comentou, nos anos 1950: "No momento em que comecei a viver nos hotéis franceses, entendi a necessidade dos cafés franceses".[42] Eles também se tornaram locais para conversar, conspirar um pouco, manter a atividade mental. Certamente comandavam a vida social de Beauvoir e Sartre, que neles se encontravam com os círculos cada vez maiores de novos conhecidos: poetas, dramaturgos, jornalistas, artistas como Pablo Picasso e Alberto Giacometti, escritores de vanguarda como Michel Leiris, Raymond Queneau e Jean Genet. Este último, um ex-ladrão e michê que agora ganhava fama como escritor, um dia simplesmente foi até Sartre, no Flore, e o cumprimentou com um *bonjour*.[43] Foi uma das várias amizades criadas à mesa de um café durante a guerra.

Conheceram Albert Camus de modo igualmente súbito,[44] mas dessa vez no Théâtre Sarah-Bernhardt, onde ele se apresentou a Sartre num dia de 1943, durante um ensaio da peça *As moscas*. Os dois já sabiam bastante um do outro: Camus fizera uma resenha de *A náusea* e Sartre acabara de escrever um artigo sobre *O estrangeiro* de Camus. Deram-se muito bem desde o início. Beauvoir disse mais tarde que ela e Sartre achavam Camus "uma alma simples e alegre", muitas vezes obsceno e cômico na conversa, e tão emotivo que se sentava na neve da rua às duas da madrugada e desabafava seus problemas amorosos.

Desde seu interlúdio solitário em Paris, em 1940, Camus fora e voltara da Argélia algumas vezes. A esposa Francine ainda estava lá, ilhada desde que os Aliados tomaram o país — enquanto Albert estava em Lyons, tratando-se de uma crise da tuberculose que o acompanhou durante toda a vida. Agora terminara os "absurdos" em que passara três anos trabalhando; falavam sobretudo de sua experiência como franco-argelino, sentindo-se deslocado, preso entre dois países e sem se sentir plenamente em casa em nenhum deles. Falavam também de sua experiência da pobreza: a família Camus nunca esteve bem de vida, mas a situação ficou muito apertada depois que Lucien, pai de Camus, morreu no primeiro ano da Primeira Guerra Mundial.[45] (Recrutado para um regimento argelino, ele foi enviado à batalha usando um pitoresco uniforme colonial de calças vermelhas e casaca azul, fatalmente inadequado para a região pantanosa cinzenta do norte da França.) Albert, nascido em 7 de novembro de 1913, tinha menos de um ano de idade. Cresceu num apartamento miserável em Argel, com o irmão, a mãe chorosa, surda e analfabeta, e a avó, analfabeta e violenta.

Assim, enquanto o jovem Sartre burguês tinha seus sonhos de ousadia literária, Merleau-Ponty tinha sua felicidade de ser incondicionalmente amado e Beauvoir tinha seus livros e vitrines das confeitarias, Camus crescia num mundo de silêncio e ausências.[46] Em casa não havia energia elétrica nem água corrente, nada de jornais, livros ou rádio, as visitas eram raras e não havia nenhuma percepção dos "mundos da vida" mais amplos dos outros. Ele conseguiu escapar, indo para um liceu em Argel e depois seguindo a carreira de jornalista e escritor, mas sempre marcado pela infância. O primeiríssimo registro de seu primeiro diário, aos 22 anos de idade, traz a observação: "Certo número de anos sem dinheiro basta para criar toda uma sensibilidade".[47]

Camus veio a passar grande parte da vida na França, mas sempre se sentiu um estrangeiro, perdido sem o sol faiscante do Mediterrâneo que fora a única compensação de sua vida na Argélia.[48] O sol se tornou quase um personagem de sua obra literária, principalmente no primeiro romance, O estrangeiro.[49] O livro trata de um franco-argelino chamado Meursault (seu primeiro nome nunca é mencionado) que entra numa briga na praia com um "árabe" — cujo nome nunca aparece — empunhando uma faca. Meursault, que por acaso está com a arma de um amigo, atira no homem quase por distração, ofuscado pelo reflexo da luz no mar e na lâmina da faca. Preso e julgado, ele tartamudeia ao juiz que foi por causa do sol. Meursault não apresenta bem sua defesa e o advogado não é muito melhor. A atenção do tribunal passa da morte propriamente dita para a visível ausência de remorsos de Meursault ou, na verdade, de reação emocional adequada a qualquer coisa, inclusive a morte recente da mãe. Julgado culpado, ele é condenado à morte na guilhotina: execução tão fria e desumana quanto o próprio crime de Meursault, embora ninguém diga isso ao juiz. O romance termina com Meursault na cela, aguardando a morte. Está com medo, mas encontra um consolo indireto ao olhar o céu e se abre "à terna indiferença do mundo".[50]

Pode parecer estranho que o homem descrito por Beauvoir como sujeito afetuoso, divertido e extremamente emotivo fosse capaz de escrever tão bem sobre um indivíduo que é um vazio emocional — ou que, pelo menos, não consegue expressar as emoções da maneira que a sociedade espera. Não é difícil encontrar razões possíveis em sua formação: a morte sem sentido do pai, sua própria doença recorrente, sempre colocando sua vida em risco, e o silêncio e a falta de relações de toda a família. Mesmo assim, o romance também capta algo da experiência francesa durante a guerra: aqui ressurge aquela superfície de aparência tranquila sob a qual espreita o abismo.

Em 1942, mesmo ano em que publicou O estrangeiro, Camus ampliou suas ideias em O mito de Sísifo. Também era uma obra curta, que teria sido mais extensa se ele não tivesse concordado em eliminar um capítulo sobre Franz Kafka, pois os censores não aceitariam materiais sobre um judeu. Camus, como Sartre e muitos outros, aprendeu a fazer concessões. Mais tarde, num prefácio à tradução para o inglês, em 1955, ele comentou que Sísifo devia muito à sua descoberta, quando trabalhava no livro durante a derrota francesa, de que "mesmo dentro dos limites do niilismo é possível encontrar meios de avançar além do niilismo".[51]

O título do livro se refere a um episódio da Odisseia de Homero. O rei Sísifo,[52] tendo desafiado os deuses num gesto de arrogância, recebe o castigo de empurrar infindavelmente uma pedra até o alto de um monte. A cada vez que ele se aproxima do topo, a pedra escapa e rola declive abaixo e ele precisa voltar e recomeçar. Camus pergunta: Se a vida se revelar tão inútil quanto o trabalho de Sísifo, de que maneira reagiremos?

Como Sartre em A náusea, ele assinala que, de modo geral, não enxergamos o problema fundamental da vida porque não paramos para pensar sobre ele.

Acordamos, pegamos uma condução, trabalhamos, comemos, trabalhamos, pegamos a condução de volta, dormimos. Mas de vez em quando ocorre um deslize, um momento como o de Chandos quando algo falha, e surge a questão da finalidade. Nesses momentos, sentimos um "cansaço tingido de espanto",[53] ao enfrentarmos a pergunta mais básica de todas: Por que continuamos a viver?

Em certo sentido, esta é a variante de Camus sobre a Questão do Ser de Heidegger. O filósofo alemão pensava que a natureza questionável da existência surge quando um martelo se quebra; Camus pensava que são colapsos analogamente básicos que nos levam a indagar sobre a maior questão da vida. Tal como Heidegger, ele também pensava que a resposta consistia mais numa decisão do que numa declaração: para Camus, temos de decidir se desistimos ou continuamos. Se continuamos, deve ser aceitando que não existe um sentido último no que fazemos. Camus conclui o livro com Sísifo retomando sua tarefa interminável e se resignando com o absurdo dela. Assim: "Deve-se imaginar Sísifo feliz".[54]

A principal influência sobre Camus, aqui, não foi Heidegger, e sim Kierkegaard, sobretudo com seu ensaio *Temor e tremor*, de 1843. Ele também utilizou uma historieta para ilustrar o "Absurdo": Kierkegaard escolheu a passagem da Bíblia em que Deus manda Abraão sacrificar seu amado filho Isaac em lugar do usual bode ou carneiro. Para a aparente surpresa de Deus, Abraão se dirige ao local do sacrifício levando Isaac, sem qualquer objeção. No último momento, Deus o libera e Abraão e Isaac vão para casa. O que espanta Kierkegaard não é a obediência nem o indulto, mas o fato de que Abraão e Isaac consigam retornar às coisas como eram antes. Tinham sido obrigados a abandonar totalmente o campo da humanidade comum e da proteção paterna, mas de alguma maneira Abraão ainda confia no amor que sente pelo filho. Para Kierkegaard, o episódio mostra que devemos dar essa espécie de salto impossível para prosseguir com a vida, mesmo depois de reveladas suas falhas. Como escreveu ele, Abraão "renunciou infinitamente a tudo, e então retomou tudo de volta com a força do absurdo".[55] Era o que Camus pensava que seus leitores modernos precisavam fazer, mas, em seu caso, sem nenhum envolvimento divino. Aqui também podemos ver relações com a vida na França da Ocupação. Concedeu-se tudo, perdeu-se tudo — no entanto, tudo ainda parece existir. O que sumiu foi o *sentido*. Como viver sem sentido? A resposta de Camus e Kierkegaard consistia em algo similar ao lema do cartaz britânico para elevar o moral: *Keep Calm and Carry On* [Mantenha a calma e siga em frente].

* * *

Os "absurdos" de Camus conheceram grande popularidade, embora o terceiro deles hoje seja menos conhecido: *Calígula*, uma peça recriando a narrativa de Suetônio sobre aquele imperador depravado do século I como um estudo de caso sobre a liberdade e a falta de sentido levadas a seus extremos. *O estrangeiro* e *O mito de Sísifo* continuaram como best-sellers, atraindo leitores por várias gerações — inclusive aqueles que se debatiam com uma mera insatisfação pequeno-burguesa. Era nessa categoria que eu me encaixava quando li essas obras pela primeira vez, mais ou menos na época em que li *A náusea* de Sartre, tomando essas três obras no mesmo estado de espírito, embora me identificasse muito mais com um Roquentin desambientado do que com um Meursault frio e indiferente.

O que não percebi na época foram as diferenças filosóficas importantes entre a obra de Camus e a obra de Sartre. Por mais que gostassem de Camus pessoalmente, nem Sartre nem Beauvoir aceitavam sua concepção do absurdo. Para eles, a vida *não* é absurda, mesmo vista numa escala cósmica, e não se ganha nada dizendo que é. Para eles, a vida é plena de sentido, embora esse sentido surja de maneira diferente para cada um de nós.

Como defendia Sartre em sua resenha de *O estrangeiro*, em 1943, os princípios fenomenológicos básicos mostram que a experiência nos vem já carregada de significação. Uma sonata ao piano é uma evocação melancólica de um desejo, de um anseio. Se assisto a um jogo de futebol, vejo-o *enquanto* um jogo de futebol, e não como uma cena sem sentido em que determinado número de pessoas corre se revezando para aplicar seus membros inferiores a um objeto esférico. Se é isso o que vejo, então não estou assistindo a uma versão mais essencial, mais verdadeira do futebol; não estou conseguindo enxergá-lo devidamente como futebol.

Sartre sabia muito bem que podemos perder de vista o sentido das coisas. Se fico muito nervosa com o que meu time está fazendo, ou se estou passando por uma crise em minha apreensão do mundo em geral, talvez eu fique mesmo fitando desanimada os jogadores como se realmente não passassem de um bando aleatório de gente correndo à toa. Há muitos momentos assim em *A náusea*, quando Roquentin se vê desconcertado diante de uma maçaneta ou um copo de cerveja. Mas para Sartre, ao contrário do que ocorre em Camus, esses colapsos revelam um estado patológico: são lapsos da intencionalidade, e não vislumbres de uma verdade maior. Assim, Sartre comentou em sua resenha de *O estrangeiro* que Camus "alega apresentar a experiência pura, e no entanto, elimina sorrateiramente todas as ligações dotadas de significado que também fazem parte da experiência". Camus, disse ele, estava influenciado demais por David Hume, que "anunciou que a única coisa que podia encontrar na experiência eram impressões isoladas".[56] Sartre julga que a vida só aparece pontilhista dessa maneira quando alguma coisa desandou.

Para Sartre, o indivíduo desperto não é Roquentin, fixando-se em objetos nos cafés e parques, nem Sísifo, empurrando uma pedra montanha acima com a falsa disposição de Tom Sawyer pintando uma cerca. O indivíduo desperto é aquele que se engaja em fazer algo dotado de finalidade, na plena confiança de que tem algum significado. Esta é a pessoa verdadeiramente livre.

A liberdade foi o grande tema da filosofia de Sartre, sobretudo — e não por acaso — no período em que a França não era livre. Ela ocupa papel central em quase todos os seus escritos da época: *As moscas* (peça que estava sendo encenada quando ele conheceu Camus), os romances de *Os caminhos da liberdade*, seus vários ensaios e palestras, e principalmente sua obra-prima *O ser e o nada*, que elaborou a partir de anos de anotações e publicou em junho de 1943. Parece extraordinário que um volume de 665 páginas, tratando basicamente da liberdade, pudesse sair em pleno regime repressor sem a intervenção da censura, mas foi o que aconteceu. Talvez os censores tenham desistido de um exame mais atento por causa do título da obra.

O título, claro, era uma menção ao *Ser e tempo* de Heidegger, e o peso e a extensão de *O ser e o nada* também se assemelham a ele. (O resenhista americano William Barrett comentou que a versão publicada com quase setecentas páginas era "um primeiro rascunho de um bom livro de trezentas páginas".)[57] Apesar disso, é uma obra rica e muito estimulante. Conjuga as leituras sartrianas de Husserl, Heidegger, Hegel e Kierkegaard com uma profusão de casos e exemplos, geralmente baseados em episódios verídicos com Simone de Beauvoir, Olga Kosakiewicz e outros. Vem envolto no clima de Paris durante a guerra, com pequenas cenas ambientadas em bares e cafés, em praças e jardins, nas escadas de hotéis sujos e baratos. A atmosfera é, muitas vezes, de tensão, desejo ou desconfiança entre as pessoas. Muitos episódios centrais podiam ser cenas de um filme noir ou da nouvelle vague.

Há outro elemento em comum entre *O ser e o nada* e *Ser e tempo*: os dois são inacabados. Terminam acenando com a perspectiva de uma segunda parte, que completaria o argumento do livro. Heidegger promete demonstrar seu ponto central: que o sentido do Ser é o Tempo. Sartre promete fornecer uma base para a ética existencialista. Nenhum dos dois cumpriu a promessa. O que temos em *O ser e o nada* é um extenso exame da liberdade humana, elaborado com base numa visão simples. Sartre argumenta que a liberdade nos aterroriza, mas não podemos escapar a ela, porque *somos* liberdade.

Para defender esse argumento, ele começa dividindo todo o ser em dois campos. Um deles é o *pour-soi* ("para-si"), definido apenas pelo fato de ser livre. É o que somos: é onde encontramos a consciência humana. O outro campo, o do *en-soi* ("em-si"), é onde encontramos tudo o mais: pedras, canivetes, balas, carros, raízes de árvores. (Sartre não fala muito sobre outros animais, mas eles também, das esponjas aos chimpanzés, parecem pertencer basicamente a esse grupo.) Essas entidades não têm decisões a tomar: a única coisa que têm a fazer é ser elas mesmas.

Para Sartre, o em-si e o para-si se opõem como matéria e antimatéria. Heidegger pelo menos escreveu sobre o Dasein como uma espécie de ser, mas para Sartre o para-si não é de maneira alguma um ser. Segundo a descrição memorável de Gabriel Marcel, o nada de Sartre é uma "bolsa de ar" no meio do ser. É um "nada",[58] um buraco no mundo como um vácuo. No entanto, é um nada ativo e específico — o tipo de nada que sai e vai jogar futebol.

A noção de um nada específico soa estranha, mas Sartre explica com um episódio da vida dos cafés parisienses. Imaginemos, diz ele, que marquei um encontro com meu amigo Pierre em determinado café às quatro da tarde. Chego quinze minutos atrasado e, ansioso, olho em torno. Pierre ainda estará aqui? Percebo várias outras coisas: fregueses, mesas, espelhos e luzes, a atmosfera enfumaçada do café, o som de pratos e um barulho abafado geral. Mas nada de Pierre. As outras coisas formam um campo onde se destaca flagrantemente apenas um elemento: a Ausência de Pierre.[59] Lembramo-nos daquelas duas mulheres tchecas que desapareceram do Flore: sua ausência é muito mais patente e eloquente do que jamais fora sua presença.

Sartre também apresenta um exemplo mais leve: olho dentro de minha carteira e vejo ali 1300 francos. Parece bom. Mas, se eu esperava encontrar 1500 francos, o que me salta à vista é o não-ser de duzentos francos.[60] Uma piada engraçada, adaptada de uma piada anterior que aparece no filme *Ninotchka*, de Ernst Lubitsch, ilustra esse ponto. (Peço desculpas ao adaptador, que não consegui rastrear.) Jean-Paul Sartre entra num café e o garçom vai tomar seu pedido. Sartre responde: "Quero uma xícara de café com açúcar, mas sem creme".[61] O garçom sai, mas volta se desculpando: "Lamento, Monsieur Sartre, mas o creme acabou. Pode ser sem leite?". A piada gira em torno da ideia de que a Ausência de Creme e a Ausência de Leite são duas negatividades definidas, assim como Creme e Leite são duas positividades definidas.

É uma ideia peculiar — mas o que Sartre quer atingir é a estrutura da intencionalidade husserliana, que define a consciência como apenas um "acerca-de" insubstancial. Minha consciência é especificamente minha, mas não tem um ser real: não é nada a não ser sua tendência de apontar ou se dirigir às coisas. Se olho para dentro de mim mesma e pareço ver um conjunto de qualidades solidificadas, de traços de personalidade, tendências, limitações, restos de mágoas passadas e assim por diante, tudo isso me fixando numa identidade, estou esquecendo que nenhuma dessas coisas é capaz de me definir. Invertendo o "Penso, logo existo" de Descartes, Sartre, na verdade, sustenta: "Não sou nada, portanto sou livre".[62]

Essa liberdade radical deixa as pessoas aflitas, o que não é de admirar. Já é difícil a gente se pensar livre, mas Sartre vai além, dizendo que não *sou* literalmente nada a não ser o que decido ser. Perceber a extensão de minha liberdade é me ver mergulhada naquilo que Heidegger e Kierkegaard chamavam de "angústia" — *Angst* ou, em francês, *angoisse*. Não é medo de nada em particular, mas sim um desconforto geral em relação a nós mesmos e à nossa existência. Sartre toma de Kierkegaard a imagem de vertigem:[63] se olho do alto de um penhasco e sinto vertigem, essa vertigem tende a se manifestar como sensação mórbida de que posso me atirar lá de cima, numa compulsão inexplicável. Quanto maior minha liberdade de movimentos, pior essa angústia.

Em teoria, se alguém me amarrasse firme junto à beira do penhasco, minha vertigem sumiria, pois aí eu saberia que não *conseguiria* me atirar e, portanto, poderia relaxar. Se pudéssemos tentar um truque parecido com a angústia da vida em geral, tudo pareceria muito mais fácil. Mas é impossível: por mais resoluções que eu tome, elas nunca me amarrarão como cordas de verdade. Sartre dá o exemplo de um jogador inveterado que decidiu tempos atrás não ceder mais ao vício.[64] Mas, se ele está perto de um cassino e sente o impulso da tentação, precisa renovar mais uma vez sua resolução. Não pode apenas se remeter à decisão original. Posso escolher certas direções gerais para seguir na vida, mas não posso me obrigar a segui-las.

Para evitar esse problema, muitos de nós tentamos converter nossas decisões de longo prazo em algum tipo de coerção no mundo real. Sartre usa o exemplo de um despertador:[65] ele toca e me levanto da cama como se não tivesse outra escolha a não ser obedecer, em vez de avaliar livremente se quero mesmo me levantar ou não. Há uma ideia similar por trás de alguns aplicativos recentes que nos impedem de ficar assistindo a vídeos de gatinhos e filhotinhos quando devíamos estar trabalhando. Podemos programá-lo para limitar nosso tempo em determinados sites ou vedar totalmente nosso acesso à internet. Remetendo ao paradoxo, o mais popular entre esses programas se chama Freedom [Liberdade].

Todos esses expedientes funcionam porque nos permitem fingir que não somos livres. Sabemos muito bem que poderíamos reprogramar o despertador ou desabilitar o aplicativo, mas montamos as coisas de uma forma que nos dificulte o acesso a essa opção. Se não recorrêssemos a esses truques, teríamos de lidar com todo o vasto campo de nossa liberdade a cada instante, o que tornaria a vida extremamente complicada. Assim, costumamos criar as mais variadas obrigações ao longo do dia. Sartre dá exemplos: "Tenho um encontro esta noite com Pierre. Não posso me esquecer de responder a Simon. Não tenho o direito de esconder a verdade a Claude por mais tempo". Essas frases sugerem que estamos presos a compromissos, mas, para Sartre, são "projeções" de minhas escolhas. São, em sua grandiosa formulação, "cercas de segurança contra a angústia".[66]

Para mostrar como esses pretextos estão profundamente entretecidos na vida cotidiana, Sartre descreve um garçom[67] parisiense experiente e desdenhoso, circulando entre mesas, portando a bandeja, "colocando-a num equilíbrio continuamente instável, continuamente rompido, que ele restabelece continuamente com um leve movimento do braço e da mão". Como ser humano, ele é um "para-si" livre como eu, mas move-se como se fosse um mecanismo belamente concebido, cumprindo um papel predeterminado. Que papel é esse?

"Não precisamos observar muito até poder explicar: está desempenhando o papel *de ser* um garçom num café." Faz isso com a eficiência do ladrão de G. K. Chesterton, no conto "Os pés estranhos",[68] com o padre Brown, que desliza despercebido num clube de cavalheiros movendo-se como um garçom quando os sócios estão lá, e como sócio do clube quando são os garçons que estão ali. Um garçom desempenhando o papel de um garçom encena suas ações com tanta graciosidade que o efeito faz lembrar a sequência de notas musicais no ragtime de *A náusea*: parece absolutamente *necessário*. Ele tenta ser uma obra de arte chamada Garçom, enquanto na verdade é um ser humano livre, falível, contingente, como todos nós. Assim negando sua liberdade, ele entra no que Sartre chama de *mauvaise foi*, ou "má-fé". Não há nada de excepcional nisso: a maior parte de nós está de má-fé durante a maior parte do tempo, porque é assim que a vida é vivível.

Em grande parte, a má-fé é inofensiva, mas pode ter consequências mais graves. No conto "A infância de um chefe", escrito em 1938, Sartre examinava um personagem, Lucien, que toma para si a identidade de um antissemita basicamente para *ser alguma coisa*. Gosta quando ouve alguém dizer "Lucien não suporta judeus".[69] Dá-lhe a ilusão de que ele é simplesmente como é. A má-fé, aqui, cria uma entidade a partir de uma não entidade. Sartre desenvolveu essa ideia em *A questão judaica*, texto iniciado em 1944 e publicado em 1946. Ele não sustenta que todo antissemitismo se resume a má-fé (seria uma tese difícil de defender), mas utiliza a noção de má-fé para estabelecer uma ligação entre duas coisas que ninguém associara até então com tanta clareza: o medo da liberdade e a tendência de culpar e demonizar os outros.

Para Sartre, mostramos má-fé sempre que nos representamos como resultados passivos de nossa raça, classe, profissão, história, nação, família, hereditariedade, influências da infância, fatos ocorridos ou mesmo motivações ocultas de nosso subconsciente que dizemos escaparem a nosso controle.[70] Não que esses fatores não tenham importância: ele reconhecia que a classe e a raça, em particular, eram forças poderosas na vida das pessoas, e Simone de Beauvoir logo acrescentaria o sexo a essa lista. E Sartre tampouco queria dizer que os grupos privilegiados tinham o direito de pontificar aos pobres e oprimidos sobre a necessidade de "assumir a responsabilidade" por eles mesmos. Seria um grotesco erro de interpretação da posição de Sartre, visto que sua solidariedade em qualquer confronto sempre ficou do lado mais oprimido.

Mas, para cada um de nós — para *mim* —, estar de boa-fé significa não criar desculpas para mim mesma. Não podemos dizer (citando mais exemplos da palestra de Sartre em 1945): "Nunca tive um grande amor ou uma grande amizade, mas foi porque nunca encontrei um homem ou uma mulher que fossem dignos disso; se não escrevi nenhum grande livro, foi porque não tive tempo livre para isso".[71] Dizemos mesmo essas coisas, o tempo todo; mas estamos de má-fé quando agimos assim.

Nada disso significa que faço escolhas num campo totalmente aberto ou no vazio. Estou sempre em algum tipo de "situação" preexistente, a partir da qual devo agir. De fato, preciso dessas "situações" ou do que Sartre chama de "facticidade"[72] para poder agir de uma maneira significativa. Sem isso, minha liberdade seria apenas a liberdade insatisfatória de alguém flutuando no espaço — talvez uma saltadora de grandes alturas que dá um grande salto apenas para perceber que está em gravidade zero e que o salto de nada vale. A liberdade não significa um movimento totalmente desimpedido e certamente não significa agir de forma aleatória. Muitas vezes entendemos equivocadamente as próprias coisas que nos permitem ser livres — contexto, sentido, facticidade, situação, rumo geral em nossa vida — como coisas que nos definem e tiram nossa liberdade. É somente *com* todas essas coisas que podemos ser livres num sentido real.

Sartre leva seu argumento ao extremo afirmando que nem mesmo a guerra, a prisão ou a perspectiva da morte iminente podem retirar minha liberdade existencial. Essas coisas fazem parte de minha "situação", a qual pode ser extrema e intolerável, mas continua a oferecer apenas um contexto para o que eu decida fazer a seguir.[73] Se estou para morrer, posso decidir de que maneira enfrentarei a morte. Aqui, Sartre revive a antiga ideia estoica de que posso não escolher o que acontece a mim, mas posso escolher o que fazer com isso, falando espiritualmente. Mas os estoicos cultivavam a indiferença perante eventos terríveis, ao passo que Sartre pensava que devíamos nos manter apaixonadamente, até mesmo furiosamente engajados com o que nos acontece e com o que podemos realizar. Não esperemos que a liberdade seja senão tremendamente difícil.

A dificuldade de ser livre era o tema da peça que Sartre estava ensaiando quando Camus se apresentou: *As moscas*. Ela estreou em 3 de junho de 1943, sendo a primeira peça de verdade de Sartre, se não contarmos os quadros escritos para seus colegas do campo de prisioneiros Stalag 12D. Mais tarde, ele descreveu a peça como um drama "sobre a liberdade, sobre minha liberdade absoluta, minha liberdade como homem e sobretudo sobre a liberdade da França ocupada em relação aos alemães".[74] Aqui também, nada disso pareceu incomodar a censura. Dessa vez, o que pode ter ajudado foi a ambientação clássica que Sartre deu à peça — expediente que outros escritores também usavam naquela época. Os resenhistas não comentaram muito a mensagem política, mas um deles, Jacques Berland, em *Paris-Soir*, reclamou que Sartre mais parecia um ensaísta do que um dramaturgo.[75]

Camus tinha seu Sísifo; Sartre, para sua parábola, recorreu à história de Orestes, herói do ciclo da *Oresteia* de Ésquilo. Orestes volta à sua cidade natal de Argos e descobre que sua mãe Clitemnestra conspirou com o amante Egisto para matar o marido, o rei Agamênon, pai de Orestes. Agora Egisto é o tirano que governa a cidade oprimida. Na versão de Sartre, o povo está paralisado demais pela humilhação para poder se rebelar. Uma praga de moscas enxameando a cidade representa a desmoralização e a vergonha dos cidadãos.

Mas então o herói Orestes entra em cena. Como no original, ele mata Egisto e (após um escrúpulo passageiro) também a mãe. Assim consegue vingar o pai e libertar Argos — mas também pratica algo terrível e precisa assumir o ônus da culpa em lugar do ônus da vergonha do povo. Orestes é expulso da cidade perseguido pelas moscas, que agora representam as Fúrias clássicas. O deus Zeus aparece e se prontifica a afastar as moscas, mas o Orestes de Sartre recusa a ajuda. Como herói existencialista, rebelando-se contra a tirania e assumindo o peso da responsabilidade pessoal, ele prefere agir livre e sozinho.

Os paralelos com a situação francesa em 1943 eram bastante claros. Os espectadores da peça poderiam reconhecer os efeitos debilitantes das concessões que, em sua maioria, tinham de fazer, bem como a humilhação decorrente da vida sob tirania. Quanto ao fator da culpa, todos sabiam que se juntar à Resistência acarretaria riscos para os amigos e a família, o que significava que qualquer gesto de rebelião trazia um ônus moral efetivo. A peça de Sartre talvez não tenha incomodado os censores, mas continha realmente uma mensagem subversiva. Veio também a ter longa vida, igualmente provocadora, em outros países e em outras épocas.

Beauvoir agora explorava temas semelhantes em sua obra. Escreveu a única peça de sua carreira, que só foi encenada após a guerra (e recebeu críticas negativas). *As bocas inúteis* se passa numa cidade flamenga medieval que está sitiada; os governantes locais inicialmente propõem sacrificar as mulheres e crianças para poupar alimentos para os guerreiros. Mais tarde, percebem que uma tática melhor é reunir toda a população para lutar solidariamente. É um enredo mal-ajambrado, e assim as resenhas negativas não surpreendem, embora a peça de Sartre não fosse muito mais sutil. Depois da guerra, Beauvoir publicou seu "romance da resistência", *O sangue dos outros*, que era muito melhor, comparando a necessidade de uma ação rebelde e a culpa derivada de colocar as pessoas em perigo.

Beauvoir também escreveu nessa época um ensaio chamado "Pirro e Cineas", que traz o princípio da ação corajosa em guerra para um território mais pessoal. A história deriva de outra fonte clássica, as *Vidas* de Plutarco. O general grego Pirro se empenha em conquistar uma série de grandes vitórias, sabendo que virão muitas outras batalhas. Seu conselheiro, Cineas, pergunta-lhe o que ele pretende fazer depois de vencer todas elas e ganhar controle de todo o mundo. Bom, responde Pirro, descansarei. A isso Cineas pergunta: Por que não descansar agora?[76]

Parece uma proposta sensata, mas o ensaio de Beauvoir nos convida a repensar. Para ela, um homem que deseja parar e ficar contemplando o próprio umbigo não é um modelo tão bom quanto o que se empenha em prosseguir. Por que imaginamos que a sabedoria consiste na inatividade e no distanciamento?, pergunta ela. Se uma criança diz "não me interesso por nada", isso não é sinal de uma criança sensata, e sim de uma criança problemática e deprimida. Da mesma forma, os adultos que se afastam do mundo logo se entediam. Mesmo os amantes, se se retiram por muito tempo para seu ninho de amor, perdem o interesse mútuo.[77] Não vicejamos na saciedade e no repouso. A existência humana significa "transcendência", ir além, e não "imanência", repousar passivamente dentro de si mesmo. Significa ação constante até o dia em que não tivermos mais o que fazer — dia improvável de chegar enquanto respirarmos. Para Beauvoir e Sartre, esta foi a grande lição dos anos de guerra: a arte da vida consiste em fazer coisas.

Encontra-se uma mensagem relacionada ao mesmo tema, mas diferente, no "romance de resistência" de Camus, este também publicado somente após a guerra, em 1947: *A peste*. É ambientado na cidade argelina de Oran durante um surto de peste; sugere-se que o bacilo é a Ocupação e todos os seus males. Cada morador da cidade tem uma reação diferente quando se impõe a quarentena, e a claustrofobia e o medo aumentam. Alguns entram em pânico e tentam fugir; outros exploram a situação em proveito próprio. Outros combatem a doença, com resultados variáveis. O herói, dr. Bernard Rieux, entrega-se pragmaticamente à tarefa de cuidar dos pacientes e reduzir a epidemia impondo normas de quarentena, mesmo quando parecem cruéis. Ele não tem nenhuma ilusão de que a humanidade consiga vencer a epidemia fatal no longo prazo. Aqui ainda se encontra o tom de submissão ao destino, como em outros romances de Camus — um tom que nunca se ouve em Beauvoir ou Sartre. Mas o dr. Rieux se concentra em reduzir os danos e adotar estratégias para obter uma vitória, mesmo que local e temporária.

O romance de Camus nos apresenta uma visão do heroísmo e da ação resoluta bem mais atenuada do que os escritos de Sartre e Beauvoir. É somente isso que se pode fazer. Talvez pareça derrotismo, mas mostra uma percepção mais realista sobre o que custa realmente cumprir tarefas difíceis, como libertar o país.

No começo do verão de 1944, quando as forças aliadas se dirigiam a Paris, todos sabiam que se aproximava a libertação. Não era fácil aceitar a emoção crescente, como observou Beauvoir; era como o formigamento doloroso que surge num ponto dormente ao se recuperar a sensibilidade.[78] Havia também o grande medo do que fariam os nazistas durante a retirada. A vida continuava difícil: era mais complicado que nunca encontrar comida suficiente. Mas o som das bombas e artilharias à distância despertava esperanças.

O som se aproximava cada vez mais — até que um dia, no calor de meados de agosto, de repente não havia mais alemães. De início, os parisienses não sabiam bem o que estava acontecendo, ainda mais porque continuavam a se ouvir tiroteios espalhados pela cidade. Em 23 de agosto, uma quarta-feira, Sartre e Beauvoir se dirigiam ao escritório do *Combat*, um jornal da Resistência, para encontrar Camus, agora editor literário da publicação: ele queria lhes encomendar um texto sobre a Libertação. Tinham de atravessar o Sena para chegar lá; no meio da ponte, ouviram disparos e correram para se proteger. Mas agora bandeiras tricolores se agitavam nas janelas, e as transmissões da BBC no dia seguinte anunciaram que Paris estava oficialmente libertada.

Os sinos das igrejas repicaram durante toda a noite seguinte. Andando na rua, Beauvoir se reuniu a um grupo que dançava em torno de uma fogueira. Em dado momento, alguém disse ter visto um tanque alemão e então todos se dispersaram e depois voltaram cheios de cautela. Foi entre essas cenas de entusiasmo e nervosismo que a paz se iniciou na França. No dia seguinte, houve o desfile oficial da Libertação ao longo dos Champs-Élysées até o Arco do Triunfo, tendo à frente o líder da França Livre, Charles de Gaulle, retornado do exílio. Beauvoir se somou à multidão, enquanto Sartre assistia de uma sacada. Finalmente, escreveu Beauvoir, "o mundo e o futuro nos haviam sido devolvidos".[79]

A primeira ação do futuro foi acertar contas com o passado. Iniciaram-se as represálias contra os colaboracionistas, no começo com medidas sumárias de punições brutais e depois com uma onda de julgamentos mais formais, alguns dos quais também resultaram em condenações à morte. Ainda aqui,

Beauvoir e Sartre discordavam de Camus. Após um breve momento de hesitação, Camus se ergueu categoricamente contra a pena capital.[80] A execução judicial fria do Estado era sempre errada, dizia ele, por mais grave que fosse o crime. Antes do julgamento de Robert Brasillach, ex-editor de uma revista fascista, no começo de 1945, Camus assinou uma petição de clemência caso ele recebesse o veredito de culpado. Sartre não se envolveu, pois estava fora na época, mas Beauvoir se recusou taxativamente a assinar a petição, dizendo que, a partir daquele momento, era necessário tomar decisões duras para honrar os que haviam morrido resistindo aos nazistas e também para assegurar um novo começo para o futuro.[81]

A curiosidade de Beauvoir foi suficiente para levá-la a assistir ao julgamento de Brasillach, que ocorreu em 19 de janeiro de 1945, num dia gelado em que Paris estava coberta de neve. Enquanto o tribunal deliberava rapidamente e então proferia a sentença de morte, ela ficou impressionada com a calma de Brasillach. Mas isso não mudou sua opinião de que a sentença era justa. Em todo caso, a petição não fez diferença e ele foi fuzilado em 6 de fevereiro de 1945.

A partir daí, Beauvoir e Sartre divergiam invariavelmente de Camus sempre que tais questões afloravam. Depois de sua atividade mais arrojada e eficiente na Resistência, como editor de *Combat* e em outros lugares, Camus agora traçava linhas mais claras: era contrário à execução, à tortura e a outros abusos do Estado, e ponto-final. Beauvoir e Sartre não eram propriamente favoráveis a essas coisas, mas preferiam destacar as complexas realidades políticas e os cálculos de meios e fins. Perguntavam se realmente poderiam existir casos em que a violência do Estado fosse justificável. E se houver algo muito grande em jogo e o futuro de um grande número de pessoas exigir alguma ação impiedosa? Camus simplesmente retomava seu princípio central: nem tortura, nem execução — pelo menos não com a aprovação do Estado. Beauvoir e Sartre julgavam que a posição que adotavam era mais sutil e mais realista.

Se perguntássemos por que um casal de filósofos inócuos tinha de repente se tornado tão implacável, ambos diriam que foi porque a guerra os transformara profundamente. A guerra lhes mostrara que os deveres pessoais para com a humanidade podiam ser mais complicados do que pareciam. "A guerra de fato dividiu minha vida ao meio", disse Sartre mais tarde.[82] Ele já se afastara de algumas posições apresentadas em *O ser e o nada*, com sua concepção individualista da liberdade. Agora, procurava desenvolver uma concepção de vida mais influenciada pelo marxismo, social e dotada de significado. Esta foi uma das razões pelas quais nunca conseguiu escrever o volume subsequente sobre a ética existencialista: suas ideias a respeito tinham mudado demais. Sartre chegou a escrever muitas páginas de rascunho, publicadas postumamente como *Cahiers pour une morale* [Cadernos para uma moral], mas não conseguiu lhes dar coesão.[83]

Merleau-Ponty, que também se radicalizara com a guerra, ainda se esforçava enormemente em ser menos afável. Depois de dominar a arte de ser grosseiro com os alemães, agora ultrapassava em muito Beauvoir e Sartre nos argumentos ardorosos que escrevia em favor de um comunismo intransigente de estilo soviético. Num ensaio de 1945, "A guerra aconteceu", ele dizia que a guerra eliminara qualquer possibilidade de levar uma vida exclusivamente privada. "Estamos no mundo, misturados a ele, comprometidos com ele", escreveu.[84] Ninguém podia se erguer acima dos acontecimentos; todos tinham as mãos sujas. Durante algum tempo, a expressão "mãos sujas" teve presença constante no meio existencialista. Vinha acompanhada de um novo imperativo: Vá trabalhar e fazer alguma coisa!

Assim, agora que a guerra na França terminara em segurança, Sartre e sua turma dispararam como galgos quando se abrem as cancelas da pista de corrida. Sartre escreveu uma série de ensaios sustentando que os escritores tinham o dever de ser engajados e ativistas; os textos saíram nos números de um periódico em 1947 e depois, em 1948, foram reunidos num volume, *O que é a literatura?*. Os autores tinham poder real no mundo, afirmava ele, e deviam fazer jus a seu papel.[85] Sartre conclamava por uma *littérature engagée* — uma literatura politicamente engajada. Beauvoir relembrou mais tarde o grau de premência que todas essas tarefas pareciam ter: ela lia algum episódio que a inflamava, logo pensava "Preciso responder a isso!"[86] e prontamente redigia um artigo para publicação. Ela, Sartre, Merleau-Ponty e outros amigos escreviam tanto e com tal rapidez que, em 1945, reuniram-se para lançar uma nova revista cultural: *Les Temps Modernes*. Sartre era a figura de proa do periódico e muita gente achava que era ele quem escrevia todos os editoriais, mas na verdade era Merleau-Ponty quem mais trabalhava, tendo escrito muitos artigos sem crédito. O nome *Les Temps Modernes* foi tirado do frenético filme de Charlie Chaplin, de 1936,[87] sobre a industrialização e a exploração operária, do qual

Sartre e Beauvoir tinham gostado tanto que, quando foi lançado, assistiram a duas sessões em seguida.[88] O ritmo de produção literária do casal era parecido com o que Chaplin satirizava no filme, e nas décadas seguintes *Les Temps Modernes* se tornou uma das maiores máquinas de debate intelectual dentro e fora da França. Continua a existir até hoje. Foi em *Les Temps Modernes* que saiu pela primeira vez o ensaio de Sartre sobre a "literatura engajada", que deu o tom para os anos posteriores.

A enxurrada de peças teatrais e literárias também prosseguiu. *O sangue dos outros*, de Beauvoir, foi lançado em setembro de 1945. Sartre publicou os dois primeiros volumes de *Os caminhos da liberdade*, ambos escritos anos antes e ambientados em 1938. Eles mostram o personagem principal Mathieu Delarue passando de uma concepção ingênua da liberdade como mero egocentrismo do faça-o-que-quiser para uma definição melhor, em que ele enfrenta as exigências da história. Na época em que saiu o terceiro volume, *Com a morte na alma*, em 1949, vemos Mathieu defendendo bravamente o campanário de um vilarejo enquanto a França cai. Agora ele usa sua liberdade para fins melhores, mas parece encontrar seu fim na derrota. Sartre concebera um quarto volume, mostrando que, afinal, Mathieu sobrevivera e encontrara a verdadeira liberdade na solidariedade com os camaradas da Resistência. Infelizmente, como costumava acontecer quando Sartre planejava uma conclusão grandiosa para um projeto, o volume nunca foi concluído. Saíram apenas alguns fragmentos, muitos anos depois.[89] Assim como a questão da ética ficou em suspenso em *O ser e o nada*, a questão da liberdade ficou igualmente em suspenso em *Os caminhos da liberdade*. Em nenhum dos casos foi por falta de interesse de Sartre: foi por sua tendência de continuar mudando de ideia em termos filosóficos e políticos.

Em todos esses textos dos anos 1940 — romances, contos e ensaios —, o espírito dominante era mais de entusiasmo do que de esgotamento pós-traumático. O mundo se esfacelara, mas por isso mesmo agora era possível fazer praticamente qualquer coisa com ele. Entusiasmo e receio se mesclavam — aquela mesma mescla de emoções que caracterizou a primeira onda do existencialismo do pós-guerra em geral.

Essa mescla se deu também em outros lugares distantes de Paris. Num estudo de 1959 sobre as experiências de guerra, J. Glenn Gray, filósofo americano especialista em Heidegger, contava ter percorrido a região rural da Itália com seu regimento por volta do final da guerra.[90] Certa noite, ele parou para trocar algumas palavras num italiano estropiado com um velho que fumava cachimbo sentado na frente de uma cabana. Gray ficou triste com o encontro, pois esse mundo tradicional, com a serenidade da velhice, parecia perdido para sempre. Mas, junto com esse pressentimento da perda, ele também teve uma sensação estimulante e promissora. E Gray pensou naquela noite: o que quer que viesse a seguir, uma coisa era certa — os filósofos que ele estudara na faculdade teriam pouco a oferecer ao mundo do pós-guerra. Seria uma nova realidade, e assim seriam necessários novos filósofos.

E ali estavam eles.

Assim começou o ano de assombros e maravilhas do existencialismo, com toda a experimentação desenfreada que antecipamos implicitamente no capítulo 1. A palestra entusiasmante de Sartre em outubro de 1945 terminou num tumulto e virou manchete. As notícias sobre sua filosofia se espalharam em Paris e além. Em 1946, escreveu Gabriel Marcel, "raramente se passa um dia sem que me perguntem o que é o existencialismo". E acrescentou: "Geralmente é uma dama da sociedade que pede informações, mas amanhã pode ser minha faxineira ou o bilheteiro do metrô".[91] Todos os antenados queriam saber a respeito, todas as instituições do establishment se alvoroçavam com o assunto, quase todos os jornalistas pareciam usar o tema como ganha-pão.

Boris Vian, amigo de Sartre, parodiou esse frenesi em *A espuma dos dias*, de 1947. Esse romance surreal e satírico tem um personagem secundário que é um filósofo chamado Jean-Sol Partre. Ao dar uma palestra, Partre chega montado num elefante e sobe num trono, acompanhado por sua consorte, a condessa de Mauvoir. Do corpo franzino de Partre emana uma irradiação extraordinária. O público fica tão embevecido que as palavras do filósofo se afogam entre os gritos e aplausos, e no final o auditório desmorona de tanta gente que havia ali. Partre só observa, encantado em ver todo mundo tão engajado. Simone de Beauvoir gostou muito da sátira de Vian, dizendo que era uma obra de "imensa ternura".[92]

O trompetista Vian era o líder do elemento festivo do cenário existencialista, que encontrou sua sede na área de Saint-Germain-des-Prés, na margem esquerda do Sena. Já fora pioneiro em organizar festas embaladas a jazz em apartamentos particulares, nos últimos tempos da Ocupação, com jovens, chamados de *zazous*, que escapavam ao toque de recolher noturno só voltando para casa no dia seguinte. Com o fim da guerra, Vian passou a tocar nas novas boates de porão. Também inventava coquetéis estranhos e lançava romances divertidos, surreais ou sensacionalistas, seguindo o clima geral. Mais tarde, escreveu um "manual" de Saint-Germain-des-Prés, com mapas, descrições e desenhos retratando os exóticos "trogloditas das cavernas" que se encontravam por lá.[93]

Nos botecos e porões, era frequente que os filósofos ficassem literalmente de braços dados com nomes do jazz, dançando a noite inteira. Merleau-Ponty era figura especialmente carimbada entre os frequentadores da Rive Gauche, conhecido pelo bom humor e pelo charme para flertar. Era, como observou Vian, "o único filósofo que realmente tira uma moça para dançar".[94] Quando Merleau-Ponty tirou Juliette Gréco para uma dança, também lhe ensinou, a pedido dela, um pouco de filosofia enquanto giravam pela pista.

Sartre e Beauvoir também dançavam quando conseguiam escapar aos novos frequentadores e jornalistas dos bares mais conhecidos. Os dois adoravam jazz. Sartre escreveu a letra de uma das canções de maior sucesso de Juliette Gréco, "La Rue des Blancs-Manteaux". Outra canção que Gréco interpretava, uma "Marseillaise existentialiste",[95] tinha letra de Merleau-Ponty, Boris Vian e

Anne-Marie Cazalis. Muito bem rimada, era a história triste de alguém pobre demais para frequentar o Flore, livre demais apesar de ler Merleau-Ponty, e que sempre acabava empacando nos mesmos problemas, apesar de Jean-Paul Sartre.

A cultura existencialista da segunda metade dos anos 1940 parecia muito parisiense para os observadores externos, mas também era movida pelo amor ou, ao menos, pelo fascínio por tudo que fosse americano. A própria cidade ainda estava cheia de americanos, com soldados remanescentes das forças de libertação e novos recém-chegados. Eram poucos os jovens parisienses que conseguiam resistir às roupas americanas, aos filmes americanos, à música americana. Como tudo isso tinha sido proibido pelas autoridades da Ocupação, havia aí um encanto maior — e fazia meses que os *zazous* dançavam clandestinamente ao som do jazz. A importância da música americana para toda uma geração encontra uma boa síntese num episódio narrado por Juliette Gréco. Ela fora detida pela Gestapo em 1943, ficando presa numa cela, e depois, para sua surpresa, foi liberada. Foi a pé para casa, percorrendo mais de doze quilômetros em pleno inverno, usando apenas um vestido de algodão, e, enquanto andava, ia cantando a todo volume uma canção americana, "Over the Rainbow".[96]

Para combinar com o jazz, o blues e o ragtime após a guerra, as pessoas procuravam roupas americanas, encontradas com facilidade no mercado de pulgas; havia especial paixão por jaquetas e camisas xadrez. Se nossa máquina do tempo nos levasse de volta a um clube de jazz parisiense logo após a guerra, não nos sentiríamos num mar de negrumes existencialistas e sim, mais provavelmente, numa festa de lenhadores dançando quadrilha. Podemos ter uma ideia do que era ao ver o filme *Eterna ilusão*, de Jacques Becker, lançado em 1949, que mostra uma cena exuberante de dança no clube Lorientais: a banda de Claude Luter toca num palco acanhado, enquanto o povo todo de camisa xadrez vai aos saltos pela pista de dança. A blusa preta de gola rolê só chegou mais tarde — e quando os americanos adotaram a moda, por sua vez, poucos perceberam que estavam retribuindo um cumprimento indumentário.

Nos cinemas, enquanto isso, o povo devorava os filmes policiais americanos; nos *bouquinistes* ao longo do Sena, devorava literatura americana. Os autores mais populares eram os mais brutais: James M. Cain, Dashiel Hammett e

Horace McCoy,[97] cujo *Mas não se matam cavalos?*, o deprimente romance da época da Depressão, foi lançado em francês pela Gallimard em 1946. Camus imitara o estilo noir americano em *O estrangeiro*, e Sartre e Beauvoir também eram fãs. Ademais, apreciavam muitos autores americanos que escapavam ao gênero: Ernest Hemingway, William Faulkner, John Steinbeck e John Dos Passos[98] — o qual, segundo Sartre, era o maior escritor da época. As editoras francesas publicavam muitas traduções de livros americanos: uma chamada constante nas capas era *traduit de l'américain*. Mas nem todos os livros apresentados como tradução eram o que diziam ser. *Vou cuspir no seu túmulo*, apresentado como de autoria de "Vernon Sullivan" e traduzido por Boris Vian, era do próprio Vian. Escrito numa espécie de desafio, era uma história violenta e sensacionalista sobre um negro que mata duas brancas para vingar o linchamento do irmão, mas é perseguido e acaba morrendo sob os disparos da polícia. Vian ganhou um bom dinheiro com ele, mas teve problemas no ano seguinte, quando um homem em Montparnasse estrangulou a namorada e se matou com um tiro, deixando um exemplar do livro ao lado da cama, com a passagem descrevendo um estrangulamento marcada a tinta, caso alguém não notasse a semelhança.[99]

Os americanos, que agora podiam retomar o turismo em Paris após cinco anos, voltaram a se apaixonar pela cidade como nos anos 1920. Sentavam-se no Flore e no Les Deux Magots e se aventuravam descendo as escadas para o porão das boates. Ouviam a conversa de *l'existentialisme* e *les existentialistes* e, quando voltavam aos Estados Unidos, repassavam para os amigos. Os nova-iorquinos cultos começaram a cortejar os verdadeiros existencialistas: um a um, Sartre, Beauvoir e Camus foram convidados a cruzar o Atlântico e dar palestras em várias turnês. Os três aceitaram.

O primeiro a ir foi Sartre, em meados de janeiro de 1945: por sugestão de Camus, ele se juntou a uma delegação de jornalistas franceses representando *Combat* e *Le Figaro*, que haviam sido convidados. (Foi por isso que ele esteve ausente no julgamento de Brasillach.) Viajou pelo país durante dois meses, conhecendo inúmeras pessoas, entre as quais Dolorès Vanetti, que se tornou sua amante por muito tempo. O escasso inglês de Sartre não lhe permitia falar com a loquacidade que lhe era habitual, mas ele foi um observador atento, tomou várias notas e depois, de volta a Paris, escreveu alguns artigos. Concentrou-se em questões socialistas: por exemplo, como os operários americanos lidavam com a rápida automatização das fábricas americanas.¹⁰⁰ Na época, eram poucos os que viam os recursos tecnológicos, o consumismo e as técnicas de produção automatizada como características gerais da vida moderna: pelo contrário, elas eram consideradas tipicamente americanas, o que acentuava a imagem ao mesmo tempo fascinante e alarmante do país na mente de muitos europeus. Alguém realmente consegue viver com toda essa tecnologia? O que isso faz a uma pessoa? Sartre observou surpreso que os operários americanos pareciam alegres, apesar de serem meras engrenagens numa máquina industrial chapliniana, que os patrões obrigavam a ser cada vez mais rápidos. Todo o país parecia uma máquina dessas, e Sartre se perguntava se era possível prosseguir assim.

Ele voltou aos Estados Unidos em outras visitas no final dos anos 1940, sentindo-se mais à vontade para se comunicar com as pessoas, embora continuasse com um inglês limitado. Na terceira visita de Sartre, em 1949, Lionel Abel — que o conhecera numa noitada do *Partisan Review* — ficou espantado com sua loquacidade num idioma que mal conhecia: mesmo não conseguindo dizer muita coisa, não parava de falar.¹⁰¹

Albert Camus foi o próximo, percorrendo os Estados Unidos de março a maio de 1946. Sentiu-se mais nervoso do que Sartre, ciente de ser um estrangeiro, incomodado com as pequenas e constantes dificuldades em entender como funcionavam as coisas e o que se esperava que fizesse. Esse seu desconforto lhe permitiu ser um bom observador das diferenças.¹⁰² Notou:

> os sucos de fruta matinais, o uísque com soda nacional [...] o antissemitismo e o amor pelos animais — este último estendendo-se dos gorilas no zoológico do Bronx aos protozoários do Museu de História Natural —, os velórios em que a morte e o morto são despachados a toda velocidade ("Morra, e deixe o resto conosco"), as barbearias onde se é atendido às três da manhã.¹⁰³

Ele ficou especialmente impressionado com o outdoor na Times Square em que um soldado enorme soltava fumaça de verdade de um Camel. O único lugar que lhe pareceu familiar e acolhedor foi o distrito de Bowery, em Nova York, que na época era uma zona decadente de botecos baratos e hotéis vagabundos, com os trilhos da estrada de ferro correndo num elevado à altura de um segundo andar, lançando uma densa sombra em toda a parte de baixo.

"Um europeu sente vontade de dizer: 'Enfim a realidade'."[104] Como Sartre observando os operários, Camus sentia atração e repulsa ao mesmo tempo. O que não conseguia entender era, acima de tudo, a evidente falta de angústia nos Estados Unidos. Nada era adequadamente trágico.

Em 1947, foi a vez de Simone de Beauvoir. Ao contrário de Sartre, ela já lia e falava inglês; como Camus, ficou espantada com os inventos e mecanismos esquisitos. Mantinha um diário onde anotava, perplexa, fenômenos como a forma de postagem de cartas no hotel em que estava: ao lado do elevador, em cada andar, havia um pequeno tubo onde se colocava o envelope, que descia flutuando até uma caixa no térreo. Na primeira vez em que viu aquelas coisas brancas passando, achou que era uma alucinação.[105] Depois foi a uma banca de jornais e tentou comprar selos nas máquinas, porém confundiu-se com as moedas. Mas fez muitos amigos, e, depois de seus desentendimentos com Nova York, seguiu numa turnê de palestras por todo o país, com interrupções para ir a clubes de jazz e a cinemas onde viu "suspenses" e "comédias".[106] Em Chicago, conheceu Nelson Algren, um autor de romances duros e crus sobre viciados, prostitutas e as facetas amargas da vida americana. Começaram um caso e ela se apaixonou; o romance durou três anos, embora só conseguissem se encontrar a intervalos muito espaçados, nos Estados Unidos ou na França.

A reação de Beauvoir aos Estados Unidos foi aquela mistura já usual de êxtase e cautela. Ficou seduzida: era a terra da "fartura e horizontes infinitos; era uma lanterna mágica maluca de imagens lendárias".[107] Era o futuro — ou, pelo menos, uma versão possível do futuro. Uma versão rival era a da União Soviética, que também a atraía. Mas, nesse momento, a versão mais forte era sem dúvida a dos Estados Unidos. O país demonstrava mais confiança, era rico e tinha a Bomba.

Um elemento da vida americana despertou inequívoco horror em Sartre, Beauvoir e Camus: as desigualdades raciais, e não apenas no sul. Após sua primeira viagem, Sartre descreveu em *Le Figaro* os "intocáveis" e "invisíveis"[108] negros que assombravam as ruas, nunca olhando as pessoas nos olhos; era como se não vissem ninguém e ninguém devesse vê-los. Após outra visita, ele se inspirou para escrever uma peça sobre o racismo americano, *A prostituta respeitosa*, baseada num caso verídico em que dois negros foram condenados e executados por violentar duas prostitutas brancas, apesar da insuficiência de provas contra eles. Beauvoir também se sentiu chocada em seus contatos, ou, melhor, falta de contatos, pois os dois mundos raramente se misturavam. Foi ao Harlem por conta própria, contrariando as advertências alarmadas dos nova-iorquinos brancos que lhe diziam que correria perigo.[109] Outros franceses em visita também se negaram a aceitar normalmente a separação das esferas que parecia natural a tantos americanos brancos. Quando Juliette Gréco teve um caso com o jazzista Miles Davis em 1949 e foi visitá-lo em Nova York, ele precisou avisá-la de que não poderiam andar juntos como faziam em Paris.[110] Iriam chamá-la de "puta de um negro", o que acabaria com sua carreira.

Inversamente, muitos americanos negros que estavam em Paris após a guerra apreciavam a experiência de serem tratados com um respeito humano básico. Eram mais do que respeitados; muitas vezes eram idolatrados, pois a juventude francesa adorava a cultura e a música negra americana. Alguns decidiram ficar e uns poucos foram atraídos pelo existencialismo, reconhecendo muitas coisas em sua filosofia da liberdade.

O grande exemplo disso foi Richard Wright, que ganhara fama nos Estados Unidos com os romances *Filho nativo* (1940) e *Negrinho* (1945). Ele conheceu Sartre e Camus quando ainda estava em Nova York; Wright e sua esposa se tornaram bons amigos especialmente de Beauvoir, que ficou hospedada na casa deles em 1947. Nesse ano, Wright escreveu em seu diário: "Como essas moças e rapazes franceses pensam e escrevem; não existe nada parecido em nenhum lugar do mundo hoje em dia. Como sentem agudamente o dilema humano".[111] Seus visitantes franceses, por sua vez, gostavam muito de seus corajosos textos semiautobiográficos sobre a vida de um negro crescendo nos Estados Unidos. Camus conseguiu que eles fossem traduzidos pela Gallimard; Sartre encomendou um artigo de Wright para *Les Temps Modernes*. Wright conseguiu a duras penas um visto para ir à França e se converteu imediatamente. Assim como os detalhes dos Estados Unidos haviam surpreendido os franceses, as peculiaridades de Paris encantaram Wright: "As maçanetas ficavam no centro das portas!".[112] Passou alguns outros períodos por lá e finalmente acabou se estabelecendo em Paris.

Muito embora os europeus se espantassem com as maneiras americanas, adoravam ser recebidos tão calorosamente: os Estados Unidos eram (e ainda são) uma terra tremendamente hospitaleira para novas ideias e também para potenciais celebridades. Um ano depois que a foto de Sartre apareceu na revista *Time* com a legenda "Mulheres desmaiam",[113] Beauvoir foi saudada na

New Yorker como "a existencialista mais bonita que já se viu". Saíram artigos sobre o existencialismo em jornais e periódicos culturais: *New York Post*, *New Yorker*, *Harper's Bazaar* e *Partisan Review*[114] — leitura favorita dos intelectuais — publicaram ensaios sobre Sartre, Beauvoir e Camus, com a tradução de excertos de suas obras. Em outubro de 1945, o exilado francês Jean Wahl escreveu "Existentialism: A Preface" [Existencialismo: Um prefácio] para a *New Republic*.[115] Junto com os prefácios e os manuais de divulgação, vieram algumas sátiras gentis. Em 1948, a *New York Times Magazine* reproduziu uma paródia de Paul F. Jennings, publicada no semanário inglês *Spectator*, chamada "Thingness of Things"[116] [A coisidade das coisas]. Ela expunha uma filosofia do "resistencialismo" defendida por um tal Pierre-Marie Ventre, que procurava entender por que as coisas resistem e frustram ininterruptamente os seres humanos, como quando nos passam uma rasteira e tropeçamos ou quando se recusam a ser achadas quando as perdemos. O lema de Ventre era "*Les choses sont contre nous*" [As coisas estão contra nós].

Havia um traço dos existencialistas que incomodava seriamente os intelectuais americanos: era o gosto por aspectos vulgares da cultura americana — o amor pelo jazz e pelo blues, o interesse pelos assassinatos sórdidos do Deep South, o apreço pela literatura barata sobre criminosos e psicopatas. Mesmo suas escolhas mais seletas na literatura americana eram suspeitas, visto que os americanos cultos não eram tão propensos a apreciar seus próprios romancistas modernos, preferindo os meandros e as filigranas de Proust — que Sartre abominava. William Barrett, um dos primeiros divulgadores existencialistas, escreveu na *Partisan Review* que os romances de Sartre constituíam "um implacável lembrete de que não é possível ler Steinbeck e Dos Passos como grandes romancistas e sair impune". Todos esses livros, com suas "conversas banais e insignificantes, personagens entrando e saindo, bares e cabarés",[117] eram influências perniciosas. No mesmo número, o crítico F. W. Dupee concluía que o gosto francês por Faulkner era não tanto um elogio à literatura americana, e sim um sinal de alguma profunda "crise no gosto e na razão dos franceses".[118]

Também surgiu uma divergência entre a maneira francesa e a maneira americana de pensar o existencialismo. Para os franceses nos anos 1940, a tendência era ver o existencialismo como algo novo, ousado, sensual, jazzístico. Para os americanos, o existencialismo evocava botecos sujos e as vielas escuras de Paris: significava a velha Europa. Assim, enquanto a imprensa francesa retratava os existencialistas como jovens rebeldes levando uma vida sexual escandalosa, os americanos tendiam a vê-los como almas tristes e pessimistas, perseguidas pelo medo, pelo desespero e pela angústia à la Kierkegaard.[119] Essa imagem pegou. Mesmo agora, sobretudo no mundo anglófono, a palavra "existencialista" invoca uma figura noir fitando o fundo de uma xícara de café, deprimida e angustiada demais até para folhear as páginas de um surrado volume de *O ser e o nada*. Um dos poucos a questionar desde cedo essa imagem foi Richard Wright, que, depois de seu primeiro encontro com os existencialistas, escreveu à amiga Gertrude Stein, dizendo que não entendia por que os americanos insistiam em ver o existencialismo como uma filosofia melancólica: para ele, significava otimismo e liberdade.[120]

Naqueles primeiros anos, os leitores americanos, se quisessem julgar por si mesmos o existencialismo e não conhecessem o francês, dispunham de pouquíssimo material para se nortear. Havia apenas a tradução de alguns fragmentos da obra de Sartre e de Beauvoir, e entre eles não estava *A náusea*, cuja primeira tradução, feita por Lloyd Alexander com o título de *The Diary of Antoine Roquentin* [O diário de Antoine Roquentin], saiu em 1949, nem *O ser e o nada*, traduzido por Hazel Barnes em 1956.

Se era difícil conseguir informações precisas sobre o existencialismo francês, ainda mais difícil era saber alguma coisa sobre os pensadores alemães que o haviam originado. Uma das poucas pessoas que tentaram sanar essa situação foi a ex-aluna e amante de Heidegger, Hannah Arendt, agora morando nos Estados Unidos e trabalhando para organizações de refugiados judeus. Em 1946, ela escreveu dois ensaios, para *Nation* e *Partisan Review*, respectivamente. Um deles, "O existencialismo francês", desfazia alguns mitos sobre Sartre e os demais. O outro, "O que é a filosofia da existência?", procurava recuperar as raízes alemãs do existencialismo, sintetizando o pensamento de Jaspers e Heidegger.[121]

Mas era uma época difícil para dizer às pessoas que a existencialista mais bonita que já se vira e aquele filósofo que fazia as mulheres desmaiarem deviam suas ideias aos alemães. Mesmo na França, poucos se dispunham a reconhecer o fato. E Heidegger não era um alemão qualquer. Se o mago de Messkirch pudesse desfazer seu passado em um passe de mágica, todo mundo ficaria muito mais feliz.

8
Devastação

Em que Heidegger dá sua virada, outros se viram contra ele e ocorrem alguns encontros complicados.

Em 1945, a Alemanha era um país onde ninguém queria estar. Sobreviventes, soldados dispersos e refugiados de todas as espécies vagueavam pelas cidades e pelos campos. As organizações de assistência se empenhavam em ajudar as pessoas a voltarem para casa e as forças ocupantes tentavam impor ordem em meio à destruição quase completa da infraestrutura. Dos montes de escombros muitas vezes saía o fedor dos cadáveres sepultados sob os destroços. As pessoas procuravam comida, plantavam vegetais em lotes improvisados, cozinhavam a céu aberto. Além dos mortos, havia cerca de 14 a 15 milhões de desabrigados, que haviam perdido suas casas com os bombardeios e a devastação geral. O poeta inglês Stephen Spender, que percorreu o país após a guerra, comparou os que vagueavam pelos escombros de Colônia e outras partes a nômades do deserto entre as ruínas de uma cidade perdida.[1] Mas o povo e especialmente os grupos de *Trümmerfrauer*, ou "mulheres do entulho", puseram mãos à obra, removendo pedras e tijolos, com a supervisão dos soldados ocupantes.

Os refugiados provenientes dos campos de internamento muitas vezes tinham de esperar longo tempo para ir a qualquer lugar. Muitos soldados alemães também continuavam desaparecidos; alguns voltavam vagarosamente para casa, cruzando países inteiros a pé. A eles se somavam mais de 12 milhões de alemães étnicos expulsos da Polônia, da Tchecoslováquia e de outros países da Europa Central e Oriental; também iam a pé para a Alemanha, empurrando carretos e carrinhos com seus pertences.[2] O número de pessoas simplesmente perambulando pela Europa naquela época era espantoso. O avô de um amigo meu foi a pé de um campo de prisioneiros na Dinamarca até sua terra natal na Hungria. Em *Heimat*, o ciclo de filmes de Edgar Reitza, de 1984, quando um jovem aparece em seu povoado na Renânia depois de percorrer a pé toda a distância desde a Turquia, a cena não é tão imaginária quanto poderia parecer. Mas muitos outros passaram anos encalhados em locais remotos, sem que os parentes tivessem qualquer ideia de onde estavam.

Entre os que perderam comunicação em 1945 estavam os dois filhos do casal Heidegger, Jörg e Hermann. Ambos tinham combatido na frente oriental e estavam agora em campos de prisioneiros da União Soviética. Aos pais só restava a incerteza, sem saber se estavam vivos.

Desde sua renúncia ao cargo de reitor da Universidade de Friburgo em 1934, Martin Heidegger ficou bastante quieto. O mesmo problema cardíaco que o isentara do serviço militar na Primeira Guerra Mundial impediu que ele fosse recrutado para qualquer tipo de serviço durante a maior parte da Segunda Guerra. Heidegger dava aulas na universidade e passava o máximo de tempo possível em seu chalé de Todtnauberg, sentindo-se incompreendido e injustiçado. Pela descrição de Max Kommerell, um amigo que o visitou em 1941, ele estava bronzeado, tinha no olhar uma expressão perdida e "um leve sorriso que é um pouco, um pouquinho alucinado".[3]

Com a aproximação crescente dos aliados no final de 1944, o regime nazista ordenou a mobilização total dos alemães, inclusive dos dispensados anteriormente. Heidegger, agora com 59 anos, foi enviado com outros homens para cavar trincheiras perto da Alsácia, a fim de impedir o avanço francês. Foi por poucas semanas, mas, nesse meio-tempo, ele também teve a cautela de esconder seus manuscritos em locais mais seguros, para o caso de uma invasão. Alguns já estavam guardados nos cofres do banco de Messkirch, onde seu irmão Fritz trabalhava; ele escondeu outros na torre de uma igreja em Bietingen, ali próximo.[4] Em abril de 1945, chegou a escrever à esposa sobre o plano de guardar vários volumes de textos numa cova, que então ficaria fechada e sua localização registrada num mapa secreto, entregue a algumas pouquíssimas pessoas de confiança.[5] Não há nenhuma prova de que tenha chegado a fazer isso, mas de fato transferiu seus papéis várias vezes. Tais precauções não eram irracionais: Friburgo foi tremendamente danificada pelos ataques aéreos, e Todtnauberg não tinha espaço nem segurança suficiente para estocar muitas coisas. Talvez ele também receasse que certos itens fossem incriminadores.

Heidegger conservou consigo apenas alguns manuscritos, inclusive seu trabalho recente sobre Friedrich Hölderlin, a quem lia obsessivamente. O grande poeta da região do Danúbio, nascido em Lauffen em 1770 e sofrendo crises de demência durante toda a vida, ambientara grande parte de sua poesia visionária nas paisagens locais, ao mesmo tempo evocando uma imagem idealizada da Grécia antiga — exatamente a combinação que sempre fascinara Heidegger. O único outro poeta que viria a ter tanta importância para ele foi o austríaco Georg Trakl, ainda mais perturbado mentalmente, esquizofrênico e viciado em drogas que morreu em 1914, aos 27 anos de idade. Nos poemas misteriosos de Trakl multiplicam-se caçadores, moças e estranhos animais azuis passeando por florestas silenciosas ao luar. Heidegger se imergiu nesses dois poetas e explorou de modo geral como a linguagem poética pode invocar o Ser e lhe abrir um espaço no mundo.

Em março de 1945, os aliados chegaram a Friburgo e Heidegger deixou a cidade. Conseguiu que os colegas e alunos da faculdade de filosofia lhe encontrassem um refúgio em Wildenstein, um castelo espetacular no alto de um penhasco sobre o Danúbio, perto de Beuron e não distante de Messkirch (e, aliás, perto também do castelo de Sigmaringen, onde os alemães haviam reunido os integrantes do governo de Vichy, num grotesco retiro ao estilo do

Decamerão, depois de terem fugido da França).⁶ O castelo de Wildenstein pertencia ao príncipe e à princesa de Sachsen-Meiningen; a princesa tinha sido amante de Heidegger. Foi por isso, talvez, que Elfride Heidegger não acompanhou o marido; ele a deixou em Friburgo para cuidar da casa que tinham no subúrbio de Zähringen. Quando os aliados chegaram, a casa foi requisitada e por algum tempo Elfride Heidegger teve de acolher um refugiado da Silésia e a família de um sargento francês.

Enquanto isso, o pequeno grupo de refugiados da universidade — cerca de dez docentes e trinta estudantes, na maioria mulheres — havia atravessado de bicicleta a Floresta Negra, indo Heidegger se reunir a eles mais tarde, usando a bicicleta do filho. Ele ficou com a princesa e o marido dela na cabana do guarda-florestal que ficava ali perto e lhes servia de casa, enquanto o restante do grupo subiu para o castelo, que parecia saído de um conto de fadas. Durante maio e junho de 1945, mesmo depois que os franceses já haviam chegado à área, os filósofos ajudavam a trazer feno dos campos próximos e passavam os serões se entretendo com palestras e recitais de piano. No final de junho, fizeram uma festa de despedida na cabana do guarda-florestal; Heidegger discorreu sobre Hölderlin. Ao fim daqueles meses agradáveis, o alegre grupo voltou para Friburgo, todos certamente corados e bem-dispostos. Mas Heidegger, chegando a Friburgo, encontrou sua casa cheia de desconhecidos, a cidade sob administração dos franceses e a absoluta proibição de voltar a lecionar. Seus inimigos o haviam apresentado como suspeito de ser simpatizante nazista.

Heidegger passara aquela primavera de 1945 no Danúbio escrevendo vários textos novos, inclusive um diálogo filosófico que datou de 8 de maio de 1945 — o dia em que foi oficializada a rendição da Alemanha. O texto se chama "Conversa vespertina: Num campo de prisioneiros de guerra na Rússia, entre um homem mais jovem e outro mais velho". Os dois personagens são prisioneiros alemães do campo, e o diálogo começa logo depois de retornarem de sua jornada de trabalhos forçados na mata.

O mais novo diz ao mais velho: "Enquanto marchávamos para nosso local de trabalho hoje de manhã, fui tomado por algo restaurador vindo do farfalhar das folhas da vasta floresta".⁷ E indaga o que seria aquela coisa restauradora.

O mais velho diz que pode ser algo "inesgotável" que vem daquela vastidão. O diálogo prossegue, como se fossem dois Heideggers conversando entre si:

MAIS JOVEM: Provavelmente você quer dizer que o amplo, que predomina na vastidão, leva-nos a algo libertador.

MAIS VELHO: Não me refiro apenas à amplidão na vastidão; quero dizer também que essa vastidão nos conduz adiante e além.

MAIS JOVEM: A amplidão das florestas ondula até uma distância oculta a nossos olhos, mas ao mesmo tempo ondula se retraindo e voltando a nós, sem nos liquidar.

E assim prosseguem, tentando definir o poder restaurador e entender como ele pode libertá-los daquilo que o mais velho descreve como a "devastação que cobre nosso solo natal e seus humanos irremediavelmente perplexos".
A "devastação" (*Verwüstung*) se torna a palavra-chave da conversa. Evidencia-se que os dois não estão apenas se referindo a acontecimentos recentes, e sim a uma devastação que vem consumindo a terra durante séculos e transformando tudo num "deserto" — *Wüste*, palavra etimologicamente ligada a *Verwüstung*.[8] Onde ela mais avançou foi num certo paraíso dos trabalhadores (claramente a União Soviética) e numa terra rival friamente calculista e tecnologicamente avançada, onde "pode-se examinar, posicionar e explicar tudo em termos de utilidade".[9] Evidentemente, são os Estados Unidos; como Sartre e outros europeus nessa época, Heidegger achava natural associar o país à tecnologia e à produção em massa. No final do diálogo, o mais jovem diz que, em vez de tentar inutilmente "superar" a devastação universal em tal escala, a única coisa a fazer é esperar.[10] Assim, lá ficam os dois, essa versão germânica de Vladimir e Estragon [de *Esperando Godot*, de Beckett], aguardando na paisagem desfigurada.
É um típico documento heideggeriano, reclamando constantemente do capitalismo, do comunismo, das terras estrangeiras que não prestam para nada — sinais, sem dúvida, do que Hans Jonas definia como "certo ponto de vista do 'Sangue e Solo'". Mas também traz imagens belas e comoventes. Ao lê-lo, é inevitável pensar nos filhos desaparecidos de Heidegger, perdidos em algum lugar no Leste. É um discurso eloquente sobre as ruínas da Alemanha

e o estado de espírito alemão entre aquelas ruínas: uma mistura de dor pós-traumática, desolação, ressentimento, amargura e cautelosa expectativa.

Tendo retomado sua vida no limbo em Friburgo, no verão de 1945, Heidegger saiu num dia de novembro para recuperar seus manuscritos escondidos na zona rural, perto de Messkirch e do Lago de Constança, ou Bodensee.[11] Para essa viagem clandestina, teve a ajuda do jovem Frédéric de Towarnicki, um francês entusiasmado por filosofia que fora visitá-lo em casa e fizera amizade com ele. Os civis alemães ainda não podiam viajar sem autorização, e assim Towarnicki arranjou um motorista e um papel de aparência oficial, caso fossem parados. Heidegger sentou no banco de trás, com uma mochila vazia. Saíram no meio da noite, com o céu tempestuoso atravessado por relâmpagos.

O carro mal andara vinte quilômetros quando um dos faróis falhou e se apagou. Eles continuaram, apesar da dificuldade de enxergar a estrada entre as árvores escuras e a chuva forte. Um patrulheiro francês apareceu na escuridão, com sua bandeira tricolor; os viajantes tiveram de parar e se explicar. O guarda examinou os documentos, avisou que os faróis traseiros também estavam queimados e deu sinal para seguirem. Continuaram com grande cuidado. Por duas vezes, Heidegger pediu ao motorista que parasse na frente de uma casa perdida no meio do nada; nas duas vezes, ele desceu com sua mochila, entrou e saiu sorrindo com a mochila cheia de papéis.

O segundo farol começou também a falhar. Towarnicki tentou usar seu farolete para iluminar o caminho, mas não serviu de grande coisa. Então o carro derrapou na estrada e bateu no acostamento. Inspecionando o estrago, o motorista disse que o pneu havia furado. Todos saíram do carro enquanto o motorista tentava encaixar o estepe, que não entrava direito na roda. Heidegger ficou observando, muito interessado — um de seus novos temas filosóficos era a tecnologia. Não se ofereceu para ajudar, mas brandiu o indicador, dizendo em tom malicioso: "*Technik*". Divertia-se visivelmente. O motorista deu um jeito e conseguiu arrumar a roda, e eles seguiram para a última parada, Bietingen.

A essa altura já havia amanhecido, e Heidegger decidiu ficar ali na casa de seus amigos. O pobre Towarnicki voltou aos trancos e barrancos para Friburgo, para providenciar outro carro. Chegou e encontrou Elfride fuzilando-o com os olhos: o que tinha feito com o marido dela? Mas acabaram concordando que ele fora muito prestativo: mais tarde, Heidegger relembrou com gratidão aquele favor e deu a Towarnicki um exemplar de sua tradução do coro da *Antígona* de Sófocles, com a passagem sobre a estranheza do homem, com uma dedicatória que dizia: "Em memória de nossa expedição a Constança".

A boa disposição de Heidegger não durou muito tempo, pois agora teve de enfrentar uma longa espera, até sair o resultado de seu julgamento no Comitê de Desnazificação e na universidade. Passaram-se quatro anos até que ele fosse liberado para voltar a lecionar, sendo finalmente declarado um *Mitläufer* ("companheiro de percurso") em março de 1949 e retomando as aulas a partir de 1950. Os cinco anos de incerteza foram difíceis, e no primeiro ano havia também a preocupação com os filhos desaparecidos. No começo de 1946, ele sofreu uma crise psicológica total,[12] e em fevereiro foi levado para o sanatório de Haus Baden, em Badenweiler, para se recuperar. Durante algum tempo, devia parecer que Heidegger seguia pelo mesmo caminho de seus heróis Hölderlin e Trakl. Mas, com o tratamento de psiquiatras que já estavam instruídos em sua linguagem filosófica e seu estilo de pensamento, ele foi melhorando gradualmente. O que ajudou foi a notícia, em março, de que seus dois filhos estavam vivos na Rússia.[13] Até voltarem para casa, seguiu-se uma espera muito mais longa. Hermann foi libertado em 1947, por ter adoecido, mas Jörg, o mais velho, ainda continuava longe em 1949.

Heidegger deixou o sanatório na primavera de 1946 e passou a convalescença no chalé de Todtnauberg. O jornalista Stefan Schimanski, que o visitou lá em junho de 1946 e outubro de 1947, descreveu o silêncio e o isolamento do lugar e notou que Heidegger foi recebê-lo usando botas pesadas de esqui, embora fosse verão. Parecia não querer nada, a não ser ficar em paz para escrever. Na segunda visita de Schimanski, fazia seis meses que Heidegger não ia a Friburgo. "Suas condições de vida eram primitivas; tinha poucos livros, e sua única relação com o mundo era uma resma de papel."[14]

Já antes da guerra, as reflexões filosóficas de Heidegger haviam mudado: ele deixou de escrever sobre a resolução, o Ser-para-a-morte e outras amplas inquirições pessoais sobre o Dasein, e passou a escrever sobre a necessidade de ser atento e receptivo, de esperar e se abrir — os temas que se entrelaçam ao longo do diálogo entre os prisioneiros de guerra. Essa mudança, conhecida como *Kehre* ou "virada" de Heidegger, não foi abrupta como sugere o termo, e sim um lento reajuste, como um homem no campo que aos poucos percebe o movimento da brisa no trigal atrás de si e se vira para ouvir.

Nessa sua virada, Heidegger concedeu atenção cada vez maior à linguagem, a Hölderlin e aos gregos, bem como ao papel da poesia no pensamento. Também refletiu sobre os desenvolvimentos históricos e o surgimento do que chamou de *Machenschaft* (maquinação) ou *Technik* (técnica): as maneiras modernas de se comportar em relação ao Ser, em contraste com as tradições mais antigas. Por "maquinação", ele se referia ao molde mecanizador em todas as coisas: a atitude que caracteriza a automação industrial, a exploração ambiental, a administração e a guerra modernas. Com essa atitude, exigimos despudoradamente que a terra nos entregue tudo o que quisermos dela, em vez de cultivar cuidadosamente ou entalhar pacientemente as coisas, como fazem os camponeses ou os artesãos. Forçamos as coisas a nos entregarem seus bens. O exemplo mais brutal é a mineração moderna, em que um trecho de terra é obrigado a entregar seu carvão ou seu petróleo. Além disso, raramente usamos de uma só vez o que pegamos, mas o convertemos numa forma de energia abstrata, que é mantida como reserva num gerador ou num depósito.[15] Nos anos 1940 e 1950, até a própria matéria podia ser forçada dessa maneira, pois a tecnologia atômica produzia energia que ficava como reserva em casas de força.

Pode-se retrucar que um camponês que lavra a terra também exige que ela lhe dê o cereal, que então é estocado. Mas, para Heidegger, essa atividade era totalmente diferente. Conforme argumentou num ensaio cuja redação inicial data do final dos anos 1940, "A questão da técnica", um camponês "entrega a semente à guarda das forças do crescimento e zela por seu desenvolvimento".[16] Ou melhor, era o que faziam os agricultores até chegarem as máquinas agrícolas modernas, bufando e resfolegando, prometendo produtividade sempre maior. Nessa exigência moderna, não se semeia, não se cuida e não se colhe a energia da natureza; ela é retirada e transformada, então armazenada sob alguma outra forma antes de ser distribuída. Heidegger usa imagens militares: "Tudo tem ordens de ficar de prontidão, de estar imediatamente à mão, de ficar ali para que possa atender a outra ordem".[17]

É uma inversão monstruosa — e, para Heidegger, a humanidade realmente se tornou monstruosa. O homem é o terrível: *deinos* em grego (que também está presente na etimologia de "dinossauro", isto é, "lagarto terrível"). Foi o termo que Sófocles usou ao escrever o coro sobre o caráter estranho ou misterioso próprio do homem.

Esse processo chega a ameaçar a própria estrutura básica da intencionalidade: a maneira como a mente se dirige às coisas como objetos seus. Quando algo é posto "de prontidão" ou como "reserva", diz Heidegger, perde sua capacidade de ser um objeto propriamente dito.[18] Não se distingue mais de nós e não pode nos enfrentar. Assim, a própria fenomenologia é ameaçada pela forma devastadora de ocupar a terra e de lhe impor exigências, característica da humanidade moderna. Isso pode levar à catástrofe suprema. Se ficarmos sozinhos "no meio da ausência de objetos", perderemos nossa estrutura — também seremos engolidos num modo de ser "de reserva".[19] Devoraremos até a nós mesmos. Heidegger cita a expressão "recursos humanos"[20] como prova desse perigo.

Para Heidegger, a ameaça da técnica vai além dos temores práticos do pós-guerra: máquinas saindo do controle, bombas atômicas explodindo, vazamentos radioativos, epidemias, contaminações químicas. Mais que isso, é uma ameaça ontológica contra a realidade e contra o próprio ser humano. Tem_emos o desastre, mas o desastre já pode estar a caminho. Há, porém, uma esperança. Heidegger recorre a seu Hölderlin:

Mas onde está o perigo
Cresce também o que salva.[21]

Se prestarmos a devida atenção na técnica ou, melhor, no que a técnica revela sobre nós e nosso Ser, poderemos perceber a verdade da "pertença" humana.[22] A partir daí, talvez encontremos um caminho adiante — o qual, Heidegger sendo Heidegger, significa retroceder até a origem da história para encontrar uma esquecida fonte de renovação no passado.

Ele continuou a trabalhar nesse material por vários anos. Grande parte dos pensamentos acima expostos foi reunida na versão integral de "A questão da técnica", apresentada como preleção em Munique, em 1953, perante um público que incluía o físico atômico Werner Heisenberg — homem que certamente sabia das exigências impostas às energias da matéria.[23]

Ao mesmo tempo, Heidegger continuou a reelaborar outros textos iniciados nos anos 1930, alguns dos quais com uma visão mais positiva do papel da humanidade na terra. Um deles era "A origem da obra de arte", que apareceu numa versão revista em seu *Holzwege*, em 1950. Ali, ele se baseou numa noção tomada ao místico alemão medieval Mestre Eckhart: *Gelassenheit*, que pode ser traduzido como "relaxamento" ou "deixar-ser" [em português, às vezes traduzido como "serenidade"].

O deixar-ser veio a se tornar um dos conceitos mais importantes no último Heidegger, indicando uma forma de tratar as coisas sem interferir. Parece algo muito simples. "O que parece mais fácil", pergunta Heidegger, "do que deixar um ente simplesmente ser o ente que é?"[24] Mas isso nada tem de fácil, pois não é apenas uma questão de se afastar com indiferença e deixar o mundo seguir com seus próprios assuntos. Devemos nos virar *para* as coisas, mas sem as desafiar nem lhes fazer exigências. Pelo contrário, deixamos cada ente "repousar em si mesmo em seu próprio ente".

É exatamente isso que a técnica moderna não faz, mas algumas atividades humanas têm esse caráter, sobretudo a arte. Heidegger escreve sobre a arte como uma forma de poesia, que considera como a atividade humana suprema, mas utiliza a palavra "poesia" em sentido amplo, designando muito mais do que a disposição de palavras em versos. Ele remonta o termo à sua raiz grega em "poíēsis" — fazer ou elaborar — e mais uma vez cita Hölderlin, dizendo: "poeticamente, o homem habita nesta terra".[25] A poesia é um modo de ser.

Poetas e artistas "deixam as coisas serem", mas também deixam as coisas saírem e se mostrarem. Ajudam as coisas em seu "desocultamento" ou "de-sencobrimento" (*Unverborgenheit*), que é a tradução de Heidegger para o termo grego "aletheia", geralmente vertido por "verdade". É uma espécie mais profunda de verdade do que a mera correspondência entre uma asserção e a realidade, como quando dizemos "O gato está no tapete" e apontamos para um tapete com um gato em cima dele. Muito antes de podermos dizer isso, tanto o gato quanto o tapete precisam "sair do encobrimento". Eles próprios precisam se desocultar.

O que os humanos fazem é possibilitar que as coisas se desocultem: é esta a nossa contribuição específica. Somos uma "clareira",[26] uma *Lichtung*, uma espécie de espaço claro e aberto na floresta para o qual os entes podem timidamente avançar, como um cervo saindo dentre as árvores. Ou talvez caiba visualizarmos os entes entrando na clareira para dançar, como uma ave-do--paraíso numa área conveniente entre a vegetação rasteira. Seria simplista identificar a clareira com a consciência humana, mas a ideia é mais ou menos essa. Ajudamos as coisas a virem à luz ao sermos conscientes delas, e somos conscientes delas *poeticamente*, o que significa que lhes prestamos uma atenção respeitosa e lhes permitimos que se mostrem como são, em vez de dobrá-las à nossa vontade.

Heidegger não usa aqui a palavra "consciência" porque — como em seu trabalho anterior — quer nos fazer pensar de uma maneira radicalmente diferente sobre nós mesmos. Não devemos pensar a mente como uma caverna vazia ou como um recipiente cheio de representações das coisas. Não devemos sequer pensá-la disparando flechas de um "acerca-de" intencional, como na fenomenologia anterior de Brentano. Em vez disso, Heidegger nos atrai para as profundezas de sua Schwarzwald e nos convida a imaginar uma abertura com o sol se filtrando por ali. Continuamos na floresta, mas oferecemos um local relativamente aberto onde outros entes podem vir se aquecer por um instante. Se não fizéssemos isso, tudo continuaria entre as moitas, escondido até para si mesmo. Mudando a metáfora, não haveria espaço para os entes saírem de suas conchas.

O astrônomo Carl Sagan iniciou sua série de TV *Cosmos* em 1980 dizendo que os seres humanos, embora feitos da mesma matéria das estrelas, são conscientes e, assim, são "uma maneira para o cosmo conhecer a si mesmo".[27] Merleau-Ponty, analogamente, citou seu pintor favorito, Cézanne, que teria dito: "A paisagem se pensa em mim e eu sou sua consciência".[28] É mais ou menos parecido com o que Heidegger pensa ser a contribuição da humanidade à terra.[29] Não somos feitos de um nada espiritual; somos parte do Ser, mas também trazemos conosco algo único. Não é muito: um espacinho aberto, talvez com uma trilha e um banco como aquele em que o garoto Heidegger costumava se sentar para fazer os deveres de casa. Mas, por meio de nós, ocorre o milagre.

Foi esse tipo de coisa que me fascinou quando li Heidegger na adolescência — e fiquei profundamente impressionada com esse Heidegger pós-"virada", por mais difícil que fosse entendê-lo. O material mais pragmático da época de *Ser e tempo*, sobre martelos e equipamentos, era bastante bom, mas não tinha essa beleza mais profunda e mais desconcertante. O Heidegger maduro escreve uma espécie de poesia, mesmo continuando a insistir, como fazem os filósofos, que *é assim que as coisas são*; não é apenas um artifício literário.

Relendo-o hoje, uma parte de mim diz "Que bobagem!", enquanto a outra parte volta a se sentir encantada.

Afora a beleza, a escrita madura de Heidegger também pode despertar preocupação, com sua ideia cada vez mais mística sobre o que é ser humano. Se se entende um humano como basicamente uma clareira ou um espaço aberto, ou como um meio de "deixar as coisas serem" e de habitar poeticamente a terra, não parece que esteja se falando de uma *pessoa* identificável. O velho Dasein se tornou menos humano que nunca. Agora é uma característica florestal. Há encanto em nos pensarmos como formação botânica ou geológica, ou como um espaço na paisagem — mas o Dasein ainda é capaz de montar as prateleiras de uma estante? Na mesma época em que Sartre passava a se preocupar *mais* com os problemas da ação e do envolvimento no mundo, Heidegger abandonava quase por completo o exame dessas questões. Liberdade, decisão, angústia já não desempenham um grande papel para ele. Mesmo os seres humanos se tornam difíceis de discernir, o que é especialmente inquietante vindo de um filósofo que ainda não se dissociara claramente daqueles que haviam perpetrado os piores crimes do século XX contra a humanidade.

Ademais, mesmo os heideggerianos mais entusiásticos devem sentir secretamente que, às vezes, ele fala sem muito conhecimento de causa. Uma seção muito citada de "A origem da obra de arte" se refere a um par de sapatos.[30] Para ilustrar o que entende por arte como *poíesis*, Heidegger descreve um quadro de Van Gogh que, segundo ele, apresenta os sapatos de uma camponesa. Lança-se então a um voo da imaginação sobre o que a pintura "revela" poeticamente: a faina diária da dona dos sapatos entre as leiras de terra, o cereal amadurecendo nos campos, o silêncio da paisagem no inverno, seu medo de passar fome, suas lembranças das dores do parto. Em 1968, o crítico de arte Meyer Schapiro apontou que os sapatos não pertenciam a um camponês, de maneira alguma, e sim provavelmente ao próprio Van Gogh.[31] Schapiro continuou a investigar e, em 1994, encontrou indicações de que Van Gogh teria comprado de segunda mão aqueles sapatos, que eram calçados urbanos da moda e estavam em boas condições, mas deixou-os em petição de miséria depois de fazer uma longa caminhada entre um lamaçal. Schapiro coroou sua pesquisa citando uma nota de próprio punho de Heidegger, admitindo que "não podemos dizer com certeza onde se situam nem a quem pertencem esses sapatos". Talvez isso não tenha importância, mas parece claro que Heidegger viu na pintura muitas coisas com pouco fundamento e o que enxergou ali foi uma noção altamente romantizada da vida camponesa.

A questão pode ser pessoal: as reflexões de Heidegger sobre a pintura de Van Gogh ou nos tocam ou não nos tocam. A mim não tocam, mas há outras passagens no mesmo ensaio que considero realmente tocantes. Sempre apreciei muito sua descrição de um templo grego antigo que parece invocar a própria terra e o próprio céu:

> Lá se erguendo, a construção repousa no solo rochoso. Esse repousar da obra extrai da rocha o mistério do suporte grosseiro, porém espontâneo daquela rocha. Lá se erguendo, a construção se sustenta contra a furiosa tempestade que a assola e assim revela em primeiro lugar a própria tempestade em sua violência. O brilho e lampejo da pedra, embora aparentem reluzir apenas por obra e graça do sol, mesmo assim trazem à luz pela primeira vez a luz do dia, a amplidão do céu, a escuridão da noite. O sólido alçar-se do templo torna visível o invisível espaço do ar.[32]

Estou preparada para a hipótese de que outra pessoa ache isso muito maçante ou até horroroso. Mas, desde a primeira vez que li esse ensaio, a ideia de Heidegger de que uma construção arquitetônica humana consegue que até o próprio *ar* se mostre de outra forma se imprimiu em algum lugar por trás de minhas percepções da arte e da arquitetura.

Reconheço tranquilamente que esse ensaio possa ter me marcado mais como literatura do que como filosofia, mas, nesse caso, cabe dizer que não era essa a intenção de Heidegger. Ele não pretendia que seus leitores tratassem sua obra como uma experiência estética ou que se comportassem como espectadores saindo de uma galeria de arte e dizendo: "Gostei do templo, mas não achei os sapatos grande coisa". A obra de Heidegger pretendia nos levar ao que o jovem Karl Jaspers chamara de "um *pensamento diferente*", "um pensamento que, no conhecer, lembra-me, desperta-me, traz-me a mim mesmo, transforma-me".[33] Além disso, como Heidegger agora via toda a linguagem como poesia ou mesmo como a "morada do Ser",[34] a dúvida se uma determinada peça de linguagem pode ser classificada como poesia ou filosofia iria lhe parecer completamente descabida.

Ler o Heidegger maduro exige "abandonar" nossa habitual maneira crítica de pensar. Muitos consideram inaceitável essa exigência vinda da parte de um filósofo, embora nos disponhamos a esse abandono em relação aos artistas. Para apreciar o ciclo dos *Nibelungos* de Wagner ou a literatura de Proust, precisamos aceitar em caráter temporário os termos do criador para conseguir entrar na obra, ou então é melhor nem tentar. O mesmo pode se aplicar aos trabalhos maduros de Heidegger — e aqui citei apenas algumas passagens relativamente acessíveis.

A maior dificuldade talvez seja sairmos incólumes da leitura. O próprio Heidegger considerava difícil sair de seu universo filosófico. Hans-Georg Gadamer observou que ele ficava fechado em si mesmo, parecendo infeliz e incapaz de se comunicar de qualquer maneira que fosse, até que a outra pessoa "entrasse na via de pensamento que ele havia preparado".[35] Esta é uma base tremendamente limitada para qualquer conversa. Mas Gadamer acrescentou que, depois de terminar as aulas formais, ele se descontraía um pouco e todos iam tomar juntos um bom copo de vinho local.

Vários admiradores que antes haviam seguido o caminho de Heidegger agora se afastaram, horrorizados com seu passado nazista e também com as características de sua filosofia posterior. Em 1949, Hannah Arendt escreveu dos Estados Unidos a Jaspers, dizendo que as preleções pós-"virada" de Heidegger sobre Nietzsche eram umas "bobagens pavorosas". Ela também o criticava por se refugiar em Todtnauberg para ficar resmungando sobre a civilização moderna, numa conveniente distância dos possíveis críticos que não se dariam ao trabalho de escalar uma montanha só para ir lhe passar uma reprimenda. "Ninguém vai subir 1200 metros para armar uma cena", disse ela.[36]

Mas alguns de fato fizeram isso. Um deles foi seu ex-aluno Herbert Marcuse, antes heideggeriano fervoroso e agora marxista. Ele fez a jornada em abril de 1947, na esperança de receber uma explicação e uma desculpa de Heidegger por seu envolvimento com o nazismo. Não obteve nem uma, nem outra. Em agosto, ele escreveu perguntando mais uma vez a Heidegger por que não manifestava um claro repúdio à ideologia nazista, havendo tanta gente que esperava apenas algumas palavras suas. "É realmente assim que você gostaria de ser lembrado na história das ideias?", perguntou Marcuse.[37] Mas Heidegger não cedeu. Respondeu-lhe em 20 de janeiro de 1948 agradecendo a remessa de um pacote, provavelmente com coisas de primeira necessidade, e acrescentando que distribuíra o conteúdo apenas "a ex-alunos que não estavam no Partido nem tinham qualquer ligação com o nacional-socialismo". Então passou para as perguntas de Marcuse, aduzindo: "Sua carta me mostra claramente como é difícil conversar com gente que desde 1933 não está mais na Alemanha".[38] Explicou que não queria emitir uma fácil declaração de repúdio, pois era o que tantos nazistas de verdade haviam se apressado em fazer em 1945, anunciando a mudança de convicções "da maneira mais abominável", sem realmente acreditar no que diziam. Heidegger não queria somar sua voz à deles.

Uma das raras pessoas que expressaram simpatia por essa resposta foi Jacques Derrida, o grande filósofo da desconstrução: numa palestra de 1988, ele inverteu a questão do silêncio de Heidegger, perguntando o que teria acontecido se ele tivesse dado uma declaração simples, na linha de "Auschwitz é o horror absoluto; é o que fundamentalmente condeno". Esse anúncio teria atendido às expectativas e encerrado o dossiê Heidegger, por assim dizer. Haveria menos a discutir e a despertar perplexidade. Mas, como disse Derrida, aí nos sentiríamos "dispensados do dever" de pensar a questão a fundo e de perguntar o que a recusa de Heidegger acarretava para sua filosofia. Permanecendo em silêncio, ele nos deixou uma "recomendação para pensar o que ele mesmo não pensou" — e, para Derrida, isso era mais produtivo.[39]

Marcuse não estava disposto a aceitar uma justificação tão elaborada, e, de todo modo, Heidegger não tentou convencê-lo de nada. Terminava sua última carta a Marcuse com uma espécie de provocação deliberada, comparando o Holocausto à expulsão, no pós-guerra, dos alemães, obrigados a deixar as zonas da Europa Oriental dominadas pelos soviéticos — uma comparação feita por muitos outros alemães na época, mas também uma alfinetada nas simpatias comunistas de Marcuse.[40] Este ficou tão irritado que concentrou quase toda a sua resposta nesse ponto. Se Heidegger era capaz de apresentar tal argumento, isso não significaria que se deveria considerá-lo "fora da esfera em que é minimamente possível uma conversa entre homens"?[41] Se Heidegger não conseguia falar nem argumentar, Marcuse não conseguia ver como falar ou argumentar com ele. Com isso, sobreveio outro silêncio.

A "virada" filosófica de Heidegger também provocou uma reação crítica em seu velho amigo Karl Jaspers, com quem perdera o contato durante anos.

Karl e Gertrud Jaspers haviam conseguido sobreviver em Heidelberg durante a guerra, com suas cautelas habituais, Karl abstendo-se de lecionar e publicar. Foi por pouco, pois mais tarde soube-se que seus nomes estavam numa lista de pessoas que seriam deportadas para os campos de concentração em abril de 1945;[42] o Exército americano ocupara Heidelberg em março, bem a tempo de salvá-los. Por ora, o casal continuou morando em Heidelberg, mas em 1948 chegaram à tardia conclusão de que não podiam mais se sentir à vontade na Alemanha e então se mudaram para a Suíça.[43]

Em 1945, as autoridades da desnazificação na Universidade de Friburgo haviam abordado Jaspers para ouvir sua opinião sobre Heidegger: poderia ser autorizado a retomar a docência na universidade? Em dezembro daquele ano, Jaspers apresentou um parecer tipicamente ponderado e equilibrado. Ele concluía que Heidegger era um filósofo da máxima importância, que devia receber todo o apoio universitário que lhe fosse necessário para dar andamento à sua obra — mas que ainda *não* devia ter autorização para lecionar. Disse: "O modo de pensar de Heidegger, que me parece fundamentalmente sem liberdade, ditatorial e impositivo, exerceria um efeito muito pernicioso nos estudantes nos tempos atuais".[44]

Enquanto redigia o parecer, Jaspers retomou seu primeiro contato com Heidegger desde antes da guerra. Então, em 1949, Jaspers lhe enviou propositalmente um exemplar de seu livro *Die Schuldfrage* [A questão da culpa], de 1946. Escrita no contexto dos julgamentos de Nuremberg, a obra discutia o problema complicado de como os alemães acertariam as contas com o passado e se encaminhariam para o futuro. Para Jaspers, mais importante do que o desfecho dos vários julgamentos e as sindicâncias de desnazificação era a necessidade de uma mudança de sentimentos dos próprios alemães, a começar pelo pleno reconhecimento da responsabilidade pelo que acontecera, em vez de se esquivarem ou inventarem desculpas, como lhe parecia que muitos estavam fazendo. Todos os alemães, disse ele, deviam se perguntar: "Como sou culpado?".[45] Mesmo quem havia enfrentado os nazistas ou tentado ajudar suas vítimas ainda tinha sua parcela de profunda culpa "metafísica", segundo Jaspers, pois, "se acontece e estou ali, e se sobrevivo enquanto o outro é morto, sei por uma voz dentro de mim mesmo: sou culpado de ainda estar vivo".[46]

A "voz" interior de Jaspers faz lembrar a voz autêntica do Dasein de Heidegger, com seu chamado interno exigindo resposta. Mas agora Heidegger se recusava a responder e mantinha sua voz para si mesmo. Dissera a Marcuse que não queria ser um daqueles que despejavam desculpas, prosseguindo como se nada tivesse mudado. Analogamente, Jaspers sentia que as desculpas fáceis ou hipócritas não serviam de nada. Mas tampouco aceitava o silêncio de Heidegger. A linguagem que lhe parecia necessária não era a do repúdio formal, e sim a da comunicação genuína. Jaspers sentia que os alemães, durante os doze anos em que haviam se escondido e silenciado, tinham esquecido o que era se comunicar e agora precisavam reaprender.[47]

Isso pouco contava para Heidegger, para quem a comunicação era um dos últimos itens da lista de coisas que a linguagem podia fazer. Quando respondeu à carta de Jaspers, não fez nenhum comentário sobre o conteúdo de *Schuldfrage*, mas retribuiu enviando-lhe alguns de seus textos recentes. Jaspers se sentiu desagradado. Tomando a expressão favorita de Heidegger que descrevia a linguagem como "a morada do Ser", ele rebateu: "Fico abespinhado, porque, para mim, toda linguagem parece ser apenas uma ponte" — uma ponte *entre* pessoas, não um abrigo nem uma morada.[48] A carta seguinte de Heidegger, em abril de 1950, causou uma impressão ainda pior, cheia de histórias sobre a necessidade de aguardar o "advento" de algo que tomaria ou se apropriaria dos humanos; as noções de advento e apropriação também estavam entre os conceitos da pós-"virada" de Heidegger.[49] Dessa vez, foi Jaspers quem manteve silêncio em resposta. Na última vez em que voltou a escrever a Heidegger, em 1952, foi para dizer que o novo estilo heideggeriano de escrever lembrava-o das bobagens místicas que haviam enganado as pessoas por tanto tempo. É "puro sonho", disse.[50] Ele já havia escrito em 1950 que Heidegger era um "menino sonhador".[51] Parecia uma interpretação generosa das falhas de Heidegger, mas agora Jaspers sentia claramente que era hora de Heidegger despertar.

Jaspers, durante toda a vida, acreditou no poder da comunicação, que pôs em prática em apresentações populares no rádio e em textos sobre fatos do momento, numa formulação que alcançasse o maior público possível. Mas Heidegger também falava para públicos leigos, sobretudo no período em que esteve proibido de lecionar, visto que era a única via de que dispunha. Em março de 1950, ele apresentou duas palestras para médicos residentes e moradores locais no sanatório de Bühlerhöhe, no norte da Floresta Negra, como parte de uma série de palestras às quartas-feiras à noite, organizadas pelo médico Gerhard Stroomann, que se tornara amigo dele. Stroomann escreveu depois, num entusiástico heideggerês, que as palestras tinham ido bem, mas que as sessões de perguntas e respostas eram imprevisíveis: "Quando se inicia o debate, é quando há a máxima responsabilidade e o maior perigo. Muitas vezes falta tirocínio. A pessoa tem de se ater ao ponto [...] mesmo que seja apenas uma pergunta".[52]

Heidegger continuou tentando. Apresentou versões iniciais de sua conferência sobre a técnica para — justo quem! — os integrantes do Clube Bremen, em sua maioria empresários e magnatas do setor naval, com sede na cidade hanseática de mesmo nome. O ciclo de palestras foi organizado por seu amigo Heinrich Wiegand Petzet, cuja família morava em Bremen, e, ao que parece, foi bem. Talvez Heidegger achasse mais fácil chegar ao público leigo do que aos filósofos, que armariam mais confusão se seus argumentos parecessem absurdos, em vez de se deixarem arrebatar pelo clima de empolgação.

Assim, durante todo o tempo em que Heidegger resistia obstinadamente à comunicação, sua área de influência crescia. Em 1953, quando apresentou em Munique a versão já burilada da palestra sobre a técnica, seu amigo Petzet pôde notar que o público, por mais perplexo que estivesse, reagiu ao fecho do discurso com uma "ovação estrondosa partindo de mil gargantas que não queriam parar".[53] (Ele não pensou na possibilidade de que estivessem aplaudindo porque havia acabado.)

Mesmo hoje, o diligente comunicador Jaspers continua a ser muito menos lido do que Heidegger, que influenciou arquitetos, teóricos sociais, críticos, psicólogos, artistas, cineastas, ativistas ambientais e inúmeros estudantes e entusiastas — inclusive as escolas desconstrucionistas e pós-estruturalistas mais recentes, que adotaram como ponto de partida suas reflexões finais. Tendo passado o final dos anos 1940 como pária e sendo depois reabilitado, Heidegger teve a partir de então uma presença esmagadora na filosofia acadêmica em todo o continente europeu. Calvin O. Schrag, bolsista da Fulbright que chegou a Heidelberg em 1955 para estudar filosofia, ficou surpreso ao ver cursos sobre muitos filósofos contemporâneos, mas nenhum sobre Heidegger. Mais tarde, ele entendeu por quê: "Logo entendi que *todos* os cursos eram sobre Heidegger".[54]

Então, no final das contas, quem se comunicava melhor?

Depois de falharem no mútuo entendimento, Heidegger e Jaspers nunca mais se viram. Não houve uma decisão de rompimento definitivo; apenas aconteceu.[55] Uma vez, em 1950, quando Heidegger soube que Jaspers estava passando por Friburgo, perguntou-lhe qual era o horário do trem para ir encontrá-lo na plataforma, pelo menos para trocar um aperto de mãos.[56] Jaspers não respondeu.

Mas retomaram uma correspondência formal muito esporádica. Quando Jaspers fez setenta anos em 1953, Heidegger lhe enviou parabéns.[57] Jaspers respondeu nostalgicamente, relembrando as conversas que tinham nos anos 1920 e começo dos anos 1930, mencionando a voz e os gestos de Heidegger. Mas acrescentou que, se se encontrassem agora, não saberia o que dizer. Disse a Heidegger que lamentava não ter sido mais firme no passado — não o ter forçado a dar as devidas explicações. "Devia tê-lo segurado, por assim dizer; devia tê-lo questionado incansavelmente e o levado a perceber".[58]

Seis anos e meio depois, veio o aniversário de setenta anos de Heidegger, e Jaspers lhe enviou seus cumprimentos. Concluiu a breve missiva com uma lembrança de juventude, quando tinha cerca de dezoito anos, uma tarde nas férias de inverno em Feldberg, uma estação de esqui não longe da parte da floresta de Heidegger. Sendo frágil e não um esquiador robusto como Heidegger, ele ficara perto do hotel, andando devagar com os esquis, mas mesmo assim se maravilhara com a beleza das montanhas, sentindo-se "encantado numa nevasca ao pôr do sol",[59] olhando a luz e as cores cambiantes acima das montanhas. Concluiu a carta ao velho estilo afetuoso, "Seu Jaspers". Esse episódio do esqui mostra Jaspers cauteloso, hesitante, cético, ciente da atração dos panoramas distantes, mas pouco propenso a se aventurar até lá. Implicitamente, ele sugere que Heidegger é mais arrojado, mas talvez esteja no caminho errado, em perigo, longe demais para que o chamem de volta.

Jaspers estava sendo modesto. Na verdade, era ele quem refletia sobre um amplo leque de épocas e culturas, estabelecendo relações e comparações — enquanto Heidegger nunca gostou de se afastar de seu lar na floresta.

Outro ex-amigo que se virou contra Heidegger foi o rapaz que tinha arremedado Ernst Cassirer em Davos, em 1929: Emmanuel Levinas.

Mudando-se para a França antes da guerra e adotando a cidadania francesa, Levinas combatera no front e fora capturado na derrota francesa. Ficou preso numa unidade reservada a prisioneiros de guerra judeus no Stalag 11B, em Fallingbostel, perto de Magdeburgo.[60] Seguiram-se cinco anos excruciantes, em que ele e os demais detentos trabalhavam até à exaustão cortando lenha na floresta local e vivendo de sopa aguada e cascas de vegetais. Os guardas escarneciam deles, comentando que poderiam ser despachados a qualquer momento para os campos de morte. Na verdade, a reclusão num campo de prisioneiros de guerra foi o que provavelmente salvou a vida de Levinas. Dava-lhe uma certa proteção formal que não teria como mero civil judeu, ainda que sua esposa e filha também tenham sobrevivido, escondidas num mosteiro na França, com a ajuda de amigos.[61] O resto da família, na Lituânia natal, não sobreviveu. Depois que a Alemanha ocupou a Lituânia em 1941, todos os parentes de Levinas ficaram confinados com outros judeus no gueto da cidade, Kaunas.[62] Certa manhã, os nazistas reuniram um grande grupo, entre os quais estavam o pai, a mãe e dois irmãos de Levinas. Foram levados para o campo e morreram metralhados.

Como Sartre durante seu interlúdio no Stalag, Levinas escreveu prolificamente durante a prisão. Podia receber papel e livros, e assim leu Proust, Hegel, Rousseau e Diderot.[63] Tinha vários cadernos de notas, em que elaborou sua primeira grande obra filosófica, *Da existência ao existente*, publicada em 1947.[64] Ali ele desenvolvia temas anteriores, inclusive o do "*il y a*" ("há") — o Ser amorfo, indiferenciado, impessoal que avulta quando estamos exaustos ou insones. É o Ser de Heidegger apresentado mais como uma aflição terrível que como um dom místico que se aguarda com um respeito reverente. Levinas tinha especial horror pelo que Heidegger chamava de diferença ontológica: a distinção entre ente e Ser.[65] Se se eliminam os entes para ficar apenas com o puro Ser, acaba-se apenas com algo aterrorizante e inumano, segundo Levinas. Era por isso, dizia ele, que suas reflexões — embora inicialmente inspiradas pela filosofia de Heidegger — "são também governadas por uma profunda necessidade de abandonar a atmosfera daquela filosofia".[66]

Levinas se afastou da névoa do Ser e tomou a direção contrária — rumo aos entes humanos vivos e individuais. Em sua obra mais conhecida, *Totalidade e infinito*, publicada em 1961, tomou como fundamento de toda a sua filosofia a relação do Si com o Outro — conceito tão central para ele quanto o Ser para Heidegger.

Levinas disse certa vez que essa mudança de pensamento tinha como origem uma experiência que vivera no campo. Como os demais prisioneiros, acostumara-se ao desrespeito com que os guardas os tratavam enquanto trabalhavam, como se fossem objetos inumanos indignos de qualquer sentimento de solidariedade. Mas, ao final de cada dia, quando eram conduzidos de volta à área cercada de arame farpado, eram recebidos por um vira-lata que se introduzira no campo. Ele latia e rodopiava de alegria ao vê-los, como costumam fazer os cachorros. Graças aos olhos de adoração do animal, diariamente os homens eram relembrados do que significava ser reconhecido por outro ser — receber o reconhecimento básico que uma criatura viva concede a outra.[67]

A reflexão sobre essa experiência ajudou Levinas a desenvolver uma filosofia essencialmente ética, e não ontológica como a de Heidegger. Ele elaborou suas ideias a partir da obra do teólogo judaico Martin Buber, que em *Eu e tu*, de 1923, estabelecera uma distinção entre minha relação com um "isso" ou "eles" e meu contato pessoal direto com um "tu".[68] Levinas foi além: quando *te* encontro, normalmente é face a face, e é por meio de tua face que podes, como outra pessoa, fazer exigências éticas a mim.⁶⁹ É muito diferente do *Mitsein* ou Ser-com de Heidegger, que sugere um grupo de pessoas enfileiradas uma ao lado da outra, ombro a ombro, como numa espécie de confraria — talvez como um *Volk* ou uma nação unificada. Para Levinas, estamos literalmente face a face, um indivíduo por vez, e é uma relação de comunicação e expectativa moral. Não nos fundimos; reagimos um ao outro. Em vez de seres cooptado para desempenhar um papel em meu drama pessoal de autenticidade, tu me fitas nos olhos — e continuas a ser Outro. Continuas a ser *tu*.

Essa relação é mais fundamental do que o si, mais fundamental do que a consciência, mais fundamental até do que o Ser — e traz uma inevitável obrigação ética. Desde Husserl, os fenomenólogos e existencialistas vinham procurando ampliar a definição de existência para incorporar nossas relações e vidas sociais. Levinas foi além: imprimiu uma guinada completa na filosofia para que essas relações se tornassem o *fundamento* e não uma mera extensão de nossa existência.

Esse ajuste foi tão radical que Levinas, como Heidegger antes dele, teve de operar contorções na linguagem para evitar a recaída em velhas formas de pensar. Sua escrita se tornou cada vez mais tortuosa com o passar dos anos, mas essa prioridade da relação ética com o Outro continuou a ocupar o centro. Quando ficou mais velho, seus filhos criaram uma brincadeira com suas ideias mais famosas. Quando os netos disputavam a porção maior de um prato à mesa, quem pegasse a parte do leão, assim mostrando claramente que não dera prioridade às demandas dos outros, ouvia o gracejo: "Esse não pratica a filosofia do vovô!".[70]

Demandava coragem gracejar com Levinas. Com o passar do tempo, tornou-se uma figura temível, pronta a vociferar com qualquer Outro que estivesse numa sala de aula ou durante uma conferência e fizesse perguntas tolas ou parecesse entendê-lo mal.[71] Nisso, pelo menos, ainda guardava algo em comum com seu antigo mentor.

Outros pensadores também tomaram rumos éticos nos anos de guerra. O caso mais radical foi o de Simone Weil, que realmente procurou viver segundo o princípio de pôr em primeiro lugar as demandas éticas dos outros. Voltando à França após suas viagens pela Alemanha em 1932, ela foi trabalhar numa fábrica para vivenciar pessoalmente o caráter degradante de tal ocupação.[72] Quando a França caiu, em 1940, sua família fugiu para Marselha (contra os protestos de Weil), e depois para os Estados Unidos e a Inglaterra. Mesmo no exílio, ela fez sacrifícios extraordinários. Como existia gente no mundo sem cama para dormir, ela não dormia na cama e sim no chão. Como havia gente sem comida, ela parou quase totalmente de comer. Perguntou-se no diário se algum dia iriam desenvolver uma forma de clorofila humana, para que as pessoas pudessem viver apenas com a luz do sol.[73]

Depois de alguns anos quase sem se alimentar, Weil adoeceu de tuberculose, agravada pela subnutrição. Morreu no Hospital de Middlesex em 2 de agosto de 1943, devido a uma parada cardíaca. Naqueles últimos anos, escreveu inúmeros estudos filosóficos sobre a ética e a sociedade, examinando a natureza e os limites dos deveres mútuos entre os seres humanos. Seu último trabalho, *O enraiza-*

mento, sustenta, entre outras coisas, que nenhum de nós tem direitos, mas todos temos um grau quase infinito de dever e obrigação para com o outro.[74] Qualquer que tenha sido a causa de sua morte — e, ao que parece, a anorexia nervosa também teve seu papel —, é impossível negar que ela viveu sua filosofia na prática, com um engajamento total. Entre todas as vidas abordadas neste livro, a dela é, sem dúvida, a aplicação mais profunda e complexa da noção de Iris Murdoch de "habitar" uma filosofia. Murdoch se tornou admiradora do pensamento de Weil, vindo a se afastar de seu interesse anterior pelo existencialismo sartriano, passando para uma filosofia mais ética baseada no "Bem".

Enquanto isso, o existencialista cristão Gabriel Marcel ainda continuava a defender, desde os anos 1930, que a ética prevalece sobre todas as coisas na filosofia e que nosso dever para com os outros é tão grande que cumpre o papel de um "mistério" transcendente.[75] Também chegara a essa posição devido, em parte, a uma experiência de guerra: durante a Primeira Guerra Mundial, Marcel trabalhara no Serviço de Informação da Cruz Vermelha, com a função pouco invejável de responder às consultas dos parentes sobre soldados desaparecidos.[76] Sempre que chegava uma notícia, ele a transmitia, e geralmente não era boa. Como disse mais tarde, a tarefa o vacinou para sempre contra qualquer espécie de retórica beligerante e lhe revelou o poder do *desconhecido* em nossas vidas.

Um elo notável entre esses pensadores éticos radicais, todos nas margens de nosso tema principal, é que tinham fé religiosa. Também concediam um papel especial à noção de "mistério" — aquilo que não pode ser conhecido, calculado ou entendido, em especial em nossas relações mútuas.[77] Heidegger se diferenciava deles, pois rejeitou a religião em que fora criado e não tinha nenhum interesse real pela ética — provavelmente porque não tinha nenhum interesse real pelo humano. Mas todas as páginas de sua obra madura sugerem alguma experiência direta do inefável ou do inapreensível. Heidegger também era um místico.

A tradição do mistério tinha raízes no "salto de fé" de Kierkegaard. Ela devia muito ao outro grande místico oitocentista do impossível, Dostoiévski, e a noções teológicas mais antigas. Mas também se desenvolveu a partir do prolongado trauma que foi a primeira metade do século XX. Desde 1914, em especial desde 1939, muitas pessoas na Europa e em outros locais vieram a perceber que não podemos confiar ou conhecer totalmente a nós mesmos;

que não temos desculpas nem explicações para o que fazemos — e, mesmo assim, devemos fundar nossa existência e nossas relações sobre algo sólido, pois, do contrário, não conseguimos sobreviver.

Mesmo Sartre, ateu, manifestou seu desejo de encontrar uma nova maneira de pensar sobre os valores. Criticara implacavelmente a ética tradicional em *A náusea*, descrevendo em termos levinasianos como os tipos burgueses, professando um humanismo bem-intencionado, "nunca se permitiam ser afetados pelo sentido de um rosto".[78] Em *O ser e o nada*, dizia que os plácidos princípios éticos de antigamente, baseados na mera tolerância, não eram mais suficientes. A "tolerância" não se engajava plenamente nas demandas que os outros nos fazem. Segundo ele, não basta apenas recuarmos e nos tolerarmos uns aos outros.[79] Devemos aprender a doar mais do que isso. Agora, Sartre ia além: todos devemos nos "engajar" profundamente em nosso mundo compartilhado.

O jovem escritor francês de origem austríaca Frédéric de Towarnicki, tendo acompanhado Heidegger na jornada de resgate de seus manuscritos, logo quis apresentá-lo a Sartre. Já dera a Heidegger uma série de artigos de Jean Beaufret sobre o existencialismo sartriano. Comentando esses artigos numa visita posterior, Heidegger se mostrou admirado com a versatilidade de Sartre, que conseguia ser ao mesmo tempo filósofo, fenomenólogo, dramaturgo, romancista, ensaísta e jornalista.[80] Elfride, que também estava ali presente, perguntou: *"Mais enfin, qu'est-ce que l'existentialisme?"* [Mas, afinal, o que é o existencialismo?].

Na visita seguinte, Towarnicki levou um exemplar de *O ser e o nada* para Heidegger. Este, gracejando, avaliou o peso do livro na mão e disse que, naquele momento, não andava com muito tempo para ler — a velha desculpa consagrada pelo tempo.[81] (Nessa ocasião, quando Towarnicki estava para sair, Heidegger lhe mostrou um tesouro pessoal, envolto em papel de seda e guardado dentro da escrivaninha: uma fotografia de Nietzsche. Elfride cochichou: "Não é a todos que ele mostra".)

Aquilo não era muito encorajador, mas nem por isso Towarnicki renunciou à esperança de promover um encontro entre Heidegger e Sartre, fosse em caráter privado ou num debate público. Ele tentou também despertar o interesse de Camus, mas Camus não queria nada com Heidegger.[82] Sartre ficou mais interessado, mas, como Heidegger, repetia a Towarnicki que estava ocupado demais para qualquer outra coisa naquele momento. Então convidou Towarnicki para escrever um artigo para *Les Temps Modernes* narrando seus encontros com Heidegger. Towarnicki aceitou.

Enquanto isso, Heidegger afinal encontrou tempo para dar uma olhada em *O ser e o nada*. Na visita seguinte de Towarnicki, disse-lhe que gostara da acuidade psicológica de Sartre e de sua "sensibilidade às coisas concretas".[83] Pelo menos foi isso o que contou Towarnicki; como estava escrevendo para *Les Temps Modernes*, talvez quisesse adular o editor. Heidegger também lhe deu uma carta cortês para entregar a Sartre. Trazia um comentário que podia ser lido de duas maneiras: "Sua obra é dominada por uma compreensão imediata de minha filosofia que eu não encontrara antes em seus similares".[84]

Para outros, Heidegger dava respostas mais diretas. Quando o acadêmico americano Hubert Dreyfus viu *O ser e o nada* na mesa de Heidegger e comentou sobre isso, Heidegger foi ríspido: "Como eu poderia sequer começar a ler essa *Dreck*!" — essa porcaria.[85] Ele iniciou um longo ensaio em forma de uma carta a Jean Beaufret, atacando a aclamadíssima versão humanista do existencialismo que Sartre apresentara em sua preleção "O existencialismo é um humanismo", com seu hino à liberdade e à ação individual. Heidegger não queria nada com esse tipo de filosofia. Seu texto, publicado em 1947 como "Carta sobre o humanismo",[86] repleto de evocações de clareiras na floresta e de deixar-ser, destaca-se como um dos textos principais sobre seu novo estilo de pensamento decididamente anti-humanista. Sartre não deu resposta.

Na carta anterior a Sartre, Heidegger o convidara a vir a Todtnauberg: "Em nosso pequeno chalé, poderemos filosofar juntos e passear de esqui na Floresta Negra".[87] Segundo Towarnicki, Heidegger ficara impressionado com a descrição de Sartre dos esquis em *O ser e o nada*[88] — que aparece lá pelo final do livro —, sugerindo que, afinal, Heidegger avançara bastante naquela *Dreck*. Seria uma maravilha imaginar Sartre e Heidegger — e talvez Beauvoir também, que era mais atlética do que Sartre — voando pelas encostas abaixo, de faces coradas, o vento levando suas palavras e Heidegger certamente indo muito mais rápido, sem que ninguém o alcançasse, como forma de se exibir. Ele gostava disso, a julgar pelas lembranças de Max Müller, juntos na neve: "Enquanto esquiávamos, ele caçoou de mim várias vezes porque eu fazia contornos e curvas onde ele descia vistosamente em linha reta".[89]

Mas o passeio de esqui nunca aconteceu. Sartre estava sempre ocupado; sua agenda estava lotada de compromissos. Afinal de contas, em 1945 ainda seria um pouco embaraçoso um francês percorrer a neve da Floresta Negra junto com o ex-reitor nazista de Friburgo.

No começo de 1948, Sartre e Beauvoir foram de fato à Alemanha, para assistir a uma encenação em Berlim de *As moscas*, a peça sartriana de 1943 sobre a liberdade.[90] Em sua versão original, a peça utilizara a narrativa clássica da *Oresteia* como parábola da situação francesa durante a Ocupação. Agora, a montagem de Jürgen Fehlin no Teatro Hebbel de Berlim aplicava a mesma ideia à situação da Alemanha no pós-guerra, deixando isso bem claro com um cenário austero dominado por um templo em forma de bunker. O implícito era que agora a Alemanha estava igualmente paralisada de vergonha. A peça de Sartre pretendia motivar os franceses a se desprender do passado e empreender ações construtivas para o futuro; talvez fosse possível adaptar essa mensagem à situação alemã.

Sartre certamente achava que sim. Num artigo do ano anterior, comentando uma produção menor encenada na zona francesa da Alemanha, ele escreveu que os alemães enfrentavam um problema similar ao dos franceses alguns anos antes:

> Para os alemães, também, penso que o remorso não faz sentido. Não digo que devam simplesmente varrer da memória os erros do passado. Não. Mas tenho certeza de que não ganharão o perdão que o mundo lhes pode dar apenas mostrando um arrependimento obsequioso. Irão ganhá-lo com o engajamento total e sincero num futuro de liberdade e trabalho, com o firme desejo de construir esse futuro e com a presença do maior número possível de homens de boa vontade entre eles. Talvez a peça possa, se não levá-los a esse futuro, ao menos encorajá-los a tomar essa direção.[91]

Nem todos na Alemanha concordaram com essa análise, e o debate sobre a peça atraiu muita atenção. Isso, por sua vez, garantia a casa lotada: Simone de Beauvoir soube que algumas pessoas estavam pagando quinhentos marcos pelo ingresso — mais do que o dobro de um salário médio mensal. Teve até alguém que pagou com dois gansos, um valor alto numa cidade onde os alimentos ainda eram escassos. De início, Beauvoir ficara nervosa com a ideia de ir até a Alemanha, depois de tanto tempo passando medo com os ocupantes alemães em Paris, mas mudou de ideia ao ver a escala da devastação do país, tanto no sentido heideggeriano quanto no sentido corrente do termo. Era o auge do inverno; a temperatura chegara a dezoito graus negativos durante algumas semanas, mas mesmo assim muitos berlinenses saíam encasacados para andar pela cidade, e Beauvoir viu muita gente empurrando carrinhos para recolher qualquer artigo de utilidade que encontrassem pelo caminho.[92] Se iam com tanto afã aos teatros, em parte era para se manterem aquecidos, mesmo que às vezes isso significasse uma longa caminhada pela neve com sapatos pouco adequados. Berlim mal e mal funcionava, dividida de uma forma nada prática entre as zonas administrativas soviética, americana, britânica e francesa, as três últimas vindo a se unir poucos meses depois, para formar Berlim Ocidental. A cidade certamente mudara desde a estadia de Sartre em 1933 e 1934. Num intervalo livre entre suas aparições públicas, ele procurou a casa onde ficara hospedado naquela época e a encontrou de pé, mas num estado calamitoso.[93]

O evento principal foi um debate no próprio Teatro Hebbel, em 4 de fevereiro. Falando em francês, com a tradução de um intérprete, Sartre defendeu sua peça contra oradores cristãos e marxistas, que julgavam que ela transmitia uma mensagem errada aos alemães. Sua filosofia existencialista da libertação era pertinente para os franceses em 1943, diziam eles, mas era um equívoco incentivar os alemães a seguir em frente desde já. Os julgamentos de Nuremberg acabavam de terminar; alguns criminosos não chegaram a ser responsabilizados. Um participante alertou que muitos poderiam tomar a peça como justificativa para se livrar da culpa por crimes realmente cometidos no passado, escapando à justiça.

Sartre acompanhava as discussões em alemão e depois recorria ao intérprete para responder. Argumentou que a liberdade existencialista nunca se destinara a ser usada como qualquer espécie de desculpa: tratava-se exatamente do contrário. No existencialismo, não existem desculpas. Com a liberdade vem a total responsabilidade.

Sua breve exposição levou o escritor cristão Gert Theunissen a passar para um ataque mais geral à concepção de liberdade de Sartre. Era pura e simplesmente errado dizer que "a existência precede a essência", disse Theunissen. Os humanos *têm* uma essência, que lhes é dada por Deus, e cabe a eles segui-la. Segundo a transcrição do diálogo, esse comentário suscitou "sonora aprovação na sala. Vários assobios. Alegria".⁹⁴ A seguir, pelo lado comunista, veio Alfons Steininger, presidente da Sociedade de Estudos da Cultura da União Soviética. A peça de Sartre corria o risco de ser tomada "como estímulo à trivialidade, ao niilismo, ao pessimismo", disse ele — sendo este o jargão habitual dos comunistas para atacar o existencialismo. A discussão, de modo geral, não foi muito além desse nível. Não era a primeira nem a última vez que Sartre ficava preso entre dois oponentes que não tinham quase nada em comum, a não ser o fato de o odiarem.

Evidentemente, eles tinham razão num ponto. O simples fato de que o existencialismo não pretendia fornecer desculpas não significava que as pessoas não tentariam usá-lo nesse sentido. Não era preciso ter grande habilidade sofística para desvirtuar *As moscas* e transformá-la numa defesa do esquecimento seletivo.⁹⁵ E tampouco estava claro que os paralelos entre a situação francesa de 1943 e a situação germânica de 1948 fossem muito além de um sentimento bastante generalizado em todo o mundo naquela época: horror pelo passado recente e apreensão (com um misto de esperança) pelo futuro.

Outros aspectos de *As moscas*, porém, encontraram ressonância entre os berlinenses em 1948, estando mais relacionados com os sofrimentos em curso. A paisagem implacável no palco era muito parecida com a Berlim lá fora, e mesmo o mecanismo teatral das moscas podia desencadear lembranças — pois, no tórrido e terrível verão de 1945, as cidades alemãs ficaram sabidamente infestadas por enxames de desagradáveis varejeiras que se reproduziam nos corpos putrefatos sob os escombros.

Acima de tudo, a própria Berlim era uma cidade ocupada. Estava ocupada pela angústia e pela escassez de tudo, pelas potências estrangeiras rivais e, principalmente, pelo medo à União Soviética. Uns dois meses depois que Sartre e Beauvoir saíram de lá, as forças soviéticas avançaram e cortaram todos os suprimentos que entravam no lado ocidental de Berlim. Em março de 1948, bloquearam as linhas ferroviárias; em junho, fecharam as estradas. Estavam decididos a submeter Berlim pela fome, assim como os alemães haviam imposto a fome a Leningrado durante a guerra.

As potências ocidentais reagiram com uma solução ousada. Simplesmente recorreram à via aérea para tudo de que a cidade precisava: comida, carvão, remédios. Por mais de um ano, absolutamente tudo o que era necessário para a sobrevivência chegava pelo ar, numa operação chamada Assistência Aérea a

Berlim. A certa altura, havia um aeroplano por minuto pousando em Berlim, 24 horas por dia. Em maio de 1949, finalmente chegou-se a um acordo com os soviéticos e o bloqueio diminuiu, mas os aeroplanos continuaram chegando do Ocidente até o final de setembro daquele ano. Berlim ainda não tinha muro, que foi erguido em 1961. Mas era uma cidade dividida, que iria sobreviver num estado de emergência política pelos quarenta anos seguintes. Afinal, talvez o drama de Argos perseguida e sitiada tivesse algo a dizer aos berlinenses.

Sartre e Beauvoir tinham vencido a relutância em ir até a Alemanha, mas ainda não davam nenhum sinal de querer visitar Heidegger. Sartre só veio a encontrá-lo em 1953 — e as coisas não correram muito bem.

O encontro se deu quando Sartre foi à Universidade de Friburgo para apresentar uma conferência.[96] Os estudantes estavam empolgados e o auditório lotado, mas, ao longo das três horas de apresentação num francês difícil e numa toada monótona, o entusiasmo murchou. Sartre provavelmente notou a queda nos níveis de adulação ao final da apresentação, o que decerto já o colocou na defensiva antes mesmo de ir ao subúrbio de Zähringer, para encontrar Heidegger em sua residência principal. Não foi a Todtnauberg e não houve passeios de esqui.

Os dois conversaram em alemão — o domínio que Sartre tinha da língua mal deu para isso. Nenhum dos dois nos deixou um relato em primeira mão sobre a conversa, mas Heidegger comentou o encontro com Petzet e Sartre com Beauvoir, e depois ambos, Petzet e Beauvoir, anotaram os respectivos comentários.[97] Segundo os dois, o diálogo logo desandou. Heidegger levantou o tema de *La Dimension Florestan*, peça recente de Gabriel Marcel que satirizava um filósofo, sem dar nomes, que vivia entocado numa cabana afastada, soltando apenas de vez em quando alguma declaração ininteligível. Foram contar a Heidegger, e, mesmo sem ter visto nem ouvido a peça, ele não teve a menor dificuldade em reconhecer o alvo e não achou graça nenhuma.

Sartre cumpriu sua obrigação diplomática de francês desculpando-se em nome de Marcel.[98] Foi uma atitude generosa de sua parte, se considerarmos que ele mesmo sofrera vários ataques de Marcel,[99] primeiro numa resenha de *O ser e o nada* em 1943 e depois num ensaio de 1946, "Existência e liberdade humana". Marcel criticara furiosamente o ateísmo de Sartre, a ausência de uma filosofia ética sartriana e o que lhe parecia ser a incapacidade de Sartre em aceitar a "benevolência" ou as dádivas alheias — notadamente de Deus, sugeria Marcel, mas também de seus semelhantes. Mas agora Sartre demonstrava considerável benevolência ao tomar sobre si a artilharia de Heidegger pela sátira de Marcel.

Depois desse mau começo que Heidegger imprimira à conversa, expondo seus sentimentos sobre esse pequeno embaraço, foi a vez de Sartre entrar na ciranda. Ele estava doido para comentar a questão do engajamento político: a obrigação dos autores e pensadores de se envolver com a política de sua época. Era, para dizer o mínimo, um tema embaraçoso para Heidegger, que não queria ouvir as posições de Sartre a respeito. Este disse mais tarde a seu secretário Jean Cau que, na hora em que trouxe o tema à baila, Heidegger o olhou "com infinita piedade".[100]

Na verdade, o que o rosto de Heidegger devia estar transmitindo era, mais provavelmente, algo como: "*Temos mesmo* de falar sobre isso?". Fosse como fosse, o resultado foi perderem ainda mais tempo com uma conversa que, em princípio, poderia ter sido muito mais interessante do que foi. Se Heidegger e Sartre chegaram em algum momento a falar de temas como liberdade, Ser, humanismo, angústia, autenticidade ou qualquer outra coisa do gênero, nada disso chegou até nós. Cada qual falava de uma coisa diferente e não se entendiam.

Friburgo, a "Cidade da Fenomenologia" que pairara sobre a obra de Sartre por duas décadas, agora o abandonara, e, de todo modo, suas ideias haviam se distanciado muito das de Heidegger. Ele foi embora furioso, irritado inclusive com os organizadores da conferência. Quando embarcou no trem e viu que, como gesto de atenção, haviam lhe deixado um buquê de rosas na cabine, talvez um ato de cortesia habitual em relação às celebridades em visita, Sartre achou aquilo ridículo. "Buquês de rosas! Braçadas!",[101] disse depois a Cau, certamente exagerando um pouco. Esperou que o trem saísse da estação e então atirou as flores pela janela.

Após a chegada, ele comentou espantado com Beauvoir a reverência que dedicavam a Heidegger naqueles dias: "Quatro mil estudantes e professores mourejando sobre Heidegger dia após dia, imagine só!".[102] A partir de então, passou a se referir depreciativamente a Heidegger como o Velho da Montanha. Estavam longe os tempos em que Sartre se agarrara a *Ser e tempo* como único consolo, nos dias após a derrota da França em 1940. Mas Sartre não era o único que não podia voltar atrás. A guerra mudara tudo para todos.

9
Estudos ao vivo

*Em que se aplica o existencialismo
a pessoas de carne e osso.*

Um dia, mais ou menos na época da viagem a Berlim em 1948, Beauvoir estava sentada de caneta em punho, fitando uma folha em branco. Alberto Giacometti lhe disse: "Que cara mais zangada!". Ela respondeu: "É porque quero escrever, mas não sei o quê". Com a perspicácia que temos quando se trata de um problema alheio, ele falou: "Escreva qualquer coisa".

Foi o que ela fez, e deu certo. Também se inspirou nos escritos autobiográficos experimentais de seu amigo Michel Leiris, que lera recentemente: veio-lhe a ideia de experimentar uma escrita livre sobre suas memórias, que seriam distribuídas ao redor do tema central: o que significava crescer como menina. Ao debater a ideia com Sartre, ele insistiu que ela explorasse a questão em maior profundidade. Assim, são três homens que Simone de Beauvoir coloca como origem de sua grande obra feminista, *O segundo sexo*.[1]

Talvez o ponto de partida tivesse sido uma ideia modesta precisando de incentivo masculino, mas Beauvoir logo converteu o projeto em algo revolucionário em todos os aspectos: o livro subvertia as ideias vigentes sobre a natureza da existência humana e incentivava os leitores a subverterem suas existências. Era também uma experiência ousada no que poderíamos chamar de "existencialismo aplicado". Beauvoir recorreu à filosofia para tratar de dois vastos temas: a história da humanidade — que reinterpretou como uma história do patriarcado — e a história da vida inteira de uma mulher, desenrolando-se do nascimento à velhice. As duas narrativas estão interligadas, mas ocupam duas partes separadas do livro. Para preenchê-las, Beauvoir mesclou elementos de sua experiência pessoal e casos de outras mulheres que conhecia, além de extensos estudos de história, sociologia, biologia e psicologia.²

A redação foi rápida. Ao longo de 1948, *Les Temps Modernes* publicou vários capítulos e versões iniciais; o volume completo saiu em 1949. Foi um escândalo.³ A dama existencialista livre-pensadora já era tida como figura surpreendente, com seus relacionamentos abertos, sua irreligiosidade e a opção de não ter filhos. E agora vinha esse livro recheado de descrições das experiências sexuais das mulheres, inclusive com um capítulo sobre o lesbianismo. Até os amigos ficaram ressabiados. Uma das reações mais conservadoras veio de Albert Camus, que, como escreve ela em suas memórias, "em poucas frases mal-humoradas, me acusou de lançar ao ridículo o macho francês". Mas, se foi um desconforto para os homens, as leitoras mulheres se viram pensando sobre a própria vida de uma nova maneira. Depois de traduzido para o inglês, em 1953 – três anos antes de *O ser e o nada* e nove anos antes de *Ser e tempo* de Heidegger –, *O segundo sexo* teve na Inglaterra e nos Estados Unidos um impacto ainda maior do que na França. Tomada individualmente, pode ser tida como a obra de maior influência do movimento existencialista.

O princípio diretor de Beauvoir era que crescer como mulher fazia para o indivíduo uma diferença maior do que as pessoas geralmente imaginavam, inclusive as próprias mulheres. Algumas diferenças eram evidentes e práticas. As francesas tinham acabado de conquistar o direito de voto (com a Libertação, em 1944)[4] e ainda lhes faltavam muitos outros direitos básicos; até 1965, uma mulher casada não podia abrir conta bancária própria. Mas as diferenças jurídicas refletiam diferenças existenciais mais profundas. As experiências cotidianas e o Ser-no-mundo das mulheres se diferenciavam dos dos homens numa fase tão inicial da vida que poucos percebiam tratar-se de uma formação e desenvolvimento; as pessoas em geral tomavam as diferenças como expressões "naturais" de feminilidade. Para Beauvoir, pelo contrário, eram *mitos* da feminilidade — termo que adaptou da antropologia de Claude Lévi-Strauss e que provinha, em última instância, da "genealogia" de Friedrich Nietzsche, um método de desenterrar as falácias sobre a cultura e a moral. No emprego dado por Beauvoir, o mito é similar à ideia de Husserl sobre as teorias incrustadas que se acumulam sobre os fenômenos e precisam ser removidas para se chegar às "coisas mesmas".

Depois de um exame histórico em largas pinceladas sobre o mito e a realidade na primeira metade do livro, Beauvoir se dedicou na segunda parte a narrar a vida típica de uma mulher desde a primeira infância, mostrando que — como disse ela — "não se nasce, vem-se a ser mulher".[5]

As primeiras influências surgem no começo da infância, afirmava ela. Diz-se aos meninos que sejam corajosos, enquanto se espera que as meninas chorem e sejam frágeis.[6] Os dois sexos ouvem os mesmos contos de fadas, mas os homens são heróis, príncipes ou guerreiros, enquanto as mulheres ficam trancadas em torres, são postas para dormir ou estão acorrentadas a um rochedo, esperando ser resgatadas. Ouvindo os contos, a menina nota que sua mãe passa a maior parte do tempo em casa, como uma princesa prisioneira, enquanto o pai sai para o mundo exterior, como um guerreiro indo para a batalha. Ela percebe de que lado está seu papel.

Ao crescer, a menina aprende a se comportar com recato e decoro. Os meninos correm, agarram, escalam, esmurram: pegam literalmente o mundo físico e lutam com ele. As meninas usam vestidinhos bonitos e não se atrevem a correr para não se sujar. Mais tarde, usam sapatos de salto alto, cintas e saias; têm unhas compridas e precisam tomar cuidado para não quebrarem.[7] Aprendem, de mil e uma maneiras, a poupar suas figuras delicadas, isso quando fazem alguma coisa. Como depois disse Iris Marion Young em "Throwing Like a Girl" [Arremessando como uma garota], um ensaio de 1980 que aplicava mais detalhadamente a análise de Beauvoir, as meninas passam a se ver "*posicionadas no espaço*",[8] em vez de definir ou constituir com seus movimentos o espaço a seu redor.

A adolescência traz uma autopercepção mais acentuada,[9] e é a idade em que algumas meninas adquirem a tendência de infligir ferimentos a si mesmas, enquanto os meninos problemáticos são mais propensos a arranjar briga com os outros. Desenvolve-se a sexualidade, mas os meninos pequenos já percebem o pênis como algo importante, ao passo que os órgãos genitais das meninas nunca são mencionados e parecem nem existir.[10] As primeiras experiências sexuais femininas podem ser embaraçosas, dolorosas ou ameaçadoras; podem gerar mais insegurança e angústia. A seguir vem o medo da gravidez. (O texto foi escrito muito antes da pílula.) Mesmo que as jovens gostem de sexo, o prazer sexual feminino pode ser mais assoberbante e, portanto, mais perturbador, diz Beauvoir.[11] Geralmente está vinculado ao casamento, para a maioria das mulheres, e com o casamento vem o trabalho doméstico repetitivo, que gera isolamento, não realiza nada no mundo e não é uma "ação" real.

Por ora, todos esses fatores têm conspirado para impedir que uma mulher tenha ação e autoridade no mundo mais amplo. Para ela, o mundo não é um "jogo de ferramentas", na acepção heideggeriana. Pelo contrário, é "dominado pelo destino e avança com caprichos misteriosos".[12] É por isso, segundo Beauvoir, que raramente as mulheres atingem a grandeza nas artes e na literatura[13] — embora ela abra uma exceção para Virginia Woolf, que, em seu ensaio *Um teto todo seu*, de 1928, mostrou os reveses que provavelmente recairiam sobre uma irmã imaginária de Shakespeare, dotada dos mesmos talentos de nascença. Para Beauvoir, todos os elementos da situação feminina conspiram para encerrar as mulheres na mediocridade, não porque sejam inatamente inferiores, mas porque aprendem a se tornar intimistas, passivas, inseguras e ansiosas por agradar. Ela considera as escritoras decepcionantes, em sua maioria, porque não agarram a condição humana; não a tomam como condição própria delas também. Apresentam dificuldade em se sentir *responsáveis* pelo universo. Como uma mulher iria algum dia declarar, como faz Sartre em *O ser e o nada*, "Carrego nos ombros todo o peso do mundo"?[14]

Para Beauvoir, a maior inibição para as mulheres deriva de sua tendência adquirida de se verem como um "outro", e não como um sujeito transcendente. Ali ela recorreu a suas leituras de Hegel durante a guerra, o qual analisara a luta entre consciências rivais para conquistar o domínio, uma representando "o senhor" e a outra "o escravo".[15] O senhor percebe tudo de seu ponto de vista pessoal, como é natural. Mas, curiosamente, o escravo também faz o mesmo e se atrapalha tentando enxergar o mundo do ponto de vista do senhor — é uma perspectiva "alienada". O escravo até adota para si o ponto de vista do senhor, representando-se como objeto e o senhor como sujeito. Essa estrutura atormentada acaba ruindo quando o escravo desperta para o fato de que entendera tudo ao contrário, e que a relação toda se funda em seu árduo labor — em seu trabalho. Ele se revolta e, com isso, finalmente adquire consciência plena.

Para Beauvoir, a concepção hegeliana das relações humanas como longa batalha de olhares ou perspectivas era uma ideia muito fecunda. Passara anos a discuti-la com Sartre. Ele também se interessara pela dialética do senhor e do escravo desde os anos 1930, e a tomara como um dos grandes temas em *O ser e o nada*. Como seus exemplos ilustrando a luta entre olhares alienados são especialmente expressivos, afastemo-nos por um momento de Beauvoir para nos deter neles.

Em seu primeiro exemplo, Sartre nos pede para imaginar que estamos andando num parque.[16] Se estou sozinha, o parque se dispõe confortavelmente ao redor de meu ponto de vista: tudo o que vejo apresenta-se *a mim*. Mas então vejo um homem atravessando a grama em minha direção. Isso provoca uma súbita alteração cósmica. Percebo que o homem também dispõe *seu* próprio universo em torno de si. Como diz Sartre, o verde da grama se estende tanto ao outro quanto a mim, e uma parte de meu universo se escoa para o lado dele. Algo de mim se escoa também, pois sou um objeto no mundo dele, tal como ele o é em meu mundo. Não sou mais um puro nada perceptivo; tenho um exterior visível, que sei que ele pode ver.

Sartre então acrescenta outro elemento. Dessa vez, ele nos coloca no corredor de um hotel parisiense, espiando pelo buraco da fechadura de uma porta[17] — talvez por ciúme, desejo ou curiosidade. Estou absorta no que vejo e me concentro naquilo. Então ouço passos no corredor — está vindo alguém!

Todo o cenário muda. Em vez de me absorver na cena que se passa dentro do quarto, agora me percebo como uma *voyeuse*, que é como serei vista por quem se aproxima pelo corredor. Meu olhar, enquanto espio pelo buraco da fechadura, se torna "um *olhar-olhado*". Minha "transcendência" — minha capacidade de sair de mim e me entregar ao que estou percebendo — é, ela mesma, "transcendida" pela transcendência de um outro. Esse Outro tem o poder de me identificar como objeto de certa espécie, atribuindo-me características definidas, em vez de me deixar ser livre. Luto para evitar isso controlando como a pessoa me verá — assim, por exemplo, posso fazer uma elaborada encenação, fingindo que me inclinei apenas para amarrar o cadarço do sapato, para que ele não me rotule como uma *voyeuse* indecente.

Tais episódios de olhares competitivos ressurgem em todos os escritos literários e biográficos de Sartre, não só nos filosóficos. Nos textos jornalísticos, ele comentava como era desagradável, a partir de 1940, sentir-se visto como parte de um povo derrotado.[18] Em 1944, escreveu uma peça inteira sobre isso, *Entre quatro paredes*. A peça trata de três pessoas fechadas num quarto: um desertor do Exército acusado de covardia, uma lésbica cruel e uma arrivista namoradeira. Cada personagem fita criticamente pelo menos um dos demais, e cada qual quer escapar aos olhos implacáveis dos outros. Mas não podem, pois estão mortos e no inferno. O final da peça traz a citadíssima frase, que costuma ser mal-entendida: "O inferno são os outros".[19] Mais tarde, Sartre explicou que não quis dizer que os outros geralmente fossem o inferno, mas que, *após a morte*, ficamos cristalizados na imagem que têm de nós, sem podermos mais alterar a interpretação dos outros. Em vida, ainda podemos fazer algo para controlar a impressão que causamos; na morte, essa liberdade desaparece e ficamos sepultados nas lembranças e percepções dos outros.

A visão sartriana das relações humanas vivas, como uma espécie de jiu-jítsu intersubjetivo, levou-o a criar algumas descrições bastante estranhas do sexo. A julgar pela discussão da sexualidade em *O ser e o nada*, um caso amoroso sartriano era uma luta épica por perspectivas e, portanto, pela liberdade. Se amo você, não quero controlar diretamente seus pensamentos, mas quero que você me ame e me deseje e renuncie *livremente* à sua liberdade por mim.[20] Além disso, quero que você me veja não como uma pessoa com defeitos, contingente como as demais, e sim como um ser "necessário" em sua vida. Isto é, você não vai avaliar friamente meus defeitos e hábitos irritantes, mas me aceitará em todos os meus detalhes, como se não fosse possível qualquer ínfima diferença. Lembrando *A náusea*, pode-se dizer que eu quero ser como o ragtime para você. Sartre percebeu que essa situação dificilmente pode durar muito tempo. E isso vem como uma troca: você vai querer a mesma adoração incondicional de minha parte. Como disse Iris Murdoch de uma maneira inesquecível, Sartre transforma o amor numa "batalha entre dois hipnotizadores num quarto fechado".[21]

Pelo menos uma parte dessa análise sartriana do amor e de outros contatos proveio da interpretação que Simone de Beauvoir extraíra de Hegel. Ambos examinaram atentamente as implicações da dialética do senhor e do escravo; Sartre criou seus exemplos excêntricos e marcantes a partir da dialética hegeliana, ao passo que Beauvoir a adotou como base mais substancial de seu *magnum opus*. Sua leitura foi mais complexa do que a de Sartre. Em primeiro lugar, ela destacou que a ideia do amor ou de qualquer outra relação como contato recíproco entre dois participantes iguais deixava de lado um elemento fundamental: as relações humanas concretas continham diferenças de papel e de posição. Sartre havia desconsiderado as situações existenciais distintas de homens e mulheres; em *O segundo sexo*, ela utilizou o conceito hegeliano de alienação para corrigir essa falha.

Como Beauvoir apontou, a mulher é realmente um "outro" para o homem — mas o homem não é propriamente um "outro" para a mulher, ou não da mesma maneira. Os dois sexos tendem a concordar em tomar o masculino como o caso definidor e o centro de todas as perspectivas. Mesmo a linguagem reforça esse fato, com "homem" e "ele" sendo os termos padrão em francês e em inglês. As mulheres tentam constantemente imaginar como aparecerão a um olhar masculino. Em vez de olharem o mundo tal como se apresenta a elas (como a pessoa espiando pelo buraco da fechadura), mantêm um ponto de vista em que são os objetos (como a mesma pessoa, depois de se aperceber dos passos no corredor). É por isso, segundo Beauvoir, que as mulheres passam tanto tempo na frente do espelho.[22] É por isso também que homens e mulheres tomam implicitamente as mulheres como o sexo mais sensual, mais erotizado, mais *sexual*. Teoricamente, para uma mulher heterossexual, os homens é que deviam ser atraentes, exibindo-se para os olhos dela. No entanto, ela se vê como o objeto de atração e o homem como a pessoa a cujos olhos ela aparece como desejável.[23]

Em outras palavras, as mulheres vivem grande parte da vida naquilo que Sartre chamaria de má-fé, fingindo ser objetos. Fazem o que faz o garçom, quando desliza pela sala desempenhando o papel de garçom; identificam-se mais com sua imagem "imanente" do que com sua consciência "transcendente" como um para-si livre. O garçom procede assim durante o serviço; as mulheres, o dia inteiro e em maior medida. É uma coisa exaustiva, pois a subjetividade da mulher está o tempo inteiro tentando fazer o que vem naturalmente à subjetividade, isto é, afirmar-se como o centro do universo. Há uma luta em curso dentro de cada mulher, e por causa disso Beauvoir considerava que ser mulher era o grande problema existencialista por excelência.[24]

Os fragmentos iniciais das memórias de Beauvoir agora haviam se convertido num estudo da alienação em escala épica: uma investigação fenomenológica abordando não só a experiência feminina, mas também a infância, a personificação, a competência, a ação, a liberdade, a responsabilidade e o Ser-no-mundo. *O segundo sexo* se baseia em anos de leituras e reflexões, além de conversas com Sartre, e não é de maneira alguma um mero apêndice da filosofia sartriana, como se julgava em certa época. É verdade que ela chocou uma entrevistadora feminista em 1972 ao insistir que sua principal influência ao escrever a obra tinha sido *O ser e o nada*.[25] Mas, sete anos depois, em outra entrevista, afirmou taxativamente que Sartre não tivera nenhuma participação em sua elaboração das ideias hegelianas do Outro e do olhar alienado: "Fui eu que pensei sobre isso! Não foi Sartre, de forma alguma!".[26]

Como quer que tenha sido, o livro de Beauvoir ultrapassava o de Sartre em sua percepção sutil do equilíbrio entre liberdade e coerção na vida das pessoas. Ela mostrou como as escolhas, as influências e os hábitos podem se acumular ao longo de uma vida, criando uma estrutura que se torna difícil romper. Sartre também pensava que nossas ações muitas vezes constituíam uma forma no longo prazo, criando o que chamava de "projeto fundamental"[27] da existência do indivíduo. Mas Beauvoir frisou a conexão entre isso e nossas situações mais amplas como seres históricos sexuados. Conferiu grande peso à dificuldade de romper tais situações — embora nunca duvidasse de que continuamos existencialmente livres, apesar de tudo. As mulheres *podem* mudar suas vidas, e é por isso que vale a pena escrever livros que as despertem para esse fato.

O segundo sexo poderia ter se estabelecido no cânone como uma das grandes reavaliações culturais dos tempos modernos, ao lado das obras de Charles Darwin (que reformulou a situação dos humanos em relação aos outros animais), de Karl Marx (que reformulou a situação da alta cultura em relação à economia) e de Sigmund Freud (que reformulou a situação do consciente em relação ao inconsciente). Beauvoir reavaliou de uma forma inédita as vidas humanas, mostrando que somos seres profundamente sexuados: reformulou a situação dos homens em relação às mulheres. Como os outros livros, O segundo sexo desmascarou mitos. Como os outros, seus argumentos eram controversos e sujeitos a críticas em seus detalhes — como ocorre inevitavelmente com reflexões de escopo mais abrangente. Apesar disso, nunca foi elevado ao panteão.

Seria mais uma prova de sexismo? Ou é a terminologia existencialista que atrapalha? Os leitores de língua inglesa nem sequer chegaram a ver grande parte dela, pois foi eliminada por seu primeiro tradutor em 1953, o professor de zoologia Howard M. Parshley — basicamente, por insistência do editor. Apenas mais tarde, ao ler a obra, o editor lhe pediu para pegar leve e não cortar demais, dizendo: "Tenho agora plena certeza de que este é um daqueles poucos grandes livros escritos sobre o sexo". O problema não se resumia às omissões: Parshley traduziu o *pour-soi* (para-si) de Beauvoir como "sua verdadeira natureza em si mesma",[28] o que inverte totalmente o sentido existencialista. E traduziu o título da segunda parte, "L'Expérience vécue" [A experiência vivida], por "Woman's Life Today" [A vida da mulher hoje] — o que, como observou Toril Moi, parece nome de revista feminina. Para confundir ainda mais as coisas e desvalorizar ainda mais o livro, as edições em brochura em inglês lançadas nos anos 1960 e 1970 costumavam trazer na capa imagens nebulosas de mulheres nuas, como se fosse um livro de pornografia ligeira. Os romances de Beauvoir receberam o mesmo tratamento. Curiosamente, isso nunca aconteceu com os livros de Sartre. Não há nenhuma edição de O ser e o nada mostrando na capa um homem musculoso usando apenas um avental de garçom. E nem Hazel Barnes, a tradutora de Sartre, simplificou sua terminologia — embora Barnes comente em suas memórias que pelo menos um resenhista achou que era o que ela devia ter feito.[29]

Se não bastassem o sexismo e a linguagem existencialista, outra razão possível para a depreciação intelectual de O segundo sexo é o fato de se apresentar como estudo de caso: um estudo existencialista de apenas um tipo particular de vida. Em filosofia, como em muitos outros campos, os estudos aplicados tendem a ser desvalorizados, como meros pós-escritos a obras mais sérias.

Mas o existencialismo nunca operou assim. Sempre pretendeu ser sobre a vida individual e concreta. Praticado corretamente, *todo* existencialismo é um existencialismo aplicado.

Sartre tinha o mesmo interesse de Beauvoir em ver como se poderia aplicar o existencialismo às vidas particulares; em seu caso, esse interesse o levou à biografia. Enquanto Beauvoir traçou a vida de uma mulher genérica desde a primeira infância até a maturidade, Sartre fez o mesmo com uma sucessão de indivíduos (*todos* homens): Baudelaire, Mallarmé, Genet, Flaubert e ele mesmo, além de temas de ensaios menores. Em *A náusea*, ele fizera Roquentin renunciar a seu projeto biográfico para não impor a uma vida individual uma forma narrativa convencional, mas as biografias de Sartre não trazem nada de convencional. Ele abandona a cronologia usual e procura formas claras e momentos-chave em torno dos quais gira uma vida — aqueles momentos em que a pessoa faz uma escolha em determinada situação e isso muda tudo. Nesses pontos cruciais, captamos a pessoa no próprio gesto de transformar a existência em essência.

Entre esses momentos, os mais importantes tendem a ocorrer na infância. Todas as biografias de Sartre se concentram nos primeiros anos do indivíduo; suas próprias memórias, *As palavras*, se restringem exclusivamente a tal época da vida. Esse interesse pela infância se deve em parte a Freud, que também escreveu psicobiografias desmontando os dramas de uma vida, muitas vezes reconduzindo-os a uma "cena primária". Sartre também gostava de encontrar cenas primárias, mas, à diferença de Freud, geralmente não se referiam ao sexo. Sartre pensava que as experiências sexuais extraíam sua força de experiências mais básicas, relacionadas com nosso próprio ser. Procurava aquelas experiências durante as quais uma criança numa situação desafiadora assumia o controle e dobrava aquela situação a si mesma. Em outras palavras, ele interpretava a vida de seus biografados nos termos de sua liberdade. É o que se vê principalmente em seu livro sobre o escritor Jean Genet, lançado em 1952 — três anos depois de *O segundo sexo* de Beauvoir, com marcas visíveis de sua influência.

Depois de conhecer Genet no Café de Flore durante a guerra, Sartre acompanhara sua carreira com interesse, conforme Genet publicava romances poéticos eróticos e memórias baseadas em sua vida em reformatórios, prisões e nas ruas, como ladrão e michê. Seu livro mais provocativo, *Pompas fúnebres*, tratava de um adolescente francês que luta ao lado dos alemães nos últimos dias da Ocupação, embora os alemães estejam perdendo — ou melhor, justamente porque estão perdendo. Genet tinha a tendência de simpatizar com os vencidos ou humilhados[30] em qualquer situação; em 1944, isso significava os alemães e os colaboradores, não os *résistants* vitoriosos. Apoiava traidores, revolucionários violentos, terroristas do Baader-Meinhof, Panteras Negras e praticamente qualquer um que fosse pária.[31] Também apoiou os estudantes radicais dos anos 1960, mas disse a William Burroughs: "Se vencerem, vou me virar contra eles".[32]

Sartre apreciava não só a maneira como Genet poetizava a realidade, mas também seu espírito de oposição constante. Gostou quando seu editor Gallimard lhe pediu para escrever um prefácio para uma edição das obras reunidas de Genet.[33] Mas o prefácio cresceu tanto que ficou com setecentas páginas. Em vez de ter um acesso de fúria e atirar o manuscrito no cocuruto de Sartre, Gallimard concordou em publicá-lo como um livro à parte, com um título que destacava o tema da transfiguração — *Saint Genet: Ator e mártir*. A decisão se demonstrou acertada: era, em igual medida, um ensaio filosófico e uma obra biográfica. Sartre utilizou elementos de análise marxistas, mas abordou a vida de Genet principalmente como forma de demonstrar sua teoria de que "somente a liberdade pode explicar uma pessoa em sua totalidade".[34]

Agindo assim, ele interpretou Genet sobretudo como *escritor*, que assumia o controle das contingências de sua vida escrevendo sobre elas. Mas, indagava Sartre, de onde Genet tirou essa capacidade de transformar os acontecimentos de sua vida em arte? Houve um momento definido em que Genet, sofrendo na infância desprezo e violência, abandonado pela mãe solteira e recolhido por um orfanato, começou a se tornar poeta?

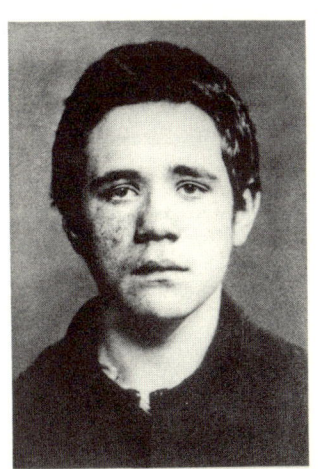

Sartre encontrou o momento que procurava num episódio que ocorreu quando Genet tinha dez anos e morava num lar adotivo. O que se esperava era que um menino desses se mostrasse humilde e agradecido, mas Genet não atendeu às expectativas e mostrou sua revolta roubando pequenos objetos da família e dos vizinhos. Um dia, ele estava enfiando a mão numa gaveta quando alguém da família foi até ele e gritou: "Você é um ladrão!".³⁵ Na interpretação de Sartre, o garoto Genet se cristalizou no olhar do Outro: tornou-se um objeto ao qual se colou um rótulo pejorativo. Em vez de se sentir envergonhado, Genet aceitou o rótulo e mudou seu significado, adotando-o para si.³⁶ Você me chama de ladrão? Pois bem, vou ser mesmo um ladrão!

Adotando o rótulo de identificação dado pela outra pessoa como substituto para seu eu não consciente de si, Genet praticava a mesma contorção psicológica que Beauvoir observara nas mulheres.³⁷ Ela julgava que isso impunha uma pressão sobre as mulheres ao longo de toda a vida, tornando-as hesitantes e inseguras. Mas, para Sartre, Genet executava aquela manobra em atitude de desafio, invertendo o efeito: em vez de subjugá-lo, sua alienação lhe dava uma saída. A partir daí, ele *possuía* sua identidade pária de ladrão, vagabundo, homossexual e michê. Assumiu o controle de sua opressão invertendo-a, e seus livros extraem seu vigor dessa inversão. Os elementos mais degradantes da experiência de Genet — fezes, fluidos corporais, fedores, encarceramento, sexo violento — tornam-se, segundo ele, sublimes.³⁸ Os livros de Genet transformam excrementos em flores, celas de prisão em templos sagrados, os prisioneiros mais facínoras nos objetos de maior ternura. É por isso que Sartre o chama de santo: tal como um santo transfigura o sofrimento em santidade, Genet transfigura a opressão em liberdade.

Sartre intuiu tudo isso basicamente porque estava pensando em sua própria vida, pelo menos tanto quanto na de Genet. Sua infância burguesa tinha pouco em comum com a de Genet, mas ele também passara por momentos difíceis. Quando sua família se mudou para La Rochelle, Sartre, então com doze anos, teve de enfrentar um padrasto que o intimidava e uma escola brutal onde os outros meninos batiam nele, chamavam-no de pária e zombavam de sua feiura. Em sua desgraça, Sartre se decidiu por um gesto ritual que, imaginava ele, serviria para incorporar em si a violência dos garotos e voltá-la contra eles mesmos. Roubou uns trocados da bolsa da mãe e comprou doces para seus torturadores.³⁹ Parece uma forma engraçada de violência — dependendo do que fossem os doces. Mas, para Sartre, funcionou como um passe de mágica. Foi uma transformação: seus atormentadores lhe haviam tomado suas posses, e assim agora ele lhes dava alguma coisa. Por meio do roubo e dos presentes à la Genet, o menino Sartre redefiniu a situação em seus próprios termos e extraiu dali uma espécie de obra de arte. Depois disso, como contou a Beauvoir numa conversa posterior, deixou de ser alguém "que pudessem perseguir". Interessante notar que, até o final da vida, ele continuou a presentear os outros de uma maneira quase compulsiva.

Como Genet, Sartre também dispunha de uma forma mais potente de assumir o controle: escrevia livros. Para ambos, ser escritor significava dar às contingências do mundo a qualidade "necessária" da arte, assim como a cantora em *A náusea* converte o caos do ser em necessidade dotada de beleza. Todas as biografias de Sartre giram em torno desse mesmo tema. Em seu estudo sobre Baudelaire, de 1947,[40] ele nos apresenta o jovem poeta molestado na escola, mas transformando suas desgraças em literatura. O mesmo se dá em *As palavras*, que Sartre começou a escrever no ano seguinte à publicação de *Saint Genet*, em 1953. Sua questão central, como disse numa entrevista posterior, era: "Como um homem vem a ser alguém que escreve, que quer falar do imaginário?".[41] *As palavras* foi sua tentativa de descobrir o que leva um menino como ele mesmo a cair na "neurose da literatura".

De fato, quando escrevia *As palavras*, Sartre estava preocupado que houvesse algo ideologicamente errado com essa análise da liberdade e da autodeterminação como modos de ser vivenciados mais plenamente pelos escritores.[42] Será que a pessoa devia mesmo passar a vida tentando assumir o controle da existência apenas por meio da arte? Isso não é ceder aos próprios caprichos? Talvez fosse melhor usar as energias de outra maneira — marchando ao lado do proletariado a serviço da revolução. Trabalhando em *As palavras*, Sartre recheou o texto com joviais ironias a respeito de si mesmo — e com isso ela é, de longe, uma de suas obras mais divertidas. A seguir, ele declarou que *As palavras* representava seu "adeus à literatura".[43]

Mas essa despedida de Sartre nunca veio a ser o tipo de adeus à literatura que consistia em *parar* de escrever, como fizera Rimbaud. Como se viu depois, significava escrever cada vez mais, num frenesi sempre maior, deixando de lado a tarefa de revisar e dar uma forma mais cuidadosa a seus pensamentos. *As palavras* foi, acima de tudo, o adeus de Sartre ao polimento e acabamento cuidadoso — processo que devia estar se tornando mais difícil para ele, com a deterioração de sua capacidade de enxergar. Sartre fez com que soasse como uma renúncia virtuosa, mas, do ponto de vista dos leitores, mais parece uma declaração de guerra.

A fase seguinte da carreira de biógrafo levou Sartre à obra que ele pensava que seria sua maior realização no gênero, mas que, pelo contrário, é um dos livros mais impossíveis do mundo. *O idiota da família* é uma biografia em vários volumes de Gustave Flaubert, em que Sartre deu prioridade — como antes — à questão do que leva um escritor a se tornar escritor. Mas ele adotou outra abordagem. Rastreou a escrita de Flaubert até sua infância numa família burguesa que o desqualificara como "idiota", devido à sua tendência de fitar demoradamente o vazio, devaneando ou parecendo não pensar em nada.[44] Ao rotulá-lo de "idiota" — típico gesto burguês de exclusão —, a família o eliminou do convívio social normal. Sartre compara o pequeno Flaubert a um animal doméstico,[45] em parte integrante, em parte separado da cultura humana e assombrado pelo que lhe escapa.

O que lhe falta é, acima de tudo, o afeto familiar, que o teria levado ao âmbito do plenamente humano. Em vez disso, Flaubert fica entregue ao que Sartre chama de "abundância acre, vegetativa de seus próprios fluidos, do eu. Cogumelo: organismo elementar, passivo, enleado, escoando-se em abjeta plenitude".[46] Largado no torrão de cogumelos da alma, ele fica desorientado em relação à sua consciência e aos limites entre o eu e o outro. Sentindo-se "supérfluo", Flaubert não sabe qual o papel que se espera dele no mundo. Disso deriva seu "questionamento perpétuo"[47] e o fascínio pelas fímbrias da experiência consciente. Como disse Sartre a um entrevistador que lhe perguntou por que quis escrever sobre Flaubert, foi por causa dessas fímbrias: "Com ele estou no limiar, na fronteira dos sonhos".[48]

O projeto também levou a escrita do próprio Sartre ao limiar — o limiar do sentido. Ele entretece uma interpretação hegeliana e uma interpretação marxista da vida de Flaubert, com grande ênfase sobre o social e o econômico, mas também inclui uma noção do inconsciente de tipo freudiano. Usa com frequência a expressão *"le vécu"*, "o vivido". Beauvoir e outros também usavam o termo, mas nas mãos de Sartre ele se torna quase um substituto de "consciência". Designa o campo em que um escritor como Flaubert consegue entender a si mesmo sem ser plenamente transparente a si — ou, como diz Sartre, em que "a consciência prega a peça de se determinar pelo esquecimento".[49] É uma ideia ao mesmo tempo sedutora e difícil. Talvez a melhor maneira de formulá-la seja dizer que *O idiota da família* é a tentativa de Sartre de mostrar como um escritor se torna escritor sem jamais se tornar plenamente consciente.

O próprio Sartre lutava para dar andamento ao imenso projeto. Começou a escrevê-lo em 1954, mas sua disposição definhou e ele deixou o manuscrito de lado por um bom tempo; depois, arregaçou as mangas e pôs mãos à obra outra vez, terminando rapidamente os três volumes, que saíram em 1971 e 1972.[50] O total resultou em atordoantes 2800 páginas, ou seja, cerca de 2 mil páginas a mais do que se esperaria da mais alentada das biografias. Mesmo então, ainda não terminara: a obra chegava apenas até a redação de *Madame Bovary*. Havia planos para um quarto volume, mas nunca se concretizaram. Com isso, a biografia fica insatisfatória, mas o problema maior é que os volumes lançados são quase totalmente ilegíveis.

Pelo menos uma pessoa gostou. Simone de Beauvoir leu o rascunho, como fazia com todos os livros de Sartre. Leu e releu *várias vezes*. Então escreveu em suas memórias:

> Não sei quantas vezes percorri *O idiota da família*, lendo longos trechos fora da sequência e debatendo com Sartre. Reli-o outra vez da primeira à última página durante o verão de 1971 em Roma, lendo-o por horas a fio. Nunca nenhum outro livro de Sartre jamais me pareceu tão prazeroso.[51]

Quem me dera enxergar o que Beauvoir enxergou. Tentei — raras vezes comecei um livro com tanta *vontade* de gostar dele, mas meus desejos foram frustrados. Fico assombrada com a proeza da tradutora, Carol Cosman, que passou treze anos vertendo meticulosamente a obra integral para o inglês.[52] Já Sartre não me espanta tanto, pois ele havia decidido explicitamente que a própria natureza do projeto excluía revisões, polimentos ou qualquer esforço de dar maior clareza ao texto.

Mas o livro tem lá seus momentos. De vez em quando, alguns súbitos clarões incidem naquela sopa primordial, embora nunca cheguem a lhe dar vida, e não há como encontrá-los a não ser nos arrastando penosamente por aquele lamaçal enquanto aguentarmos.

Num desses momentos, Sartre está falando do poder do olhar e relembra uma cena a que esteve presente, quando algumas pessoas conversavam sobre um cachorro — uma variante da cena no campo de prisioneiros que Levinas descreveu, onde o cão olhava os humanos com grande alegria. Dessa vez, são as pessoas que olham o cão, o qual percebe que estão prestando atenção nele, mas não entende a razão. Fica confuso e agitado, ergue-se nas patas traseiras, pula nelas, para, gane e então late. Como escreveu Sartre, ele parece estar "sentindo na própria pele a estranha mistificação recíproca que é a relação entre homem e animal".[53]

Raramente Sartre concede a outros animais a honra de reconhecer suas formas de consciência. Até aqui, situara implicitamente todos eles no âmbito do "em-si", junto com árvores e placas de concreto. Mas agora parece ter mudado de ideia. Os animais podem não ser plenamente conscientes — mas talvez nem os humanos o sejam, e pode ser isso o que Sartre quer dizer ao nos conduzir ao limiar dos sonhos.

O interesse de Sartre pelo inconsciente ou pelo estado semiconsciente de seus objetos de estudo havia se desenvolvido muito antes do livro sobre Flaubert. Perto do final de *O ser e o nada*, ele explorava a ideia de que nossas vidas podem se dispor em torno de projetos genuinamente nossos, mas que não entendemos inteiramente. E também defendia uma nova prática psicanalítica de tipo existencialista, que se basearia na liberdade e no estar no mundo.[54] Sartre nunca aceitou a concepção freudiana da psique disposta em camadas, sobrepondo-se desde o inconsciente, como se houvesse um depósito de lava ou um sedimento geológico a se estudar; também não concordava com a primazia do sexo. Mas mostrava de fato um interesse crescente pelas zonas mais impenetráveis da vida e por nossas motivações misteriosas. Tinha especial interesse pela forma como Freud — tal qual ele mesmo — modificara e refinara suas ideias à medida que avançava. Freud era um pensador na mesma escala monumental do próprio Sartre, e Sartre respeitava isso — e claro que também era, acima de tudo, um escritor.

Em 1958, Sartre teve a oportunidade de explorar a vida de Freud com mais detalhes, quando John Huston lhe encomendou um roteiro para um filme sobre ele.[55] Sartre aceitou a proposta em parte por necessidade financeira: ficara sem dinheiro depois de pagar um imposto altíssimo. Mas, depois de concordar, ele se lançou ao trabalho com a costumeira energia e escreveu um roteiro que daria um filme de sete horas de duração.

Huston não queria um filme desse tamanho; assim, convidou Sartre para ficar em sua casa na Irlanda e trabalhar com ele para cortar algumas passagens.

O convidado parecia um tufão, falando sem parar num francês rápido que Huston mal conseguia acompanhar. Às vezes, ao sair da sala, Huston ouvia Sartre ainda matraqueando sem interrupção, como se nem tivesse notado a saída do interlocutor. Na verdade, Sartre ficou igualmente perplexo com a conduta de seu anfitrião. Como escreveu a Beauvoir: "De repente, no meio da discussão, ele desaparece. Com muita sorte surge outra vez antes do almoço ou do jantar".[56]

Sartre, obediente, cortou algumas cenas, mas, enquanto escrevia a nova versão, não resistia a substituí-las por novas cenas e a ampliar outras já existentes. Apresentou a Huston um roteiro que, em vez de sete, daria oito horas de duração. Huston então dispensou Sartre e pegou dois de seus roteiristas habituais para escrever um filme muito mais convencional, que foi devidamente lançado em 1962 com Montgomery Clift no papel de Freud. O nome de Sartre — ao que parece, por solicitação sua — nunca apareceu nos créditos. Muito depois, saiu a edição de seu roteiro em suas múltiplas versões, de modo que (se quisermos) podemos examinar todas as variantes e refletir sobre essas outras contribuições heterodoxas de Sartre à biografia literária.

Flaubert, Baudelaire, Mallarmé e Freud não podiam reagir às interpretações sartrianas, mas Genet podia. Sua reação foi ambígua. Sartre gostava de contar que Genet primeiro jogou o manuscrito na lareira e então o tirou dali correndo, logo antes que pegasse fogo — o que pode ser verdade ou não.[57] Genet de fato comentou com Jean Cocteau que tinha se irritado ao ver que Sartre o transformara numa "estátua".[58] Sartre certamente percebeu a ironia de redigir um estudo interpretativo sobre um homem que se recusava a aceitar o olhar interpretativo dos outros. Para Genet, o escritor automitologizador, era esquisito se tornar tema de outro escritor; estava mais acostumado a ser ele a empunhar a caneta e sentiu "nojo" ao ser despido de seu disfarce artístico.

Por outro lado, Genet também ficou lisonjeado por ser objeto de tanta atenção, e para isso contribuiu o fato de gostar de Sartre. Depois de comentar que ficara enojado, Genet disse ao mesmo entrevistador: "É muito agradável passar tempo com um sujeito que entende tudo e ri em vez de julgar [...]. É uma pessoa extremamente sensível. Dez ou quinze anos atrás, vi Sartre corar algumas vezes. E Sartre corando é um encanto".[59]

Outro grande ponto de divergência entre os dois se referia à homossexualidade de Genet.[60] Para Sartre, ela fazia parte da reação criativa de Genet ao rótulo de pária — portanto, uma livre escolha da condição de marginalidade e oposição. Para Genet, pelo contrário, era um dado de fato, como ter olhos verdes ou castanhos.[61] Ele discutiu com Sartre a esse respeito, mas Sartre foi inflexível. Em *Saint Genet*, chegou ao descaramento de comentar a opinião mais essencialista de Genet: "Nisso não podemos segui-lo".[62]

Atualmente, muitos defendem a posição de Genet contra a de Sartre, considerando que, quaisquer que sejam os outros fatores presentes, algumas pessoas simplesmente *são* homossexuais ou, pelo menos, têm uma forte tendência para esse lado. Sartre parecia achar que, se não escolhemos integralmente nossa sexualidade, não somos livres. Mas, devolvendo-lhe suas próprias palavras, "nisso não podemos segui-lo" — pelo menos eu não. Por que a orientação sexual não há de ser como outras qualidades basicamente inatas, como sermos altos ou baixos — ou extrovertidos ou introvertidos, aventureiros ou cautelosos, altruístas ou egocêntricos? Essas tendências parecem congênitas, pelo menos em parte, e apesar disso, nos termos da filosofia sartriana, não nos tolhem a liberdade. Simplesmente compõem nossa situação — e o existencialismo é sempre uma filosofia da liberdade *em situação*.

Beauvoir parecia mais sensível do que Sartre a essas sutis zonas intermediárias na vida humana. *O segundo sexo* era quase totalmente ocupado pelo complexo território onde a livre escolha, a biologia e os fatores sociais e culturais se encontram e se entretecem para criar um ser humano que aos poucos define seus traços, à medida que a vida avança. Além disso, ela explorara esse território de forma mais direta num breve ensaio de 1947, *Por uma moral da ambiguidade*.[63] Nele, defendia que a questão da relação entre nossas limitações físicas e a afirmação de nossa liberdade não constitui um "problema" exigindo solução. É simplesmente como os seres humanos são. Nossa condição é sermos ambíguos em nosso próprio cerne, e nossa tarefa consiste não em banir, mas em aprender a controlar o movimento e a incerteza em nossa existência.

Beauvoir se apressa em acrescentar que nem por isso crê que deveríamos desistir e recair numa imperturbável aceitação sisifiana de um destino e um fluxo cósmico. A condição humana ambígua significa *tentar* incansavelmente assumir o controle das coisas. Temos de fazer ao mesmo tempo duas coisas quase impossíveis: entendermo-nos como seres limitados pelas circunstâncias e, mesmo assim, continuar a perseguir nossos projetos como se realmente tivéssemos controle da situação. Para Beauvoir, o existencialismo é a filosofia que melhor nos capacita para tanto, pois está profundamente envolvida tanto com a liberdade quanto com a contingência. Ela reconhece o escopo radical e aterrorizante de nossa liberdade na vida, mas reconhece também as influências concretas que outras filosofias tendem a ignorar: a história, o corpo, as relações sociais e o ambiente.

O breve esboço dessas ideias em *Por uma moral da ambiguidade* é uma das tentativas mais interessantes que conheço de descrever a estranha mescla de improbabilidades que constitui os seres humanos. Foi ali que Beauvoir estabeleceu pela primeira vez os alicerces de *O segundo sexo* e de toda a sua visão da vida como romancista. Mas, infelizmente, mais tarde ela rejeitou algumas partes do ensaio que não se enquadravam em sua teoria social marxista. "Eu estava errada ao pensar que poderia definir uma moral independente do contexto social", escreveu ela humildemente.[64] Mas talvez não precisemos segui-la nisso.

10
O filósofo dançarino

*Em que Merleau-Ponty tem
um capítulo todo seu.*

Havia um pensador no círculo de Beauvoir que abraçava a mesma concepção da ambiguidade da condição humana: seu velho amigo Maurice Merleau-Ponty — aquele que, quando ambos tinham dezenove anos de idade, despertara a irritação de Beauvoir devido à sua tendência de enxergar os vários lados das coisas, numa época em que ela era dada a juízos rápidos e firmes.[1] Os dois haviam mudado desde aquela época. Beauvoir ainda podia ser de opiniões fortes, mas se tornara mais sensível às contradições e complexidades. Merleau-Ponty passara a guerra tentando adotar atitudes intransigentes, o que contrariava sua índole. Adotou uma posição pró-soviética dogmática, que manteve por vários anos após a guerra antes de abandoná-la drasticamente. Muitas vezes mudava suas concepções dessa maneira, quando suas reflexões o levavam a novos rumos. Mas sempre se manteve fenomenólogo, devotado à tarefa de descrever a experiência com o máximo possível de precisão e proximidade. Procedeu de uma maneira tão interessante que merece um (breve) capítulo neste livro, inteiramente dedicado a ele.

Já o vimos antes, em sua infância feliz. Depois disso, seguiu uma carreira acadêmica convencional, enquanto Beauvoir e Sartre se tornavam celebridades da mídia. Não havia fotógrafos nem fãs americanos correndo atrás de Merleau-Ponty na Rive Gauche. Os jornalistas não lhe perguntavam sobre sua vida sexual — o que é uma pena, pois teriam desencavado algumas histórias interessantes. Enquanto isso, Merleau-Ponty se convertia silenciosamente no pensador mais revolucionário entre todos eles, como ficou claro com a publicação de sua obra-prima de 1945, *A fenomenologia da percepção*. Ele continua a ser uma figura importante na filosofia moderna, bem como em campos correlatos como a psicologia cognitiva. A melhor síntese de sua concepção da vida humana se encontra nestas breves observações, no final de *A fenomenologia da percepção*:

> Sou uma estrutura psicológica e histórica. Recebi com a existência uma maneira de existir, um estilo. Todas as minhas ações e meus pensamentos estão em relação com essa estrutura, e mesmo o pensamento de um filósofo não é senão uma maneira de explicitar sua tomada no mundo, aquilo que ele é. E no entanto sou livre, não apesar ou aquém dessas motivações, mas por meio delas. Pois essa vida significante, essa certa significação da natureza e da história que eu sou, não limita meu acesso ao mundo; pelo contrário, ela é meu meio de me comunicar com ele.[2]

Isso merece uma segunda leitura. Os aspectos de nossa existência que nos limitam, diz Merleau-Ponty, são os mesmos que nos ligam ao mundo e nos dão o espaço de ação e percepção. Fazem-nos o que somos. Sartre reconhecia a necessidade desse intercâmbio, mas parecia-lhe mais doloroso de aceitar. Nele, tudo ansiava por ser livre de vínculos, de impedimentos, de limitações e de coisas viscosas e aderentes. Heidegger também reconhecia a limitação, mas foi em busca de uma espécie de divindade em sua mitologização do Ser. Merleau-Ponty, pelo contrário, entendia com toda a tranquilidade que existimos apenas com concessões ao mundo — e que isso está bem. A questão não é combater esse fato ou inflá-lo com uma excessiva significação, mas observar e entender claramente como se dá tal conciliação.

Sua própria carreira era um estudo de caso na arte da conciliação, equilibrando-se habilmente entre duas disciplinas amiúde consideradas rivais: a psicologia e a filosofia. Merleau-Ponty se esforçou em reuni-las, para o benefício de ambas. Assim, sua tese de doutorado em 1938 versava sobre a psicologia do comportamento, mas em 1945 ele se tornou professor de filosofia na Universidade de Lyon. Em 1949, assumiu a cátedra de psicologia e pedagogia na Sorbonne, sucedendo a Jean Piaget — mas a seguir, em 1952, tornou-se diretor de filosofia no Collège de France. Durante todas essas mudanças de papéis, ele deu a seus estudos psicológicos grande intensidade filosófica, enquanto construía sua filosofia com estudos de caso psicológicos e neurológicos, inclusive estudos dos efeitos de lesões cerebrais e outros traumas. Sua principal influência foi a teoria da Gestalt, uma corrente psicológica que investiga como a experiência nos chega como um todo, e não como uma entrada de dados separados.

O que empolgava Merleau-Ponty em tudo isso não era o discurso existencialista da angústia e da autenticidade. Era um conjunto mais simples de questões — que se demonstram nada simples. O que acontece quando pegamos uma xícara num café ou bebericamos nosso coquetel ouvindo o bulício em nosso redor? O que significa escrever com uma caneta ou passar por uma porta? São ações quase impossíveis de descrever ou entender inteiramente — e, no entanto, geralmente executamos essas ações com a maior das facilidades, dia após dia. Este é o verdadeiro mistério da existência.

Em *A fenomenologia da percepção*, Merleau-Ponty parte da noção husserliana de que devemos filosofar a partir de nossa própria experiência dos fenômenos, mas acrescenta o aspecto óbvio de que essa experiência nos vem por meio de nossos corpos sensíveis, móveis, perceptivos. Mesmo quando pensamos numa coisa ausente, nossa mente constrói essa coisa imaginária com cores, formas, sabores, cheiros, sons e características táteis. No pensamento abstrato, recorremos analogamente a imagens ou metáforas físicas — como quando dizemos que uma ideia é vigorosa ou que uma discussão é acalorada. Somos sensoriais mesmo quando estamos sendo altamente filosóficos.[3]

Mas Merleau-Ponty também seguia Husserl e a psicologia da Gestalt ao nos lembrar que raramente temos essas experiências sensoriais "cruas". Os fenômenos nos chegam já moldados pelas interpretações, pelos significados e pelas expectativas com que vamos apreendê-los, baseados na experiência prévia e no contexto geral desse contato. Percebemos uma forma arredondada colorida *já como* um saquinho de balas, e não como um conjunto de ângulos, cores e sombras que precisa ser decodificado e identificado. As pessoas que vemos correndo num campo *são* um time de futebol. É por isso que caímos nas ilusões de óptica: já enxergamos um diagrama como determinada forma esperada, antes de olhar outra vez e perceber que fomos enganados. É também por isso que o borrão de tinta do teste de Rorschach nos aparece como imagem de alguma coisa, e não como um desenho sem sentido.

É claro que temos de aprender essa habilidade de interpretar e antecipar o mundo, o que se dá no começo da infância. Por isso mesmo, Merleau-Ponty pensava que a psicologia infantil era essencial para a filosofia. Esta é uma percepção extraordinária. Antes dele e à exceção de Rousseau, pouquíssimos filósofos haviam levado a infância a sério; em sua maioria, escreviam como se toda a experiência humana fosse a de um adulto plenamente consciente, racional e verbal que tivesse caído do céu aqui na Terra — talvez trazido por uma cegonha. A infância tem papel de relevo em *O segundo sexo* de Beauvoir e nas biografias de Sartre; Sartre escreveu em seu livro sobre Flaubert que "todos nós estamos discutindo constantemente a criança que fomos e somos".[4] Mas seus tratados estritamente filosóficos não dão à infância a prioridade que Merleau-Ponty dava.

Para ele, não podemos entender nossa experiência se não pensamos em nós mesmos, ao menos em parte, como bebês crescidos. Caímos em ilusões de óptica porque antes *aprendemos* a ver o mundo em termos de formas, objetos e coisas relacionadas a nossos interesses. Nossas primeiras percepções nos chegaram junto com nossas primeiras experimentações ativas, observando o mundo e tentando explorá-lo, e ainda estamos ligados a essas experiências. Aprendemos a reconhecer um saquinho de balas ao mesmo tempo que aprendemos como é gostoso devorar seu conteúdo. Depois de alguns anos de vida, a visão dos doces, o impulso de pegá-los, a salivação prévia, a avidez e a frustração se nos mandarem parar, a alegria do papel de embrulho estalando, as cores brilhantes das balas captando a luz, tudo faz parte do conjunto. Quando Simone de Beauvoir na infância queria "mastigar as amendoeiras em flor e morder bocados do caramelo irisado do pôr do sol", era porque sua mente em desenvolvimento já constituía um torvelinho sinestésico de apetite e experiência. A percepção permanece assim, com todos os sentidos operando juntos, holisticamente. "Vemos" a fragilidade e a lisura de uma vidraça ou a maciez de um cobertor de lã. Como escreve Merleau-Ponty: "No movimento do galho de onde um passarinho acaba de levantar voo, lemos sua flexibilidade e sua elasticidade".[5]

Ao mesmo tempo, a percepção está ligada a nossos movimentos no mundo: tocamos, pegamos, interagimos com as coisas para entendê-las. Para descobrir a textura de um tecido, esfregamos o material entre os dedos num gesto experiente. Mesmo nossos olhos se movem de maneira constante, raramente captando alguma coisa num único olhar fixo. E, a menos que nos falte a visão de um dos olhos, como Sartre, avaliamos a distância olhando estereoscopicamente.[6] Os olhos trabalham juntos, calibrando os ângulos — mas não "vemos" esses cálculos. O que vemos é o objeto ali adiante: a coisa mesma. Raramente paramos e refletimos que ele é parcialmente constituído por nosso próprio olhar móvel e nossa maneira de prestar atenção ou nos dirigir às coisas.

Nossas percepções também tendem a vir acompanhadas por aquele estranho sentido chamado "propriocepção"[7] — o sentido que nos diz se estamos de pernas cruzadas ou com a cabeça erguida de lado. Meu corpo não é um objeto como os outros; sou eu. Se me sento para tricotar, diz Merleau-Ponty, talvez precise procurar minhas agulhas de tricô, mas não procuro minhas mãos e dedos.[8] E se apoio o braço na mesa, "jamais pensarei em dizer que ele está *ao lado* do cinzeiro da mesma forma como o cinzeiro está ao lado do telefone".[9] Nossa propriocepção é refinadamente sensível e complexa:

> Se estou de pé diante de minha escrivaninha e me apoio nela com as duas mãos, apenas minhas mãos se destacam e todo meu corpo vem atrás delas como a cauda de um cometa. Não que eu não tenha consciência de onde estão meus ombros ou

minha cintura; mas essa consciência está envolvida na consciência de minhas mãos, e toda a minha postura se lê, por assim dizer, no apoio que tomam sobre a mesa. Se estou de pé e seguro meu cachimbo na mão fechada, a posição de minha mão não é determinada discursivamente pelo ângulo que ela forma com meu antebraço, meu antebraço com meu braço, meu braço com meu tronco, meu tronco, por fim, com o chão. Sei onde está meu cachimbo com um saber absoluto, e a partir disso sei onde está minha mão e onde está meu corpo.[10]

A propriocepção também pode operar através de extensões de mim mesma. Se sei dirigir um carro, desenvolvo uma noção do espaço que ele ocupa e do espaço por onde ele consegue passar, sem precisar sair e medir a cada vez. Ele começa a parecer uma parte de mim, e não uma máquina externa controlada por rodas e pedais. Minhas roupas ou as coisas que carrego junto comigo se tornam *eu*: "Sem nenhum cálculo explícito, uma mulher conserva uma distância segura entre a pluma de seu chapéu e os objetos que poderiam danificá-la; ela sente onde está a pluma, assim como sentimos onde está nossa mão".[11]

Normalmente, nem nos apercebemos de todas essas maravilhas, que parecem a coisa mais natural do mundo; mas, quando dão errado, elas revelam muito sobre o funcionamento da experiência comum. Merleau-Ponty leu estudos de casos na área, sobretudo os referentes a um homem chamado Johann Schneider, o qual, após sofrer uma lesão cerebral, não conseguia sentir em que posição estavam seus membros nem, se colocássemos nossa mão em seu braço, onde estávamos tocando.[12] Outros estudos se referiam às experiências de indivíduos que haviam sofrido amputação e tinham sensações "fantasmagóricas" incômodas no lugar do membro amputado — formigamento, dor ou apenas a simples sensação de ter um braço ou uma perna onde não havia nada.[13] Em tempos mais recentes, essas sensações têm sido exorcizadas utilizando dados fornecidos por outros sentidos: um amputado "move" seu membro fantasma observando no espelho o outro membro ao lado, e isso às vezes ajuda a eliminar a ilusão. Oliver Sacks, que relatou em *Com uma perna só* o distúrbio que sofreu em sua propriocepção da perna após uma lesão, em outra parte experimentou truques simples com óculos de vídeo e braços de borracha para criar a sensação de que tinha um terceiro braço[14] ou mesmo que estava encarnado em alguma coisa no outro lado da sala. As experiências eram divertidas, mas a lesão da perna,[15] não: Sacks sentiu um enorme alívio quando sua propriocepção normal voltou e ele recuperou seu corpo todo. Foi como voltar a seu pleno eu, depois de ter sido obrigado a conviver com um "eu" que, em parte, era meramente abstrato ou cartesiano. Seu eu encarnado merleau-pontiano era muito mais *ele* mesmo.

Outro fator presente em tudo isso, segundo Merleau-Ponty, é nossa existência social: não podemos avançar sem os outros, ou não por muito tempo, e isso é especialmente necessário nos primeiros tempos da vida. Dessa forma, as especulações solipsistas sobre a realidade dos outros ficam ridículas: nunca sequer entraríamos em tal especulação se já não fôssemos constituídos por eles. Descartes bem que poderia dizer (mas não disse): "Penso, logo *os outros* existem". Crescemos na companhia de pessoas que brincam conosco, apontam as coisas, falam, ouvem e nos acostumam a ler emoções e movimentos; é assim que nos tornamos seres capazes, reflexivos, bem integrados. Merleau-Ponty manifestava especial interesse pela maneira como os bebês imitam os que estão em torno deles. Se você mordiscar de brincadeira os dedos de um bebê de quinze meses, escreveu ele, a reação do bebê é fazer seus próprios movimentos de morder, reproduzindo os seus.[16] (Talvez Merleau-Ponty tenha feito essa experiência com sua filha, que tinha mais ou menos essa idade na época em que ele trabalhava em *A fenomenologia da percepção*.)

Merleau-Ponty, de modo geral, pensa que a experiência humana só faz sentido se abandonamos o velho hábito da filosofia de começar por um eu adulto solitário, imóvel, encapsulado, isolado de seu corpo e do mundo, que então precisa ser religado outra vez — acrescentando cada elemento a seu redor como se se acrescentassem roupas numa boneca.[17] Para ele, ao contrário, saímos do útero para uma imersão igualmente densa e completa no mundo. Essa imersão se prolonga por toda a nossa vida, ainda que possamos também cultivar a arte de nos retirarmos parcialmente dele, de tempos em tempos, quando queremos pensar ou devanear.

Para Merleau-Ponty, a consciência nunca pode ser um "nada" radicalmente separado do ser, como Sartre propusera em *O ser e o nada*. Ele nem sequer a vê como uma "clareira", como Heidegger. Ao procurar uma metáfora pessoal para descrever como via a consciência, ele se saiu com uma imagem muito bonita: a consciência é como uma "dobra"[18] no mundo, como se alguém amarfanhasse um pedaço de tecido para formar um pequeno ninho ou concavidade. A dobra fica ali por algum tempo, antes de se desamassar e sumir.

Há algo sedutor e até erótico nessa ideia de meu eu consciente como uma cavidade improvisada no tecido do mundo. Ainda conservo minha privacidade — um lugarzinho para me recolher. Mas sou parte do tecido do mundo e, enquanto estiver aqui, sou formada por ele.

"A partir disso, elaborar uma ideia de filosofia"[19] — Merleau-Ponty escreveu às pressas para si mesmo, em anotações posteriores —, pois *A fenomenologia da percepção* era apenas o início de sua pesquisa. Escreveu muitas outras coisas, inclusive um texto inacabado, depois publicado como *O visível e o invisível*. Ali retomava a imagem de uma dobra de tecido, mas também experimentou outra imagem.

Foi a ideia da consciência como um "quiasma" ou "quiasmo". A palavra "quiasma" vem da letra grega *qui*, que se escreve X e significa exatamente essa forma de entrelaçamento cruzado. Em biologia, refere-se ao cruzamento de dois nervos ou ligamentos. Na linguagem, é o recurso retórico em que uma oração nega a outra invertendo as mesmas palavras, como quando John F. Kennedy disse: "Não pergunte o que seu país pode fazer por você, mas o que você pode fazer por seu país", ou quando Mae West falou: "Não são os homens em minha vida, é a vida em meus homens". A figura entrecruzada sugere duas mãos dadas ou um fio de lã fazendo uma volta para dar um ponto. Como disse Merleau-Ponty, "a tomada é tomada".[20]

Para ele, tal era a maneira perfeita de entender a ligação entre consciência e mundo. Uma se entrelaça ao outro, como elos entrecruzados. Assim, posso ver coisas no mundo, mas também posso *ser vista*, porque sou feita da mesma matéria do mundo. Quando encosto minha mão em alguma coisa, essa coisa também encosta em minha mão. Se assim não fosse, eu não veria nem tocaria em nada. Nunca olho o mundo de um lugar seguro, externo a ele, como um gato espiando um aquário. Encontro as coisas porque sou encontrável aos outros. Ele escreveu: "É como se nossa visão se formasse no centro do visível ou como se houvesse entre ele e nós uma intimidade tão próxima como entre o mar e a praia".[21]

A filosofia tradicional não tem nome para essa "visibilidade", diz Merleau-Ponty, e por isso ele usa a palavra "carne",[22] significando muito mais do que uma matéria física. A carne é o que compartilhamos com o mundo. "Ela é o enrolar do visível sobre o corpo vidente, do tangível sobre o corpo tocante." É porque sou carne que me movo e reajo às coisas ao observá-las. É o que me faz "*seguir com meus olhos* os movimentos e os contornos das coisas mesmas".[23]

Na época desses textos, Merleau-Ponty leva sua vontade de descrever a experiência aos limites extremos do que a linguagem pode transmitir. Assim como o Husserl ou o Heidegger da maturidade, ou como Sartre em seu livro sobre Flaubert, vemos um filósofo se afastando tanto para as margens que mal conseguimos acompanhá-lo. Emmanuel Levinas também procurou os extremos, tornando-se ao final incompreensível a todos, exceto para seus iniciados mais pacientes.

Com Merleau-Ponty, quanto mais ele avança no misterioso, mais se aproxima de coisas básicas da vida: o gesto de erguer um copo e beber, o movimento de um galho quando um pássaro levanta voo. É isso o que o espanta, e para ele não se trata de acabar com o enigma, "resolvendo-o". A tarefa do filósofo não é reduzir o misterioso a um conjunto de conceitos ordenados nem contemplá-lo num silêncio reverente. É seguir o primeiro imperativo fenomenológico: ir às coisas mesmas para descrevê-las, procurando "rigorosamente pôr em palavras aquilo que, em geral, não se formula por meio delas, aquilo que às vezes é considerado inexprimível".[24] Tal filosofia pode ser vista como uma forma de arte — uma maneira de fazer o que Merleau-Ponty pensava que Cézanne fazia em suas pinturas de cenas e objetos do cotidiano: tomar o mundo, renová-lo e devolvê-lo quase inalterado, salvo pelo fato de ter sido observado. Como disse ele a propósito de Cézanne, num belo ensaio: "Apenas uma emoção é possível para este pintor — o sentimento de estranheza — e apenas um lirismo — o do contínuo renascer da existência".[25] Em outro ensaio, ele comentou como o escritor renascentista Michel de Montaigne pôs "não uma compreensão satisfeita, e sim uma consciência espantada consigo mesma no cerne da existência humana".[26] Poderíamos dizer o mesmo em relação a Merleau-Ponty.

Quando Merleau-Ponty foi nomeado diretor de filosofia no Collège de France, em 1952, um jornalista de *L'Aurore* aproveitou a ocasião para caçoar do existencialismo, fazendo menção à sua popularidade entre a turma dos clubes de jazz: "É apenas uma forma cerebral de dançar o boogie-woogie".[27] Por acaso, Merleau-Ponty também tinha uma queda pelo boogie-woogie. Ao mesmo tempo que era o pensador mais eminente da Rive Gauche em termos acadêmicos, era também quem melhor dançava:[28] tanto Boris Vian quanto Juliette Gréco comentaram seus talentos.

O ritmo e o suingue de Merleau-Ponty iam a par de sua habitual cortesia e de sua grande desenvoltura. Ele gostava de boas roupas, mas não espalhafatosas; tinha predileção pelos ternos ingleses, numa época em que eram admirados pela alta qualidade. Trabalhava muito, mas todos os dias passava algumas horas nos cafés de Saint-Germain-des-Prés, perto de casa, sempre aparecendo ali para tomar o desjejum — geralmente depois das dez, pois não gostava de se levantar cedo.[29]

Além da vida noturna, era um homem de família devotado, com uma rotina doméstica muito diferente da de Sartre ou de Beauvoir. Tinha apenas uma filha, Marianne Merleau-Ponty, que agora relembra afetuosamente como o pai brincava, ria ou fazia caretas engraçadas para diverti-la quando era pequena. Às vezes é difícil ser filha de um filósofo: Marianne comenta como foi irritante quando um professor lhe disse, após um exame oral em que ela se atrapalhou num determinado tema: "A senhorita sabia que um certo Merleau-Ponty escreveu sobre essa questão?". Aquele nunca fora seu tema favorito, mas, quando teve de repetir a prova, o pai a ajudou com grande paciência e escreveu nos exemplares de seus livros uma dedicatória a "Marianne, sua filósofa favorita". Ele parecia ter mais vida do que outros filósofos, diz ela — mais *vivo* —, mas isso era porque vida e filosofia eram a mesma coisa para Merleau-Ponty.

Apesar das diversões e brincadeiras, ele conservava uma atitude mais ou menos esquiva, em grande contraste com a tendência direta e frontal de Sartre. Seu costume de sorrir calmamente perante os mais graves acontecimentos podia ser exasperador, como achava Simone de Beauvoir, mas também era atraente. Merleau-Ponty sabia que era cativante e era um notório flertador. Às vezes ia além do flerte. Segundo uma fofoca de terceiros que Sartre contou a Beauvoir numa carta, ele pegava meio pesado quando bebia demais e tentava a sorte com várias mulheres na mesma noite. Geralmente elas declinavam, disse Sartre — "não que não gostem dele, é só que ele é rápido demais".[30]

Embora seu casamento continuasse firme, Merleau-Ponty teve pelo menos um caso extraconjugal firme: foi com Sonia Brownell,[31] futura esposa de George Orwell. Conheceram-se em 1946, quando Sonia tentou encomendar um texto dele para a *Horizon*, revista cultural de Cyril Connolly em que ela trabalhava como editora assistente. Trocaram cartas entusiasmadas e começaram o romance logo depois do Natal de 1947, quando Merleau-Ponty foi a Londres passar uma semana com ela. Não foram dias muito tranquilos. Sonia tinha gênio inconstante, era mal-humorada e dada a explosões; provavelmente seus caprichos emocionais de início atraíram Merleau-Ponty; talvez Sonia até o lembrasse da antiga namorada, Elisabeth Le Coin, tão emotiva. Mas, pelas cartas dele, nota-se que a penosa surpresa deu lugar a um visível e definitivo arrefecimento de sua afeição. O caso finalmente se encerrou quando Sonia chegou a Paris certo dia, esperando encontrá-lo, e encontrou em vez disso um bilhete educado de Suzanne, a esposa de Merleau-Ponty, no hotel, informando-lhe que o marido fora para o sul da França. Não muito depois, em 13 de outubro de 1949, Sonia se casou com George Orwell, gravemente enfermo, em seu leito de hospital.

Mesmo antes desse relacionamento, Merleau-Ponty pensara em se mudar para a Inglaterra,[32] e pediu ao amigo A. J. Ayer que o ajudasse a conseguir um cargo na University College London. Não deu em nada. Mas ele gostava do país e falava e escrevia bem em inglês — embora, depois de escrever sua primeira carta para Sonia em inglês, tenham passado para o francês, pois a fluência dela era maior. Merleau-Ponty praticava o inglês preenchendo questionários em *Meet Yourself*,[33] um excêntrico manual de auxílio organizado em 1936 pelo príncipe Leopold Loewenstein Wertheim-Freudenberg e pelo romancista William Gerhardie. O livro deve ter falado ao interesse de Merleau-Ponty por psicologia, pois era destinado a fazer "uma radiografia" da personalidade do leitor, com uma enorme quantidade de perguntas hipertextuais oferecendo vários caminhos, dependendo das respostas da pessoa. Como Gerhardie era um escritor com sensibilidade muito peculiar, às vezes as perguntas do manual eram esquisitas: "Os filmes do Mickey Mouse ou outros desenhos animados desse gênero lhe causam medo?" ou "Já teve alguma vez a sensação de que o mundo ao seu redor ficou de repente irreal, parecendo um sonho? Não responda ainda. São sensações difíceis de descrever. São muito complexas, mas a principal característica é uma impressão estranha de ter perdido a identidade".[34]

Na verdade, Merleau-Ponty era quase o único no meio existencialista que *não* tendia a sofrer esses ataques de angústia ou estranheza. Era uma diferença importante entre ele e o neurótico Sartre. As lagostas não seguiam Merleau--Ponty na rua; ele não tinha medo de castanheiras; não era perseguido pela ideia de estar sendo observado pelos outros, que lhe cravavam um olhar crítico.

Pelo contrário, para ele, olhar e ser olhado é o que nos entrelaça no mundo e nos confere nossa plena humanidade. Sartre reconhecia esse entrelaçamento e também a importância do corpo, mas parecia ficar nervoso com isso. Há sempre uma espécie de *luta* na obra de Sartre — contra a facticidade, contra ser devorado pelas areias movediças do Ser, contra o poder do Outro. Merleau-Ponty não luta muito e parece não temer se dissolver no viscoso ou no vaporoso. Em *O visível e o invisível*, ele nos descreve encontros eróticos de uma maneira nada sartriana, comentando como um corpo abarca o outro no sentido do comprimento, "desenhando incansavelmente com suas mãos a estranha estátua que, por sua vez, dá tudo o que recebe, perdida fora do mundo e dos fins, fascinada pela única ocupação de flutuar no Ser com uma outra vida".[35]

Certa vez, Sartre comentou — ao falar de uma divergência que tiveram a propósito de Husserl, em 1941 — que "descobrimos, atônitos, que nossos conflitos às vezes brotavam de nossa infância ou remontavam às diferenças elementares entre nossos dois organismos".[36] Merleau-Ponty também disse numa entrevista que a obra de Sartre lhe parecia estranha, não por causa das diferenças filosóficas, mas devido a um determinado "registro do sentimento",[37] especialmente em *A náusea*, que ele não comungava. Era uma diferença de temperamento e da própria maneira como o mundo se apresentava a um e a outro.

O objetivo de ambos também era diferente. Quando Sartre escreve sobre o corpo ou outros aspectos da experiência, geralmente é para apontar outra questão. Ele evoca habilmente a elegância do garçom no café, deslizando entre as mesas, inclinando-se num ângulo *exatamente assim*, conduzindo a bandeja carregada de bebidas pelo ar, na ponta dos dedos — mas tudo isso para ilustrar suas ideias sobre a má-fé. Quando Merleau-Ponty escreve sobre um movimento hábil e gracioso, sua questão é o próprio movimento. É isso que ele quer entender.

Merleau-Ponty tinha ainda menos pontos em comum com Heidegger, afora a prioridade que ambos concediam ao Ser-no-mundo. Heidegger é bom em algumas experiências corporais, como martelar um prego, mas tem pouco a dizer sobre outros tipos de sensação física no corpo do Dasein. Evita campos ambíguos em geral. Sustenta que o significado do Ser do Dasein reside no Tempo, mas evita toda a questão do desenvolvimento. Não nos diz se pode haver um Dasein pequenino, começando a abrir sua primeira "clareira", ou um Dasein com Alzheimer avançado, para quem a floresta está se fechando. Quando trata de outros animais,[38] é para descartá-los como entes desinteressantes que não são capazes de criar seu próprio "mundo" ou têm apenas um mundo empobrecido. Richard Polt, estudioso de Heidegger, arrolou toda uma série de perguntas que Heidegger não faz: "Como o Dasein se desenvolveu? Quando um feto ou um recém-nascido ingressa na condição de Dasein? Quais as condições necessárias no cérebro para haver Dasein? Outras espécies podem ser Dasein? Podemos criar um Dasein artificial utilizando computadores?".[39] Heidegger evita essas zonas ambíguas porque as considera questões "ônticas",[40] merecedoras de atenção apenas por parte de disciplinas como a psicologia, a biologia e a antropologia — e não da excelsa filosofia.

Merleau-Ponty não faz tais distinções. O que mais o interessava eram as fímbrias e zonas de sombra da filosofia, e ele acolhia de boa vontade qualquer contribuição que os pesquisadores ônticos pudessem dar. Sua filosofia se baseava em seres humanos em transformação constante desde a infância; ele queria saber o que acontecia com a perda das faculdades, ou quando as pessoas sofriam danos e lesões. Ao dar prioridade à percepção, ao corpo, à vida social e ao desenvolvimento infantil, Merleau-Ponty reuniu os temas mais afastados da filosofia, colocando-os no centro de seu pensamento.[41]

Em sua aula inaugural no Collège de France em 15 de janeiro de 1953, publicada como *Elogio da filosofia*, ele declarou que os filósofos deviam se ocupar principalmente com o que há de ambíguo em nossa experiência. Deviam também pensar com clareza sobre essas ambiguidades, utilizando a razão e a ciência. Assim, disse: "O filósofo é marcado pelo traço distintivo de possuir *inseparavelmente* o gosto pela evidência e o senso da ambiguidade". É necessário um movimento constante entre ambos — uma espécie de embalo "que vai incessantemente do conhecimento à ignorância, da ignorância ao conhecimento".[42]

O que Merleau-Ponty descreve aqui é outra espécie de "quiasma" — um entrelaçamento em X, agora não entre consciência e mundo, mas entre conhecimento e indagação. Nunca passaremos definitivamente da ignorância à certeza, pois o fio do questionamento sempre nos levará de volta à ignorância. É a descrição mais atraente da filosofia que conheço, e o melhor argumento em favor dela, mesmo (ou principalmente) quando não nos faz avançar um milímetro sequer de nosso ponto de partida.

11
Croisés comme ça

*Em que os existencialistas brigam
sobre o futuro.*

Numa preleção de 1951, Merleau-Ponty observou que o século XX, mais do que qualquer outro século anterior, relembrara às pessoas como a vida era "contingente"¹ — como estavam à mercê dos acontecimentos históricos e de outras mudanças que escapavam a seu controle. Essa sensação se manteve por muito tempo após o final da guerra. Depois do lançamento das bombas em Hiroshima e Nagasaki, muitos receavam que a Terceira Guerra Mundial não tardaria, dessa vez entre a União Soviética e os Estados Unidos. A aliança das duas superpotências durante a guerra se desfizera quase instantaneamente; agora ficavam se encarando por cima de uma Europa Ocidental debilitada, empobrecida e insegura.

Se houvesse outra guerra, ela poderia destruir a civilização e até a própria vida no planeta. No começo, somente os Estados Unidos tinham a bomba atômica, mas sabia-se que havia espiões e engenheiros soviéticos trabalhando no problema, e logo as pessoas ficaram sabendo dos grandes perigos da radiação e da destruição ambiental. Como escreveu Sartre a respeito de Hiroshima, a humanidade agora conquistara o poder de acabar consigo mesma e precisava decidir diariamente se queria viver.² Camus também escreveu que a humanidade estava diante da tarefa de escolher entre o suicídio coletivo e um uso mais inteligente da tecnologia — "entre o inferno e a razão".³ Após 1945, parecia não existirem muitas razões para confiar no discernimento da humanidade.

Depois disso, cada novo teste com bombas elevava o nível de ansiedade. Quando os americanos explodiram uma bomba atômica mais poderosa em julho de 1946, Beauvoir ouviu um locutor na rádio dizendo que a explosão já desencadeara uma reação em cadeia, fazendo a matéria se desintegrar numa onda lenta que se espalhava pelo planeta.[4] Em poucas horas, desapareceria tudo da Terra. Isso sim *é* um nada no centro do ser. Depois, naquele mesmo ano, surgiram rumores de que os soviéticos planejavam deixar maletas cheias de poeira radiativa nas principais cidades americanas, com temporizadores programados para estourar os fechos e matar milhões de pessoas.[5] Sartre satirizou esse boato na peça *Nekrassov*, em 1956, mas na época a maioria das pessoas não sabia em que acreditar. A radiação era tanto mais aterrorizante por ser invisível e de fácil distribuição; a força do universo podia caber numa meia dúzia de maletas.

Mas, enquanto alguns temiam O Fim, outros tinham esperanças igualmente radicais de um novo início. Hölderlin dissera que "onde está o perigo, ali/ cresce também o que salva". Talvez, pensavam alguns, as recentes catástrofes da guerra trouxessem não o desastre, e sim uma transformação completa da vida humana, abolindo definitivamente as guerras e outros males.

Um dos desejos idealistas era que surgisse um governo mundial capaz de resolver conflitos, impor tratados de paz e tornar a guerra praticamente impossível. Camus era um desses esperançosos. Para ele, a lição imediata após Hiroshima era que a humanidade precisava desenvolver "uma verdadeira sociedade internacional, em que as grandes potências não terão direitos superiores sobre as nações pequenas e médias, em que tal arma definitiva será controlada pela inteligência humana e não pelos desejos e doutrinas de diversos Estados".[6] A ONU, em certa medida, atendeu a esses objetivos, mas nunca veio a ter a eficiência que se esperava.

Para outros, o caminho era o *American way of life*. Os Estados Unidos contavam com grandes reservas de gratidão e boa vontade na Europa após a guerra; consolidaram-nas no final dos anos 1940 com o Plano Marshall, despejando bilhões de dólares nos países europeus traumatizados para acelerar sua recuperação e manter o comunismo restrito às partes da Europa Central que a União Soviética já envolvera em seu abraço opressor. Os Estados Unidos chegaram a oferecer dinheiro à União Soviética e aos países de influência soviética, mas Moscou tomou as providências para que todos eles recusassem. Na Europa Ocidental, alguns achavam humilhante aceitar dinheiro americano, mas tiveram de admitir que era necessário.

Além dos internacionalistas e dos pró-americanos, outro grupo na Europa Ocidental do pós-guerra preferia depositar suas esperanças na União Soviética. Era, afinal, a única grande nação do mundo que realmente tentara implantar o grande ideal comunista para a humanidade — a perspectiva (em algum momento distante, depois de feita toda a faxina) de que os seres humanos acabariam definitivamente com a pobreza, a fome, a desigualdade, a guerra, a exploração, o fascismo e outros males, com uma simples medida de administração racional. Era a tentativa de transformar a condição humana mais ambiciosa de todos os tempos. Se falhasse da primeira vez, talvez nunca mais fosse possível tentar de novo, e assim parecia válido defendê-la a todo custo.

Aqui estamos falando de acontecimentos de apenas setenta anos atrás — o modesto tempo de uma vida —, mas para nós já ficou difícil entender como esse ideal veio a influenciar tão grande número de pessoas inteligentes e preparadas no Ocidente. Hoje em dia, a opinião corrente é que o comunismo nunca teria funcionado em mundo nenhum e, portanto, quem não tinha visto sua impossibilidade desde o começo não passava de um néscio. No entanto, para as pessoas que haviam atravessado as dificuldades dos anos 1930 e da Segunda Guerra, parecia uma ideia em que valia a pena acreditar, mesmo que fosse reconhecidamente improvável. Para elas, não era um mero sonho, daqueles de que a gente desperta com a vaga impressão de ter visto algo maravilhoso, mas impossível. Consideravam-no um objetivo prático, ainda que o caminho até ele fosse longo e difícil, com muitos contratempos no percurso.

Não era difícil enxergar esses contratempos. A lista daquelas belas e distantes metas comunistas encontrava equivalente numa lista igualmente longa de fatos terríveis: campos de trabalho, intimidações, prisões injustas, execuções, fome, escassez generalizada, falta de liberdade pessoal. O primeiro grande choque ocorrera nos anos 1930, quando surgiu a notícia dos julgamentos simulados de Moscou, em que membros do partido "confessavam" sabotagens ou conspirações antes de ser executados. Em 1946, surgiram mais informações, algumas por intermédio de um livro chamado *Escolhi a liberdade*, do dissidente soviético Victor Kravchenko. Quando o livro foi traduzido para o francês em 1947, o periódico *Les Lettres Françaises*, apoiado pelos comunistas, desqualificou a obra como invenção do governo americano. Os advogados de Kravchenko processaram a revista, e a ação foi julgada em Paris no começo de 1949, com testemunhas tecendo louvores à vida na União Soviética para desacreditar o autor. Tecnicamente, Kravchenko ganhou a ação, mas recebeu um franco de indenização por danos morais.[7] No ano seguinte, outro escritor processou *Les Lettres Françaises*: David Rousset, um sobrevivente de Buchenwald que fora atacado pelo periódico depois de pedir uma investigação dos campos soviéticos.[8] Também ganhou a ação. Os dois processos foram litigiosos, mas contribuíram muito para conscientizar o público de que a União Soviética não era o Paraíso da Classe Operária que dizia ser — ou, pelo menos, ainda não.

Mesmo então, muitos insistiam que a União Soviética era mais defensável do que o modelo ultracapitalista dos Estados Unidos. Estes também perderam parte do prestígio quando o governo, com seu extremo medo do comunismo, passou a perseguir qualquer organização vagamente esquerdista e a vigiar e incomodar os próprios cidadãos. Qualquer suspeito de ser "vermelho" corria o risco de ser demitido, incluído na lista negra, impedido de obter passaporte. Em 1951, o ingênuo casal Ethel e Julius Rosenberg foi condenado à morte por passar segredos atômicos aos russos. As execuções, realizadas em 1953, chocaram muita gente dentro e fora do país. Sartre lançou um artigo furibundo no jornal *Libération*.[9] Nos Estados Unidos, Hannah Arendt escreveu a Jaspers comentando seu receio de que tais incidentes fossem o prenúncio de uma catástrofe nacional, comparável à que se vira na Alemanha. "Uma estupidez inimaginável deve ter tomado conta dos Estados Unidos. Dá medo porque conhecemos isso."[10]

Se as duas grandes potências estavam aquém de seus ideais, talvez a única maneira de escolher entre uma e outra fosse avaliar quais os ideais valeria a pena *tentar* alcançar. Os esquerdistas achavam que, mesmo que os Estados Unidos representassem coisas boas como o jazz e a liberdade, também representavam a ganância pessoal desenfreada, o colonialismo econômico e a exploração dos trabalhadores. Pelo menos a possibilidade representada pela União Soviética era nobre; para tal objetivo, haveria alguma concessão moral que não valesse a pena fazer?

Setenta anos antes, em *Os irmãos Karamázov*, Dostoiévski resumira um dilema moral semelhante numa pergunta simples. Ivan Karamázov diz ao irmão Aliócha que se imagine dotado do poder de criar um mundo em que as pessoas tenham plena paz e felicidade pelo resto da história. Mas para isso, continua ele, você precisa agora torturar até a morte uma pequena criatura — digamos, aquele bebê ali. É uma variante inicial e radical do "problema do trem", em que se deve sacrificar uma pessoa para (assim se espera) salvar muitas. Então, você faria isso?, pergunta Ivan. A resposta de Aliócha é um não categórico. A seu ver, nada pode justificar que se torture um bebê, e ponto-final. Pesar as vantagens não altera a questão; algumas coisas não se medem nem se negociam.[11]

Nos anos 1940 em Paris, o escritor que seguia a posição de Aliócha era Albert Camus. Escreve ele em seu ensaio "Nem vítimas nem carrascos": "Jamais voltarei a ser um daqueles, sejam quem forem, que fazem concessões ao assassinato".[12] Qualquer que fosse o resultado, ele não apoiaria nenhuma justificativa formal da violência, sobretudo por parte do Estado. A partir daí, ateve-se a essa posição, mesmo nunca deixando de refletir sobre ela. Sua peça dostoievskiana de 1949, *Os justos*,[13] mostra um grupo de terroristas russos debatendo se podem ou não matar os circunstantes durante um assassinato político, na conta de danos colaterais. Camus deixa claro que isso lhe parece errado. Foi sua mesma posição quando as lutas pela independência tiveram início em seu país natal, a Argélia, em novembro de 1954. Os rebeldes plantavam bombas e matavam inocentes, enquanto as autoridades francesas infligiam torturas e execuções. Para Camus, nenhum dos lados tinha justificativa. As pessoas sempre farão coisas violentas, mas os filósofos e os servidores públicos têm o dever de não virem com desculpas para justificá-las. Devido a essa sua opinião, ele se tornou uma figura polêmica. Em 1957, numa conversa sobre sua premiação no Nobel de Literatura, pediram-lhe que explicasse por que não apoiava os rebeldes. Ele respondeu: "Agora andam pondo bombas nos bondes de Argel. Minha mãe poderia estar num desses bondes. Se isso é justiça, prefiro minha mãe".[14] Para Camus, não existia justificativa objetiva para as ações de nenhum dos lados, e assim seu único guia possível eram suas lealdades pessoais.

Sartre se aplicou em ver as coisas de outra maneira — pelo menos, foi o que veio a fazer. Em meados dos anos 1940, ainda podia parecer um Aliócha ou um Camus. Merleau-Ponty, em sua fase pró-soviética, perguntou-lhe o que ele faria se precisasse escolher entre duas ocorrências, uma que mataria trezentas pessoas e outra que mataria 3 mil. Que diferença havia, em termos filosóficos? Sartre respondeu que havia uma diferença aritmética, claro, mas não uma diferença filosófica, pois cada indivíduo é um universo infinito a seus próprios olhos e não há como comparar um infinito a outro. Nos dois casos, a calamidade de perder a vida era literalmente incalculável. Ao contar esse caso, Merleau-Ponty concluiu que Sartre, naquela época, falava como puro filósofo, sem adotar "a perspectiva dos chefes de governo".[15]

Mais tarde, Sartre e também Beauvoir se afastaram dessa posição e decidiram que era possível e até necessário pesar e medir as vidas de uma maneira judiciosa, e que Aliócha, com sua posição, fugia a tal dever. Passaram a achar que não fazer esse cálculo — contrapor um bebê agora a milhões de futuros bebês — era puro egoísmo ou simples melindre. Se agora o argumento parece ultrapassado, adotado apenas por sonhadores comunistas desvairados, seria bom lembrar que, hoje em dia, países aparentemente civilizados tentam justificar torturas, prisões, execuções e vigilâncias invasivas dessa mesma maneira, citando futuras ameaças não especificadas a um número não especificado de pessoas.

Sartre, Beauvoir e (por ora) Merleau-Ponty achavam que estavam sendo mais firmes e mais honestos do que Camus, pois enxergavam a necessidade de sujar as mãos — de novo, essa expressão favorita deles. Claro que o que sujava as mãos era o sangue de outras pessoas convenientemente muito distantes. Mas Sartre também insistia que, se fosse necessário, sacrificaria a si mesmo. Numa conferência de escritores em Veneza, em 1956, o poeta inglês Stephen Spender lhe perguntou o que ele preferiria, se fosse injustamente perseguido e encarcerado por um regime comunista. Iria querer que seus amigos fizessem uma campanha para sua libertação, se tal campanha arranhasse a credibilidade do comunismo e prejudicasse seu futuro? Ou aceitaria seu destino em nome do bem maior? Sartre refletiu por um instante e respondeu que rejeitaria a campanha. Spender não gostou da resposta: "Parece-me que a única boa causa sempre foi a de uma pessoa injustamente presa", disse ele. Este é o nó do problema, retrucou Sartre; talvez no mundo moderno a questão não seja mais "a injustiça contra uma pessoa".[16] Demorara um pouco até Sartre se livrar de seus escrúpulos e expor essa ideia chocante, mas ali estava ele em meados dos anos 1950.

A situação imaginária tratada por Sartre e Spender se assemelha ao enredo de *O zero e o infinito*, romance de Arthur Koestler, um ex-comunista que se tornara anticomunista. O romance, publicado em inglês em 1940 e em francês em 1946, era baseado no caso de Nikolai Bukharin, julgado e executado durante os expurgos soviéticos de 1938. Na versão romanceada de Koestler, Bukharin aparece como homem tão leal ao partido que assina uma confissão falsa e segue voluntariamente para a morte para o bem do Estado. Era uma interpretação crédula demais do processo verídico, visto que a confissão de Bukharin foi obtida sob coerção. Mas Koestler deu aos intelectuais um tema para debaterem: até que ponto pode chegar uma pessoa para defender o comunismo? Ele levantou outras questões semelhantes no ensaio *O iogue e o comissário*,[17] contrapondo a figura do "comissário", disposto a fazer qualquer coisa por um objetivo ideal remoto, e a figura do "iogue", que se atém à realidade presente.

Merleau-Ponty, no arroubo inicial de seu período de comissário, reagiu ao ensaio de Koestler com um ataque em *Les Temps Modernes*, em duas partes, chamado "O iogue e o proletário".[18] Usou basicamente o recurso retórico às vezes chamado de "mas e": o objetivo soviético era falho, mas e os tantos abusos do Ocidente? Mas e a ganância capitalista, a repressão colonial, a miséria e o racismo? Mas e a violência generalizada do Ocidente, apenas mais bem disfarçada do que seu equivalente comunista?

Koestler ignorou o artigo de Merleau-Ponty, mas seu amigo Camus ficou furioso. Segundo Beauvoir, certa noite ele entrou de supetão numa festa na casa de Boris Vian, berrou uns insultos a Merleau-Ponty e saiu de novo feito um furacão. Sartre foi atrás dele. A cena terminou em recriminações e ressentimentos, e até Sartre e Camus ficaram brigados por algum tempo, embora dessa vez tenham se reconciliado.[19]

Antes disso, Sartre, Beauvoir, Camus e Koestler já haviam se tornado bons amigos, discutindo política animadamente em noitadas de muita bebida. Numa dessas farras, na boate de um imigrante russo, por volta de 1946, surgiu a questão da amizade e do engajamento político. É possível ser amigo de alguém com posições políticas divergentes? Camus dizia que sim. Koestler dizia que não: "Impossível! Impossível!". Num arroubo sentimental banhado a vodca, Beauvoir tomou o lado de Camus: "É possível, e somos prova disso neste exato momento, pois, apesar de todas as nossas divergências, estamos muito felizes aqui juntos".[20] Reconfortados com essa ideia aconchegante, continuaram a beber alegremente madrugada afora, embora Sartre ainda tivesse de preparar uma apresentação para aquele dia sobre, nada mais, nada menos, "A responsabilidade do escritor". Todos acharam aquilo muito cômico. Ao amanhecer, separaram-se na maior animação. E Sartre conseguiu preparar o texto a tempo, praticamente sem dormir.

Em outra farra noturna, em 1947, porém, o tema da amizade reapareceu, e dessa vez o clima não foi tão alegre. Koestler se aferrou à sua posição jogando um copo na cabeça de Sartre — também porque achou, provavelmente com razão, que Sartre estava flertando com sua esposa Mamaine. (O próprio Koestler era conhecido como sedutor inescrupuloso e agressivo, para dizer o mínimo.) Enquanto saíam cambaleantes, Camus procurou acalmar Koestler pondo-lhe a mão no ombro. Koestler bateu nele e Camus revidou. Sartre e Beauvoir separaram os dois e empurraram Camus para o carro dele, largando Koestler e Mamaine na rua. Camus foi chorando durante todo o trajeto, inclinado na direção, ziguezagueando na pista: "Ele era meu amigo! E me bateu!".[21]

Sartre e Beauvoir acabaram concordando com Koestler num ponto: *não era possível ser amigo de alguém com uma posição política oposta.* "Quando as opiniões das pessoas são tão diferentes", comentou Sartre, "como podem ir sequer a um cinema juntas?".[22] Mais tarde, Koestler disse a Stephen Spender que havia topado com Sartre e Beauvoir depois de um bom tempo e propusera almoçarem juntos. Responderam com um silêncio desconfortável e então (segundo a versão de segunda mão de Spender) Beauvoir disse: "Koestler, você sabe que divergimos. Não faz mais sentido nos encontrarmos".[23] E cruzou os antebraços num grande X, dizendo: "Somos *croisés comme ça* em relação a tudo".

Dessa vez, foi Koestler quem protestou: "Sim, mas decerto podemos continuar amigos mesmo assim".

A isso, ela respondeu com a fenomenologia. "Como filósofo, você deve entender que cada um de nós, ao olhar um cubo de açúcar, enxerga um objeto totalmente diferente. Nossos cubos de açúcar agora são tão diferentes que não há mais nenhum sentido em nos encontrarmos".

É uma imagem pouco animadora: cubinhos de açúcar numa mesa, e filósofos a examiná-los de lados diversos. O açúcar aparece diferente para cada um deles. Pega luz de um lado, mas não do outro. Para um, mostra-se brilhante e faiscante; para outro, acinzentado e opaco. Para um, significa um delicioso acréscimo ao café. Para outro, significa os males históricos da escravidão no comércio açucareiro. E a conclusão? É que não faz sentido sequer falar sobre ele. É uma distorção estranha do tema fenomenológico. O X das posições políticas contrárias também representa uma tremenda mudança da figura do "quiasma" de Merleau-Ponty, que tudo reconcilia. Todo esse entrelaçamento termina em silêncio — que, por sua vez, faz lembrar o silêncio que recaiu entre Marcuse e

Heidegger mais ou menos na mesma época, quando Marcuse chegou à conclusão de que não havia diálogo possível, em vista da enorme diferença entre ambos.

O debate sobre a amizade é, de fato, uma variante do debate sobre os sacrifícios que vale a pena fazer em prol do comunismo. Nos dois casos, precisamos comparar valores abstratos e o que é pessoal, individual e imediato. Precisamos decidir o que tem mais importância: a pessoa diante de nós neste momento ou os possíveis efeitos de nossa escolha sobre uma população indefinida de um povo futuro. Cada um de nossos pensadores deu uma solução distinta a esse dilema — e às vezes a mesma pessoa chegou a conclusões diferentes em diferentes momentos.

Sartre era o menos coerente entre todos eles, tanto na questão soviética quanto na questão da amizade, pois às vezes realmente esperava que as pessoas lhe fossem leais, apesar das diferenças políticas. Em outubro de 1947, esperou lealdade de seu antigo colega de escola Raymond Aron, mas não a teve, e ficou tão bravo que rompeu totalmente as relações com ele.

Era um ano difícil para a França — e provavelmente foi por isso que a briga com Koestler se acirrou tanto. Havia no país um governo de coalizão de centro, mas que se tornara objeto de ataque tanto da esquerda comunista quanto do Rassemblement du Peuple Français, partido de direita liderado pelo general Charles de Gaulle, que fora o líder das forças francesas no exílio durante a guerra. Sartre achava que a linha do partido gaullista se tornara quase fascista, promovendo comícios de massa e incentivando um culto de personalidade em torno de seu dirigente. Mas Aron, que estivera com a França Livre em Londres e conhecia bem De Gaulle, simpatizava muito com sua abordagem e adotara uma posição bem mais à direita que a de Sartre.

Durante o outono, a crise se aprofundou, com as passeatas dos gaullistas e as greves e manifestações do Partido Comunista (com o apoio ativo da União Soviética) ameaçando a estabilidade do centro. O povo começou a se preocupar com a possibilidade de uma guerra civil e até mesmo de uma revolução. Para alguns, essa perspectiva era entusiasmante. Num bilhete a Merleau-Ponty, Sonia Brownell contou que acabara de almoçar com alguns escritores franceses em Londres,[24] que não paravam de falar sobre as batalhas que pretendiam travar nas ruas de Paris e a melhor forma de fabricar bombas caseiras.

Com a crise no auge, Aron coordenou um debate radiofônico, lançando Sartre como representante da esquerda contra um bando de gaullistas — que o trucidaram no ar.[25] Aron não se meteu, e Sartre ficou consternado que seu velho amigo o deixasse ser trucidado sem vir em seu socorro. Recordando o episódio, Aron alegou que não se sentiu no direito de intervir, pois era o coordenador do debate. Sartre desconfiou que a verdadeira razão eram suas simpatias gaullistas. Passaram anos sem se falar.

Talvez Aron não percebesse o quanto Sartre se sentia em risco pessoal naquele período. Ele recebia cartas de ameaça, uma delas com um retrato dele emporcalhado com fezes. Certa noite, soube que havia um grupo de militares percorrendo a Rive Gauche atrás dele; foi se refugiar na casa de amigos e só retornou a seu notório endereço em cima do Bar Napoléon depois de vários dias.[26] Não seria a última vez que correria riscos por causa da franqueza de suas posições políticas.

Na verdade, a essa altura, Sartre era contrário aos gaullistas e *ao mesmo tempo* ainda crítico em relação à União Soviética; assim, atraía raiva dos dois lados. Fazia muito tempo que os comunistas franceses reprovavam o existencialismo como filosofia devido à sua insistência na liberdade pessoal. Um texto do sociólogo marxista Henri Lefebvre, de 1946, resumira o existencialismo como "uma mistura lânguida e triste" que levava a uma "liberalidade" perigosa demais. As pessoas eram livres, dizia Sartre — mas Lefebvre queria saber "o que representa um homem que todos os dias de manhã escolhe entre o fascismo e o antifascismo?".[27] Como uma pessoa dessas pode ser considerada melhor do que aquele "que escolheu de uma vez por todas combater o fascismo, ou que nem sequer precisou escolher?". A questão de Lefebvre parece plausível, até nos determos para pensar no que ela implica. O partido exigia o tipo de comprometimento que significa nunca precisar repensar, e isso Sartre não podia admitir — por enquanto. Mais tarde, ele se viu em palpos de aranha para tentar resolver o conflito entre seu apoio à política revolucionária e seus princípios existencialistas básicos, que seguiam em rumo contrário.

Em fevereiro de 1948, Sartre procurou resolver o dilema entrando num partido dissidente, o Rassemblement Démocratique Révolutionnaire (RDR), que defendia um socialismo independente. O partido não fez muita coisa a não ser complicar ainda mais as questões, e Sartre saiu depois de um ano e meio.

Enquanto isso, em abril de 1948, ele criou ainda mais encrenca para si mesmo com seu novo drama teatral, chamado, naturalmente, *As mãos sujas*.[28] A peça mostrava membros do partido na Ilíria, um pequeno país fictício que fazia lembrar a Hungria do pós-guerra, fazendo concessões morais em seus ideais e procurando aceitar suas perspectivas enquanto aguardavam uma tomada do poder ao estilo soviético. Os comunistas não gostaram. O comissário cultural soviético Aleksandr Fadaiev disse que Sartre era uma "hiena provida de caneta",[29] e ele caiu em desgraça em todos os países do bloco soviético. O escritor tcheco Ivan Klíma, que na época era estudante universitário, ouviu seus professores atacando a "decadência e degeneração moral de Sartre"[30] — o que lhe despertou imediatamente uma vontade louca de lê-lo.

Agora Sartre sofria ataques de todos os lados, sentia-se politicamente confuso, trabalhando demais e se esfalfando mais que nunca na tentativa de fazer sentido. Era ele que infligia a si mesmo grande parte dessa tensão, mas não fazia parte de seu perfil facilitar a própria vida simplesmente ficando quieto de vez em quando. Beauvoir também estava estressada com o trabalho, as tensões políticas e uma crise pessoal: tentava decidir como encaminhar seu relacionamento à distância com Nelson Algren, que não andava muito contente de ocupar o segundo lugar, depois de Sartre, e queria que ela se mudasse para os Estados Unidos.[31] Para combater o esgotamento, tanto Beauvoir quanto Sartre recorriam a comprimidos. Sartre ficou ainda mais dependente de sua droga favorita, o Corydrane, uma mistura de aspirina com anfetaminas. Beauvoir tomava orthedrine para seus surtos de ansiedade, que no entanto só pioraram. Quando foi com Sartre à Escandinávia para as férias no verão de 1948, estava sofrendo alucinações, com pássaros que arremetiam contra sua cabeça e mãos e a suspendiam pelos cabelos. A tranquilidade das florestas nórdicas foi mais eficiente do que as pílulas. Os dois viram lindas coisas por lá: "florestas anãs, terra da cor de ametista com árvores pequeninas, vermelhas como coral e amarelas como ouro".[32] O gosto de Beauvoir pela vida retornou aos poucos. Mas Sartre continuou como uma alma atormentada por mais alguns anos.

Em 29 de agosto de 1949, após anos de espionagem e desenvolvimento, a União Soviética explodiu uma bomba atômica. A partir daí, a ameaça de aniquilação se tornou mútua. Pouco tempo depois, em 1º de outubro, Mao Tsé-Tung proclamou a República Popular da China e se aliou à União Soviética, de forma que agora as duas superpotências comunistas encaravam o Ocidente. O nível de medo subiu.[33] Os alunos das escolas americanas passavam por treinamento, aprendendo a se jogar debaixo das carteiras e a cobrir a cabeça com as mãos tão logo ouviam o sinal de alerta de bombas. O governo alocou verbas enormes em maiores pesquisas e, em janeiro de 1950, anunciou que estavam trabalhando numa arma muito mais potente, a bomba H, ou bomba de hidrogênio.

Naquele ano, estourou a guerra na península coreana, o norte apoiado pela China e pela União Soviética contra o sul apoiado pelos Estados Unidos. As consequências pareciam imprevisíveis: a Bomba explodiria? A guerra se espalharia para a Europa? Os russos iriam ocupar a França como haviam feito os alemães? Esta última hipótese surgiu com notável rapidez entre os franceses, o que pode parecer estranho, visto que a guerra se passava no outro lado do mundo, mas isso refletia as memórias ainda recentes da Ocupação e a natureza inédita e alarmante do novo conflito.

Camus perguntou a Sartre se havia pensado no que lhe aconteceria pessoalmente, caso os russos invadissem o país. Talvez a "hiena provida de caneta" não pudesse rir por último. Sartre devolveu a pergunta: o que Camus faria? Oh, respondeu Camus, faria o que havia feito durante a Ocupação alemã — isto é, entraria na Resistência. Sartre replicou virtuosamente que jamais combateria o proletariado. Camus insistiu: "Você precisa partir. Se ficar, não tirarão apenas sua vida, mas também sua honra. Vão levá-lo para um campo e você vai morrer. Mas vão dizer que você ainda está vivo, e usarão seu nome para pregar a resignação, a submissão e a traição, e as pessoas acreditarão neles".[34]

Durante um jantar com Jacques-Laurent Bost, Olga Kosakiewicz e Richard Wright — este agora morando em Paris —, Beauvoir e Sartre retomaram o assunto: "Ir embora, como, quando, para onde?".[35] Nelson Algren escrevera oferecendo ajuda para entrarem nos Estados Unidos,[36] mas eles não queriam ir para lá. Se tivessem de deixar a França, seria para um país neutro. Talvez, escreveu Beauvoir, fossem para o Brasil, onde o escritor austríaco Stefan Zweig se refugiara durante a guerra. Mas Zweig se matara, incapaz de suportar o exílio. E dessa vez estariam fugindo do socialismo! Como era possível uma coisa dessas?

Da mesma forma, Merleau-Ponty temia o pior para a França, em caso de guerra, mas também não queria fugir dos comunistas.[37] Sartre observou que agora ele parecia excepcionalmente despreocupado — "com aquele ar de menino que eu sempre soube que ele assumia quando as questões ameaçavam se agravar".[38] Merleau-Ponty gracejava dizendo que, se houvesse invasão, ia ser ascensorista em Nova York.

Merleau-Ponty estava mais inquieto com os acontecimentos do que dava a entender, e não só por receio pessoal. Quando ainda se armava o conflito na Coreia, encontrara Sartre por acaso em Saint-Raphaël, na Côte d'Azur, num feriado. Ficaram felizes de se rever, mas passaram o dia inteiro discutindo, primeiro caminhando pela praia, depois no terraço de um café e então na estação onde Sartre aguardava o trem. Precisavam formular uma posição editorial coerente sobre a Coreia para *Les Temps Modernes*. Mas Merleau-Ponty achava que não deviam soltar opiniões imediatas sobre situações que não entendiam. Sartre discordava. Se a guerra era iminente, como ficar calado? Merleau-Ponty adotou uma posição sombria: "Porque a força bruta decidirá o desfecho. Para que falar ao que não tem ouvidos?".[39]

A discordância de fundo não se resumia à política editorial: a questão era até que ponto uma pessoa devia levar sua crença no comunismo. Merleau-Ponty ficara chocado com a invasão da Coreia do Sul pela Coreia do Norte[40] e julgou que isso demonstrava que o mundo comunista era tão ganancioso quanto o capitalista, e igualmente propenso a utilizar a ideologia como véu. Também ficara perturbado com as revelações crescentes sobre os campos soviéticos. Isso representava uma grande mudança de perspectiva para o homem que, até data recente, fora o mais pró-comunista de todos eles. Inversamente, Sartre, antes cauteloso, vinha tendendo cada vez mais a conceder o benefício da dúvida aos países comunistas.

Do conflito coreano não resultou nenhuma invasão na França, mas a guerra, que prosseguiu até 1953, realmente mudou o cenário político mundial e disseminou um clima de paranoia e ansiedade, enquanto se instaurava a Guerra Fria. Nesses anos, Merleau-Ponty continuou a desenvolver suas dúvidas, enquanto Sartre descia do muro. O que levou à sua radicalização foi uma estranha ocorrência na França.

No anoitecer de 28 de maio de 1952, uma viatura policial mandou Jacques Duclos, então dirigente do Partido Comunista Francês, parar o carro e revistou o veículo. Encontrando um revólver, um rádio e dois pombos num cesto, os policiais o prenderam, alegando que eram pombos-correios que levariam mensagens para os chefes soviéticos de Duclos.[41] Este respondeu que os pombos estavam mortos e, portanto, imprestáveis como mensageiros. Ele estava levando as aves para a esposa, que iria prepará-los para o jantar. Os policiais retrucaram que os pombos ainda estavam com o corpo quente, sem rigidez, e que Duclos podia facilmente tê-los asfixiado. Colocaram-no na cadeia da delegacia.

No dia seguinte, foi feita uma autópsia nos pombos, em busca de microfilmes que estariam escondidos dentro deles. Seguiu-se uma oitiva em que três especialistas em pombos foram chamados para dar um parecer sobre a idade dos pássaros, que calcularam entre 26 e 35 dias respectivamente, e a raça exata deles — ao que os especialistas responderam que não poderiam identificá-la, "porque a quantidade e a variedade de tipos de pombos conhecidos e os vários cruzamentos que foram e ainda são feitos por criadores amadores dificultam a identificação". Os peritos, porém, concluíram que os pombos eram provavelmente da espécie doméstica comum, que se encontrava por toda parte, e não apresentavam nenhum sinal de terem sido criados para transportar mensagens. Mesmo assim, Duclos ficou um mês na prisão até ser libertado. Organizou-se uma enorme campanha em seu apoio, e o poeta comunista Louis Aragon escreveu um poema sobre o "complô dos pombos".

Sartre considerou esse caso absurdo como o ponto culminante de anos de assédio e provocação aos comunistas na França. Como escreveu mais tarde, "depois de dez anos ruminando, eu chegara ao ponto de ruptura". O complô dos pombos o levou ao engajamento. Em suas palavras: "Na linguagem da Igreja, esta foi minha conversão".[42]

Na linguagem do heideggerianismo, talvez tenha sido sua *Kehre* — uma "virada" que exigia a reformulação de todos os aspectos de seu pensamento segundo novas prioridades. Se a virada de Heidegger o afastara da atitude resoluta para o "deixar-ser", a virada de Sartre agora o levou a ser mais resoluto, mais *engagé*, mais público, menos disposto a concessões. Sentindo ao mesmo tempo que precisava "escrever ou sufocar",[43] redigiu em velocidade recorde a primeira parte de um longo ensaio chamado *Os comunistas e a paz*. Mais tarde comentou que escrevera o texto com raiva no coração — mas também com Corydrane no sangue. Mal parando para dormir, escreveu páginas e páginas de justificativas e argumentos em favor do Estado soviético e publicou o resultado em *Les Temps Modernes* de julho de 1952. Alguns meses depois, deu prosseguimento com outra explosão incontrolada, dessa vez atacando o amigo Albert Camus.

O confronto com Camus já vinha se formando havia algum tempo. Era quase inevitável, considerando como as diferenças entre seus pontos de vista haviam se acentuado. Em 1951, Camus publicou um longo ensaio, *O homem revoltado*, em que expunha uma teoria da revolta e do ativismo político que estava muito distante da aprovada pelo comunismo.[44]

Para os marxistas, os seres humanos estão destinados ao progresso, passando por estágios predeterminados da história até um paraíso socialista final. O caminho é longo, mas chegaremos lá, e, quando isso acontecer, tudo será perfeito. Camus discordava por duas razões: não acreditava que a história tivesse um destino único inevitável e não acreditava que a perfeição existisse. Enquanto tivermos sociedades humanas, teremos revoltas. A cada vez que uma revolução derruba uma sociedade com suas mazelas, cria-se um novo estado de coisas que, a seguir, desenvolve seus próprios excessos e injustiças. Cada geração tem o dever renovado de se revoltar contra eles, e será sempre assim.

Além disso, para Camus, a verdadeira revolta não significa se dirigir à visão idílica de uma cidade deslumbrante no alto de uma montanha. Significa impor um *limite* num estado de coisas muito concreto e presente, que se tornou inaceitável. Por exemplo, um escravo que recebeu ordens durante toda a vida de repente decide que não vai mais aceitar essa situação e traça uma linha, dizendo "só até aqui, não além".[45] A revolta é um freio à tirania. Enquanto os revoltados continuarem a se opor a novas tiranias, tem-se um equilíbrio: um estado de moderação que precisa ser incessantemente renovado e mantido.

A concepção camusiana da infindável revolta moderadora é atraente — mas foi corretamente entendida como um ataque ao comunismo soviético e a seus companheiros de percurso. Sartre sabia que, em parte, esse ataque se dirigia a ele mesmo, e não perdoou Camus por fazer o jogo da direita num momento histórico tão delicado. O livro evidentemente exigia uma resenha em *Les Temps Modernes*. Sartre hesitou em estraçalhar seu velho amigo e delegou a tarefa a seu jovem colega Francis Jeanson — que de fato estraçalhou Camus, condenando *O homem revoltado* como apologia do capitalismo.[46] Camus se defendeu numa carta de dezessete páginas ao editor, isto é, Sartre, mas sem citar seu nome. Acusou Jeanson de distorcer seu argumento e acrescentou: "Começo a ficar um pouco cansado de [...] receber intermináveis lições de efetividade de críticos que nunca fizeram outra coisa senão virar a poltrona na direção da história".[47]

Essa alfinetada levou Sartre, por fim, a escrever sua resposta pessoal.[48] Foi uma arenga ad hominem exageradamente emocional mesmo segundo seus próprios critérios recentes. É isso, disse Sartre; a amizade dos dois se acabou. Claro que sentiria falta de Camus, sobretudo do velho Camus dos dias da Resistência durante a guerra. Mas, agora que seu amigo se tornara um contrarrevolucionário, não havia reconciliação possível. Aqui também, nada se sobrepunha à política.

Camus redigiu uma tréplica à réplica de Sartre, mas nunca veio a publicá-la.[49] O resto foi o silêncio, mais uma vez. Bom, não exatamente, porque desde essa famosa briga desenvolveu-se uma pequena indústria de livros e artigos analisando a controvérsia nos mínimos detalhes. Ela veio a ser vista como um marco definidor de toda uma época e um ambiente intelectual. Cria-se muitas vezes uma mitologia em torno dessa controvérsia, como um drama em que Sartre, um "menino sonhador" perseguindo uma fantasia impossível, tem seu contraponto na figura de um herói moral lúcido que, por acaso, também é mais sereno, mais sábio e mais bem-apessoado: Camus.

Daria uma boa história, mas creio que existem maneiras mais sutis de pensar a questão e que seria bom fazermos um esforço para entender a motivação de Sartre e perguntar por que ele reagiu de forma tão destemperada. Sofrendo durante anos fortes pressões em relação à política, tachado de burguês decadente, Sartre passara por uma experiência de conversão que o fizera enxergar todo o mundo sob uma nova luz. Considerou que era seu *dever* renunciar aos sentimentos pessoais por Camus. Sentimento pessoal era indulgência egoísta, que devia ser vencida. Tal como Heidegger no período de *Ser e tempo*, Sartre julgou que o importante era ser resoluto a todo custo: entender o que se devia fazer, e fazer. Na Guerra da Argélia, Camus preferiu escolher a mãe em vez da justiça, mas Sartre concluiu que não era certo escolher o amigo se este estivesse traindo o proletariado. Beauvoir, por mais que tivesse se sentido encantada por Camus em anos passados, adotou a mesma linha: *O homem revoltado* era um presente de mão beijada para os inimigos num momento crítico da história, e não podia passar em branco.[50]

Camus ficou incomodado com a briga, que ocorreu num período difícil para ele. Sua vida pessoal logo iria piorar, com problemas no casamento, um bloqueio para escrever e o horror da guerra em sua terra natal, a Argélia. Em 1956, sua crise encontraria expressão numa novela, *A queda*, cujo protagonista é um "juiz penitente": um ex-juiz de tribunal que decidiu julgar a si mesmo. Num bar em Amsterdam, durante várias noites, o juiz conta sua vida a um narrador não nomeado, culminando num episódio chocante. Certa noite em Paris, ele viu uma mulher se atirar de uma ponte, mas não saltou para salvá-la. O juiz reconhece seus erros, mas por outro lado parece sentir que isso lhe dá autoridade moral para apontar os erros dos outros. Como diz a seu interlocutor e implicitamente a nós, seus leitores: "Quanto mais acuso a mim mesmo, mais direito tenho de julgá-lo".[51] Havia muito de Camus nesse comentário.

Sartre e Beauvoir não eram penitentes como o protagonista de *A queda*, mas sabiam que no futuro seriam objeto de um escrutínio rigoroso. "Sentimos que estamos sendo julgados pelos homens mascarados que nos sucederão", escreveu Sartre em 1952, acrescentando: "Nossa época será objeto para aqueles olhos futuros cuja mirada nos persegue".[52] Beauvoir escreveu em seu último volume de memórias que antigamente se sentia superior aos escritores anteriores porque, por definição, conhecia a história mais do que eles. Então aflorou a verdade óbvia: algum dia, sua geração também seria julgada por critérios futuros.[53] Ela viu que seus contemporâneos sofreriam o que, mais tarde, o historiador E. P. Thompson chamou de "a enorme condescendência da posteridade".[54]

Sartre, porém, ainda acreditava que a pessoa deve decidir e tomar posição. Se ficarmos em cima do muro por medo de errar, aí sim estaremos realmente errando. Como Kierkegaard havia dito:

> É plenamente verdade, como dizem os filósofos, que a vida deve ser entendida olhando para trás. Mas eles esquecem a outra proposição, a de que ela deve ser vivida olhando para a frente. E, se se pensar sobre essa proposição, torna-se cada vez mais evidente que nunca é possível entender realmente a vida com o passar do tempo porque em momento algum posso encontrar o ponto de repouso necessário para entendê-la.[55]

Nunca existiria um ponto de imobilidade e contemplação. Para Sartre, na política como em tudo o mais, a direção correta era sempre em frente — mesmo que esse caminho nos levasse a desvios e mesmo que fôssemos depressa demais para ter pleno controle.

Sartre desorientou outro velho amigo com suas ações em *Les Temps Modernes* em 1952: publicou seu primeiro artigo da série *Os comunistas e a paz* sem o mostrar ao coeditor Merleau-Ponty.[56] Era uma quebra do protocolo que Sartre sabia que seria ofensiva. Ele também sabia que Merleau-Ponty poderia levantar objeções ao artigo ou sugerir que abrandasse o tom, e Sartre, em seu frenesi, não admitiria tal protelamento.

A essa altura, Merleau-Ponty já estava mais próximo da posição de Camus, mas com a grande diferença de que antes depusera sua fé na utopia socialista. Camus nunca compartilhara o "sonho", mas Merleau-Ponty sabia o que era ser um fiel convicto. Isso lhe permitia ser um crítico perspicaz depois de abandonar essa posição, mas não ajudou em nada a salvar sua relação com Sartre.

A tensão entre ambos aumentou ao longo do ano, até o começo de 1953. Em 15 de janeiro, Sartre foi ao Collège de France assistir à aula inaugural de Merleau-Ponty como seu novo diretor.[57] Este aproveitou a preleção para, entre outras coisas, lembrar aos filósofos que continuassem vigilantes em relação aos assuntos públicos e alertas às ambiguidades. Após a sessão, Sartre não lhe apresentou as calorosas congratulações de praxe. Segundo Merleau-Ponty, Sartre disse "num tom glacial" que a preleção fora "divertida" e acrescentou, num gesto indicando o *collège* com seu ar de instituição do Sistema: "Espero que você subverta um pouco tudo isso".[58] Sartre havia recusado todas as homenagens similares que lhe foram oferecidas e assim continuaria a fazer — a ponto de recusar o Prêmio Nobel uma década depois. Sempre teve a impressão de que Merleau-Ponty ansiava demais por participar do Sistema.

Merleau-Ponty aceitara o papel no Collège de France sem qualquer objeção e agora se sentia magoado com a atitude de Sartre. Deixou passar, mas, naquele verão, a divergência entre ambos veio à tona em cartas trocadas durante as férias de Sartre no calor sufocante de Roma. Depois Sartre percebeu que podia ter sido por causa do calor.[59] E, como sempre, andara trabalhando demais, obcecado pelo futuro da humanidade.

Sartre começou escrevendo a Merleau-Ponty que quem não estivesse "engajado"[60] politicamente não devia se pôr a criticar quem estivesse. Tem razão, respondeu Merleau-Ponty. Com efeito, agora *ele* tinha decidido nunca mais dar respostas precipitadas aos acontecimentos que estivessem em curso. Depois da Coreia, concluiu que era preciso uma perspectiva mais longa para entender a história. Não queria mais se "engajar em tudo o que se passava, como se fosse um teste moral"[61] — tendência que chamava de má-fé. Dizer isso justamente a Sartre soava como provocação. Merleau-Ponty também reclamou do tratamento frio que Sartre lhe dera após a aula inaugural, coisa que ainda lhe doía.

Sartre respondeu em 29 de julho: "Pelo amor de Deus, não interprete minhas entonações ou expressões faciais como você faz, isto é, de modo totalmente torto e emocional". Quanto a seu tom, deu então uma explicação plausível e tocante: "Se pareci glacial, é porque sempre tenho uma espécie de timidez em congratular as pessoas. Não sei como fazer, e tenho consciência disso. É sem dúvida um traço de caráter, e admito-o a você".[62]

Isso deve ter abrandado Merleau-Ponty, mas as cartas de Sartre ainda conservavam um tom ofensivo e as raízes de suas divergências eram profundas. Como de hábito, Merleau-Ponty deixou a questão de lado com um sorriso quando Sartre voltou, o que o deixou ainda mais irritado.[63] Como o próprio Sartre reconhecia, sua tendência era discutir uma questão até o fim, até convencer o outro ou o outro o convencer. Merleau-Ponty, pelo contrário, "encontrava sua segurança numa multiplicidade de perspectivas, enxergando nelas as diferentes facetas do ser".[64] Que coisa mais irritante!

Na verdade, Merleau-Ponty também estava transtornado com a briga. Sua filha Marianne se lembra de ouvir os pais discutindo Sartre por horas a fio.[65] Além disso, ele precisava decidir o que fazer em relação a *Les Temps Modernes*. Por muito tempo, ele é que fizera grande parte do trabalho efetivo da revista, escrevendo editoriais não assinados e garantindo o lançamento pontual de cada número. Mas a figura de proa era Sartre, e ninguém podia trabalhar em *Les Temps Modernes* sem se dar bem com o grande nome da revista. Segundo Sartre, Merleau-Ponty começou a se atrasar cada vez mais para as reuniões editoriais e a murmurar apartes, em vez de participar abertamente das discussões.[66] Sartre dizia para ele expor o que pensava; Merleau-Ponty preferia se abster.

No final de 1953, *Les Temps Modernes* estava prestes a explodir — e então veio o estopim. Haviam aceitado um artigo fortemente pró-soviético e Merleau-Ponty escreveu uma nota editorial como prefácio ao texto, assinalando que as posições ali expressas não eram as da revista. Ao ver o texto antes da publicação, Sartre eliminou o comentário sem lhe dizer nada.

Quando Merleau-Ponty percebeu, manteve uma longa e tensa conversa por telefone com Sartre. Mais tarde Sartre mencionou o telefonema, e Marianne Merleau-Ponty também se recorda de ter entreouvido a conversa. Depois de duas horas ao telefone, seu pai desligou, virou-se para a esposa e disse: "*Alors, c'est fini*" — "Bom, acabou".[67] Provavelmente queria dizer que seu envolvimento com a revista havia terminado, mas a frase também podia ser entendida como o fim da amizade. Depois disso, os dois se falavam de vez em quando e Merleau-Ponty dizia gentilmente: "Vou ligar para você". Mas, segundo Sartre, nunca ligou.[68]

A crise com Sartre coincidiu com um trauma maior na vida de Merleau-Ponty: sua mãe morreu em dezembro de 1953. Criado sem pai, obrigado a defendê-la contra os falatórios, ele se tornara excepcionalmente próximo dela. Como Sartre reconheceu mais tarde, fora ela a fonte da infância feliz que tanto marcara a vida de Merleau-Ponty; sua morte significava perder a ligação com aquela idade dourada. Logo depois, relembrou Sartre, Merleau-Ponty encontrou Beauvoir e lhe disse, "em tom casual, com aquela jovialidade triste que mascarava seus momentos mais sinceros: 'Mas estou mais do que semimorto'".[69] O rompimento com Sartre foi menos significativo do que essa perda, mas veio numa má hora e lhe retirou a rotina e o sentido de missão que *Les Temps Modernes* trouxera à sua vida.

Sartre também pode ter ficado mais transtornado com o rompimento do que deu a entender. Teve uma reação exagerada, alegando que toda a história de Merleau-Ponty em *Les Temps Modernes* tinha sido traiçoeira. Julgava que seu coeditor mantivera a discrição deliberadamente, deixando de pôr seu nome no cabeçalho da revista para não se comprometer com qualquer perspectiva definida. Merleau-Ponty estava no comando tanto quanto ele, resmungou Sartre, mas se mantinha "leve e livre como o ar". Se não gostava de alguma coisa, às vezes simplesmente ia embora. Em geral, Merleau-Ponty resolvia os conflitos procurando "um acordo vivo"[70] em vez de exercer a autoridade de maneira direta. Essas reclamações parecem estranhas, mas são bastante usuais em relação a Merleau-Ponty, tão afável e tão danadamente esquivo.

Em 1955, Merleau-Ponty apresentou sua rejeição definitiva da ideologia comunista num livro chamado *As aventuras da dialética*. Além de críticas a

György Lukács e a outros teóricos marxistas, havia um longo capítulo chamado "Sartre e o ultrabolchevismo",[71] que abordava os escritos políticos recentes de Sartre e censurava suas incoerências e inviabilidade prática. Beauvoir interveio com um ensaio atacando Merleau-Ponty e afirmando que ele distorcera aspectos do pensamento de Sartre.[72] A velha amizade entre os dois agora também se desfizera. Mas a ira conjunta de Sartre e Beauvoir não foi nada em comparação à torrente de ódio comunista real que, em reação ao livro, os fiéis do partido despejaram em cima de Merleau-Ponty. Um grupo de intelectuais comunistas organizou um comício em 29 de novembro de 1955 inteiramente dedicado a discursos contra ele.[73] Havia estudantes presentes e surgiram denúncias feitas por Henri Lefebvre e outros. Todos os discursos foram reunidos e publicados em 1956, com um título que jogava com o dele: *Mésaventures de l'anti-marxisme: Les malheurs de M. Merleau-Ponty* [As desventuras do antimarxismo: Os infortúnios de M. Merleau-Ponty].

Logo depois disso, Merleau-Ponty e Sartre se viram juntos numa conferência de escritores em Veneza, organizada pela Sociedade Cultural Europeia — a mesma em que Sartre disse a Spender que sofreria uma prisão injusta para salvar o Estado soviético. A conferência reunia escritores dos dois lados da Cortina de Ferro, para debater avanços recentes na União Soviética — que agora ingressava no período de "degelo" pós-Stálin, sob Khruschóv — e também a questão do dever de engajamento político dos escritores. Era exatamente o tema que levara à briga de Sartre com Merleau-Ponty. Supondo que os dois gostariam de se ver, os organizadores os colocaram lado a lado no palanque. Sartre ficou branco quando viu o nome no cartão ao seu lado, mas deu tudo certo: "Havia alguém falando, ele veio por trás de mim, na ponta dos pés, tocou de leve em meu ombro e, quando virei, abriu um sorriso".[74] Tiveram também outros momentos de descontração durante a conferência: Sartre conta que trocaram olhares divertidos[75] por causa de um delegado inglês — muito provavelmente Spender, propenso a fazer comentários irreverentes sobre a *littérature engagée*. Mas um simples sorriso de cumplicidade não era capaz de reavivar uma amizade.

Ambos, agora, já haviam se afastado muito das posições que adotavam em 1945 e 1946, quando concordavam sobre a necessidade de sujar as mãos e tomar decisões "difíceis" sobre a vida de outras pessoas. Seus caminhos se cruzaram e depois seguiram em direções opostas — outro X. Sartre passou por um período de dúvidas e então ressurgiu radicalizado e disposto a arriscar a vida pelo Estado ideal. Merleau-Ponty entrou a fundo na ideologia comunista e depois renunciou em favor da convicção de que a vida humana nunca pode ser forçada a se encaixar no quadro de um ideal. Ele despertou, segundo suas palavras. Quando se exorciza a "nostalgia" comunista, disse Merleau-Ponty, "deixam-se as divagações para trás e tudo volta a ficar novo e interessante outra vez".[76] Durante o discurso no Collège de France, ele também falou dos filósofos como aqueles que estão despertos enquanto outros dormem.[77]

Sartre, naturalmente, achava que era ele que estava desperto. Mais tarde, resumiu a divergência entre ambos dizendo: "Eu pensava que estava sendo fiel a seu pensamento de 1945 [isto é, o período comunista de Merleau-Ponty], enquanto ele o abandonava. Ele pensava que se mantinha fiel a si mesmo e que eu o traía".[78]

É uma caracterização admiravelmente imparcial do que os separava, e também traz ressonâncias de um cisma anterior, muito diferente: aquele que se deu entre Edmund Husserl e Martin Heidegger nos anos 1920. No caso deles, cada qual pensava que seguia para um território novo e mais instigante, deixando o outro para trás, perdido, equivocado ou acomodado.

Durante esses dramas, Beauvoir tomou notas com seu habitual espírito incansável de observação e reflexão. Em 1954, converteu suas anotações em *Os mandarins*,[79] romance épico acompanhando fatos e emoções desde o final da guerra e o medo da bomba até as discussões sobre os campos e processos soviéticos, os prós e os contras do engajamento político, os amores e os rompimentos. Adaptou alguns detalhes, às vezes fez com que os amigos parecessem mais sensatos e mais prescientes do que eram, mas o conjunto resultou num retrato vigoroso e surpreendentemente agradável de uma época e de um ambiente. O livro ganhou o Prêmio Goncourt. Com os royalties decorrentes do aumento das vendas, ela comprou um apartamento na Rue Victor Schoelcher, perto do cemitério de Montparnasse. Isso significava que agora Beauvoir morava a uma distância razoável de Sartre, que continuava residindo com a mãe em cima do Bar Napoléon. Mas quase diariamente ela caminhava até Saint-Germain-des-Prés, provavelmente preferindo a rota arborizada que passava pelos Jardins do Luxemburgo, para ver os amigos e trabalhar ao lado de Sartre, como sempre haviam feito.

Beauvoir se mudou para o apartamento de Montparnasse com um novo amante, Claude Lanzmann. Fora conquistada por suas convicções ardentes e por seu forte senso de identidade: ela escreveu que, para se definir, "a primeira coisa que ele disse foi: sou judeu".[80] Certa vez, Sartre criticara esse tipo de declaração firme de identidade, considerando que se tratava de um ato de má--fé, pois implicava apresentar-se como um eu fixo, em vez de uma consciência livre. Na verdade, Beauvoir e Sartre sempre tiveram uma queda por pessoas com identidades e atitudes intransigentes. Ao que escreveu Beauvoir em tom de admiração, Lanzmann vivia num estado de fúria permanente pelo que os judeus haviam sofrido. Certa vez, ele lhe disse: "Sinto vontade de matar, o tempo todo". Lanzmann vivia seus sentimentos fisicamente — tal como ela. Chorava ou vomitava de pura raiva. Em contraste com a figura planetária de Sartre no auge da fama, aquilo devia ser revigorante para Beauvoir. Sem dúvida, fazia um contraste com seu ex-amigo Merleau-Ponty, o qual, a cada vez que a pressão aumentava, parecia apenas sorrir cada vez mais torto e soltar mais gracejos.

No registro de um caderno de notas por volta de 1954, depois de reler diários antigos, Sartre calmamente arrolou as brigas e divergências recentes: o rompimento completo com Koestler, Aron e vários outros, uma relação com Camus que se resumia a uma breve troca de palavras, "evitando temas fundamentais", a cisão com Merleau-Ponty. (Ele acrescentou um diagrama mostrando que vários deles também haviam brigado uns com os outros.)[81] Em outra parte, Sartre anotou que não se importava em perder amigos. "Algo morreu — e só."[82] Todavia, alguns anos depois, escreveu generosos necrológios tanto para Camus quanto para Merleau-Ponty. Relembrando Camus, comentou saudosamente as inúmeras risadas que deram juntos: "Havia um lado nele que trazia o pequeno argelino cabeçudo, muito valentão, muito engraçado". E acrescentou: "Foi provavelmente o último bom amigo que tive".[83]

Em relação a Raymond Aron, o ressentimento de Sartre se prolongou por mais tempo, talvez por terem sido mais próximos nos tempos de escola e por virem a divergir de forma mais acentuada em relação à política. Em 1955, Aron publicou *O ópio dos intelectuais*, um ataque direto a Sartre e aliados, acusando-os de serem "impiedosos quanto às falhas das democracias, mas prontos a tolerar os piores crimes desde que sejam cometidos em nome das doutrinas certas".[84] Sartre revidou em maio de 1968, quando Aron se opôs às revoltas estudantis: acusou-o de não ser talhado para o ensino.[85]

Já em idade muito avançada, durante um evento em favor dos refugiados do Vietnã, no final dos anos 1970, Sartre e Aron se encontraram e trocaram um aperto de mãos, enquanto os fotógrafos retratavam a cena, entusiasmados em registrar o que imaginavam ser uma grande reconciliação. Nessa época, porém, Sartre estava doente e um tanto entorpecido, perdendo a visão e grande parte da audição. Fosse por causa disso ou por desdém deliberado, Sartre não retribuiu a Aron a velha expressão afetuosa que ele empregou ao cumprimentá-lo: "*Bonjour, mon petit camarade*". Respondeu apenas: "*Bonjour*".[86]

Atribui-se uma frase famosa a Aron e Sartre, embora nenhum dos dois a tenha dito. Em 1976, durante uma entrevista com Bernard-Henri Lévy, Aron comentou que era detestado pelos intelectuais de esquerda não porque havia apontado a verdadeira natureza do comunismo, mas porque, em primeiro lugar, nunca havia compartilhado o credo deles. Lévy então perguntou: "O que você acha? É melhor, nesse caso, ser Sartre ou Aron? Sartre, o vencedor equivocado, ou Aron, derrotado, mas correto?".[87] Aron não deu nenhuma resposta clara. Mas a pergunta ficou e foi convertida numa máxima simples e sentimental: melhor estar errado com Sartre do que certo com Aron.

Nos anos 1950, resolvido a conceder tempo e energia a qualquer causa que julgasse precisar de seu apoio, Sartre se desdobrou incansavelmente, a um grau alarmante. Isso levou a alguns de seus momentos mais tolos e repreensíveis, como quando foi até a União Soviética[88] a convite de uma organização de escritores russos, em maio de 1954, e depois publicou uma série de artigos sugerindo, por exemplo, que os cidadãos soviéticos não viajavam porque não tinham vontade e estavam ocupados demais construindo o comunismo. Mais tarde, ele alegou que havia chegado exausto em casa e delegara a tarefa de redigir o texto a seu secretário, Jean Cau.[89]

Cau realmente recordava que, nesse período, o medo de produzir pouco muitas vezes levava Sartre a extremos. "Não há tempo!", exclamava.[90] Um a um, ele renunciou a seus maiores prazeres: cinema, teatro, romances. Só queria escrever, escrever, escrever. Foi quando se convenceu de que o controle da qualidade literária era uma concessão egoísta burguesa;[91] a única coisa que importava era a causa, e revisar ou mesmo reler o texto era uma imoralidade. Enchia páginas e mais páginas, enquanto Beauvoir, meticulosa revisora do que escrevia, ficava observando apreensiva.[92] Sartre soltava fornadas de ensaios, palestras, obras filosóficas — às vezes com a ajuda de Cau, mas geralmente sozinho. Seus bibliógrafos Michel Contat e Michel Rybalka calcularam que Sartre, ao longo da vida, produziu uma média de vinte páginas por dia,[93] e isso como texto pronto, não em rascunho. (A essa altura, *não* havia mais rascunhos.) Na Irlanda, todo dia de manhã, ao desjejum,[94] John Huston também ficava assombrado ao ver que Sartre acordara fazia horas e já escrevera mais umas 25 páginas novas do roteiro sobre Freud. Annie Cohen-Solal, biógrafa de Sartre, usou metáforas como turbina e dínamo[95] para descrever sua produção a partir do final dos anos 1940, e Olivier Wickers, ao comentar que Sartre tratava o sono como uma necessidade militar, sugeriu a imagem de um bivaque ou de um pit stop para manter a máquina em funcionamento.

Enquanto isso, Sartre continuava a abusar do Corydrane.[96] A dose recomendada era de um ou dois comprimidos ao dia, mas ele tomava um frasco inteiro. Associava a isso um consumo pesado de bebidas alcoólicas e até gostava da confusão mental que a mistura gerava: "Eu gostava de ter ideias confusas, vagamente questionadoras, que então se desfaziam".[97] Muitas vezes, no final do dia, tomava barbitúricos que o ajudassem a despencar. Mas cortava o Corydrane quando escrevia algo "literário", pois sabia que o produto levava a uma excessiva "facilidade",[98] como dizia ele. Ao escrever uma nova cena para Os caminhos da liberdade, por exemplo, viu que cada rua por onde andava seu personagem Mathieu gerava uma infinidade de novas metáforas. Quando comentou isso com Beauvoir, durante uma entrevista, ela acrescentou com (imagina-se) um arrepio: "Eu lembro. Foi pavoroso". A fatal "facilidade" já ficara evidente num caderno de notas que manteve em 1951, na Itália, em que, como disse a Beauvoir em 1974, havia umas vinte páginas "sobre o chape-chape que as gôndolas fazem".[99] Claro que isso podia simplesmente ser uma diligente fenomenologia.

Nesse imenso fluxo de produção, pouquíssimas coisas eram por vaidade autoral ou por necessidade de dinheiro. Uma das raras exceções foi o roteiro sobre Freud, que ele fez para pagar algumas contas. De modo geral, era por amor ao engajamento e pela vontade de ajudar os amigos promovendo seus textos ou campanhas. Essa generosidade de Sartre é algo que se esquece facilmente. Seu compromisso consigo mesmo era *fazer alguma coisa* a todo momento: ser ativista e engajado mesmo quando não tinha tempo para refletir sobre as coisas. Um indivíduo mais circunspecto pararia para pensar, mas Sartre achava que isso também era um luxo burguês.

Certa vez, Merleau-Ponty disse numa entrevista que havia um fato simples e básico em Sartre que poucos conheciam e que nem sempre aparecia em seus livros. Era o seguinte: "*Il est bon*".[100] Ele é bom. Sua "bondade" foi seu grande defeito: levou-o a trabalhar demais e, mais importante, a crer, em primeiro lugar, que devia reconciliar seu existencialismo e o marxismo. Era uma tarefa impossível e destrutiva: os dois eram simplesmente incompatíveis. Mas Sartre pensava que as classes oprimidas do mundo exigiam isso dele.

Muitos anos depois, numa entrevista pouco antes da morte de Sartre, seu jovem assistente Benny Lévy o desafiou — de maneira muito agressiva — a dizer quem realmente desapareceu quando o apologista pró-soviético em Sartre por fim deixou de existir. Quem morreu?, perguntou Lévy. "Um salafrário sinistro, um néscio, um oportunista ou uma pessoa basicamente boa?"

Sartre respondeu brandamente: "Eu diria, uma pessoa que não é má".[101]

Qualquer bondade que houvesse em defender o comunismo soviético no começo dos anos 1950 ficou mais difícil de enxergar em outubro e novembro de 1956.

Quando Stálin morreu, a ideia de um "degelo" na política da União Soviética encorajara os reformistas no governo comunista da Hungria a introduzir alguns sinais de liberdade pessoal e política. As ruas foram tomadas por manifestantes exigindo mais. A reação da União Soviética foi enviar o Exército e se desencadearam batalhas por toda Budapeste; os rebeldes ocuparam a estação de rádio da cidade e convocaram os húngaros à resistência. Houve uma aparente trégua por algum tempo, mas em 1º de novembro os tanques russos atravessaram a fronteira da Ucrânia e entraram em Budapeste. Os soldados nos tanques demoliram os edifícios onde havia pessoas escondidas. Dispararam contra as estações ferroviárias e praças públicas, e ameaçaram destruir os edifícios do

Parlamento na cidade. No domingo, 4 de novembro, ao meio-dia, os rebeldes na rádio se renderam com sua última transmissão: "Agora estamos saindo do ar. *Vive l'Europe! Vive la Hongrie!*".[102] A rebelião foi esmagada.

Para os simpatizantes comunistas no Ocidente, a demonstração da força bruta soviética foi um tremendo choque. Muitos rasgaram sua carteirinha do Partido Comunista, e mesmo os adeptos restantes ficaram retorcendo as mãos, imaginando como iriam incorporar esse novo desdobramento a suas concepções. Sartre e Beauvoir estavam entre os mais aturdidos. Em janeiro de 1957, lançaram um número especial de *Les Temps Modernes*,[103] condenando a ação soviética e abrindo espaço a vários autores húngaros, para escreverem sobre os acontecimentos — mas, em caráter privado, continuaram inquietos, desgostosos com a forma como a direita aproveitou a invasão para promover sua ideologia.

Logo após a revolta húngara, Sartre começou a escrever uma nova obra muito alentada, a *Crítica da razão dialética*. Era uma tentativa de criar algo na mesma escala de *O ser e o nada*, mas estruturado em torno de seu novo pensamento social e do ideal de engajamento político. Em vez de enfatizar a consciência, o nada e a liberdade, agora ele reconduziu tudo a situações concretas e ao princípio da ação conjunta no mundo. Para Beauvoir, a *Crítica da razão dialética* foi a resposta final de Sartre à catástrofe de 1956.[104] Como se a fusão entre marxismo e existencialismo já não fosse malabarismo suficiente, agora ele tentava adaptar essa mescla a uma situação em que a União Soviética se demonstrara inconfiável. Como disse o próprio Sartre em 1975: "A *Crítica* é uma obra marxista escrita contra os comunistas".[105] Também poderia ser vista como uma obra existencialista escrita contra o velho existencialismo não politizado.

O livro foi uma tremenda dificuldade. Sartre publicou o primeiro volume, *Teoria dos conjuntos práticos*, em 1960; tinha quase 400 mil palavras. O segundo volume — grande surpresa — nunca foi concluído.[106] Ele fez muitas anotações, mas não conseguiu lhes dar forma. Essas anotações foram publicadas postumamente em 1985.

Na época em que desistia do segundo volume, Sartre já desviara sua atenção da União Soviética, transferindo-a para novas batalhas. Interessou-se pela China de Mao. Também começou a se ver como pioneiro intelectual não do comunismo, e sim de uma revolta mais radical — que se encaixava muito melhor no modo de vida existencialista.

12
Os olhos dos desfavorecidos

Em que encontramos revolucionários, marginalizados e adeptos em busca da autenticidade.

Se várias pessoas com interesses incompatíveis arrogam a si a razão, como decidir entre elas? Num parágrafo na parte final de *Os comunistas e a paz*, Sartre propusera as linhas gerais de uma solução ousada: Por que não decidir cada situação perguntando como ela se afigura aos "olhos dos menos favorecidos" ou "daqueles mais injustiçados"? Basta descobrir quem são os mais oprimidos e desfavorecidos em tal situação e então adotar sua versão dos fatos como a correta. A visão deles pode ser tomada como o próprio critério de verdade: o modo de definir "o homem e a sociedade como realmente são".[1] Se há algo que não é verdadeiro aos olhos dos menos favorecidos, diz Sartre, então *não é verdadeiro*.

Como ideia, é espantosamente simples e revigorante. Acaba de uma só vez com o discurso hipócrita e ambíguo a que se entregam os privilegiados — toda aquela conveniente lenga-lenga de que os pobres "merecem" seu destino, ou que os ricos têm direito à enorme riqueza que acumulam, ou que a desigualdade e o sofrimento devem ser aceitos como partes integrantes da vida. Para Sartre, se os pobres e desfavorecidos não acreditam nesses argumentos, então são argumentos errados. É semelhante ao que poderíamos chamar de Princípio de Genet: quem está por baixo está sempre certo. A partir daí, como Jean Genet, Sartre se submete de bom grado aos alienados, aos espezinhados, aos frustrados, aos excluídos. Procura adotar o olhar do marginalizado, que se volta contra a casta privilegiada — mesmo quando ele próprio faz parte dessa casta.

Ninguém diria que é algo fácil de se fazer, e não só porque (como Beauvoir apontara em O segundo sexo) adotar a perspectiva de outrem força muito a psique. Qualquer um que tente fazer isso também se verá cercado por uma infinidade de problemas lógicos e conceituais. São inevitáveis as discordâncias sobre *quem* é efetivamente o mais desfavorecido num determinado momento. A cada vez que um desfavorecido se torna um favorecido, é preciso recalcular tudo. É necessário um monitoramento constante dos papéis — e quem fará esse monitoramento?

Como Merleau-Ponty assinalou em seu "Sartre e o ultrabolchevismo", Sartre não se ateve a seu princípio. Diante do olhar dos desfavorecidos nas prisões de Stálin, por muito tempo ele tratou de desqualificar esses olhos acusadores, apresentando as razões pelas quais podiam ser desconsiderados.[2] Mas talvez a ideia de "olhar" não tivesse mesmo a intenção de ser coerente. Assim como na filosofia ética de Levinas ou de Weil, em que o olhar do Outro nos faz exigências de extensão teoricamente infinita, um ideal não deixa de ser inspirador só por ser impossível nos atermos a ele.

A ideia sartriana dos "olhos dos desfavorecidos" é tão radical quanto a ética dirigida ao Outro, de Levinas, e mais radical do que o comunismo. Os comunistas acreditam que apenas o partido pode decidir o que é correto. Entregar a moral a uma infinidade de olhos humanos e perspectivas pessoais é chamar o caos e perder a chance de uma verdadeira revolução. Sartre ignorou a linha do partido e se conduziu como um daqueles velhos dissidentes de pensamento independente.[3] Mesmo que tentasse, não conseguia ser um bom marxista.

Sua nova abordagem atraía mais os ativistas que não queriam se filiar a um partido, mas que atuavam nos novos movimentos de libertação, sobretudo nos protestos dos anos 1950 e 1960 contra o racismo, o sexismo, a exclusão social, a pobreza e o colonialismo. Sartre deu respaldo a essas lutas e fez tudo o que pôde para ajudar — especialmente com sua arma predileta, a palavra escrita. Ao redigir prefácios para as polêmicas de autores mais jovens, encontrava novos temas nos quais se engajar e podia sentir que sua filosofia realmente realizava alguma coisa, sentimento que perdera depois do malogro do projeto soviético.

Já em 1948, ele havia escrito um ensaio chamado "Orfeu negro", originalmente publicado como prefácio à *Anthologie de la nouvelle poésie nègre et malgaxe* [Antologia da nova poesia negra e malgaxe], de Léopold Senghor. Ali Sartre comentava como a poesia de autores negros e pós-coloniais muitas vezes invertia o "olhar" crítico e paralisador de seus opressores. A partir de agora, disse ele, os europeus brancos não podem mais avaliar friamente e dominar o mundo. Pelo contrário, "esses homens negros estão nos fitando, e nosso olhar retorna a nossos próprios olhos; por sua vez, tochas negras iluminam o mundo e nossas cabeças brancas não passam de lanternas chinesas balançando ao vento".[4] (Naqueles tempos, Sartre ainda burilava suas metáforas.)

Em 1957, ele escreveu a introdução ao duplo estudo de Albert Memmi,[5] *Retrato do colonizado precedido pelo retrato do colonizador*, que analisava os "mitos" do colonialismo tal como Beauvoir analisara os mitos da feminilidade em *O segundo sexo*. Depois disso, Sartre escreveu um prefácio de influência ainda maior a uma obra anticolonialista que marcou época, *Os condenados da terra*, de Frantz Fanon, de 1961.

Fanon era um pensador messiânico, um intelectual influenciado pelo existencialismo que dedicou sua breve existência a questões de raça, independência e violência revolucionária. Nascido na Martinica, de origem mestiça europeia e africana, ele estudou filosofia em Lyon — com Merleau-Ponty, entre outros, embora Fanon não gostasse do estilo calmo e tranquilo do colega.[6] Quando publicou seu primeiro livro em 1952, era um texto apaixonado, nada sereno, mas também altamente fenomenológico: *Pele negra, máscaras brancas*[7] explorava a "experiência vivida" dos negros postos no papel do Outro num mundo de dominação branca.

A seguir, Fanon se mudou para a Argélia e passou a atuar no movimento de independência, mas em 1956 foi expulso do país por causa disso e foi morar na Tunísia. Enquanto estava lá, foi diagnosticado como leucêmico. Tratou-se na União Soviética e conseguiu uma breve remissão da doença, mas teve uma grave recaída em 1961, quando começava a trabalhar em *Os condenados da terra*. Fraco e febril, foi para Roma, e lá Claude Lanzmann o apresentou a Beauvoir e Sartre.

Sartre se encantou imediatamente com Fanon e teve grande prazer em escrever um prefácio para *Os condenados da terra*. Já gostava do trabalho de Fanon e gostou ainda mais dele em pessoa. Mais tarde, Lanzmann comentou que nunca vira Sartre tão cativado por um homem como naquele encontro. Os quatro passaram o almoço conversando, depois atravessaram a tarde e a noite sempre conversando, até as duas da manhã, quando Beauvoir finalmente insistiu que Sartre precisava dormir. Fanon se ofendeu: "Não gosto de gente que poupa seus recursos".[8] Manteve Lanzmann acordado até as oito da manhã.

A essa altura, restavam-lhe poucos meses de vida. Em suas últimas semanas, Fanon foi levado aos Estados Unidos para ter o melhor tratamento disponível na época, numa viagem aérea obtida (surpreendentemente) graças a Ollie Iselin, um agente da CIA com quem fizera amizade.[9] Mas não havia o que fazer e ele morreu em Bethesda, Maryland, em 6 de dezembro de 1961, aos 36 anos de idade. *Os condenados da terra* saiu logo depois, com o prefácio de Sartre.

Beauvoir contou que Fanon dissera em Roma: "Temos reivindicações a vocês"[10] — exatamente o tipo de coisa que eles adoravam ouvir. Aquela intensidade ardente, a presteza em fazer exigências e, se necessário, atribuir culpas foram o que atraíra Beauvoir em Lanzmann. Agora Sartre também vibrou. Talvez se sentissem de volta aos anos de guerra: uma época em que *tudo era importante*. Sartre certamente abraçou os argumentos militantes de Fanon, que nesse livro incluíam a ideia de que a revolução anti-imperialista devia ser inevitavelmente violenta, não só porque a violência era eficaz (o que, porém, constituía uma das razões), mas porque ajudava os colonizados a sacudir a paralisia da opressão e a criar uma nova identidade conjunta. Fanon não glorificava a violência, mas considerava-a essencial para a transformação política; não tinha grande simpatia pela ideia gandhiana da resistência não violenta como fonte de poder. Em sua contribuição, Sartre endossou a posição de Fanon com tanto entusiasmo que foi além do texto original, mudando a ênfase para louvar a violência pela violência. Sartre parecia ver a violência dos oprimidos como um gesto nietzschiano de autocriação. Também a contrapunha, como Fanon, à brutalidade oculta do colonialismo. E, como em "Orfeu negro", convidava os leitores (presumidamente brancos) a imaginar o olhar dos oprimidos[11] voltado contra eles, despindo-os de sua hipocrisia burguesa e desmascarando-os como monstros oportunistas e gananciosos.

O prefácio a *Os condenados da terra* oferece uma súmula do que havia de mais abominável e de mais admirável em Sartre nos anos de militância. Sua fetichização da violência é chocante, mas ainda há algo a se admirar em sua disposição de se engajar com tamanha radicalidade nos sofrimentos dos marginalizados e oprimidos. Agora Sartre se acostumara tanto a assumir posições radicais que nem sabia mais como ser moderado. Como disse seu amigo Olivier Todd, suas convicções mudavam, mas seu extremismo nunca mudou.[12] Sartre concordaria. Em 1975, quando lhe pediram para citar seu pior defeito, ele respondeu: "Naturalmente cometi muitos erros ao longo da vida, grandes e pequenos, por uma razão ou outra. Mas, no fundo, a cada vez que cometi um erro, foi por não ser suficientemente radical".[13]

Ser radical significava incomodar as pessoas, e isso podia incluir pessoas também radicais. Josie Fanon, a viúva de Frantz Fanon, foi uma delas, levantando-se contra Sartre: não gostava que ele apoiasse o sionismo nessa época, o que, a seu ver, tornava-o inimigo da maioria dos argelinos.[14] A capacidade de Sartre de se engajar nas duas causas mostra suas intenções generosas, mas também revela outro paradoxo em seu princípio dos "desfavorecidos". Mais de um grupo pode ser visto como desfavorecido pela história; o que acontece, então, se suas reivindicações forem incompatíveis? O elogio de Sartre à violência trazia um paradoxo ainda pior: haveria alguém menos "favorecido" do que a vítima de um ataque violento, qualquer que fosse a motivação ou o contexto dessa violência?

Sartre sabia que seu interesse pela violência abrigava impulsos pessoais díspares. Ele o atribuía à sua experiência de ser assediado na infância e à sua decisão de tomar a agressão dos molestadores como parte de si mesmo. Ao conversar sobre isso com Beauvoir em 1974, ele disse que nunca se esquecera da violência que havia conhecido na escola em La Rochelle. Chegava a pensar que isso influíra em sua tendência de forçar as amizades: "Desde então nunca tive relações afáveis com meus amigos".[15] É de supor que isso também tenha alimentado seu desejo de ser extremista em tudo.

No caso da violência anticolonial ou da violência contra os brancos, entre os alvos estava, implicitamente, o próprio círculo de Sartre, mas isso só lhe valia ainda mais aplausos. Podia ser gratificante inverter os pontos de vista e se imaginar no furacão da raiva virtuosa de outrem. Da mesma forma, Beauvoir acolhia efusivamente as notícias de revolta contra as forças colonizadoras francesas em todo o mundo, alegrando-se com os ataques anticoloniais na Indochina na década de 1950.[16] Era uma questão de convicção política, claro, mas sua reação parece mais visceral do que intelectual. Era um estado emocional complexo para uma pessoa cujo país fora ocupado e oprimido apenas dez anos antes. De fato, quando a Guerra da Argélia teve início em 1954, Beauvoir se viu sentindo perante os uniformes franceses em público a mesma perturbação que sentira diante dos uniformes alemães — com a única diferença de que agora ela própria tinha parte na culpa. "Sou francesa", dizia a si mesma, e sentia como se confessasse uma deformidade.[17]

Os anos em que a Argélia lutou pela independência, 1954 a 1962, foram traumáticos, trazendo sofrimentos pavorosos. A carnificina chegou a Paris, quando vários manifestantes pró-independência foram mortos no centro da cidade. As torturas e execuções de civis na Argélia nas mãos dos franceses causavam desalento geral. A lealdade de Camus era para com a mãe, mas ele também se opunha aos abusos das autoridades. Sartre e Beauvoir davam um apoio mais unívoco ao movimento de libertação argelina; participavam ativamente das campanhas e ambos escreveram contribuições eloquentes a livros de e sobre argelinos torturados. Sartre escreveu em seu prefácio a *A questão*, de Henri Alleg: "Qualquer um, a qualquer tempo, pode se encontrar igualmente na posição de vítima ou de carrasco"[18] — alusão ao ensaio anterior de Camus, "Nem vítimas nem carrascos". Se Sartre e Beauvoir já não tivessem brigado com Camus, provavelmente brigariam agora por causa da situação argelina.

Podemos criticar Sartre e Beauvoir por aplaudirem a violência na segurança de seus camarotes, mas dessa vez a posição deles não era nada segura. Tal como em 1947, Sartre recebeu ameaças de morte.[19] Em outubro de 1960, 10 mil veteranos do Exército francês marcharam numa passeata anti-independência, gritando, entre outros slogans: "Atirem em Sartre!". Ao assinar uma petição ilegal para que os soldados franceses desobedecessem a ordens das quais discordassem, Sartre enfrentou o risco de ser preso e processado, até que o presidente Charles de Gaulle, ao que consta, teria impedido que isso acontecesse, declarando: "Não se prende Voltaire". Por fim, em 7 de janeiro de 1962, alguém levou a sério a incitação ao assassinato. Na Rue Bonaparte, 42, onde Sartre morava com a mãe, plantaram uma bomba no apartamento do andar logo acima do deles. A explosão atingiu os dois andares e arrancou as portas do apartamento; foi por pura sorte que ninguém saiu ferido.[20] Camus sentira medo pela mãe na Argélia, mas agora era a mãe de Sartre que corria perigo. Ele se mudou para um novo apartamento, no Boulevard Raspail, 222, alugando outro para a mãe, ali próximo. Sartre estava agora mais perto do endereço de Beauvoir e mais longe dos velhos pontos que costumava frequentar em Saint-Germain-des-Prés, tornando-se mais difícil de ser localizado.

Ele não deixou que o atentado afetasse sua participação nas campanhas: com Beauvoir, continuou a discursar nas manifestações, a escrever artigos, a prestar depoimentos em favor dos acusados de atividades terroristas. Segundo Claude Lanzmann, eles levantavam no meio da noite para dar telefonemas desesperados, na tentativa de suspender a execução de argelinos condenados à morte.[21] Em 1964, Sartre recusou o prêmio Nobel de Literatura,[22] dizendo que não queria comprometer sua independência e que lamentava a tendência do comitê a conceder o prêmio somente a escritores ocidentais ou a refugiados anticomunistas, em vez de premiar escritores revolucionários do Terceiro Mundo.

Com efeito, quando lhe ofereceram o prêmio, Sartre consultou mentalmente os "desfavorecidos", mais ou menos como Heidegger recorrera à sabedoria do "camponês", seu vizinho em Todtnauberg, quando lhe ofereceram a vaga em Berlim em 1934. Na história de Heidegger, o vizinho abanou a cabeça em silêncio. Na mente de Sartre, os desfavorecidos também responderam com um movimento imperioso da cabeça: *não*. Mas a recusa de Heidegger se referia exclusivamente a uma retirada e renúncia às complexidades mundanas. A de Sartre era uma resposta às exigências dos seres humanos injustiçados — o que o unia mais do que nunca à vida dos outros.

Muito antes de Sartre, outras pessoas já tinham escrito sobre o papel do "olhar" no racismo. Em 1903, em *As almas da gente negra*, W. E. B. Du Bois refletira sobre o povo negro e sua "dupla consciência, esse senso de estar sempre olhando a si mesmo pelos olhos dos outros, medindo sua alma pelo metro de um mundo que o vê com piedade e desprezo tingido de diversão".[23] Mais tarde, autores americanos negros também exploraram a luta hegeliana pelo controle dos pontos de vista. Em 1953, James Baldwin descreveu sua visita a um vilarejo suíço onde ninguém jamais vira um negro e onde todos ficaram boquiabertos ao vê-lo.[24] Baldwin ponderou que, teoricamente, devia se sentir como os primeiros exploradores brancos se sentiram nas aldeias africanas, aceitando os olhares como tributo à sua maravilhosa singularidade. Tal como os exploradores, Baldwin era mais viajado e mais culto do que os moradores locais. Mas não conseguiu se sentir assim; pelo contrário, sentiu-se humilhado e constrangido.

Como homossexual negro, Baldwin sofrera durante anos uma dupla marginalização nos Estados Unidos, onde as divisões raciais eram institucionalizadas e a homossexualidade proibida. (O primeiro estado a descriminalizá-la foi Illinois, em 1962.) Baldwin adotou a França como lar por vários anos — e lá se juntou ao colega romancista Richard Wright, que agora estava bem instalado em Paris.

Depois de descobrir e se reunir com os existencialistas nos anos 1940, Wright ficara mais francófilo e mais existencialista que nunca. Em 1952, concluiu seu romance existencialista *The Outsider* [O estranho], história de um indivíduo problemático chamado Cross Damon que foge para iniciar vida nova após ser confundido com outro homem que morre num acidente de metrô. As autoridades brancas não conseguem diferenciar um negro do outro; Damon aproveita o engano para escapar a uma ação judicial por ter engravidado uma menor de idade. Então se envolve em problemas piores, cometendo assassinatos para esconder sua identidade. Também se envolve com os comunistas, como o próprio Wright havia feito. Ao refazer a vida, Damon sente uma grande liberdade, mas também uma responsabilidade atordoante em decidir o sentido de sua vida. A história termina mal, Damon perseguido por seus crimes e atingido mortalmente; em seus últimos momentos, ele diz que fez tudo aquilo para ser livre e descobrir seu valor. "Somos diferentes do que parecemos [...]. Talvez piores, talvez melhores, mas certamente diferentes [...]. Somos estranhos a nós mesmos."[25]

Wright aplica as filosofias de Sartre e Camus à experiência americana negra. Resulta um livro interessante, mas com alguns pontos fracos, e teria sido bom que tivesse tido um auxílio editorial para uma exposição mais vigorosa de suas ideias. O editor e o agente de Wright preferiram remover totalmente as ideias do livro, mais ou menos como aconteceu com a tradução em inglês de *O segundo sexo*, de Beauvoir. O mundo editorial esperava de um autor como Wright algo em estado simples e bruto, e não uma reelaboração intelectual de seus correlatos em *A náusea* e *O estrangeiro*. Relutante, ele revisou o texto para eliminar a filosofia.[26] Enquanto fazia esse serviço penoso, veio a público um novo romance: *O homem invisível*, de Ralph Ellison. Também tratava de um negro alienado numa jornada da invisibilidade à autenticidade. *O homem invisível* tinha um tom mais leve do que o romance de Wright, e nada de filosofia francesa. Vendeu melhor e ganhou o National Book Award.

Wright escreveu uma carta generosa a Ellison, elogiando a obra e convidando-o a ir a Paris — ao que Ellison respondeu com grosseria que "estou ficando um pouco enjoado dos negros americanos que passam algumas semanas lá e voltam insistindo que é o paraíso".[27] Ele achava que Wright, mudando para o exterior, prejudicara a si mesmo: estragara a liberdade de escrever procurando a liberdade na vida real. Wright ouviu muito esse tipo de comentário: seu editor, Edward Aswell, julgava que ele alcançara a paz como indivíduo, mas perdera o impulso literário.[28] Mesmo James Baldwin escreveu: "Richard pôde enfim viver em Paris exatamente como viveria, se fosse branco, aqui nos Estados Unidos. Pode parece algo desejável, mas me pergunto se é mesmo".[29]

Eu me pergunto outra coisa: Por que a vida de Wright em Paris atraiu tantas críticas? O próprio Baldwin morava na França, e Ralph Ellison utilizou um subsídio do Prix de Rome para passar dois anos na Itália, após o sucesso de *O homem invisível* — embora sentisse saudades dos Estados Unidos e tenha voltado para lá. Os escritores brancos viviam se mudando para o estrangeiro; ninguém lhes dizia que iriam perder sua verve literária com a mudança.

Wright julgava que sua liberdade era essencial para conseguir perspectiva: "Preciso viver livre para me expandir".[30] Parece bastante razoável. Desconfio que a verdadeira objeção se referia não à mudança de Richard Wright para a França, e sim ao fato de escrever sobre ideias francesas.

Com efeito, depois disso Wright não escreveu mais nenhum romance. (E tampouco Ellison.) Mas escreveu narrativas de viagem e reportagens, notadamente *The Color Curtain* [A cortina de cor], sobre a grande conferência de Bandung sobre os países do Terceiro Mundo, em abril de 1955, e *White Man, Listen!* [Branco, ouça!], em 1957, dedicado aos indivíduos ocidentalizados da Ásia, África e Índias Ocidentais — aqueles "marginalizados solitários que vivem precariamente nas estreitas margens de muitas culturas".[31] Sua simpatia pelos desajustados existenciais nunca diminuiu; simplesmente se transferiu para a esfera não literária.

Em 19 de setembro de 1956, Wright falou no I Congresso Internacional de Escritores e Artistas Negros, na Sorbonne.[32] Lá, foi o único orador que chamou a atenção para a ausência quase absoluta de mulheres no debate. Destacou que os temas principais do congresso eram semelhantes aos que Simone de Beauvoir explorara em *O segundo sexo*: as lutas de poder, o olhar alienado, a autoconsciência e a construção de mitos opressores. Os ativistas antirracistas e feministas também abraçavam o engajamento existencialista: a convicção "voluntarista" de que o status quo podia ser entendido em termos intelectuais, mas não aceito na vida.

Enquanto isso, *O segundo sexo* vinha exercendo uma influência cada vez maior sobre mulheres do mundo inteiro. As organizadoras de um livro e de um programa de TV, ambos chamados *Daughters of de Beauvoir* [Filhas de Beauvoir], coligiram casos de mulheres cuja vida tinha mudado ao lerem as obras de Beauvoir nos anos 1950, 1960 e 1970. Eram mulheres como Angie Pegg, uma dona de casa numa cidadezinha de Essex que pegou ao acaso *O segundo sexo* numa livraria e ficou lendo o livro até as quatro da manhã.[33] Mergulhou primeiro no capítulo sobre o serviço doméstico e como ele isola as mulheres do mundo, depois voltou ao começo e leu até o fim. Até então, Pegg pensava que era a única a se sentir desconectada da vida pela forma como passava seus dias; Beauvoir lhe permitiu entender que não, não era a única — e lhe mostrou *por que* ela se sentia dessa maneira. Era uma daquelas leituras que transformavam a vida, como ocorrera com Sartre e Levinas ao lerem Husserl. Pela manhã, Pegg já se decidira a mudar o rumo de sua vida. Largou a vassoura e o espanador e foi para a universidade, estudar filosofia.

Além de *O segundo sexo*, muitas mulheres encontraram inspiração nos quatro volumes da autobiografia de Beauvoir, que começou em 1958 com *Memórias de uma moça bem-comportada* e prosseguiu até *Tudo dito e feito*, de 1972. Margaret Walters, crescendo na Austrália, vibrou com o conteúdo e o tom de confiança desses livros.[34] Eles contavam a trajetória épica de uma mulher buscando — e encontrando — a liberdade. As mulheres que tinham casamentos tradicionais ficavam intrigadas sobretudo com o relato de Beauvoir, contando sobre seu relacionamento aberto com Sartre e outros amantes. Kate Millett, que se tornou uma feminista importante, lembra-se de ter ficado pensando: "Lá está ela em Paris, vivendo essa vida. Ela é um espírito corajoso, independente, é em maior escala o que eu gostaria de ser aqui em Podunk".[35] Millett também admirava o engajamento político conjunto de Beauvoir e Sartre. "O que os dois representavam era a aventura de tentar levar uma vida ética, tentar viver de acordo com uma política ética radical, que não é simplesmente a bíblia esquerdista — você tem de inventar uma ética da situação o tempo todo. E isso é uma aventura."

Nessas décadas, Simone de Beauvoir levou muitas mulheres a mudarem de vida de maneira tão drástica que, inevitavelmente, algumas delas concluíram que tinham ido longe demais. Uma das entrevistadas, Joyce Goodfellow, contou que largou o marido e abandonou um emprego estável, mas desinteressante.[36] Acabou se tornando uma mulher totalmente livre — e mãe solteira que passou anos lutando com a pobreza e a solidão. "O que a gente lê realmente influencia nossa vida", disse em tom de ironia.

O que lemos influencia nossa vida: a história do existencialismo, tal como se difundiu pelo mundo nas décadas de 1950 e 1960, mostra isso muito melhor do que qualquer outra filosofia moderna. Alimentando o feminismo, os direitos dos homossexuais, a subversão das barreiras de classes e as lutas antirracistas e anticolonialistas, ele deu uma contribuição fundamental para transformar as bases de nossa existência atual. Ao mesmo tempo, muitos se inspiraram nele para sair em busca de formas mais pessoais de libertação. Sartre defendera uma nova psicoterapia existencialista, a qual se estabeleceu nos anos 1950, com terapeutas procurando tratar os pacientes como indivíduos enfrentando problemas de sentido e escolha, e não como meros conjuntos de sintomas. Os psiquiatras suíços Medard Boss e Ludwig Binswanger desenvolveram a "análise Dasein", baseada nas ideias de Heidegger; mais tarde, as ideias de Sartre ganharam mais influência na Inglaterra e nos Estados Unidos. Rollo May e Irvin Yalom trabalhavam dentro de um arcabouço explicitamente existencialista, e ideias semelhantes nortearam "antipsiquiatras" como R. D. Laing e "logoterapeutas" como Viktor Frankl, o qual, a partir de suas experiências num campo de concentração nazista, concluíra que a necessidade humana de sentido era quase tão vital quanto a necessidade de sono ou de alimento.[37]

Esses movimentos extraíam energias de um desejo mais geral de sentido e realização pessoal entre os jovens, sobretudo nos Estados Unidos. Após a guerra, muitos haviam se assentado na vida mais pacata que conseguiram, reconhecendo o valor de ter um emprego estável e morar num bairro residencial com jardim e ar puro. Alguns veteranos tiveram dificuldade em se adaptar, mas muitos queriam apenas aproveitar o que há de bom no mundo. Os filhos cresciam com esses benefícios, mas, chegando à adolescência, indagavam-se se não haveria mais coisas na vida além de cortar a grama e acenar para os vizinhos. Revoltavam-se contra a ordem política estreita dos Estados Unidos na Guerra Fria, com sua mescla de conforto e paranoia. Quando liam *O apanhador no campo de centeio*, de J. D. Salinger, de 1951, concluíam que a única coisa que não queriam na vida, como o protagonista Holden Caulfield, era ser *artificial*.

Seguiu-se então uma década em que a literatura, o teatro e o cinema viveram o alvoroço, poderíamos dizer, dos "dramas da autenticidade". Vão desde os escritores beat, repisando temas como a insatisfação ou as drogas, aos filmes de inquietude geracional, como *Juventude transviada* (1955) ou, na França, *Acossado* (1960), de Jean-Luc Godard. Às vezes reconhecia-se o viés existencialista, mesmo que apenas de forma irônica. *Les Tricheurs*, filme de Marcel Carné de 1958 (traduzido como *Os trapaceiros*), era uma fábula em que dois jovens niilistas da Rive Gauche são tão moderninhos e polígamos que não percebem que estão apaixonados e que mais valeria optarem por um casamento burguês. Em *Cinderela em Paris* (1957), a figura interpretada por Audrey Hepburn vai a uma boate parisiense procurando um filósofo famoso, sente-se arrebatada pela música e se entrega a uma dança existencialista desvairada. Mas ela tem também um casamento estável — com um Fred Astaire já envelhecido.

Outros filmes e romances mantinham um tom mais crítico, recusando os velhos estilos de vida. Uma pequena obra-prima desse período é o romance de Sloan Wilson, *O homem do terno de flanela cinza*, de 1955.[38] O protagonista, um veterano de guerra, luta para se adaptar ao ambiente suburbano onde mora e ao emprego numa empresa, cumprindo um longo expediente em tarefas sem nenhum sentido. No final, ele foge em busca de uma vida mais autêntica, abrindo mão da segurança. O título se tornou uma espécie de lema, sobretudo depois que o livro virou filme (*O homem do terno cinzento*), com Gregory Peck no papel principal. Ao que lembra Sloan Wilson, os executivos começaram a usar no trabalho roupas esporte (todas iguais) em vez dos ternos cinzentos — só para provar que *eles*, ao contrário de todos os outros conformistas, eram indivíduos livres e autênticos.

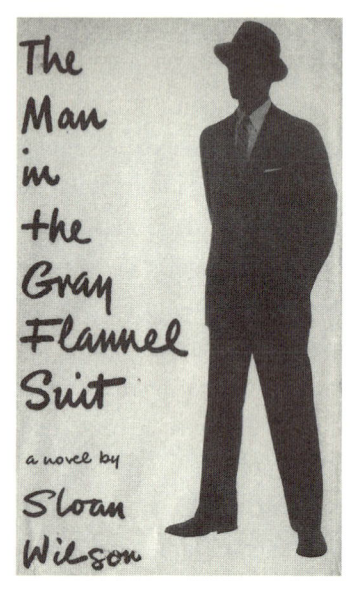

O livro *1984*, de George Orwell, de 1949, havia estabelecido uma ligação essencial entre a cultura conformista e o controle tecnológico; agora outros autores retomavam o tema. O romance pouco conhecido de David Karp, *One* [Um só], de 1953, é ambientado numa sociedade que impõe total uniformidade psicológica. O herói é preso quando o Estado detecta sinais de individualismo tão sutis que nem ele mesmo havia notado. Então é reeducado, de maneira branda, mas obrigatória — não por confronto, mas com um processo medicamentoso de tranquilização, e por isso mesmo muito mais aterrorizante.

Outros dramas também associavam o medo da tecnologia ao medo de que os humanos fossem reduzidos a criaturas sem nenhum poder ou valor, idênticas como formigas. Num capítulo anterior sobre Heidegger, citei um de meus filmes favoritos, *O incrível homem que encolheu*, de 1957 — que é um drama existencial e também de tecno-horror. Ele começa com o herói exposto a uma nuvem de partículas radiativas no mar. Quando volta para casa, ele começa a diminuir, perdendo altura e dignidade até ficar do tamanho de um grãozinho de pó. Não consegue interromper o processo, mesmo utilizando todos os recursos e instrumentos de que dispõe para sobreviver, e termina como uma figurinha minúscula na grama, olhando a imensidão do universo. Outros filmes da década de 1950 também associavam o duplo terror gêmeo heideggeriano de perda da autenticidade e tecnologia misteriosa — alguns, inclusive, como *Vampiros de almas* (1956), em geral são interpretados meramente como expressões do anticomunismo da Guerra Fria. Em filmes como *Godzilla* e *O mundo em perigo* (ambos de 1954), polvos, sanguessugas, escorpiões, caranguejos, formigas radiativas e outras criaturas de pesadelo emergem de uma terra violentada e devastada para se vingar.[39] É interessante ler "A questão da técnica" de Heidegger com seus comentários sobre o "terrível" e "monstruoso" no homem, a violação da terra, o esgotamento dos recursos da natureza, lembrando ao mesmo tempo que a versão publicada saiu no mesmo ano de *Godzilla*.

Junto com obras de ficção, surgiu um novo tipo de não ficção, de nova linhagem: o sociólogo, psicólogo ou filósofo como rebelde existencialista. David Riesman abriu caminho com seu estudo da alienação moderna, *A multidão solitária*, em 1950. Houve uma enxurrada em 1956, incluindo Irving Goffman com *A representação do eu na vida cotidiana*, William Whyte com *Organization Man* [O homem da organização] e Paul Goodman com *Growing Up Absurd* [Crescendo no absurdo]. A obra existencialista não literária mais dramática foi escrita um pouco depois por uma integrante da velha guarda: Hannah Arendt. *Eichmann em Jerusalém*, de 1963, que começou como um artigo para a *New Yorker* e se ampliou virando livro, tratava do julgamento em Jerusalém de Adolf Eichmann, organizador do Holocausto.[40] Tendo assistido ao julgamento e observado as respostas curiosamente inexpressivas de Eichmann, Arendt o interpretou como o exemplo supremo do "homem do terno de flanela cinza". Ele era, para ela, um burocrata vazio tão escravo do "eles" heideggeriano que perdera toda e qualquer responsabilidade e individualidade humana, fenômeno que Arendt definiu como "a banalidade do mal". Sua interpretação gerou controvérsias, bem como outros aspectos do livro, mas cativou um público que agora vivia num pânico moral, *não* em relação a convicções radicais, mas exatamente o contrário: o conformismo vazio e inexpressivo. Em parte como resposta à obra de Arendt, pesquisadores como Stanley Milgram e Phillip

Zimbardo desenvolveram experiências para testar a que ponto chegariam as pessoas na obediência às ordens. Os resultados foram alarmantes: aparentemente, quase todas estavam dispostas a infligir torturas se assim ordenasse uma figura de suficiente autoridade.

Nem todas as polêmicas contra a inautenticidade traziam reflexões tão cuidadosas. O romancista Norman Mailer — o único autor americano importante a se apresentar explicitamente como existencialista — dedicou seu ensaio "O negro branco", de 1957, a uma figura apresentada com os seguintes elogios:

> o existencialista americano — o *hipster*, o homem que sabe que, se nossa condição coletiva é viver com a morte instantânea trazida pela guerra atômica, morte relativamente rápida trazida pelo Estado como *l'univers concentrationnaire* ou morte lenta trazida pelo conformismo, sufocados todos os instintos criativos e rebeldes [...] se o destino do homem do século XX é viver com a morte desde a adolescência até a senescência prematura, ora, então a única resposta vital é aceitar os termos da morte, viver com a morte como perigo imediato, abandonar a sociedade, existir sem raízes, partir para aquela jornada desconhecida rumo aos imperativos rebeldes do eu. Em suma, seja a vida criminosa ou não, a decisão é encorajar o psicopata dentro de si.[41]

Mailer, pelo visto, decidiu pôr suas recomendações em prática. Anunciando em 1960 seu plano de concorrer a prefeito de Nova York com um programa "existencialista", teve de desistir da ideia depois que, bêbado, esfaqueou a esposa Adele durante o comício de lançamento da campanha. Concorreu novamente à prefeitura em 1969, mas não como existencialista. Ao que parece, ele nunca entendeu muito bem o existencialismo, ficando apenas na superfície. Quando o escritor inglês Colin Wilson, um pouco mais informado, perguntou a Mailer o que significava o existencialismo para ele, consta que este respondeu com um gesto de mão: "Ah, meio que tocar de ouvido".[42] Sua biógrafa Mary V. Dearborn sugeriu que o conhecimento de Mailer na área derivava de seu contato não com *O ser e o nada* (ainda não traduzido), como ele alegava, e sim de uma montagem de *Entre quatro paredes* na Broadway, junto com uma leitura rápida de *Irrational Man* [O homem irracional], um manual introdutório de William Barrett — aquele professor de filosofia que havia resenhado Sartre na *Partisan Review*.[43]

O guia de William Barrett era bom e teve muita influência; em 1956, seguiu-se outro livro de grande sucesso, uma coletânea organizada por Walter Kaufmann chamada *Existentialism from Dostoevsky to Sartre* [O existencialismo, de Dostoiévski a Sartre]. Era uma compilação de excertos de Kierkegaard, Dostoiévski, Nietzsche, Jaspers, Heidegger, Sartre e Camus, além de "parábolas" de Franz Kafka e uma introdução do organizador, que definia o existencialismo como uma série de "revoltas contra a filosofia tradicional" por parte de escritores que tinham em comum um "individualismo ardente".[44] Os dois livros, tanto o de Kaufmann quanto o de Barrett, ocuparam a lista dos mais vendidos e despertaram curiosidade sobre os textos originais, que agora finalmente apareciam em tradução. *The Second Sex*, a tradução em inglês da obra de Beauvoir, saiu em 1953. *The Myth of Sisyphus* apareceu em 1955, juntando-se a traduções anteriores das novelas e romances de Camus. Em 1956, veio a grande obra: *Being and Nothingness*, na tradução de Hazel Barnes,[45] mostrando Sartre em seu auge mais monumental. Depois Barnes traduziu outros livros, que traçavam comparações com outras tradições, entre elas a do zen-budismo — outra grande moda da época. Ela também apresentou uma série de televisão em 1961, *Self-Encounter: A Study in Existentialism* [Encontrando a si mesmo: Um estudo sobre o existencialismo],[46] explicando ideias filosóficas com o auxílio de pequenos quadros encenando trechos extraídos de peças existencialistas. Foi uma ótima ideia — mas Barnes conta em suas memórias que a série foi marcada por uma ocorrência trágica. Num dos episódios, um ator fazia o papel de um médico refletindo sobre o tema da morte. No dia seguinte, após a filmagem, ele viu um gatinho preso num poste telefônico e subiu para resgatá-lo. Encostou num fio desencapado e morreu eletrocutado.

O existencialismo agora era a grande febre nos Estados Unidos, ao passo que, no outro lado do Atlântico, a Inglaterra vinha procedendo com mais cautela. Os filósofos profissionais dos dois países já tinham sido demolidos pelo positivista lógico Rudolf Carnap, um refugiado alemão estabelecido nos Estados Unidos que em 1932 escrevera um artigo zombando de expressões heideggerianas como "o nada nadifica" (*das Nichts nichtet*).[47] O ataque de Carnap traçava uma divisória entre a filosofia "anglo-americana" e a filosofia "continental" que persiste até hoje. Os leitores leigos pouco se importavam com isso e achavam o existencialismo muito estimulante — mas, na Inglaterra, havia outros obstáculos culturais a transpor. Como apontou Iris Murdoch, a primeira divulgadora do tema no país, os ingleses estavam acostumados a ideias que brotavam de um mundo onde "as pessoas jogam críquete, fazem bolo, tomam decisões simples, relembram a infância e vão ao circo",[48] enquanto os existencialistas vinham de um mundo onde as pessoas cometem grandes pecados, se apaixonam, entram no Partido Comunista. Com o avançar da década de 1950, porém, os jovens ingleses descobriram que o pecado e a política podiam ser mais interessantes do que um bolo.

Iris Murdoch incentivou essa juventude. Ela própria ficara emocionada com seu primeiro encontro com Sartre, em 1945, quando trabalhava no setor da ONU de assistência aos refugiados, a UNRRA (United Nations Relief and Rehabilitation Administration), em Bruxelas. Murdoch assistiu a uma palestra de Sartre na cidade, pediu-lhe para autografar seu exemplar de *L'Être et le néant* e escreveu a uma amiga: "A empolgação — não me lembro de nada parecido desde os dias em que descobri Keats & Shelley & Coleridge quando era muito nova".[49] Mais tarde, ela praticamente abandonou o existencialismo, mas por ora contribuiu muito para divulgá-lo. Dava palestras, escreveu o primeiro livro sobre Sartre em 1953, acrescentou floreios existencialistas em seu primeiro romance, *Sob a rede*, e até deu um exemplo pessoal, entregando-se ao amor livre com ampla desenvoltura bissexual.

A carreira acadêmica de Iris Murdoch e sua pronúncia aristocrática reduziram um pouco seu apelo numa época em que as estruturas sociais inglesas tradicionais vinham sendo corroídas por baixo pelos Young Angry Men, movimento de autores *enragés* com atitudes insolentes e sotaques regionais. Era páreo duro para os parisienses pretensiosos — até que, em 1956, irrompeu em cena um existencialista inglês muito diferente.

Chamava-se Colin Wilson; vinha de Leicester, nas Midlands, e não frequentara a universidade. Seu livro se chamava *O outsider*, em homenagem a Camus, e levava os leitores a um passeio alucinado pelos tipos alienados mais estranhos ou mais "marginalizados" da literatura moderna, de Dostoiévski, H. G. Wells, T. E. Lawrence e as efusões do bailarino mentalmente perturbado Vaslav Nijinski até o Roquentin de Sartre e o Meursault de Camus. As fontes eram ecléticas, o tom ousado, as ideias grandiosas, e a contestação da academia tradicional era inequívoca. Foi um furacão na área editorial britânica.

Um fato que ajudou foi que o próprio Wilson era o sonho de qualquer publicitário. Não tendo chegado aos 25 anos, era um rapaz deslumbrante, com o cabelo basto caindo num dos lados da testa, mandíbulas bem marcadas, lábios salientes e um belo pulôver existencialista de gola olímpica. Vinha de um ambiente rude, mas cedo deixou Leicester para se juntar aos poetas e beatniks de Londres dos anos 1950. Passou o verão de 1954 sem um tostão, dormindo em Hampstead Heath numa barraca pequena, com dois sacos de dormir, indo diariamente de bicicleta até a biblioteca do Museu Britânico, deixando a mochila no balcão de entrada e trabalhando num romance na Sala de Leitura totalmente redonda da biblioteca. No inverno do mesmo ano, alugou um quarto em New Cross e passou o Natal sozinho lendo *The Outsider*.[50]

a tradução inglesa de *O estrangeiro* de Camus. Impressionado com a vida de Meursault, "fumando, fazendo amor e descansando ao sol",[51] Wilson decidiu escrever um livro sobre os "outsiders" da vida moderna — todos aqueles rapazes meditando nas margens da filosofia e das artes, em busca de sentido ou encontrando sentido no absurdo. Quando o museu reabriu após o Natal, Wilson pediu várias pilhas de livros e escreveu seu manuscrito num arroubo de inspiração. Encontrou quem o publicasse: Victor Gollancz, que levou Wilson para almoçar e celebrar o acordo, dizendo (segundo a lembrança de Wilson): "Creio que talvez você seja um gênio". Wilson adorou: "Eu tinha chegado a essa conclusão fazia alguns anos, mas foi agradável ouvir a confirmação".[52]

Os editores gostaram ainda de ouvir a história de Hampstead Heath e de promover a imagem irresistível de um belo jovem andarilho, à noite dormindo sob a copa de uma árvore e de dia escrevendo sob a cúpula veneranda do museu. Quando os jornalistas divulgaram a história de que Wilson escrevera *aquele* livro enquanto vivia ao léu, ninguém os corrigiu, mas na verdade Wilson já estava morando num apartamento em Notting Hill.[53] A primeira tiragem de 5 mil exemplares se esgotou em poucas horas.[54] Os críticos deliraram. O *Punch* publicou uma sátira mostrando, "com várias citações de livros que já lemos e de alguns livros que ainda nem foram escritos", como a Alice de Lewis Carroll passa de outsider a insider ao atravessar o espelho.[55] Quando ela chega ao outro lado do espelho, "o Existencialismo se transforma em Inexistencialismo e, nas palavras do Swami Tum-Tum, os Muitos se tornam Mais".

Então veio a reação. Um leitor escreveu ao *Times Literary Supplement* uma carta em que apontava 86 erros graves e 203 erros menores nas diversas citações de Wilson.[56] Depois o *Daily Mail* pegou trechos de seu diário particular, inclusive a declaração: "*Sou* o grande gênio literário de nosso século".[57] O público inglês até pode paparicar de vez em quando um intelectual, mas em troca espera uma polida demonstração de modéstia. O que se seguiu foi o espetáculo pouco edificante de um marginalizado sendo categoricamente relembrado de sua marginalidade. Os críticos do Sistema chutaram Wilson de volta para o ermo. Ele se refugiou num local tranquilo no campo.

O outsider é, sem dúvida, um livro excêntrico, revelando uma leitura apressada e parcial de suas fontes. Mas tem talento e convicção, e exerceu grande impacto em muitos leitores — principalmente naqueles que, como o próprio Wilson, não dispunham dos privilégios de uma educação canônica, mas eram inteligentes e confiantes, ansiosos por explorar ideias culturais e questionar o mundo. Era um livro sobre marginalizados *para* marginalizados. Um desses leitores foi meu pai, menino nascido nas Midlands no mesmo ano de Wilson e com a mesma curiosidade e otimismo. Ele me contou que *O outsider* foi uma das poucas fontes de luz num período sombrio durante o pós-guerra na Inglaterra.

Wilson incentivava seus leitores a tomarem seus textos no plano pessoal. Deu a seu pensamento o nome de "neoexistencialismo" e lhe conferiu um ímpeto otimista e até arrebatado. Numa autobiografia, revelou que certa vez, na adolescência, quase se suicidara, mas mudou de ideia. No instante em que decidiu viver, teve uma experiência avassaladora: "Vislumbrei a riqueza imensa e maravilhosa da realidade estendendo-se até horizontes distantes".[58] Tentou transmitir em seus livros esse senso do puro *valer-a-pena* da vida, crendo que os antigos existencialistas tinham cometido um erro ao avaliar a vida de modo sorumbático demais. Em livros posteriores, essa visão da possibilidade humana o levou a um amplo leque de temas, unidos basicamente pela absoluta falta de respeitabilidade intelectual: homicídio, ocultismo, sexualidade. Não ajudavam muito sua reputação, mas de fato lhe traziam leitores. Wilson também escreveu suspenses e ficção científica, mas seu romance mais interessante continua a ser o autobiográfico *Adrift in Soho* [A esmo no Soho], de 1961, que trata de um rapaz ingênuo que se junta a uns boêmios de Londres que o levam às festas dizendo coisas como: "Não vou me dar ao trabalho de lhe dizer o nome de todo mundo. Os homens você trata de 'cara' e as mulheres de 'mina'".[59]

Wilson teve uma vida longa e produtiva e nunca deixou de escrever, mesmo quando os editores se juntaram aos resenhistas, retirando-o de suas graças. Continuou um *enragé* até na velhice, reclamando de quem ousasse duvidar dele — como Humphrey Carpenter, que foi visitá-lo durante suas pesquisas para um livro sobre os Angry Young Men. A um entrevistador mais simpático, Brad Spurgeon, Wilson alegou que Carpenter tinha dormido no sofá enquanto ele falava sobre fenomenologia.[60] Parece impossível: como alguém conseguiria dormir durante uma conversa sobre fenomenologia?

O caso de Colin Wilson é bem ilustrativo. Se excluirmos a vaidade juvenil e a falta de traquejo social, ficamos com a situação potencialmente difícil da pessoa que é levada por sua paixão intelectual a escrever com excessiva pressa e empolgação sobre aquilo que lhe agrada. Com seu descaramento, sua falta de jeito kierkegaardiana e seu "individualismo ardente", Colin Wilson é talvez quem melhor capta o espírito de revolta existencialista no final dos anos 1950.

Uma das poucas pessoas que mostraram em suas resenhas alguma simpatia por Wilson depois das críticas detonando O *outsider* foi Iris Murdoch, que o considerava um besta, mas escreveu no *Manchester Guardian* que preferia o "estouvamento"[61] de Wilson à "aridez" pedante de filósofos mais estabelecidos. Ela também tinha uma pródiga efusividade ao escrever e expor ideias. Em 1961, redigiu uma espécie de manifesto, "Against Dryness" [Contra a aridez], insistindo que os escritores abandonassem os "pequenos mitos, brinquedos, cristais"[62] do beletrismo que estivera em voga e retomassem a verdadeira tarefa do escritor, que é explorar como podemos ser livres e nos conduzir bem num mundo complicado, entre a rica "densidade" da vida.

Mas cabe dizer que, mesmo quando os existencialistas se estendiam demais, escreviam demais, revisavam de menos, faziam afirmações grandiosas ou do contrário se desacreditavam, ainda assim continuavam em contato com a densidade da vida e faziam as perguntas que importam. Deem-me isso a qualquer hora e reservem as miniaturas de bom gosto para enfeitar a sala.

Nos anos 1960, os professores universitários tinham percebido uma mudança. O heideggeriano J. Glenn Gray, que dava aulas de filosofia na faculdade de Colorado, escreveu um ensaio para a *Harper's Magazine* em maio de 1965 chamado "Salvação no Campus: Por que o existencialismo está cativando os estudantes".[63] Ele notara que os estudantes recentes pareciam mais fascinados que nunca por qualquer filósofo que representasse revolta e autenticidade, tal como Sócrates, que morreu por sua liberdade intelectual. Adoravam os existencialistas, principalmente a ideia sartriana de má-fé. "Estou cansada de fingir", exclamou uma estudante. Os melhores eram também os que tinham mais tendência de largar os estudos; sumiam em busca de um caminho que fizesse mais sentido para eles. Gray ficou preocupado, principalmente quando um rapaz de rara inteligência não quis fazer a pós-graduação, recusando qualquer ajuda para conseguir uma vaga, e simplesmente foi vaguear por aí, sendo que a última notícia que se teve dele foi que andava perambulando pelo país, vivendo de bicos.

Gray entendia muito bem o desejo de liberdade e de algo "real": tinha sido ele a prever, no vilarejo italiano durante a guerra, que as velhas filosofias teriam pouco a oferecer ao mundo do pós-guerra e que seria preciso reinventar tudo. Mas, quando passaram a agir dessa maneira, quase uma geração depois, seu impulso de comemorar a iniciativa foi vencido pela preocupação com o futuro dessas pessoas.

Gray foi um dos primeiros a notar que a contracultura em crescimento era alimentada por uma versão popularizada do existencialismo. Foi a linha filosófica que forneceu a terminologia e a energia transformadora para a grande transformação social que sobreveio nos anos seguintes, com o surgimento de estudantes radicais, de hippies andarilhos, de objetores de consciência contra a Guerra do Vietnã e de todos os que se entregavam às drogas para expandir a percepção e ao espírito totalmente aberto de experimentalismo sexual. Um vasto idealismo esperançoso permeava esses estilos de vida: essas pessoas não eram "áridas", diria Iris Murdoch. Quer andassem ou não com livros de Camus, Beauvoir ou Sartre no bolso, adotavam o duplo engajamento sartriano: com a liberdade pessoal e com o ativismo político. Quando os estudantes em protesto, ocupando a Sorbonne em maio de 1968, aclamaram Sartre (junto com uma ou outra vaia, cabe dizer), era isso que estavam reconhecendo.

As passeatas estudantis, as greves, as ocupações, as manifestações de paz e amor nos parques públicos dos anos 1960 constituem um extenso momento histórico para o qual o existencialismo oferecera sua contribuição. Agora chegara a libertação; o existencialismo podia se aposentar. Na verdade, já havia novos filósofos em cena, reagindo contra o estilo de pensamento muito personalizado do existencialismo. Havia também novos romancistas atacando a estética literária existencialista: Alain Robbe-Grillet, em seu manifesto *Por um novo romance*, de 1964, desqualificava Sartre e Camus por terem excesso de "humano" em suas obras.[64] Em 1966, Michel Foucault previu que o "homem", sendo uma invenção relativamente recente, logo seria "apagado, como um rosto traçado na areia à beira-mar"[65] — imagem que faz lembrar Lévi-Strauss clamando por estudos que viessem "dissolver o homem". Mais tarde, na virada do século XXI, o pós-modernista Jean Baudrillard pôs de lado a filosofia sartriana por ser uma curiosidade histórica, como os clássicos do cinema dos anos 1950 cujos dramas psicológicos ultrapassados e caracterizações muito esquemáticas "expressam magnificamente bem os estertores finais pós-românticos — já banais — da subjetividade". Ninguém mais precisa desse tipo de "roupagem existencial", disse Baudrillard. "Hoje, quem se importa com a liberdade, a má-fé e a autenticidade?"[66]

Ah, mas havia, sim, pessoas que se importavam com essas coisas, e elas se encontravam sobretudo nos lugares onde a liberdade e a autenticidade viviam ameaçadas. Um lugar desses era a Tchecoslováquia, em 1968 e também depois. Enquanto os estudantes parisienses tratavam Sartre como preciosa relíquia do passado, havia jovens tchecos e eslovacos lendo seus livros como se acabassem de sair da gráfica. Isso foi durante a "Primavera de Praga", período em que o governo de Alexander Dubček tentou adotar uma versão mais liberal e mais aberta do comunismo. Tal como na Hungria doze anos antes, soldados e tanques soviéticos puseram fim à experiência. Foi esse episódio que levou Sartre e Beauvoir a rejeitarem definitivamente o modelo soviético — apenas para passarem a louvar gente como Mao Tsé-Tung e Pol Pot.

Mesmo após a entrada dos tanques, duas das peças mais provocadoras de Sartre continuaram nos palcos de Praga: *As mãos sujas* e *As moscas*, ambas antiautoritárias.[67] A montagem de *As moscas* em Praga foi a última reinvenção notável da parábola sartriana sobre a liberdade e o ativismo. Tendo começado como uma história da França em guerra em 1943 e conquistado nova audiência na Alemanha em 1948, agora ela parecia plenamente atual para os cidadãos da Tchecoslováquia pós-invasão.

"Ele está ultrapassado?", perguntou o romancista tcheco Milan Kundera em 1968, a respeito de Sartre.[68] "Foi o que ouvi dizerem na França." Aqui em Praga, prosseguiu ele, Sartre tinha muito mais a oferecer do que escritores como Robbe-Grillet, com sua concepção da literatura e do pensamento como meros jogos. Outro dissidente, o dramaturgo Václav Havel, declarou que as palavras dos escritores ainda tinham peso[69] e valor na Tchecoslováquia: podia-se aferir o quanto pesavam na vida das pessoas, ao passo que no Ocidente não tinham substância, sendo fáceis demais. Philip Roth, após uma visita posterior a Praga, também comentou que no Ocidente "tudo funciona e nada importa", enquanto na Tchecoslováquia "nada funciona e tudo importa".[70] O existencialismo de Sartre era, precisamente, uma filosofia do *importar*: ele instava os leitores a tomarem decisões como se todo o futuro da humanidade dependesse do que fizessem.

Não era apenas o existencialismo sartriano que tinha esse peso moral; para alguns tchecos e eslovacos, era a fenomenologia. A tradição fenomenológica tcheca remontava ao primeiro presidente moderno do país, Tomáš Masaryk, aluno de Brentano e curador de seu arquivo. O próprio Husserl provinha da Morávia, e vários de seus colegas tinham ligações com as terras tchecas. Nos anos 1960 e 1970, o grande destaque da fenomenologia na Tchecoslováquia se devia sobretudo a um daqueles husserlianos: Jan Patočka.

Como muitos outros, Patočka se sentira arrebatado em seu primeiro contato com a filosofia de Husserl, depois de ouvir o grande pensador falar em Paris em 1929. Tratou de se transferir para Friburgo em 1933 — mesmo ano em que Sartre foi a Berlim — e passou a integrar o círculo dos favoritos de Husserl, além de estudar com Heidegger. Husserl chegou a dar a Patočka um suporte de mesa para leitura que lhe fora dado originalmente por Masaryk, o que o fez sentir, como escreveu mais tarde, ungido como herdeiro de uma tradição.[71] Voltou a Praga e se empenhou ao máximo para converter a universidade num centro de pesquisas fenomenológicas.

Quando o Partido Comunista assumiu o poder em 1948, Patočka passou a ser cada vez mais molestado pelas autoridades, pois sua filosofia corria em sentido contrário à teoria marxista. Em 1972, foi obrigado a abandonar a docência na universidade e, em lugar disso, começou a realizar seminários particulares em sua casa, trabalhando os textos com leituras minuciosamente detalhadas. Seus alunos se acostumaram a dedicar um serão inteiro a algumas poucas linhas de *Ser e tempo*.[72] Também fazia sessões em teatros de Praga a atores e escritores — entre eles, Václav Havel.[73] Havel lembrava como Patočka insuflava vida nos textos lidos em grupo e incentivava os participantes a procurar "o sentido das coisas" e a iluminação "do eu, da situação de cada um no mundo". Discorria sobre sua ideia pessoal da "solidariedade dos abalados",[74] vínculo que unia todos que haviam sido arrancados da "cotidianidade" irreflexiva por algum abalo histórico. Esse vínculo poderia se tornar base para uma ação de rebeldia. A fenomenologia de Patočka era perigosamente política.

De fato, pode-se dizer que Patočka apenas revelava a tendência subversiva que sempre estivera latente na fenomenologia. O apelo de Husserl para voltarmos às "coisas mesmas" era um apelo para ignorar ideologias como o marxismo. Era um chamado à autonomia crítica, suspendendo todos os dogmas na *epoché*. Podemos inclusive remontar esse espírito antidogmático ao jovem Franz Brentano, que se recusou a aceitar a infalibilidade do papa e, como punição, perdeu seu cargo de professor. Patočka se recusou a aceitar a infalibilidade do Partido Comunista por razões muito semelhantes. Brentano havia transmitido o espírito de recusa cética a Husserl; Husserl o transmitira a Patočka, e Patočka agora o transmitia a Havel e a muitos outros.

Agindo de modo mais direto, Patočka se tornou ativista. Em 1976, quase septuagenário e com a saúde frágil, juntou-se a Havel e outros assinando a famosa declaração de oposição política conhecida como a Carta 77,[75] que quase poderia se chamar Carta dos Filósofos: entre seus principais representantes nos treze anos seguintes, quase um terço (doze em 38) era composto por filósofos ou ex-estudantes de filosofia, muitos deles tendo estudado com Patočka.[76]

O Estado tcheco começou imediatamente a perseguir os signatários da Carta. Entre janeiro e março de 1977, conduziram várias vezes Patočka à prisão de Ruzyně para interrogá-lo.[77] Seus interrogatórios eram mais cansativos do que violentos; duravam o dia inteiro, esgotando-o deliberadamente, sem qualquer concessão à sua fragilidade. Havel o viu uma vez na sala de espera dos prisioneiros, onde ficavam antes dos interrogatórios — ritual destinado a aumentar a ansiedade.[78] Parecendo totalmente tranquilo, Patočka conversou com ele sobre filosofia.

Naquele mesmo dia, após o interrogatório, Havel foi encarcerado. Patočka foi liberado, apenas para voltar a ser chamado várias vezes nos meses seguintes. Quase no final desse período, ele redigiu um "Testamento político" em que afirmava: "O necessário é que as pessoas se comportem sempre com dignidade, não se permitam atemorizar nem intimidar e falem a verdade".[79] Soa muito simples: mais uma vez, aquele apelo a falar das coisas como são, sem adornos.

Um dia, no começo de março, Patočka foi submetido a um interrogatório especialmente longo, de onze horas. Havia mais uma vez enfurecido o governo, ao contatar recentemente o ministro holandês das Relações Exteriores, Max van der Stoel, em visita ao país, para pedir seu apoio à Carta 77. No dia seguinte ao interrogatório, Patočka teve um colapso. Foi levado ao hospital, onde morreu em 13 de março de 1977.[80]

Milhares de pessoas compareceram ao funeral, no cemitério Břevnov de Praga. As autoridades não proibiram a cerimônia, mas perturbaram o evento de todas as formas possíveis. Ivan Klíma, que esteve presente, contou que o governo enviou motociclistas que ficavam acelerando os motores numa trilha próxima e helicópteros para sobrevoar o local, de modo que o barulho encobrisse os discursos junto à sepultura e não fossem ouvidos. Policiais lá presentes ficaram de costas para o túmulo. Outros fotografaram ostensivamente os rostos entre a multidão.[81]

Ao funeral seguiu-se outra daquelas corajosas operações de transferência clandestina dos arquivos que caracterizam a história da fenomenologia. Um grupo de ex-alunos e colegas de Patočka, encabeçado por Klaus Nellen e Ivan Chvatík, junto com o filósofo polonês Krzysztof Michalski, combinou com acadêmicos e diplomatas ocidentais que se alternariam para levar cópias dos papéis do filósofo para fora do país, a cada vez que entrassem e saíssem de Praga.[82] Aos poucos, montou-se o arquivo em duplicata no Instituto de Ciências Humanas de Viena, enquanto os originais ficavam escondidos em Praga. Ainda hoje, a memória de Patočka está preservada nas instituições das duas cidades. Um acadêmico ligado à instituição vienense, Paul Ricoeur, resumiu o legado de Patočka da seguinte maneira: "A encarniçada perseguição contra esse homem prova que a defesa filosófica da subjetividade se torna, em caso de extremo aviltamento de um povo, o único recurso do cidadão contra o tirano".[83]

Essa ideia também estava no centro de um famoso ensaio de Havel, "O poder dos sem poder", de 1978, dedicado à memória de Patočka. Num Estado opressor, escreveu Havel, as pessoas são cooptadas de várias maneiras sutis. Ele dá um exemplo: um merceeiro recebe do chefe da empresa um cartaz com a mensagem padrão: "Trabalhadores de todo o mundo, uni-vos!".[84] Ele deve pôr o cartaz na vitrine da mercearia, e é o que faz, embora não dê a mínima à mensagem — pois sabe que, se não colocar o cartaz, poderão surgir os mais variados incômodos. A cliente que vê o cartaz também não pensa conscientemente nele; de todo modo, ela tem o mesmo lema no escritório onde trabalha. Mas isso significa que o cartaz é inexpressivo e inofensivo? Não, diz Havel. Cada cartaz contribui para um mundo em que a independência de pensamento e a responsabilidade pessoal sofrem uma corrosão silenciosa. Os cartazes, de fato, emanam do "eles" heideggeriano e também contribuem para a continuidade da situação. Por todo o país, mesmo nos escritórios das figuras de mais alto escalão, as pessoas sofrem sob o sistema e, ao mesmo tempo, perpetuam-no, dizendo a si mesmas que nada disso importa. É uma estrutura gigantesca de má-fé e banalidade indo até o topo. Todos estão "envolvidos e escravizados".

Para Havel, é aí que o dissidente precisa intervir, para romper o padrão. O rebelde, diz Havel, exige uma volta ao "aqui e agora"[85] — àquilo que Husserl chamaria de "as coisas mesmas". Ele efetua uma *epoché*, em que se abandona a hipocrisia e cada qual vê o que está diante de seus olhos. O resultado acabará por ser uma "revolução existencial":[86] a relação das pessoas com a "ordem humana" é revista e elas podem voltar à experiência autêntica das coisas.

Em 1989, ocorreu mesmo uma revolução, que levou Havel ao poder como o primeiro presidente pós-comunista do país. Não agradou a todos nesse papel, e a revolução não foi tão fenomenológica ou existencial quanto talvez ele quisesse. Pelo menos, poucos a julgaram assim. Mas certamente houve uma revisão. O imperativo fenomenológico de ir diretamente à realidade da experiência pode ter tido um impacto mais duradouro do que o radicalismo mais aberto de Sartre. Talvez a fenomenologia, ainda mais do que o existencialismo, seja a escola de pensamento verdadeiramente radical. Brentano, o rebelde fenomenológico original, teria motivos para sentir orgulho da longa linha de influência que exerceu.

13
Tendo provado uma vez a fenomenologia

Em que surgem as partidas.

Em frente, sempre em frente! Tal era o lema dos existencialistas, mas Heidegger já havia apontado muito tempo antes que ninguém segue em frente de maneira ininterrupta. Em *Ser e tempo*, o Dasein encontra a autenticidade em "Ser-para-a-morte", isto é, ao afirmar a mortalidade e a limitação. Heidegger também mostrou que o próprio Ser não se encontra num plano eterno e imutável: ele surge no Tempo e na história. Assim, tanto no nível cósmico quanto na vida de cada de um de nós, todas as coisas são temporais e finitas.

Essa ideia do Ser ou da existência humana com data final para expirar nunca se assentou bem em Sartre. Ele a aceitava em princípio, mas tudo em sua personalidade se revoltava contra qualquer coisa que a restringisse, ainda mais a morte. Como escreveu em *O ser e o nada*, a morte é um ultraje que me atinge vinda de fora e acaba com meus projetos. Não é possível se preparar nem se apoderar da morte; não é algo sobre o qual se possa ser resoluto, não é algo que possa ser incorporado e domesticado. Não é uma de minhas possibilidades, mas "a possibilidade de que não haja mais possibilidades para mim".[1] Beauvoir escreveu um romance apontando que a imortalidade seria intolerável (*Todos os homens são mortais*), mas também via a morte como uma intrusa hostil. Em *Uma morte muito suave*, de 1964, em que narra a doença final da mãe, ela mostrava que a morte vinha "de outro lugar, estranha e inumana".[2] Para Beauvoir, não é possível manter uma relação com a morte, apenas com a vida.[3]

O filósofo inglês Richard Wollheim formulou tudo isso de outra maneira. A morte, diz ele, é a grande inimiga não só porque nos priva de todas as coisas futuras que poderíamos fazer e de todos os prazeres que poderíamos gozar, mas porque elimina *totalmente* a capacidade de experimentar qualquer coisa, para sempre. Ela põe fim a nós como clareiras heideggerianas onde as coisas aparecem. Assim, diz Wollheim, a morte "nos priva da fenomenologia, e, tendo provado uma vez a fenomenologia, passamos a sentir por ela um desejo a que não podemos renunciar".[4] Tendo experimentado o mundo, tendo provado a intencionalidade, queremos continuar para sempre, porque essa experiência do mundo é *o que somos*.

Infelizmente, o trato é esse. Só podemos provar a fenomenologia porque, um dia, ela nos será tirada. Abrimos nossa clareira e então vem a floresta retomá-la. O único consolo é ter vivido a beleza de enxergar a luz entre as folhas: em lugar de nada, ter tido alguma coisa.

Algumas das pessoas mais agradáveis que apareceram nesse nosso café existencialista cintilante, tilintante, barulhento e briguento foram também as primeiras a ir embora.

Boris Vian estava com apenas 39 anos quando, em 23 de junho de 1959, morreu de um ataque cardíaco sofrido quando estava no cinema, assistindo a uma prévia de um filme baseado em seu romance *Vou cuspir no seu túmulo*. Ele não gostou do filme e estava precisamente expondo seus protestos na cadeira quando teve o ataque. Morreu a caminho do hospital.

Mal passados seis meses, em 4 de janeiro de 1960, Albert Camus morreu num acidente de carro com seu editor Michel Gallimard, que estava dirigindo. O carro bateu numa árvore e depois noutra, girando em torno de si mesmo, jogando grande parte da lataria num dos lados da árvore e o motor do outro lado e arremessando Camus por uma das janelas traseiras. À pequena distância, encontraram mais tarde uma pasta na lama, contendo o diário de Camus e o manuscrito inacabado de *O primeiro homem*, romance autobiográfico sobre sua infância na Argélia.[5]

Beauvoir soube da notícia através de Claude Lanzmann, que ligou para ela no apartamento de Sartre. Beauvoir desligou o aparelho, tremendo, e disse a si mesma para se acalmar.[6] Vamos, falou consigo mesma, você nem é mais amiga de Camus. Então olhou pela janela do apartamento de Sartre, observando o sol se pôr sobre a igreja de Saint-Germain-des-Prés, sem conseguir chorar nem se acalmar. Concluiu que lamentava não o Camus de 46 anos que acabava de morrer, mas o jovem combatente da liberdade dos anos de guerra — o amigo que haviam perdido muito tempo atrás. Foi assim também que Sartre sentiu: para ambos, o verdadeiro Camus era o da Resistência e de *O estrangeiro*, não o posterior.[7] Nunca o perdoaram por suas opiniões políticas, mas Sartre escreveu um necrológio generoso em *France-Observateur*. Apresentou Camus como herdeiro da grande tradição dos *moralistes* franceses, termo que implica tanto a ideia de moralidade quanto a de uma observação atenta da conduta e do caráter dos indivíduos. Era um homem, disse Sartre, cujo "obstinado humanismo, estreito e puro, austero e sensual, travava um combate doloroso contra os acontecimentos maciços e disformes destes tempos". Ao ser entrevistada por Studs Terkel para uma rádio americana no mesmo ano, Beauvoir concluiu que Camus era um pensador ético, e não tanto político — mas reconheceu que os jovens podiam aprender com as duas abordagens.[8]

Naquele ano, houve outra partida prematura. Em Paris, Richard Wright sofreu um ataque cardíaco em 28 de novembro de 1960, aos 52 anos. Alguns amigos e a filha aventaram a hipótese de que fora assassinado pela CIA: uma mulher misteriosa fora vista saindo de seu quarto não muito antes da ocorrência fatal.[9] De fato, o governo americano continuara a molestá-lo e atrapalhá-lo durante anos. Mas Wright andava com a saúde delicada desde um acesso de disenteria amebiana em 1957, que lhe deixou problemas de fígado. E pouco ajudou que ele tomasse sais de bismuto, tidos como tratamento alternativo, mas que lhe causaram envenenamento por metal.

Nos anos finais, ele redigira poucos textos literários, mas continuava a escrever ensaios e polêmicas e também se afeiçoara ao haikai japonês.[10] Entre suas últimas obras, há uma sequência de belos poemetos sobre pessegueiros, caracóis, chuvas primaveris, nuvens tempestuosas, neves, galinhas que parecem menores quando encharcadas de chuva — e um pequeno cardo verde, preso no cabelo crespo de um garoto negro.

Um ano depois, em 3 de maio de 1961, Merleau-Ponty, esbelto e de aparência saudável como sempre, morreu de um ataque cardíaco, aos 53 anos de idade.[11] Estava com amigos no apartamento da família no Boulevard Saint-Michel. Conversaram por algum tempo e então Merleau-Ponty os deixou na sala de estar e foi para seu gabinete terminar algumas notas para uma apresentação sobre Descartes, que faria no dia seguinte. Não voltou mais.

Mais uma vez, Sartre se viu escrevendo o necrológio de um ex-amigo com o qual rompera, dessa vez para um número especial de *Les Temps Modernes*.[12] Mais uma vez, o necrológico foi gentil e generoso, e se tornou a fonte de grande parte do que sabemos sobre a amizade e as divergências entre ambos. Sartre comentou que haviam se encontrado pouco tempo antes, quando estava dando uma palestra na École Normale Supérieure. Sartre se sentiu tocado pelo fato de Merleau-Ponty ter ido ouvi-lo e depois ficou na esperança de manterem contato. Mas as reações de Sartre foram lentas (estava um pouco atordoado de gripe, disse ele) e Merleau-Ponty se surpreendeu; "não disse uma palavra revelando seu desapontamento, mas, por uma fração de segundo, tive a impressão de que seu rosto se entristecera". Mesmo assim, Sartre se sentiu otimista: "'Tudo está igual ao que era', falei a mim mesmo. 'Tudo vai recomeçar'". Poucos dias depois, ele soube que Merleau-Ponty havia morrido.

O corpo de Merleau-Ponty jaz na tumba da família no cemitério Père-Lachaise, junto com a mãe e a esposa Suzanne, que morreu em 2010. Fica do outro lado de Paris em relação a Montparnasse, onde estão os túmulos de Sartre e de Beauvoir. Merleau-Ponty se encontra num dos cantos mais calmos e menos frequentados do cemitério, rodeado de árvores.

Um filósofo que julgava que morreria ainda novo do coração, mas não morreu, foi Karl Jaspers.[13] Ao se casar, ele avisara à esposa Gertrud que não ficariam muito tempo juntos, talvez um ano. Na verdade, ele viveu até os 86 anos e partiu em 26 de fevereiro de 1969 — dia do aniversário de Gertrud. Mais tarde, Heidegger lhe enviou um telegrama dizendo apenas: "Em lembrança de anos anteriores, com respeito e condolências". Ela respondeu no mesmo dia: "Pensando igualmente nos anos anteriores, agradeço-lhe". Gertrud viveu até 1974.[14]

Talvez a melhor maneira de assinalar a partida de Karl Jaspers seja rever a transmissão radiofônica em que ele apresentou sua biografia, como parte de uma série em 1966-7. Jaspers falou da infância no mar do Norte, principalmente das férias com os pais nas ilhas frísias. Na ilha de Norderney, num dia ao anoitecer, o pai o tomou pela mão enquanto caminhavam à beira-mar. "Era maré baixa, nosso caminho na areia fresca e limpa era maravilhoso, inesquecível para mim, sempre avançando, sempre avançando, a água estava muito rasa, e fomos até a água, havia medusas e estrelas do mar — fiquei encantado", disse Jaspers. A partir daí, o mar sempre o fazia pensar na própria extensão da vida, sem nada firme ou acabado, e tudo em movimento perpétuo. "Tudo o que é sólido, tudo o que é magnificamente ordenado, tendo um lar, tendo abrigo: absolutamente necessário! Mas o fato é que há esse outro, a infinidade do oceano — isso nos liberta."[15] Era isso, prosseguiu Jaspers, que a filosofia significava para ele. Significava ir além do que era sólido e imóvel rumo àquela paisagem oceânica maior onde tudo estava em movimento, "sem solo em lugar algum". Era por isso que a filosofia sempre significara para ele um "pensar diferente".

Quatro anos após a morte de Jaspers veio a de outro filósofo que escrevera sobre a vida humana como uma jornada constante além do familiar: Gabriel Marcel, que morreu em 8 de outubro de 1973. Para ele, tal como para Jaspers, os seres humanos eram essencialmente errantes. Nunca podemos possuir coisa alguma e nunca nos assentamos realmente em parte alguma, mesmo que passemos toda a nossa vida num único lugar. Como indica o título de uma de suas coletâneas de ensaios, somos sempre *Homo viator* — homem viandante.

Hannah Arendt morreu de um ataque cardíaco em 4 de dezembro de 1975, aos 69 anos, deixando um manuscrito de dimensões sartrianas que sua amiga Mary McCarthy editou para publicação póstuma com o título de *A vida do espírito*. Arendt nunca solucionou inteiramente o enigma de Heidegger. Condenou algumas vezes o ex-amante e orientador; outras vezes, trabalhou para reabilitar seu nome ou para ajudar as pessoas a entendê-lo. Encontrou-se com ele algumas vezes quando esteve na Europa, e tentou (sem sucesso) ajudá-lo a vender o manuscrito de *Ser e tempo* nos Estados Unidos para levantar algum dinheiro.[16] Elementos da obra de Heidegger sempre conservaram um lugar central na filosofia de Arendt.

Em 1969, ela escreveu um ensaio que foi publicado dois anos depois na *New York Review of Books* com o título de "Martin Heidegger faz oitenta anos".[17] Ali expunha a uma nova geração de leitores o entusiasmo que sua conclamação ao pensar havia gerado no "buraco nevoento" de Marburgo, nos anos 1920. Mas também indagava por que ele próprio não conseguira pensar de maneira adequada em 1933 e nos anos subsequentes. Arendt não tinha resposta para sua própria pergunta. Assim como Jaspers certa vez desdenhara levemente de Heidegger chamando-o de "menino sonhador", aqui também Arendt terminava sua avaliação com uma imagem excessivamente generosa: a do filósofo grego Tales, gênio desprendido do mundo que caiu num poço, pois estava ocupado demais olhando as estrelas para enxergar o perigo à sua frente.

Heidegger, embora fosse dezessete anos mais velho do que Arendt, viveu cinco meses mais que ela, tendo uma morte serena durante o sono em 26 de maio de 1976, aos 86 anos.

Ele alimentou por mais de quarenta anos a crença de que o mundo o tratara mal. Continuara a não atender às esperanças de seus seguidores de que algum dia condenaria o nazismo em termos inequívocos. Agia como se não percebesse o que as pessoas precisavam ouvir, mas seu amigo Heinrich Wiegand Petzet afirmou que Heidegger sabia muito bem o que se esperava: e isso só o fazia se sentir mais incompreendido.[18]

Não deixou que seus ressentimentos o afastassem do trabalho, que continuou a levá-lo a subir e descer pelas trilhas montanhosas de seus pensamentos nos anos mais avançados. Ele passava a maior parte do tempo possível em Todtnauberg, recebendo a visita de peregrinos e às vezes de viajantes mais críticos. Um desses encontros foi com Paul Celan, poeta judeu sobrevivente de um campo de concentração que apresentou uma leitura em Friburgo em julho de 1967, quando estava em licença temporária de uma clínica psiquiátrica. A apresentação foi no mesmo auditório em que Heidegger fizera seu discurso nazista de reitor.

Heidegger, que admirava a obra de Celan, procurou criar um clima para que ele se sentisse bem-vindo. Chegou a pedir a um livreiro amigo que percorresse todas as livrarias da cidade para garantir que todas expusessem obras de Celan em suas vitrines, de modo que ele as visse ao percorrer a cidade.[19] O episódio é comovente, ainda mais porque se trata do único exemplo documentado que conheço de um gesto realmente bondoso da parte de Heidegger. Ele assistiu à apresentação e no dia seguinte levou Celan ao chalé. O poeta assinou o livro de visitas e escreveu um poema estranho e enigmático, chamado simplesmente "Todtnauberg".[20]

Heidegger gostava de receber viajantes, mas ele próprio nunca foi um *Homo viator*. Desdenhava o turismo de massas, que considerava sintomático do "desértico"[21] modo de vida moderno, com suas demandas de novidades. Em anos mais avançados, porém, veio a gostar de passar férias na Provença. Torturou-se muito com a ideia de ir ou não à Grécia — destino óbvio, em vista de sua longa obsessão pelos templos gregos, por seus afloramentos rochosos, por Heráclito, Parmênides e Sófocles. Mas era exatamente isso que o deixava nervoso: havia coisas demais em jogo. Em 1955, combinou que iria com seu amigo Erhard Kästner. Reservaram bilhetes de trem e de barco, mas, no último minuto, Heidegger cancelou. Cinco anos depois, os dois amigos planejaram outra viagem, e, mais uma vez, Heidegger desistiu. Escreveu a Kästner avisando que as coisas provavelmente ficariam assim. "Poderei pensar certas coisas sobre a Grécia sem ver o país [...]. A concentração necessária se encontra principalmente em casa."[22]

No fim, acabou indo. Tomou um cruzeiro egeu em 1962, com Elfride e um amigo chamado Ludwig Helmken — advogado e político de centro-direita cujo passado era pelo menos tão embaraçoso quanto o de Heidegger, pois se filiara ao Partido Nazista em 1937. O navio saiu de Veneza, descendo o Adriático, e percorreu Olímpia, Micenas, Heráclion, Rodes, Delos, Atenas e Delfos, então retornando à Itália.

De início, os receios de Heidegger se confirmaram: nada na Grécia o agradou. Olímpia se transformara num amontoado de "hotéis para os turistas americanos", escreveu ele em seu caderno de notas. A paisagem não conseguia "desprender o elemento grego da terra, de seu céu e seu mar".[23] Creta e Rodes não eram muito melhores. Em vez de passear em terra com um bando de turistas, Heidegger preferia ficar no navio lendo Heráclito. Detestou sua primeira visão de Atenas envolta em neblina, mas gostou quando um amigo o levou de carro até a Acrópole de manhã cedo, antes que chegassem as turbas com suas máquinas fotográficas.[24]

Mais tarde, depois do almoço e de uma apresentação de danças folclóricas no hotel, foram ao Templo de Possêidon no cabo Sunião — e por fim Heidegger encontrou a Grécia que buscava. Ruínas brancas se assentavam firmes e refulgentes no promontório; a rocha nua do cabo elevava o templo ao céu. Heidegger notou que "esse único gesto da terra sugere a proximidade invisível do divino" e a seguir observou que, muito embora os gregos fossem grandes navegadores, "sabiam como habitar e demarcar o mundo contra os bárbaros".[25] Mesmo agora, rodeado pelo mar, seus pensamentos se voltavam naturalmente para as imagens de cercar, conter, encerrar. Ao contrário de Husserl, Heidegger nunca pensava na Grécia em termos de comércio e abertura. E continuou a se sentir incomodado com as intrusões do mundo moderno, com os cliques infernais das câmeras dos outros turistas.[26]

Ao lermos o relato do cruzeiro, vemos de relance como Heidegger reagia quando o mundo não se encaixava em suas concepções prévias. Seu tom é ressentido, e ele se mostra seletivo no que se dispõe a ver. Quando a Grécia o surpreende, se enfurna ainda mais em sua visão pessoal das coisas; quando se encaixa nessa sua visão, lhe concede uma cautelosa aprovação. Tinha razão por estar tão nervoso em fazer a viagem: não despertava o melhor de si.

Houve outro momento final de surpresa e beleza. Quando o navio saiu da baía de Dubrovnik para voltar à Itália, um grupo de golfinhos veio à superfície para brincar em volta do cruzeiro, durante o pôr do sol. Heidegger ficou encantado. Lembrou-se de uma taça que vira no museu de antiguidades de Munique, atribuída a Exéquias, datada de c. 530 a.C., em que Dioniso aparece num barco com videiras entrelaçadas no mastro, cercado por golfinhos saltando no mar.[27] Heidegger correu para seu caderno — mas, enquanto escrevia sobre a imagem, a habitual linguagem de confinamento se impôs. Assim como a taça "descansa dentro dos limites" de sua criação, concluiu ele, "da mesma forma o local de nascimento do Ocidente e da era moderna, preservado em sua essência qual ilha, permanece no pensamento rememorador da estadia". Até mesmo os golfinhos tiveram de ser conduzidos a uma terra natal.

Nunca se encontra o mar aberto de Jaspers nos escritos de Heidegger; não se topa com o viandante em movimento contínuo de Marcel nem com seu "estrangeiro encontrado por acaso". Quando um entrevistador da revista *Der Spiegel* lhe perguntou, em 1966, o que achava da ideia de que os seres humanos algum dia viajariam para outros planetas, deixando a Terra para trás — porque, afinal, "onde está escrito que o lugar do homem é aqui?" —, Heidegger ficou horrorizado. Respondeu: "Segundo nossa experiência humana e nossa história, pelo menos até onde entendo, sei que tudo o que é essencial e tudo o que é grande provêm do fato de que o homem tinha um lar e estava enraizado num tradição".[28]

Para Heidegger, todo o filosofar é sobre a volta ao lar, e a maior jornada para o lar é a jornada para a morte. Numa conversa com o professor de teologia Bernhard Welte, já no final da vida, ele declarou que queria ser enterrado no cemitério da igreja de Messkirch, embora tivesse abandonado a religião muito tempo antes.[29] Ambos, Heidegger e Welte, diziam que a morte significa acima de tudo um retorno ao solo natal.

O desejo de Heidegger foi atendido. Ele agora repousa no cemitério católico nos arrabaldes de Messkirch. É uma sepultura laica, com uma pequena estrela em vez da cruz, onde jaz ao lado de Elfride, falecida em 1992. Há outros dois túmulos da família Heidegger, à esquerda e à direita, com cruzes. Os três monumentos, o maior sendo o de Martin e Elfride, formam um conjunto que lembra estranhamente o Calvário.

No dia em que fui visitar o local, havia asfódelos recém-plantados nos três túmulos, com alguns punhados de pequenos seixos na lápide de Martin e Elfride. Erguendo-se do solo entre a lápide do casal e a dos pais de Martin havia um pequeno querubim de pedra — um menino sonhador, de pernas cruzadas e olhos fechados.

Um dos túmulos ao lado do de Martin Heidegger pertence a seu irmão mais novo, Fritz, que protegera os manuscritos de Martin durante a guerra e, com Elfride, ajudara-o com seus serviços de secretário e outras formas de apoio ao longo da vida.

Fritz fizera na prática o que Heidegger apenas pensara filosoficamente: permaneceu junto ao lar, morando em Messkirch e trabalhando a vida toda no mesmo banco. Também manteve a religião familiar. Os moradores o conheciam como um homem alegre e animado que, apesar de gago, era ator assíduo numa festa anual de Messkirch, a *Fastnacht* ou "Semana dos Tolos" — festividade que se realizava logo antes da Quaresma, com discursos recheados de trocadilhos engraçados no dialeto local.[30]

Uma parte desse humor aparece nos comentários de Fritz ao irmão. Ele dizia brincando "Da-da-dasein", caçoando de sua gagueira e da terminologia de Martin. Nunca alegou que entendesse de filosofia e dizia que a obra de Martin só faria sentido para a humanidade do século XXI, quando "os americanos já tiverem montado um enorme supermercado na Lua". Apesar disso, datilografava meticulosamente os escritos do irmão, o que era um grande auxílio para um filósofo que não se sentia à vontade com máquinas de escrever. (Heidegger achava que a datilografia estragava a escrita: "Retira do homem a qualidade essencial da mão".)[31] Enquanto isso, Fritz gentilmente sugeria correções.[32] Por que não usar frases mais curtas? Cada frase não deve transmitir claramente apenas uma ideia por vez? Não há registro de resposta do irmão.

Fritz Heidegger morreu em 26 de junho de 1980, com sua vida pouco celebrada até data recente, quando despertou o interesse dos biógrafos como uma espécie de anti-Martin — um estudo de caso de *não* ser o filósofo mais brilhante e mais odiado do século XX.

Nesse meio-tempo, durante os anos 1970, as faculdades mentais de Sartre haviam entrado num longo e decepcionante declínio, afetando sua capacidade de trabalho. Entre seus papéis há uma curta página sem data (provavelmente escrita logo depois da chegada do homem à Lua, em julho de 1969, pois começa com "A lua"), em que ele registra o triste fato de fazer cinco meses que não escreve nada. Arrola os projetos que ainda quer terminar: o livro sobre Flaubert, um ensaio biográfico sobre Tintoretto, a *Crítica da razão dialética*. Mas não tem disposição de escrever e receia que nunca mais terá. Para Sartre, não escrever equivalia a não viver. Anotou: "Faz anos que não termino nada. Não sei por quê. Sei, sim: o Corydrane".[33]

A longa dependência do Corydrane e do álcool realmente trazia dificuldades, mas outro fator que o impedia de escrever era a cegueira, que, depois de anos com visão monocular, agora ameaçava o olho que enxergava. Ele ainda conseguia assistir à televisão, vendo as sombras que se moviam e ouvindo os diálogos. Em 1976, viu um longo programa sobre aquele tema tão interessante, Jean-Paul Sartre. Baseado em entrevistas realizadas alguns anos antes, *Sartre par lui-même*[34] [Sartre por ele mesmo], contava com uma entrevista adicional com Michel Contat, para coincidir com a transmissão. Sartre falou a Contat que a incapacidade de escrever lhe tirara a razão de existir, mas que se recusava a ficar triste por causa disso.[35]

Outros problemas de saúde se acumulavam; tinha disritmia, lapsos de memória, problemas dentários.[36] Em alguns momentos, parecia se ausentar totalmente. Numa dessas distrações, Beauvoir lhe perguntou no que estava pensando. Sartre respondeu: "Em nada. Não estou aqui".[37] Ele sempre descrevera a consciência como um nada, mas na verdade sua cabeça sempre estava cheia de ideias e palavras. Forçara-se a *descarregar* trabalhando, como se transbordasse e precisasse de vazão. Agora, ainda que continuasse cheio de coisas a dizer, faltava-lhe a energia para dizê-las. Os amigos começaram a torcer secretamente para que ele tivesse uma morte rápida e fácil — uma morte como a de Camus, como disse o amigo Olivier Todd. Era demasiado penoso assistir àquela lenta desintegração: "Sartre, *petit père*, não faça isso conosco!", escreveu Todd.[38] Mas Sartre continuou a lutar, uma figurinha teimosa no comando de sua enorme persona pública.

Nos meses finais de vida, amantes, parceiros e discípulos se revezaram a seu lado: Simone de Beauvoir, sua jovem companheira Arlette Elkaïm-Sartre (que ele adotara como filha, para lhe garantir os direitos legais) e Michelle Vian, sua amante de longa data. Sartre também tinha um novo assistente e secretário, o jovem Benny Lévy, que o ajudava na redação e talvez tenha exercido influência indevida sobre ele — pelo menos assim julgavam alguns. Lévy era um homem de opiniões fortes, ex-maoísta agora convertido ao anticomunismo, muito passional em relação à sua identidade judaica. Não era daqueles que se apagariam no papel de amanuense invisível.

Nas últimas semanas de vida de Sartre, *Le Nouvel Observateur* publicou uma série de conversas entre ele e Lévy que depois foi lançada em volume independente como *A esperança agora*. Nelas aparece um Sartre muito pouco usual, tentando se justificar e se desculpar — de suas posições pró-soviéticas e maoístas anteriores, de seu livro de 1946 sobre o antissemitismo (que Lévy considerava falho), de seu antigo fascínio pela violência.[39] Esse novo Sartre parece mais benevolente em relação à fé religiosa, embora ainda continue ateu. Admite ser um sonhador em questões políticas. Parece punido e derrotado. Pessoas próximas de Sartre consideravam que *A esperança agora* não mostrava nenhuma verdadeira mudança de pensamento, e sim apenas a fraqueza de um indivíduo vulnerável por causa da doença e das limitações impostas por sua condição de saúde. Na entrevista, talvez prevendo tais objeções, Lévy pergunta se as ideias de Sartre foram afetadas pela relação entre ambos. Sartre não nega, mas diz que agora, se quiser trabalhar, precisa ser em parceria. No começo, tomava essa situação como um mal menor, em comparação a interromper totalmente o trabalho, mas agora vê a relação como algo positivo, "um pensamento criado por duas pessoas".[40]

Ele estava acostumado a escrever em íntima parceria com Simone de Beauvoir, mas agora Beauvoir era quem mais achava excessiva a influência de Lévy sobre Sartre.[41] Raymond Aron também comentou que as ideias em *A esperança agora* eram tão ponderadas que até ele podia aceitá-las — sugestão implícita de que este seria um sinal inequívoco de que não correspondiam ao verdadeiro Sartre.[42]

Essa fase final na vida de Sartre permanece como um enigma. Fazendo o elogio da não violência e das relações pacíficas, ele parece dizer coisas sensatas e atraentes — mesmo assim, falta alguma coisa nesse novo Sartre adocicado. *A esperança agora* pode ser lido como remota lembrança do que havia de tão estimulante (e chocante) em seus trabalhos anteriores — erros, uma insensibilidade esmagadora, beligerância, grafomania. Mas talvez eu esteja fazendo o mesmo que ele e Beauvoir fizeram com Camus: louvar a memória de uma versão antiga e desqualificar a versão atual como equivocada. Talvez Sartre se mostrasse mais brando em relação ao mundo por estar ciente de seu declínio pessoal.

Seja como for, se alguma coisa demonstra a verdade da concepção de Beauvoir sobre a vida humana como um drama ambíguo e insolúvel entrecruzando liberdade e contingência, é precisamente essa fase final dos últimos anos de Sartre. Ao acompanharmos seu declínio, vemos uma figura loquaz e candente convertendo-se gradualmente numa sombra de si mesma, privada de visão e, em parte, de audição, de seu cachimbo, de sua escrita, de seu engajamento no mundo — e por fim, como diria Wollheim, de sua fenomenologia. Tudo isso lhe escapou ao controle. Mas Sartre nunca se deixou petrificar como uma estátua: continuou a mudar suas ideias até o último instante.

Na noite de 19 de março de 1980, quando — fato raro — ficou sozinho durante algumas horas, Sartre sofreu uma crise, lutando para respirar. Foi levado ao hospital, onde continuou por quase um mês. Mesmo nessa fase terminal, era perseguido por jornalistas que tentavam entrar no quarto disfarçados de enfermeiros e por fotógrafos que, no telhado da casa em frente, usavam o zoom para tirar retratos dele pelo vidro da janela.[43] No início da noite de 14 de abril, com gangrena e falência renal, Sartre entrou em coma. Faleceu no dia seguinte.

Beauvoir ficou arrasada, mas sua honestidade intelectual a impedia de mudar sua convicção permanente de que a morte era o fim: uma invasão e uma abominação, que não fazia parte da vida e não prometia nada no além. Ela escreveu: "A morte dele nos separa. Minha morte não nos unirá outra vez. É assim que são as coisas. É esplêndido por si só que tenhamos vivido nossas vidas em harmonia por tanto tempo".[44]

Ao sair da École Normale Supérieure em 1929, Sartre e Aron tinham combinado que aquele que sobrevivesse ao outro escreveria seu necrológio para a revista dos ex-alunos da escola.[45] Aron sobreviveu a Sartre, mas não escreveu o obituário. Porém escreveu sobre Sartre em *L'Express*, explicando por que decidira não manter o combinado: passara-se tempo demais e julgava que o compromisso perdera a validade. Também comentou numa entrevista que duvidava que Sartre, embora tivesse redigido "artigos comoventes"[46] sobre Camus e Merleau-Ponty após suas respectivas mortes, teria feito o mesmo em relação a ele, se suas posições se invertessem. As razões de Aron para pensar assim não são muito claras. É verdade que a amizade entre os dois se desfizera de maneira mais aguda do que nos outros casos, principalmente porque suas divergências políticas eram mais acentuadas. Mas Sartre sempre foi generoso com as palavras, e, apesar de tudo, desconfio que encontraria algo positivo a dizer sobre Aron num necrológio.

Na verdade, foi por pouco que Aron não morreu antes de Sartre, tendo sofrido um ataque cardíaco em 1977. Ele sobreviveu, mas nunca recuperou a saúde completa. O segundo ataque veio em 17 de outubro de 1983, quando saía de um tribunal depois de prestar depoimento a favor de seu amigo Bertrand de Jouvenel, acusado por um jornalista de alimentar simpatias nazistas durante a guerra. Durante seu depoimento, Aron declarou que a acusação não só era falsa, mas também a-histórica, não levando em conta as complexidades morais da vida francesa sob a Ocupação. Saiu do tribunal, sucumbiu e teve morte imediata.[47]

Simone de Beauvoir viveu mais seis anos quase exatos após a morte de Sartre.

Nesse período, continuou a dirigir o conselho editorial de *Les Temps Modernes*, com reuniões em sua casa. Lia manuscritos, escrevia cartas e ajudava autores mais jovens, entre os quais muitas feministas.[48] Uma delas, a americana Kate Millett, ia visitá-la todos os anos no apartamento de Paris, repleto, disse ela, de livros, fotos de amigos ("Sartre, Genet, Camus, todo mundo") e "daqueles sofás engraçados dos anos 1950, com almofadas de veludo, que provavelmente estavam na última moda quando ela comprou e decorou o apartamento". Beauvoir, segundo Millett, distinguia-se por uma integridade absoluta e por "algo muito raro, uma autoridade moral".[49]

Assim como Sartre adotara Arlette Elkaïm-Sartre, Beauvoir adotou sua companheira e herdeira, Sylvie Le Bon de Beauvoir, que lhe dava assistência junto com Claude Lanzmann e outros amigos. Beauvoir sofria de cirrose do fígado, relacionada com anos de consumo maciço de álcool.[50] A cirrose trouxe complicações que levaram à sua hospitalização em 20 de março de 1986; depois de várias semanas de convalescença após a cirurgia, debatendo-se agora com uma congestão pulmonar, ela entrou em coma e morreu em 14 de abril de 1986.

Beauvoir foi enterrada ao lado de Sartre no cemitério de Montparnasse. Tal como no caso dele, seu corpo foi posto num caixão menor dentro de um caixão maior, para ser cremado mais tarde. Milhares de espectadores acompanharam a passagem do carro funerário pelas ruas, recoberto de coroas de flores, assim como acontecera com Sartre. Não foi uma ocasião tão grandiosa quanto o enterro dele, mas a multidão ainda assim entupiu a entrada do cemitério. Os guardas fecharam os portões, receando que entrasse gente demais; alguns subiram nas barreiras e no muro. Dentro do cemitério, ao pé da sepultura, Lanzmann leu um trecho das últimas páginas de *A força das coisas*, o terceiro volume da autobiografia de Beauvoir, refletindo sobre a vida, a morte e a perda. Dizia ela:[51]

> Penso com tristeza em todos os livros que li, todos os lugares que vi, todo o conhecimento que reuni e que não existirão mais. Todas as músicas, todas as pinturas, toda a cultura, tantos lugares: e de repente nada. Não fizeram mel, essas coisas, elas não podem fornecer a ninguém alimento algum. No máximo, se meus livros ainda forem lidos, o leitor pensará: Não foi muito o que ela deixou de ver! Mas a soma única das coisas, a experiência que vivi, com toda a sua ordem e sua aleatoriedade — a Ópera de Pequim, a arena de Huelva, o candomblé na Bahia, as dunas de El-Oued, a avenida Wabansia, as auroras na Provença, Tirinto, Castro falando para 500 mil cubanos, um céu cor de enxofre sobre um oceano de nuvens, o osmanto púrpura, as noites brancas de Leningrado, os sinos da Libertação, uma lua

alaranjada sobre o Pireu, um sol rubro se erguendo no deserto, Torcello, Roma, todas as coisas de que falei, outras que deixei sem dizer — nada disso voltará a viver em lugar algum.[52]

Quando escreveu essa súmula, antes de lançar o livro em março de 1963, Beauvoir ainda tinha 23 anos de vida pela frente. Ela era dada a essas reflexões de despedida prematura. Ocupam largamente seu estudo *A velhice*, de 1970, bem como o volume de sua autobiografia que acabou sendo realmente o último, de 1972, *Tudo dito e feito*.

Apesar de tudo, esses livros, cada vez mais tingidos de melancolia, também mostram seu talento esplendoroso em se admirar com a vida. Em *A velhice*, ela conta que ficou olhando uma foto de si mesma, com "um daqueles chapéus cloche e gola rolê"[53] nos Champs-Élysées em 1929, surpreendendo-se ao ver como coisas que antes pareciam naturais agora podem ter um ar tão estranho. Em *Tudo dito e feito*, ela conta que acordou de uma sesta à tarde e sentiu um "espanto infantil — por que eu sou eu?".[54] Cada detalhe de um indivíduo é improvável — por que aquele determinado esperma encontrou aquele determinado óvulo? Por que ela nasceu mulher? Tantas coisas podiam ter sido de outra maneira: "Eu podia não ter encontrado Sartre; qualquer coisa podia não ter acontecido".

Qualquer informação que um biógrafo descubra sobre uma pessoa, acrescenta Beauvoir, é uma ninharia em comparação à massa densa da vida real daquela pessoa, com sua rede de relações e inúmeros elementos de experiência. Além disso, cada um desses elementos significa algo diferente, dependendo do ponto de vista: uma afirmação simples como "Nasci em Paris"[55] tem um sentido diverso para cada parisiense, dependendo de sua origem e de sua situação exata. A partir dessa complexa rede de pontos de vista, tece-se uma realidade em comum. Nunca ninguém entenderá esse mistério, diz ela.

Entre os principais personagens deste livro, o mais longevo foi Emmanuel Levinas, que morreu em 25 de dezembro de 1995, três semanas antes de completar noventa anos. Ele teve uma existência que cobre a maior parte da história da fenomenologia moderna, desde a primeira vez que descobriu Husserl, em 1928, até a fase final de sua própria carreira — quando ingressou num território tão enigmático que mesmo seus adeptos mais fervorosos tinham dificuldade em entendê-lo. Levinas passou a se interessar cada vez mais pelos estudos da erudição judaica tradicional e pela exegese dos textos bíblicos, além de prosseguir no trabalho sobre a ética e as relações com o Outro.

As ideias de Levinas exerceram influência em Benny Lévy, e pode ser por isso que há muitas ideias em *A esperança agora* que soam levinasianas. Se isso for verdade, este é mais um daqueles intrigantes contatos laterais entre Levinas e Sartre. Os dois mal se conheciam, e muitas vezes tinham ideias radicalmente diferentes, mas seus caminhos se cruzaram em vários pontos significativos. Quase meio século antes, Sartre comprara o livro de Levinas em Paris, depois da conversa sobre os coquetéis de damasco no bar Bec-de-Gaz. Então, em meados dos anos 1930, ambos escreveram textos sobre a náusea e o ser que apresentavam semelhanças notáveis. Agora, por intermédio de Lévy, mais uma vez as ideias de um e outro ganhavam uma inesperada proximidade — talvez sem perceberem nem refletirem sobre o fato.

Colin Wilson, o "neoexistencialista" inglês, viveu até o dia 5 de dezembro de 2013, um *enragé* até o final, mas conservando a fidelidade dos inúmeros leitores internacionais que haviam encontrado entusiasmo e esclarecimento em seus livros. Não são todos os que deixam um legado desses no mundo.

Wilson sobreviveu a duas outras grandes divulgadoras: Hazel Barnes, tradutora de Sartre, que morreu em 18 de março de 2008, e Iris Murdoch, que dera aos leitores ingleses a primeira oportunidade de provar o existencialismo.

Murdoch morreu em 8 de fevereiro de 1999, depois de vários anos com Alzheimer; seu último romance, *O dilema de Jackson*, mostra sinais dos sintomas incipientes. Quando estava trabalhando nele, Murdoch resolveu abandonar um livro de filosofia chamado *Heidegger: The Pursuit of Being*[56] [Heidegger: A busca do Ser], ao qual se dedicava fazia seis anos. Restam as versões manuscritas e à máquina, um conjunto de capítulos avulsos que tiveram alguns excertos publicados postumamente.

Heidegger, aparentemente, era um enigma para ela, como para tantos outros. Sem dúvida sentia-se intrigada com a pessoa dele; muitos romances de Murdoch tratam de figuras carismáticas, às vezes gurus perigosos. Mais importante é que ela continuou a se interessar pela filosofia de Heidegger muito depois de ter se afastado de Sartre. Apreciava especialmente a imagem heideggeriana da mente como uma clareira na floresta,[57] que lhe parecia muito bonita (e a mim também).

Em *O dilema de Jackson*, o personagem Benet também está escrevendo um livro sobre Heidegger e, como a própria Murdoch, enfrenta dificuldades no projeto. Ele se indaga se essas dificuldades não se deveriam ao fato de não saber o que realmente pensa a respeito de Heidegger. Alguns aspectos são atraentes, mas outros repulsivos: o nazismo, a apropriação de Hölderlin, a incessante "poetização da filosofia, descartando a verdade, o bem, a liberdade, o amor, o indivíduo, tudo aquilo que o filósofo deve explicar e defender". Benet questiona se não estaria "fascinado por certo aspecto perigoso de Heidegger que, na verdade, estava enterrado em tal profundidade em sua própria alma que não conseguia examiná-lo nem mesmo removê-lo".[58] Em que pensa ele quando pensa sobre Heidegger? Mais tarde, relendo suas anotações sobre Heidegger, Benet diz: "Sou pequeno e não entendo".[59]

Sendo fã de Murdoch durante minha vida inteira, de início eu tinha evitado ler *O dilema de Jackson*, achando que seria uma leitura triste por causa dos sinais de Alzheimer. Vindo a lê-lo agora, fiquei espantada ao encontrar uma descrição estranhamente parecida com o que eu mesma sentia em relação a Heidegger. De fato, o livro todo me pareceu comovente e instigante. Nesse seu último romance, Murdoch nos oferece um vislumbre do que é ser uma mente (ou um Dasein) que está perdendo a coerência e as conexões, e mesmo assim conserva a habilidade e o *desejo* ardente de pôr em palavras essa sua experiência — até os limites da capacidade humana. É o mesmo desejo fenomenológico de Sartre, Beauvoir, Merleau-Ponty e todos os presentes neste livro, inclusive do próprio Heidegger.

Na cena final de *O dilema de Jackson*, o personagem do título, Jackson, criado de Benet, senta-se na grama de uma ribanceira ao lado de uma ponte sobre um rio, observando uma aranha que tece sua teia entre as folhas da relva. Como se se fundisse com Benet, ele também é tomado pela sensação de que tudo está fugindo. Às vezes, diz Jackson, sente uma alteração, uma perda de ar e da memória. Estará apenas entendendo mal o que se passa? Será um sonho? "No final do que é necessário, cheguei a um lugar onde não há estrada."[60]

Levanta-se, mas nisso sente alguma coisa: é a aranha, andando em sua mão. Ele ajuda a aranha a voltar para a teia, desce até a ponte e atravessa o rio.

14
A imponderável exuberância

Em que ponderamos sobre a exuberância.

Os fenomenólogos e existencialistas famosos agora já se foram, e várias gerações nasceram e cresceram desde que a jovem Iris Murdoch descobriu Sartre em 1945 e exclamou: "A empolgação — não me lembro de nada parecido". Hoje é mais difícil reviver essa emoção inicial. Ainda podemos encontrar algum nostálgico romantismo nas imagens em branco e preto de Sartre fumando cachimbo, Beauvoir com turbante e Camus sorumbático com o colarinho virado para cima, sentados à mesa do café. Mas eles nunca mais vão parecer tão francos e perigosos quanto pareciam.

Por outro lado, as ideias e atitudes existencialistas se entranharam tanto na cultura moderna que nem as consideramos existencialistas. As pessoas (pelo menos em países relativamente prósperos, sem a pressão de necessidades mais urgentes) falam de ansiedade, falta de integridade, medo de engajamento. Preocupam-se se estão de má-fé, mesmo que não empreguem o termo. Sentem-se assoberbadas pelo excesso de escolhas de consumo e, ao mesmo tempo, veem-se com um controle cada vez menor. Um vago anseio por um modo de vida mais "real" leva alguns a — por exemplo — passar o final de semana em retiros onde lhes removem os celulares como se tirassem brinquedos de uma criança, para passar dois dias caminhando entre o campo e restabelecendo a ligação com o outro e com seu próprio eu esquecido.

O objeto de desejo aqui é a autenticidade. Esse tema também permeia o entretenimento moderno, tal como nos anos 1950. A angústia existencial está mais entrelaçada do que nunca com a angústia tecnológica em filmes como *Blade*

Runner, o caçador de androides, de Ridley Scott, *Matrix*, das irmãs Wachowski, *O show de Truman*, de Peter Weir, *Brilho eterno de uma mente sem lembranças*, de Michel Gondry, e *Ex machina: Instinto artificial*, de Alex Garland.[1] Há heróis existencialistas de tipo mais tradicional, debatendo-se com questões de sentido e tomada de decisões, em *Beleza americana*, de Sam Mendes, *Um homem sério*, dos irmãos Coen, *Locke*, de Steven Knight, e qualquer filme de Woody Allen, inclusive *O homem irracional*, cujo título foi extraído do livro de William Barrett, *Irrational Man*. Em *Huckabees: A vida é uma comédia* (2004), de David O. Russell, um casal de detetives existenciais discute a diferença entre visões sombrias e visões positivas da vida. Em outra parte da floresta, encontramos os filmes de um heideggerianismo arrebatado de Terrence Malick, que fez pesquisas de doutorado sobre Heidegger e traduziu algumas obras suas antes de passar para o cinema.[2] Todos esses vários estilos de filmes giram em torno de questões sobre a identidade humana, a finalidade e a liberdade.

Entre esses temas, a liberdade é talvez o grande enigma para o começo do século XXI. Cresci no século passado acreditando ingenuamente que, no decorrer da vida, veria um aumento firme e constante dessa coisa nebulosa, tanto em minhas escolhas pessoais quanto na política. Em certos aspectos, foi o que aconteceu. Mas, por outro lado, sem que ninguém o previsse, algumas ideias básicas sobre a liberdade passaram a ser atacadas e contestadas de forma radical, e agora não conseguimos chegar a um acordo sobre o que significa a liberdade, para que precisamos dela, até que ponto pode-se permiti-la, até que ponto ela pode ser interpretada como o direito de ofender ou transgredir, o quanto de liberdade estamos dispostos a ceder a organizações empresariais distantes em troca de conforto e praticidade. O que não é mais possível é considerá-la como algo líquido e certo.

Muitas de nossas incertezas sobre a liberdade consistem em incertezas sobre nosso ser fundamental. Livros e revistas de ciências nos bombardeiam com a notícia de que não dispomos de controle,[3] de que somos um conjunto de reações irracionais, mas estatisticamente previsíveis, sob o véu da mera ilusão de uma mente consciente no comando. Esses estudos nos dizem que, quando resolvemos sentar, pegar um copo de água, votar ou escolher quem salvaríamos no "problema do trem", não estamos de fato escolhendo coisa alguma, e sim reagindo a tendências e associações que escapam ao alcance da razão e da vontade.

Ao ler essas explicações, tem-se a impressão de que sentimos prazer nessa ideia de nós mesmos como bonecos mecânicos comandados por nossa biologia e nosso ambiente. Dizemos que isso é inquietante, mas, na verdade, talvez encontremos aí uma espécie de reconforto — pois essas ideias livram a nossa cara. Salvam-nos da angústia existencial que surge quando nos consideramos agentes livres, responsáveis pelo que fazemos. É o que Sartre chamava de má-fé. Além disso, pesquisas recentes indicam que as pessoas levadas a pensar que não são livres tendem a se comportar de forma menos ética, sugerindo uma vez mais que tratamos essa concepção como um álibi.[4]

Então, queremos mesmo entender nossa vida e tratar nosso futuro como se não tivéssemos verdadeira liberdade nem bases realmente humanas para nossa existência? Talvez precisemos dos existencialistas mais do que imaginávamos.

Tendo explicado esse ponto, acrescento imediatamente que não creio que os existencialistas ofereçam alguma solução mágica e simples para o mundo moderno. Como indivíduos e filósofos, eles tinham defeitos irremediáveis. O pensamento de cada um deles apresentava algum aspecto fundamental que nos deveria incomodar. Isso, em parte, é porque eram pessoas problemáticas e complicadas, como a maioria de nós. E também porque viveram e pensaram durante um século sombrio, de graves concessões morais. Foram marcados pelo turbilhão político e pelas ideias desvairadas da época, assim como também somos marcados pelo turbilhão de nosso século XXI.

Mas exatamente por isso os existencialistas demandam uma releitura. Eles nos relembram que a existência humana é difícil e que muitas vezes as pessoas têm uma conduta assustadora, mas também mostram nossas amplas possibilidades. Repetem incessantemente as questões sobre a liberdade e o ser que tentamos incessantemente esquecer. Podemos explorar os rumos indicados por eles sem precisar tomá-los como modelos de personalidade e nem mesmo como modelos intelectuais. São pensadores *interessantes*, e assim, a meu ver, vale ainda mais a pena conhecê-los.

Foi trinta anos atrás que comecei a considerá-los interessantes, e ainda continuo a pensar assim — mas por outras razões. Essa experiência de revê-los me desorienta, mas também me estimula — é como ver rostos conhecidos na sala de espelhos de um parque de diversões. Alguns traços que eu nem havia percebido antes se tornaram mais salientes, enquanto outros, que pareciam bonitos, adquiriram um ar grotesco. Deparei-me com surpresas durante toda a redação do livro, em particular com os dois colossos dessa história, Heidegger e Sartre.

Quando li Heidegger pela primeira vez, aos vinte e poucos anos, sucumbi ao fascínio do mago de Messkirch. Toda a minha forma de ver o mundo recebeu o impacto de seu puro assombro de que *existe* alguma coisa além do nada, de sua maneira de olhar as paisagens e os edifícios, de sua noção dos humanos como uma "clareira" em que o Ser emerge à luz, e outras coisas mais.

Ao reler Heidegger, ainda sinto essa atração gravitacional. Mas, mesmo quando deslizo de volta para seu mundo penumbroso de trilhas pela floresta e de sinos tocando, vejo-me lutando para me libertar, por razões que não têm nada — e têm tudo — a ver com seu nazismo. Há algo tumular nesse mundo vegetativo. Agora penso: deem-me o mar aberto de Jaspers ou as estradas percorridas pelos viandantes de Marcel, em que se multiplicam os encontros e os diálogos humanos. Certa vez, Heidegger escreveu que "pensar é se restringir a um único pensamento",[5] mas agora sinto que este é o exato contrário do que deveria ser o pensamento. Pensar deve ter generosidade e bom apetite. Hoje em dia, considero a vida valiosa demais para abrir mão de sua ampla variedade em troca de escavar suas profundezas — e permanecer lá embaixo, como Hannah Arendt dizia ser o método heideggeriano de investigação.

Também me pego repensando as observações de Arendt e Sartre sobre a estranha lacuna em Heidegger no lugar onde deveria estar o "caráter". Falta alguma coisa em sua vida e sua obra. Iris Murdoch pensava que essa coisa faltante era a bondade, e por isso a filosofia heideggeriana não tinha um centro ético, um *coração*.[6] De fato, é impossível dizer de Heidegger aquilo que Merleau-Ponty disse de Sartre: "Ele é bom". Podemos chamar esse elemento faltante de "humanidade", em vários sentidos. Heidegger se colocava contra a filosofia do humanismo e raras vezes se mostrava humanitário. Não dava a menor importância à individualidade e aos detalhes da vida de qualquer um, muito menos dele mesmo. Não por acaso, entre todos os filósofos neste livro, Heidegger é o único que não via qualquer interesse em biografias. Certa vez, iniciou um curso sobre Aristóteles, dizendo: "Ele nasceu no ano tal em tal lugar, trabalhou e morreu"[7] — como se fossem as únicas coisas que era preciso saber sobre a vida de alguém. Insistia que sua própria vida não tinha interesse:

em sendo verdade, é uma posição que lhe seria conveniente. O que resulta, apesar da mitologização heideggeriana do lar, é uma filosofia que parece inabitável — para retomarmos a ideia de Murdoch sobre o pensamento "habitado". A obra de Heidegger é revigorante, mas, no final das contas, é uma filosofia em que não consigo encontrar um lugar onde possa morar.

Tive outro tipo de surpresa com o outro gigante da área: Sartre — o escritor que me atraiu para a filosofia com *A náusea*. Eu sabia que ele teria uma grande presença nesta minha história, mas fiquei surpresa ao ver o quanto vim a respeitá-lo e até apreciá-lo.

Ele era horrível, claro. Indulgente consigo mesmo, exigente, implicante, mal-humorado. Era um viciado em sexo que nem gostava de sexo, um sujeito capaz de desfazer amizades dizendo que não sentia nenhum pesar. Dava rédeas livres a suas obsessões por coisas viscosas e pegajosas, e tinha a constante impressão de que os outros viviam a observá-lo e criticá-lo; nunca parecia se incomodar que alguns leitores talvez não tivessem as mesmas idiossincrasias. Defendia diversos regimes abomináveis e fazia o elogio da violência. Sustentava que a literatura por si mesma era um luxo burguês, que os escritores *deviam* se engajar no mundo e que revisar os próprios textos era uma perda de tempo — discordo de tudo isso. Na verdade, discordo de muitas coisas em Sartre.

Mas aí vem a questão do "caráter" — e Sartre tem muito caráter. Explode de energia, de originalidade, generosidade e expansividade. Tudo isso aparece num episódio narrado pelo historiador alemão Joachim Fest, que o conheceu numa festa em Berlim, no final dos anos 1940. Ele conta que Sartre estava rodeado por umas trinta pessoas, atormentando-o com perguntas sobre sua filosofia; em resposta, ele fazia uns comentários desconexos sobre jazz, sobre filmes e os romances de John Dos Passos. Uma pessoa ali presente comentou mais tarde que Sartre lhe parecia um camponês sul-americano abrindo caminho a facão entre uma selva de fenômenos, de onde então voavam papagaios coloridos, com asas brilhando por todos os lados. Fest observou: "Tudo o que ele falou parecia-me muito bem informado, mas desordenado, em parte também atabalhoado, mas sempre atingindo em cheio nosso sentimento de época. Todos ficaram impressionados. Resumindo minha reação, aprendi com Sartre que certo grau de atabalhoamento mental pode ser extremamente fascinante".[8]

É isso também que me fascina em Sartre. Enquanto Heidegger circulava em torno de seu território natal, Sartre seguia sempre adiante, sempre elaborando respostas novas (muitas vezes bizarras) às coisas ou encontrando formas de reconciliar ideias antigas com contribuições inéditas. Heidegger pregava que se devia pensar, mas Sartre efetivamente pensava. Heidegger teve sua grande *Kehre* — sua "virada" —, mas Sartre tinha viradas constantes. Estava sempre pensando "contra si mesmo",[9] como disse certa vez, e seguia o ditame fenomenológico de Husserl explorando qualquer ponto que parecesse mais difícil a cada momento.

Tudo isso ocorria não só em seus textos, mas também em sua vida. Sartre era um batalhador incansável nas causas que abraçava, pondo em risco a segurança pessoal. Levava seus *engagements* a sério — e para cada engajamento imprudente e prejudicial havia um meritório, como sua campanha contra os abusos do governo na Argélia. Nunca conseguia se submeter a uma linha partidária em coisa alguma, por mais que se esforçasse. Há um comentário que ele fez em 1968 que é talvez o melhor resumo de sua atitude política: "Se alguém reler todos os meus livros, perceberá que nunca mudei a fundo e sempre me mantive um anarquista".[10] Era anarquista porque não parava de usar o cérebro. Além disso, citando Merleau-Ponty mais uma vez, ele era bom — ou, pelo menos, *queria* fazer o bem. Era impelido a isso.

Também fico mais impressionada que nunca com seu ateísmo radical, tão diferente do professado por Heidegger, que abandonou a religião apenas para seguir uma forma mais intensa de misticismo. Sartre era um profundo ateu e humanista até o último fio de cabelo. Chegava a superar Nietzsche em sua capacidade de assumir na vida, com consciência e coragem, a convicção de que não existe um além e de que nunca haverá qualquer retribuição divina pelo que se faz neste mundo. Para ele, o que temos é *esta* vida, e devemos fazer dela o que for possível.

Na transcrição de uma de suas conversas com Beauvoir, ele lhe disse: "Parece-me que uma grande filosofia ateísta, verdadeiramente ateísta, era algo que faltava à filosofia. E que era nessa direção que agora se devia trabalhar". Beauvoir respondeu: "Resumindo, você queria fazer uma filosofia do homem".[11]

Quando então ela lhe perguntou se queria acrescentar algum comentário final ao diálogo, ele disse que, no geral, ambos tinham vivido sem prestar muita atenção em Deus. Beauvoir concordou. Então Sartre disse: "E mesmo assim vivemos; sentimos que tomamos interesse por nosso mundo e tentamos vê-lo e entendê-lo".[12] Agir assim durante sete décadas, com frescor e inteligência (na maioria das vezes), é uma proeza mais do que digna de ser celebrada.

Um aspecto do engajamento de Heidegger com o mundo que realmente merece a atenção do leitor do século XXI é seu duplo interesse pela técnica e pela ecologia. Em sua conferência "A questão da técnica", de 1953, ele afirmava que nossa tecnologia não é um mero agregado de invenções engenhosas: ela revela algo fundamental sobre nossa existência. Portanto, precisa ser pensada de maneira filosófica e não apenas técnica. Não entenderemos nossa vida se perguntarmos apenas o que nossas máquinas são capazes de fazer, qual a melhor maneira de empregá-las ou para que vamos usá-las. A essência da técnica, disse ele, não é "nada técnica".[13] Para examiná-la devidamente, é preciso abordar questões muito mais profundas sobre nossa forma de trabalhar, nossa maneira de ocupar a Terra, como *somos* em relação ao Ser.

É claro que, aqui, Heidegger pensava em máquinas de escrever, projetores de filmes em celuloide, carrões antigos e ceifadeiras acopladas a debulhadoras. Pouquíssimos existencialistas (ou outros quaisquer) previram o papel que a tecnologia da computação viria a desempenhar em nossas vidas, embora o autor alemão Friedrich Heinemann, em seu livro de 1954, *Existenzphilosophie: lebendig oder tod?* [Existencialismo: vivo ou morto?], tenha alertado que a iminente "máquina computadora ultrarrápida"[14] traria uma "questão verdadeiramente existencial", a saber, como os seres humanos conservariam a liberdade.

Heinemann estava com toda a razão. Heideggerianos atuais, em especial Hubert Dreyfus, têm escrito sobre a internet como a inovação tecnológica que melhor revela o que é a tecnologia.[15] Sua infinita conectividade promete a armazenagem e o acesso ao mundo inteiro, mas, com isso, também elimina a privacidade e a profundidade das coisas. Tudo se torna recurso, principalmente nós mesmos, como Heidegger alertara. Ao sermos convertidos em recurso, entregamo-nos não a outros indivíduos como nós mesmos, e sim a um "eles" impessoal que nunca encontramos e não conseguimos localizar. Dreyfus escreveu em 2001: desde então, a internet ficou ainda mais invasiva e tão ubíqua que é difícil encontrar uma perspectiva para refletir sobre ela: constitui a própria atmosfera que muitos respiramos ao longo do dia. Apesar disso, certamente devemos estar refletindo sobre ela — sobre a espécie de entes que somos ou queremos ser em nossa *vida on-line*, e que espécie de Ser temos ou queremos ter.

Mas, felizmente, talvez, nossa tecnologia computacional ainda nos relembra com igual frequência aquilo que ela *não consegue* fazer — pelo menos, não por ora. Os sistemas dos computadores se mostram medíocres em navegar a rica textura da realidade vivida: aquela rede complexa de percepções, movimentos, interações e expectativas que compõe a mais trivial experiência humana, como, por exemplo, entrar num café e olhar em volta procurando seu amigo Pierre. Eles nem conseguem distinguir direito as formas prioritárias numa imagem visual. Em outras palavras, como Dreyfus e outros reconheceram muito tempo atrás, os computadores são maus fenomenólogos.

Tais tarefas são fáceis para nós, humanos, porque desde cedo nadamos na complexidade perceptiva e conceitual. Crescemos imersos na "imponderável exuberância" da vida e das relações — expressão tomada ao visionário conto de ficção científica de E. M. Forster, "A máquina para", de 1909. Trata-se da história de uma futura humanidade em que os indivíduos vivem em cápsulas isoladas sob a superfície da Terra, raramente se encontram em carne e osso, mas se comunicam através de um sistema audiovisual à distância. Uma mulher em sua cápsula na Austrália pode conversar com o filho na Europa: veem-se em imagens que aparecem numa placa especial que cada qual segura na mão. O filho, porém, reclama: "Vejo uma coisa parecida com você nessa placa, mas não vejo você. Escuto uma coisa parecida com você nesse telefone, mas não escuto você". O simulacro não substitui o Outro real. Como diz Forster, "a imponderável exuberância, que dizia a desacreditada filosofia ser a essência real da relação, era ignorada pela máquina".[16]

Essa "exuberância" da experiência e da comunicação reside no centro do mistério humano: é o que possibilita a existência dos entes vivos, conscientes, encarnados que somos. Vem a ser também o objeto ao qual fenomenólogos e existencialistas dedicaram grande parte de suas investigações. Eles se empenharam em detectar e capturar a qualidade da experiência *tal como a vivemos*, e não conforme os arcabouços sugeridos pela filosofia tradicional, a psicologia, o marxismo, o hegelianismo, o estruturalismo ou qualquer dos outros "ismos" e disciplinas cujas explicações pretendem esgotar nossas vidas.

Entre todos esses pensadores, quem lidou mais diretamente com a exuberância de Forster foi aquele de quem, inicialmente, eu não esperava nada muito expressivo: Maurice Merleau-Ponty. Em *A fenomenologia da percepção*, ele descreveu da maneira mais completa que lhe foi possível como vivemos de momento em momento e, assim, o que somos — desde a mulher que entra de cartola numa sala e faz uma profunda reverência até o homem que está de pé junto a uma janela, observando o galho oscilante de onde um pássaro acaba de levantar voo. Merleau-Ponty provavelmente deixou o legado intelectual mais duradouro de todos, inclusive em sua influência direta na área moderna da "cognição encarnada",[17] que estuda a consciência como um fenômeno social e sensorial holístico, e não como uma sequência de processos abstratos. Merleau-Ponty deu uma nova direção à filosofia ao tomar suas áreas de estudo periféricas — corpo, percepção, infância, socialidade — e colocá-las na posição central que ocupam na vida real. Se eu tivesse de escolher um herói intelectual nesta história que aqui apresento, seria Merleau-Ponty, o feliz filósofo das coisas como elas são.

Havia outra pessoa com o mesmo instinto de Merleau-Ponty em relação à ambiguidade e à complexidade da experiência humana: era Simone de Beauvoir. Além dos trabalhos feministas e literários, ela se dedicou em seus escritos filosóficos a explorar como as duas forças da restrição e da liberdade atuam ao longo de nossas vidas, conforme vêm gradualmente a se converter no que somos.

Este é o tema condutor de O segundo sexo e Por uma moral da ambiguidade, e também permeia os vários volumes de sua autobiografia, onde ela apresenta Sartre, inúmeros amigos, colegas e ela mesma enquanto pensam, agem, brigam, se encontram, se separam, têm paixões e acessos de raiva e, de modo geral, reagem ao mundo. As memórias de Simone de Beauvoir fazem dela uma das maiores cronistas intelectuais do século XX, bem como uma de suas fenomenólogas mais diligentes. Página a página, ela observa sua experiência, expressa o espanto por estar viva, presta atenção nas pessoas e se entrega a seu apetite por tudo o que encontra.

Quando li Sartre e Heidegger pela primeira vez, não pensava que os detalhes da biografia ou os traços de personalidade de um filósofo fossem importantes. Essa era a crença ortodoxa que dominava a área naquela época, e eu também era jovem demais para ter muito senso histórico. Embriagava-me com conceitos, sem levar em conta suas relações com os acontecimentos e todos os elementos variados da vida de seus formuladores. Que vida, que nada; o lance eram as *ideias*.

Trinta anos depois, cheguei à conclusão oposta. Ideias são interessantes, mas as pessoas são imensamente mais. É por isso que, entre todas as obras existencialistas, a que provavelmente nunca vai me cansar é a autobiografia de Beauvoir, com seu retrato da complexidade humana e da substância perpetuamente mutável do mundo. Ela nos oferece toda a energia e vivacidade dos cafés existencialistas, junto com "um céu cor de enxofre sobre um oceano de nuvens, o osmanto púrpura, as noites brancas de Leningrado, os sinos da Libertação, uma lua alaranjada sobre o Pireu, um sol rubro se erguendo no deserto" — e toda a bela exuberância fosforescente da vida, que se revela a nós, seres humanos, enquanto temos a sorte de poder vivenciá-la.

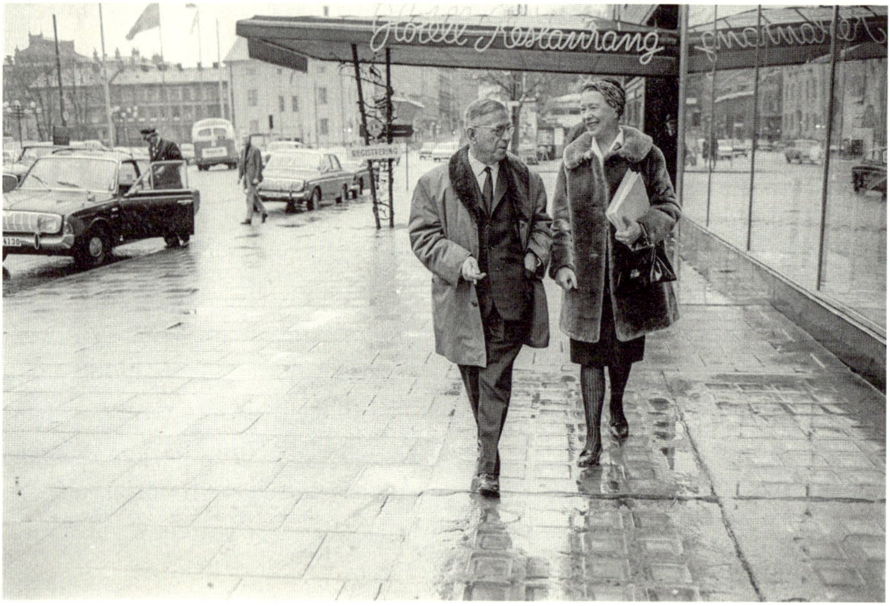

Agradecimentos

Este livro ainda seria um amontoado de nadas sem o generoso incentivo, aconselhamento e auxílio de amigos e especialistas, afora os especialistas que também se tornaram amigos. A todos os envolvidos, meus sinceros agradecimentos.

Isso significa, em primeiro lugar, as pessoas que leram partes ou a íntegra do manuscrito, apontaram-me direções novas e/ou me salvaram de muitos desastres (embora não tenham culpa de qualquer desastre que tenha restado): Jay Bernstein, Ivan Chvatík, George Cotkin, Robert Fraser, Peter Moore, Nigel Warburton, Jonathan Webber, Martin Woessner e Robert Zaretsky. Agradeço-lhes não só pela leitura, mas pelas inúmeras conversas agradáveis e instigantes ao longo do processo.

Agradeço também aos que foram de ajuda fundamental com suas conversas amigáveis e bons conselhos ou as duas coisas ao mesmo tempo: Peter Atterton, Antony Beevor, Robert Bernasconi, Costica Bradatan, Artemis Cooper, Anthony Gottlieb, Ronald Hayman, Jim Holt, James Miller, Sarah Richmond, Adam Sharr e Marci Shore.

Entre todas essas pessoas, sou especialmente grata a Robert Bernasconi e Jay Bernstein, que me inspiraram, para começo de conversa, a estudar filosofia. Tive a sorte incrível, nos anos 1980, de topar com o arrojado programa interdisciplinar que eles ajudaram a criar na Universidade de Essex.

Agradeço calorosamente a Marianne Merleau-Ponty, que me expôs generosamente suas lembranças do pai.

Redigi parte deste livro durante minha estadia no Programa de Residência de Escritores no Instituto de Humanidade da Universidade de Nova York, e agradeço ao Instituto e a Eric Banks e Stephanie Steiker pela hospitalidade e amizade durante dois meses maravilhosos e muito produtivos.

O restante do texto foi redigido, em grande parte, na Biblioteca Britânica, na Biblioteca de Londres, na Biblioteca Bodleian e na Bibliothèque Sainte-Geneviève em Paris; meus agradecimentos a todas essas instituições e a suas equipes. Agradeço a Thomas Vongehr e Ullrich Melle no Instituto de Filosofia/Arquivos Husserl em Louvain, na Bélgica. Agradeço a Ludger Hagedorn e (mais uma vez) a Ivan Chvatík do CTS [Centro de Estudos Teóricos]/Arquivos Jan Patočka. Agradeço a Katie Giles na Universidade de Kingston pelo auxílio com os Arquivos Iris Murdoch, e a Dan Mitchell na Universidade de Londres, pelo auxílio com os Arquivos George Orwell.

Pela revisão cuidadosa do texto, pela amizade e pelos valiosíssimos conselhos, agradeço a Jenny Uglow, que me ajudou a manter um foco central. Agradeço a Clara Farmer e a todos da Chatto & Windus, mas sobretudo a Parisa Ebrahimi, que me guiou ao longo da publicação com elegância e clareza. Agradeço ao preparador de texto David Milner e a Simone Massoni pela capa da Chatto. Agradeço a Anne Collins da Penguin Random House, no Canadá. Nos Estados Unidos, agradeço principalmente à minha incomparável editora Judith Gurewich, sempre animadora, em especial pelo trabalho nos dias ensolarados de Boston, ao preparador de texto Keenan McCracken e a todos os outros na Other Press, e a Andreas Gurewich pela capa.

Agradeço à minha agente Zoë Waldie e a todos na Rogers, Coleridge & White pela orientação e apoio constante. Agradeço também a Melanie Jackson em Nova York e a todos os que ajudaram na publicação em outros lugares.

Por fim, mais dois agradecimentos. Um vai para meus pais, Jane e Ray Bakewell, a quem dedico o livro, pois me incentivaram a seguir tudo o que despertasse minha curiosidade na vida (e aguentaram meus anos de "adolescente existencialista"). O outro vai, como sempre, para Simonetta Ficai-Veltroni, que está comigo com fenomenologia e tudo, e é só o começo.

Lista de personagens

Um guia de referência.

NELSON ALGREN (1909-81): Autor de O homem do braço de ouro e outros romances sobre americanos vulneráveis e desprotegidos; amante de Simone de Beauvoir (basicamente à distância) de 1947 a 1950.

HANNAH ARENDT (1906-75): Filósofa e teórica política alemã estabelecida nos Estados Unidos após fugir da Alemanha em 1933; ex-aluna e amante de Martin Heidegger; autora de *Eichmann em Jerusalém* e outras obras.

RAYMOND ARON (1905-83): Filósofo, sociólogo e jornalista político francês; colega de escola de Jean-Paul Sartre; estudou na Alemanha no começo dos anos 1930 e informou os amigos sobre a fenomenologia.

JAMES BALDWIN (1924-87): Autor americano de romances e ensaios que exploram questões de raça e sexualidade; mudou-se para Paris em 1948 e passou grande parte da vida restante na França.

HAZEL BARNES (1915-2008): Tradutora e autora filosófica americana que traduziu O ser e o nada de Sartre em 1956.

WILLIAM BARRETT (1913-92): Divulgador americano das ideias existencialistas; autor de *Irrational Man* (1958).

JEAN BEAUFRET (1907-82): Filósofo francês que trocou cartas e fez entrevistas com Martin Heidegger e divulgou as ideias existencialistas alemãs; suas perguntas levaram Heidegger a escrever sua *Carta sobre o humanismo* (1947).

SIMONE DE BEAUVOIR (1908-86): Importante filósofa existencialista, romancista, feminista, dramaturga, ensaísta, memorialista e ativista política francesa.

JACQUES-LAURENT BOST (1916-90): Jornalista francês que estudou com Jean-Paul Sartre, cofundador de *Les Temps Modernes*, casado com Olga Kosakiewicz; teve um caso amoroso com Simone de Beauvoir.

FRANZ CLEMENS BRENTANO (1838-1917): Filósofo e ex-padre alemão que estudou psicologia e foi o primeiro a explorar a teoria da intencionalidade, que se tornou fundamental para a fenomenologia. Edmund Husserl estudou com ele em Viena em 1884-6; a tese de Brentano sobre os usos do termo "ser" em Aristóteles também inspirou Heidegger.

SONIA BROWNELL (mais tarde Orwell) (1918-80): Jornalista inglesa, editora assistente da *Horizon*; teve um caso amoroso com Maurice Merleau-Ponty e mais tarde casou-se com George Orwell.

ALBERT CAMUS (1913-60): Romancista, ensaísta, contista, dramaturgo e ativista franco-argelino.

ERNST CASSIRER (1874-1945): Filósofo alemão e historiador das ideias, especialista em estudos da ciência, Kant e o Iluminismo; debateu com Heidegger numa conferência em Davos, Suíça, em 1929.

JEAN CAU (1925-93): Escritor e jornalista francês; assistente de Sartre desde 1947.

ANNE-MARIE CAZALIS (1920-88): Atriz e escritora francesa; uma das "musas existencialistas" de Saint-Germain-des-Prés no final dos anos 1940 e nos anos 1950.

FIÓDOR DOSTOIÉVSKI (1821-81): Romancista russo geralmente tido como protoexistencialista.

HUBERT DREYFUS (1929-): Filósofo americano, professor na Universidade da Califórnia, Berkeley; especialista em Heidegger que também escreve sobre tecnologia e internet.

JACQUES DUCLOS (1896-1975): Secretário-geral interino do Partido Comunista Francês em 1950-3; preso em 1952 por suspeita de planejar o envio de mensagens por meio de pombos-correios. O episódio do "complô dos pombos" ajudou na radicalização de Sartre.

RALPH ELLISON (1914-94): Escritor americano, autor do romance *O homem invisível* (1952).

FRANTZ FANON (1925-61): Filósofo e teórico político nascido na Martinica; autor de obras sobre a política pós-colonial e anticolonial, com destaque para *Os condenados da terra* (1961), com prefácio de Sartre.

EUGEN FINK (1905-75): Um dos principais assistentes e colegas de Husserl em Friburgo, depois envolvido com os Arquivos Husserl em Louvain.

HANS-GEORG GADAMER (1900-2002): Filósofo alemão, mais conhecido por seu trabalho sobre hermenêutica; estudou algum tempo com Husserl e Heidegger em Friburgo e registrou episódios a respeito de ambos.

JEAN GENET (1910-86): Ladrão, vagabundo e michê francês que se tornou poeta, romancista e autobiógrafo; tema do importante *Saint Genet* de Sartre (1952), que ganhou vida como introdução a suas obras.

ALBERTO GIACOMETTI (1901-66): Artista ítalo-suíço, conhecido por suas esculturas; amigo de Sartre e Beauvoir, desenhou Sartre e outros.

J. GLENN GRAY (1913-77): Filósofo americano, professor no Colorado College e tradutor de Heidegger; também escreveu *The Warriors*, estudo sociológico de homens em combate na guerra.

JULIETTE GRÉCO (1927-): Cantora e atriz francesa; uma das "musas existencialistas" de Saint-Germain-des-Prés e amiga de Merleau-Ponty, Sartre e outros.

VÁCLAV HAVEL (1936-2011): Dramaturgo e dissidente tcheco; estudou fenomenologia com Jan Patočka; foi presidente da Tchecoslováquia e da República Tcheca de 1989 a 2003.

G. W. F. HEGEL (1770-1831): Filósofo alemão cuja *Fenomenologia do espírito* e teoria dialética influenciaram a maioria dos existencialistas.

ELFRIDE HEIDEGGER, née PETRI (1893-1992): Esposa de Martin Heidegger; comprou o terreno e projetou o chalé em Todtnauberg.

FRITZ HEIDEGGER (1894-1980): Bancário em Messkirch, irmão de Martin Heidegger; ajudou-o datilografando seus manuscritos e tentando convencê-lo a escrever frases mais curtas.

MARTIN HEIDEGGER (1889-1976): Filósofo alemão que estudou com Husserl; autor de *Ser e tempo* e muitas outras obras importantes.

FRIEDRICH HÖLDERLIN (1770-1843): Poeta alemão admirado e estudado por Heidegger.

EDMUND HUSSERL (1859-1938): Filósofo nascido na Morávia germanófona; fundador do movimento fenomenológico; mentor de Martin Heidegger, vindo a se decepcionar com ele.

MALVINE HUSSERL, née STEINSCHNEIDER (1860-1950): Esposa de Edmund Husserl, também nascida na Morávia; ajudou a salvar os arquivos e manuscritos do marido em 1938.

GERTRUD JASPERS, née MAYER (1879-1974): Esposa de Karl Jaspers e colaboradora em grande parte de sua obra.

KARL JASPERS (1883-1969): Filósofo, psicólogo e pensador político existencialista alemão, docente na Universidade de Heidelberg até 1948, quando se mudou com a esposa para a Suíça; amigo de Hannah Arendt e, de maneira intermitente, de Martin Heidegger.

FRANCIS JEANSON (1922-2009): Filósofo francês de esquerda, coeditor de *Les Temps Modernes*; escreveu em 1952 uma resenha crítica de *O homem revoltado* de Camus, que desencadeou a briga entre Camus e Sartre.

HANS JONAS (1903-93): Filósofo alemão, radicado basicamente nos Estados Unidos; ex-aluno de Heidegger, autor de obras sobre técnica, ambientalismo e outros temas.

WALTER KAUFMANN (1921-80): Filósofo e tradutor germano-americano, nascido em Friburgo; autor da obra de divulgação *Existentialism from Dostoevsky to Sartre* (1956).

SØREN KIERKEGAARD (1813-55): Filósofo e polemista protoexistencialista dinamarquês de tendência religiosa, com influência sobre os existencialistas posteriores.

ARTHUR KOESTLER (1905-83): Romancista, memorialista e ensaísta húngaro; amigo de Sartre e outros, depois brigando com eles por questões políticas.

OLGA KOSAKIEWICZ (1915-83): Atriz; *protégée* de Beauvoir e amante de Sartre; casou-se com Jacques-Laurent Bost.

WANDA KOSAKIEWICZ (1917-89): Atriz, irmã de Olga e amante de Sartre.

VICTOR KRAVCHENKO (1905-66): Dissidente soviético que se mudou para os Estados Unidos, autor de *Escolhi a liberdade* (1946), que gerou uma rumorosa ação judicial e grande controvérsia na França em 1949.

LUDWIG LANDGREBE (1902-91): Fenomenólogo austríaco que foi colega e assistente de Husserl em Friburgo, e depois trabalhou nos Arquivos Husserl em Louvain.

CLAUDE LANZMANN (1925-): Cineasta francês mais conhecido por seu documentário *Shoah*, de nove horas de duração, sobre o Holocausto; amante de Simone de Beauvoir, que morou com ela de 1952 a 1959.

ELISABETH LE COIN ou LACOIN (1907-29): Amiga de infância de Simone de Beauvoir; teve um breve noivado com Merleau-Ponty, mas morreu aos 21 anos, provavelmente de encefalite.

HENRI LEFEBVRE (1901-91): Teórico marxista francês interessado na sociologia da vida cotidiana; de início era crítico do existencialismo, depois mais simpático a ele.

MICHEL LEIRIS (1901-90): Escritor, etnógrafo e memorialista francês; amigo de Sartre e Beauvoir. Seu estilo autobiográfico contribuiu para inspirar Beauvoir na redação de *O segundo sexo*.

EMMANUEL LEVINAS (1906-95): Filósofo judeu lituano, que passou a maior parte da vida na França; estudou com Husserl e Heidegger; depois desenvolveu uma filosofia pós-existencialista muito diferente, baseada na ética e no encontro com o Outro. Um pequeno livro seu foi a primeira cartilha fenomenológica de Sartre em 1933.

CLAUDE LÉVI-STRAUSS (1908-2009): Antropólogo estruturalista francês; amigo de Merleau-Ponty, mas criticava a fenomenologia e o existencialismo.

BENNY LÉVY (1945-2003): Filósofo e ativista, assistente de Sartre e coautor da controvertida série de entrevistas *A esperança agora* (1980).

KARL LÖWITH (1897-1973): Filósofo alemão e historiador das ideias que estudou com Heidegger e escreveu suas memórias dessa experiência.

GYÖRGY LUKÁCS (1885-1971): Marxista húngaro, crítico frequente do existencialismo.

NORMAN MAILER (1923-2007): Romancista e polemista americano que queria concorrer a prefeito de Nova York como candidato do "Partido Existencialista", mas, depois de esfaquear a esposa, teve de adiar a campanha.

GABRIEL MARCEL (1889-1973): Dramaturgo francês e filósofo existencialista cristão.

HERBERT MARCUSE (1898-1979): Filósofo e teórico social ligado à Escola de Frankfurt; ex-aluno de Martin Heidegger que o criticou severamente depois da Segunda Guerra Mundial.

TOMÁŠ MASARYK (1850-1937): Foi presidente da Tchecoslováquia por quatro mandatos após 1918; amigo de juventude de Husserl, também estudou com Franz Brentano em Viena e mais tarde ajudou a organizar o resgate de seus papéis em Praga.

ALBERT MEMMI (1920-): Romancista, ensaísta e teórico social pós-colonial judeu tunisiano; autor de *Retrato do colonizado precedido pelo retrato do colonizador* (1957), obra dupla que recebeu um prefácio de Sartre.

MAURICE MERLEAU-PONTY (1908-61): Fenomenólogo e ensaísta francês especializado em questões sobre o corpo, a percepção, o desenvolvimento infantil e as relações com os outros; autor de *A fenomenologia da percepção* e outras obras, inclusive ensaios polêmicos escritos em várias fases da vida, a favor e contra o comunismo.

MAX MÜLLER (1906-94): Filósofo católico alemão que estudou com Heidegger em Friburgo, onde mais tarde passou a dar aulas; escreveu um texto contando como Heidegger se absteve de protegê-lo quando enfrentou problemas com o regime nazista em 1937.

IRIS MURDOCH (1919-99): Filósofa e romancista anglo-irlandesa, de início escreveu sobre Sartre e o existencialismo, mais tarde afastou-se deles; no final da vida, trabalhou num estudo sobre Heidegger.

FRIEDRICH NIETZSCHE (1844-1900): Filósofo alemão, aforista e filólogo protoexistencialista, com influência sobre os existencialistas posteriores.

PAUL NIZAN (1905-40): Romancista e filósofo marxista francês, amigo de infância de Sartre; morreu em combate durante a invasão alemã da França.

JAN PATOČKA (1907-77): Fenomenólogo e teórico político tcheco que estudou com Husserl e depois deu aulas a muitos outros em Praga, inclusive a Václav Havel; um dos principais signatários do manifesto dissidente Carta 77, o que levou a ser perseguido pelo regime, resultando em sua morte.

JEAN PAULHAN (1884-1968): Escritor e crítico francês que espalhava pequenos poemas anticolaboracionistas em Paris durante a Segunda Guerra Mundial. Cofundador de *Les Temps Modernes* em 1945, ficou mais conhecido por dirigir por muito tempo a *Nouvelle Revue Française*.

HEINRICH WIEGAND PETZET (1909-97): Escritor alemão, filho de um magnata do setor naval, amigo de Heidegger, que escreveu um relato detalhado desse relacionamento, *Encounters and Dialogues with Martin Heidegger* [Encontros e diálogos com Martin Heidegger], de 1993.

JEAN-PAUL SARTRE (1905-80): Principal filósofo existencialista francês, romancista, biógrafo, dramaturgo, ensaísta, memorialista e ativista político.

STEPHEN SPENDER (1909-95): Poeta socialista inglês, teve seus diários publicados; viajou muito pela Europa depois da guerra e brigou com Sartre sobre a questão do engajamento político.

EDITH STEIN (1891-1942): Filósofa nascida em Wrocław, na Polônia; trabalhou como assistente de Husserl, depois deixou a função para concluir seus estudos sobre a fenomenologia da empatia; converteu-se do judaísmo ao catolicismo e tomou o hábito como freira carmelita; morreu em Auschwitz.

OLIVIER TODD (1929-): Biógrafo, memorialista e jornalista francês, amigo de Sartre e biógrafo de Camus.

FRÉDÉRIC DE TOWARNICKI (1920-2008): Tradutor e jornalista francês nascido na Áustria; visitou Heidegger várias vezes nos anos 1940 e escreveu o relato de suas conversas.

HERMAN LEO VAN BREDA (1911-74): Filósofo e monge franciscano que organizou heroicamente o resgate dos arquivos e manuscritos de Husserl em Friburgo, em 1938, e depois fundou e administrou por muitos anos os Arquivos Husserl em Louvain.

BORIS VIAN (1920-59): Cantor francês e trompetista de jazz, romancista e criador de coquetéis, figura central no cenário de Saint-Germain-des-Prés no pós-guerra e amigo dos existencialistas. Fez uma sátira afetuosa de Sartre e Beauvoir em seu romance *A espuma dos dias*, de 1947.

MICHELLE VIAN, *née* LÉGLISE (1920-): Primeira esposa de Boris Vian, também integrante do círculo de Sartre por muitos anos.

SIMONE WEIL (1909-43): Filósofa ética e ativista política francesa; morreu na Inglaterra durante a Segunda Guerra Mundial, após se recusar a comer e a aceitar qualquer comodidade material perante o sofrimento alheio.

COLIN WILSON (1931-2013): Romancista e autor inglês de obras populares de história cultural e filosofia "neoexistencialista", em especial *O outsider* (1956).

WOLS (Alfred Otto Wolfgang Schulze) (1913-51): Pintor e fotógrafo alemão que passou a maior parte da vida na França, amigo de alguns integrantes do círculo existencialista; teve morte prematura devido ao alcoolismo.

RICHARD WRIGHT (1908-60): Escritor americano que viveu muitos anos em Paris; autor de *The Outsider* (1953), romance existencialista sobre a vida negra americana.

Notas

Os dados bibliográficos ausentes nestas notas se encontram nas referências bibliográficas. Quando as referências não foram extraídas de uma edição traduzida da obra, os trechos foram traduzidos por mim.

ABREVIATURAS

ASAD: Simone de Beauvoir, *All Said and Done*.

BN: Jean-Paul Sartre, *Being and Nothingness* (Trad. de Hazel Barnes).

BT: Martin Heidegger, *Being and Time* (Trad. de J. Macquarrie e E. Robinson). As referências remetem a essa tradução, seguidas pela edição alemã original.

FOC: Simone de Beauvoir, *Force of Circumstance*.

GA: Martin Heidegger, *Gesamtausgabe*.

MDD: Simone de Beauvoir, *Memoirs of a Dutiful Daughter*.

PP: Maurice Merleau-Ponty, *Phenomenology of Perception* (Trad. de Donald A. Landes). As referências remetem a essa tradução, seguidas pela edição francesa de 2005.

POL: Simone de Beauvoir, *The Prime of Life*.

1. OH, QUE HORROR, O EXISTENCIALISMO! [PP. 9-40]

1. Walter Kaufmann, em seu livro *Existentialism from Dostoevsky to Sartre* (1956), remontava a linhagem a santo Agostinho; Maurice Friedman, em *The Worlds of Existentialism* (Nova York: Random House, 1964), remontava a Jó, Eclesiastes e Heráclito.

2. Sartre, mais tarde, achou que estavam tomando cerveja, mas sua memória a essa altura já não era confiável: Jean-Paul Sartre, *Sartre by Himself*, pp. 25-6. Beauvoir disse que eram coquetéis de damasco: POL, p. 135, de onde provém grande parte da exposição subsequente.

3. Edmund Husserl, *Logical Investigations*, pp. i, 252. Essa expressão se tornou um slogan graças, em parte, a Heidegger, que diz ser ela a "máxima" da fenomenologia: BT, pp. 27-8, 50.

4. POL, p. 79. Para hipóteses sobre outros contatos anteriores, ver Stephen Light, *Shūzō Kuki and Jean-Paul Sartre* (Carbondale & Edwardsville, IL: Southern Illinois University Press, 1987), pp. 3-4, com introdução de Rybalka, p. xi.

5. Em "La Légende de la vérité" de Jean-Paul Sartre, *Bifur*, 9 jun. 1931, uma chamada dizia que ele estava "trabalhando num volume de filosofia destrutiva". Ver também POL, p. 79; Ronald Hayman, *Writing Against*, p. 85.

6. Jean-Paul Sartre, *Sartre by Himself*, p. 26.

7. John Keats, "On First Looking into Chapman's Homer", em *The Complete Poems*. Org. de John Barnard. 3. ed. Londres: Penguin, 1988, p. 72. Sartre estava lendo Emmanuel Levinas, *La Théorie de l'intuition dans la phénoménologie de Husserl*. Paris, Alcan, 1930; edição traduzida por A. Orianne como *The Theory of Intuition in Husserl's Phenomenology*. Evantons, IL: Northwestern University Press, 1995.

8. MDD, p. 341.

9. Jean-Paul Sartre, *Existentialism and Humanism*, p. 27.

10. FOC, p. 98.

11. "Existentialism", *Time*, pp. 16-7, 28 jan. 1946. Sobre a palestra, ver George Myerson, *Sartre's Existentialism and Humanism: A Beginner's Guide*. Londres: Hodder & Stoughton, 2002, pp. xii-xiv, e Annie Cohen-Solal, *Sartre*, pp. 249-52.

12. Mais a respeito em David Edmunds, *Would You Kill the Fat Man?*. Princeton: Princeton University Press, 2013.

13. Jean-Paul Sartre, *Existentialism and Humanism*, pp. 39-43. Há similaridades com a situação de seu amigo e ex-aluno, Jacques-Laurent Bost, que em 1937 pediu a opinião de Sartre sobre a ideia de ir lutar na Guerra Civil Espanhola: ver Kenneth A. Thompson, *Sartre*, p. 36. Em seu romance *Sursis* (*The Reprieve*), Sartre emprestou um dilema parecido ao seu personagem Boris, baseado em Bost.

14. Jean-Paul Sartre, entrevista a C. Grisoli, em *The Last Chance: Roads of Freedom IV*, p. 15 ("La Dernière chance", publicada originalmente em *Paru*, 13 dez. 1945).

15. Jean-Paul Sartre, "The End of the War", em *The Aftermath of War* (*Situations III*), pp. 65-75, aqui p. 65.

16. J. M. de Bujanda, *Index des livres interdits*, XI: *Index librorum prohibitorum* (Genebra: Droz, 2002), arrola a *opera omnia* de Sartre, p. 808 (Decr. Sto. Of. 27-10-1956), e *Le Deuxième Sexe* e *Les Mandarins* de Beauvoir, p. 116 (Decr. 27-06-1956). Ver Kenneth A. Thompson, *Sartre*, p. 78.

17. *Les Nouvelles Littéraires*, apud "Existentialism", *Time*, pp. 16-7, 28 jan. 1946, aqui p. 17.
18. Anne-Marie Cazalis, *Les Mémoires d'une Anne*, p. 84.
19. Gabriel Marcel, "An Autobiographical Essay", p. 48.
20. POL, p. 534. O gosto pela agitação dos cafés: Michel Contat e Michel Rybalka (Orgs.), *The Writings of Jean-Paul Sartre*, I, p. 149, citando Roger Troisfontaines, *Le Choix de Jean-Paul Sartre*, 2. ed. (Paris: Aubier, 1946), que por sua vez cita comentários feitos por Sartre em Bruxelas, 23 out. 1945.
21. Grégoire Leménager, "Ma Vie avec Boris Vian (par Michelle Vian)", *Le Nouvel Observateur*, 27 out. 2011.
22. Michelle Vian, *Manual of Saint-Germain-des-Prés*, pp. 46, 48, citando respectivamente Pierre Drouin, "Tempête très parisienne", *Le Monde*, 16-7 maio 1948, e Robert de Thomasson, *Opéra*, out. 1947. Cabelos compridos: Gréco, *Je Suis Faite Comme Ça*, p. 81. Turbante: POL, p. 504; ver também Beauvoir, *Wartime Diary*, p. 166, 22 nov. 1939. Pode-se ver o "visual" nas cenas do clube de jazz Lorientais no excelente filme de Jacques Becker, *Eterna ilusão*, de 1949.
23. FOC, pp. 248-9.
24. Annie Cohen-Solal, *Sartre*, p. 262.
25. MDD, p. 335. Pato Donald: POL, p. 324.
26. Raymond Aron, *Memoirs*, p. 23; Violette Leduc, *Mad in Pursuit*. Trad. de Derek Coltman. Londres: R. Hart-Davis, 1971, pp. 45-6; Jean-Paul Sartre, "The Paintings of Giacometti", em *Situations* [IV], pp. 175-92, aqui p. 184.
27. John Gerassi, "The Second Death of Jean-Paul Sartre", em W. L. McBride (Org.), *Sartre's Life, Times and Vision du monde*. Nova York e Londres: Garland, 1997, pp. 217-23, aqui p. 218. A Legião de Honra foi oferecida em 1982 a Beauvoir, que a recusou: Deirdre Bair, *Simone de Beauvoir*, p. 606.
28. Annie Cohen-Solal, *Sartre*, p. 142, citando o diário de Sartre, 15 jan. 1940.
29. M. Scriven, *Sartre's Existential Biographies*. Londres: Macmillan, 1984, p. 1.
30. O título completo em dinamarquês é *Afsluttende uvidenskabelig Efterskrift til de philosophiske Smuler. Mimisk-pathetisk-dialektisk Sammenskrift. Existentiel Indlaeg* [Pós-escrito conclusivo não científico às migalhas filosóficas: uma compilação mímico-patético-dialética: uma contribuição existencial].
31. Joakim Garff, *Søren Kierkegaard*, p. 313.
32. Søren Kierkegaard, *Concluding Unscientific Postscript*, p. 261.
33. Ibid., p. 262.
34. Ibid., pp. 265-6.

35. Søren Kierkegaard, *The Concept of Anxiety*, p. 61.

36. Jean-Paul Sartre, *Sartre by Himself*, p. 16.

37. Friedrich Nietzsche, *Beyond Good and Evil*. Trad. de R. J. Hollingdale. Londres: Penguin, 2003, p. 37 (parte I, s. 6).

38. "Martin Luther King Jr. Traces His Pilgrimage to Nonviolence", em Arthur e Lila Weinburg (Orgs.), *Instead of Violence*. Nova York: Grossman, 1963, p. 71. Ele leu Sartre, Jaspers, Heidegger e outros, bem como Paul Tillich, teólogo existencialista americano. Ver também: Eugene Wolters, "The Influence of Existentialism on Martin Luther King Jr.", *Critical Theory*, 8 fev. 2015, que se refere ao ensaio de King, "Pilgrimage to Nonviolence", e suas notas no Arquivo King.

39. Listados em: <libcom.ogr/history/slogans-68>. Acesso em: 27 mar. 2017.

40. Jean-Paul Sartre, "Self-Portrait at Seventy", em *Sartre in the Seventies* (*Situations X*), pp. 3-92, aqui p. 52.

41. Marguerite Duras murmurou "Estou farta de estrelismo", segundo Beauvoir. Ver ASAD, pp. 460-2, e Annie Cohen-Solal, *Sartre*, p. 462.

42. "Enterrement de Sartre" no YouTube: <www.youtube.com/watch?v=C9UoHwwd214>. Acesso em: 27 mar. 2017. Ver Ronald Hayman, *Writing Against*, p. 439; Annie Cohen-Solal, *Sartre*, pp. 522-3; Bernard-Henri Lévy, *Sartre*, p. 2.

43. Apud Ursula Tidd, *Simone de Beauvoir*. Londres: Routledge, 2003, p. 160.

44. Jean-Paul Sartre, *A náusea*, pp. 183-4.

45. Claude Lévi-Strauss, *Tristes Tropiques*. Trad. de J. & D. Weightman. Londres: Penguin, 1978, p. 71; em francês, *Tristes Tropiques*. Paris: Plon, 1955, p. 63. "Dissolver o homem": Claude Lévi-Strauss, *The Savage Mind*. Londres: Weidenfeld & Nicolson, 1966, p. 247.

46. Michel Contat, entrevistado para a série da BBC *Human, All Too Human* (1999), episódio 3: "Jean-Paul Sartre: The Road to Freedom".

47. Maurice Merleau-Ponty, *The Visible and Invisible*, p. 119.

48. Iris Murdoch, *The Sovereignty of Good*. Londres e Nova York: RKP, 2014, p. 46.

49. FOC, p. 46.

2. ÀS COISAS MESMAS [PP. 41-54]

1. Martin S. Briggs, *Freiburg and the Black Forest*. Londres: John Miles, 1936, pp. 21, 31.

2. Emmanuel Levinas, "Friburgo, Husserl, and Phenomenology", em *Discovering Existence with Husserl*, pp. 32-46, aqui pp. 32, 37. Para a história da descoberta pessoal de Levinas, ver entrevista em Raoul Mortley, *French Philosophers in Conversation*. Londres e Nova York: Routledge, 1991, pp. 11-23, aqui p. 11.

3. Jean-Paul Sartre, *War Diaries*, p. 123.

4. Ibid., p. 184.

5. Memórias de um antigo colega de escola citadas em Andrew D. Osborn, *The Philosophy of Edmund Husserl: In Its Development from His Mathematical Interests to His First Conception of Phenomenology in Logical Investigations*. Nova York: Columbia University/International Press, 1934, p. 11; ver também Herbert Spiegelberg, "The Lost Portrait of Edmund Husserl", p. 342, citando a filha de Husserl e reproduzindo imagens do retrato.

6. Hans-George Gadamer, *Philosophical Apprenticeships*, p. 35. A comparação com o relojoeiro é citada a partir de um amigo, Fyodor Stepun.

7. *A Representation of Edmund Husserl*, filme de James L. Adams (1936), disponível on-line em: <www.husserlpage.com/hus_imag.html>. Acesso em: 27 mar. 2017. Extraído de um videocassete produzido pelo Centro de Pesquisas Avançadas em Fenomenologia, Florida Atlantic University, Boca Raton, Flórida, c. 1991.

8. Husserl contou a história a Levinas, que a repassou a S. Strasser, editor da *Husserliana* (*Husserliana* I, p. xxix); ela é retomada em Karl Schuhmann, *Husserl-Chronik*. Haia: Martinus Nijhoff, 1977, p. 2. "Pergunto-me se…" provém de uma versão ouvida por Beauvoir, anotada em seu diário: Simone de Beauvoir, *Wartime Diary*, 18 nov. 1939, p. 161.

9. Andrew D. Osborn, *The Philosophy of Edmund Husserl*. Nova York: Columbia University/International Press, 1934, p. 11.

10. Edmund Husserl, "Recollections of Franz Brentano" (1919), em *Shorter Works*, Org. de P. McCormick e F. Elliston. Notre Dame, IN: University of Notre Dame Press, 1981, pp. 342-8. Ver também T. Masaryk e K. Capek, *President Masaryk Tells his Story*. Londres: G. Allen & Unwin, 1934, p. 104-5, e Dermot Moran, *Introduction to Phenomenology*, pp. 23-59.

11. Ver Dermot Moran, *Introduction to Phenomenology*, pp. 80-1, e Theodore Kisiel e Thomas Sheehan (Orgs.), *Becoming Heidegger*, p. 360 (Husserl a Heidegger, 10 set. 1918), p. 401 (Husserl a Pfänder, 1 jan. 1931).

12. Sarah Borden, *Edith Stein*, p. 5. "Tenho de ficar": Edith Stein, *Self-Portrait in Letters*, p. 6 (Stein a Roman Ingarden, 28 jan. 1917).

13. Dorion Cairns, *Conversations with Husserl and Fink*, ed. Husserl-Archives em Louvain. Haia: Martinus Nijhoff, 1976, p. 11, 13 ago. 1931.

14. Edmund Husserl, *Ideas*, p. 39.

15. Dermot Moran, *Husserl*, p. 34, citando e traduzindo o relato de Walther sobre um seminário em 1917, a partir de Gerda Walther, *Zum anderen Ufer*. Remager: Reichl, 1960, p. 212. Heidegger, por seu lado, preferia chá: ver Walter Biernel, "Ereinnerungen an Heidegger", em *Allgemeine Zeitschrift für Philosophie*, v. 2, n. 1, pp. 1-23, 1977, aqui pp. 10-1. Para filosofações

mais recentes sobre café, ver Scott F. Parker e Michael W. Austin (Orgs.), *Coffee: Philosophy for Everyone: Grounds for Debate*. Chichester: Wiley-Blackwell, 2011, e David Robson, "The Philosopher Who Studies the Experience of Coffee" (entrevista com David Berman, do Trinity College, Dublin), blog Future da BBC, 18 maio 2015: <www.bbc.com/future/story/20150517--what-coffee-says-about-your-mind>. Acesso em: 27 mar. 2017.

16. Ver, por exemplo, Thomas Clifton, *Music As Heard: A Study in Applied Phenomenology*. New Haven e Londres: Yale University Press, 1983.

17. Oliver Sacks, *A Leg to Stand On*, pp. 91, 96. Sobre medicina e fenomenologia, ver, entre outros, S. K. Toombs, *The Meaning of Illness: A Phenomenological Account of The Different Perspectives of Physician and Patient*. Dordrecht: Kluwer, 1992, e Richard Zaner, *The Context of Self: A Phenomenological Inquiry Using Medicine as a Clue*. Athens, OH: Ohio University Press, 1981. Sobre muitas outras aplicações da fenomenologia, ver Sebastian Luft e Søren Overgaard (Orgs.), *The Routledge Companion to Phenomenology*. Londres e Nova York: Routledge, 2012.

18. Karl Jaspers, *Philosophy I*, pp. 6-7 (epílogo de 1955), citando ambos; ver também Suzanne Kirkbright, *Karl Jaspers*, pp. 68-9, citando Jaspers a seus pais, 20 out. 1911.

19. Karl Jaspers, *Philosophy of Existence*, p. 12.

20. Franz Brentano, *Psychology from an Empirical Standpoint*, p. 88.

21. Jean-Paul Sartre, "A Fundamental Idea of Husserl's Phenomenology: Intentionality", em *Critical Essays (Situations I)*, pp. 40-6, aqui pp. 42-3. Publicado originalmente em 1939.

22. Sartre desenvolveu melhor sua análise de Husserl em *The Transcendence of the Ego*. Trad. de A. Brown, prefácio de S. Richmond. Londres: Routledge, 2004. Originalmente publicado em *Recherches philosophiques* em 1934.

23. Edmund Husserl, *Cartesian Meditations*, p. 2. Ver também Paul S. MacDonald, *Descartes and Husserl: The Philosophical Project of Radical Beginnings*. Albany: SUNY Press, 2000.

24. Edmund Husserl, *Cartesian Meditations*, p. 157.

25. Edith Stein, *Self-Portrait in Letters*, pp. 10-1 (Stein a Roman Ingarden, 20 fev. 1917); ver também Alasdair MacIntyre, *Edith Stein: A Philosophical Prologue*. Londres e Nova York: Continuum, 2006, pp. 103-5. Sua tese: Edith Stein: *On the Problem of Empathy*. Doutorou--se em Friburgo em 1916, e a tese foi publicada em Halle em 1917.

26. Edith Stein, *Self-Portrait in Letters*, p. 36 (Stein a Fritz Kaufmann, 6 nov. 1919).

27. Sarah Borden, *Edith Stein*, pp. 6-10.

3. O MAGO DE MESSKIRCH [PP. 55-77]

1. BT, p. 19/I. A citação é de *O sofista* de Platão, p. 244A, onde aparece numa discussão sobre a palavra "ser". Heidegger deu um curso sobre *O sofista* em Marburgo em 1924-5, ao

qual Hannah Arendt, entre outros, assistiu: ver Martin Heidegger, *Plato's Sophist*. Trad. de R. Rojcewicz e A. Schuwer. Bloomington e Indianápolis: Indiana University Press, 1997.

2. BT, p. 23/4 (usando "*merry*"); Martin Heidegger, *Being and Time*. Trad. de Stambaugh, p. 3 (usando "*happy*").

3. Gottfried von Leibniz, "The Principles of Nature and Grace, Based on Reason" (1714), em *Discourse on Metaphysics and Other Writings*. Org. de P. Lopston. Trad. de R. Latta e G. R. Montomery. Rev. P. Loptson. Peterborough, ON: Broadview Press, 2012, pp. 103-13, aqui pp. 108-9 (parágrafo 7).

4. George Steiner, *Martin Heidegger*, p. 158.

5. BT, p. 62/38; dedicatória: BT, p. 5.

6. Martin Heidegger, "A Recollection (1957)", em Thomas Sheehan (Org.), *Heidegger: The Man and the Thinker*, pp. 21-2, aqui p. 21. A tese: Franz Brentano, *On the Several Senses of Being in Aristotle*. Trad. de Rolf George. Berkeley: University of California Press, 1973.

7. Marie Heidegger, nascida em 1891, casou-se com um limpador de chaminés e morreu em 1956. Sobre ela e a mãe de Heidegger, ver F. Schalow e A. Denker, *Historical Dictionary of Heidegger's Philosophy*, 2. ed. Londres: Scarecrow, 2010, p. 134. Fritz nasceu em 1894.

8. Martin Heidegger, "Vom Geheimnis des Glockensturms", em seu GA, p. 13 (*Aus der Erfahrung des Denkens*, pp. 113-6); ver também Martin Heidegger, "The Pathway", em Thomas Sheehan (Org.), *Heidegger: The Man and the Thinker*, pp. 69-72, aqui p. 71; e R. Safranski, *Martin Heidegger*, p. 7. Para outras memórias de infância, ver Martin Heidegger, "My Way to Phenomenology". Trad. de Stambaugh, em *On Time and Being*, pp. 74-82.

9. Ver: <en.wikipedia.org/wiki/Cooper_(profession)>. Acesso em: 27 mar. 2017.

10. Martin Heidegger, "The Pathway", em Thomas Sheehan (Org.), *Heidegger: The Man and the Thinker*, pp. 69-72, aqui p. 69.

11. Martin Heidegger, *Letters to His Wife*, p. 5, 13 dez. 1915.

12. Id., "The Pathway", em Thomas Sheehan (Org.), *Heidegger: The Man and the Thinker*, pp. 69-72, aqui p. 69.

13. Karl Löwith, *My Life in Germany*, p. 45.

14. Entrevista de Gadamer em *Human, All Too Human* (BBC, 1999), episódio 2.

15. R. Safranski, *Martin Heidegger*, p. 25; Hugo Ott, *Heidegger*, p. 57.

16. Carta de Hermann Heidegger em Martin Heidegger, *Letters to His Wife*, p. 317.

17. Theodore Kisiel e Thomas Sheehan, *Becoming Heidegger*, p. 357 (Husserl a Heidegger, 30 jan. 1918).

18. Ibid., p. 359 (Husserl a Heidegger, 10 set. 1918).

19. Ibid., p. 361 (Husserl a Heidegger, 10 set. 1918).

20. Ver Hugo Ott, *Heidegger*, p. 181 (Husserl a Pfänder, 1 jan. 1931).

21. Karl Jaspers, "On Heidegger", pp. 108-9.

22. Theodore Kisiel e Thomas Sheehan, *Becoming Heidegger*, p. 325 (Heidegger a Husserl, 22 out. 1927).

23. Hugo Ott, *Heidegger*, p. 125.

24. Ver Adam Sharr, *Heidegger's Hut*. Sharr também escreveu sobre a casa de Heidegger na cidade: Adam Sharr, "The Professor's House: Martin Heidegger's House in Friburgo-im--Breigau", em Sarah Menin (Org.), *Constructing Place: Mind and Matter*. Nova York: Routledge, 2003, pp. 130-42.

25. Hannah Arendt e Martin Heidegger, *Letters*, p. 7 (Heidegger a Arendt, 21 mar. 1925).

26. Karl Löwith, *My Life in Germany*, p. 45; ver também H. W. Petzet, *Encounters and Dialogues*, p. 12. Gadamer o descreve com roupas de esquiar (para dar uma palestra especial sobre esqui, em Marburgo) e diz que os estudantes chamavam suas roupas habituais de "indumentária existencial": Hans-Georg Gadamer, *Philosophical Apprenticeships*, p. 49.

27. Karl Löwith, *My Life in Germany*, p. 28.

28. Hans Jonas, "Heidegger's Resoluteness and Resolve", em Günther Neske e Emil Kettering (Orgs.), *Martin Heidegger and National Socialism*, pp. 197-203, aqui p. 198. (Entrevista pela rádio.)

29. Hans-Georg Gadamer, *Philosophical Apprenticeships*, p. 48.

30. Karl Löwith, *My Life in Germany*, pp. 44-5.

31. Hannah Arendt, "Martin Heidegger at Eighty", em Michael Murray (Org.), *Heidegger and Modern Philosophy*, pp. 293-303, aqui pp. 295-6.

32. Daniel Dennett e Asbjørn Steglich-Petersen, "The Philosophical Lexicon", ed. 2008: <www.philosophicallexicon.com>. Acesso em: 27 mar. 2017.

33. George Picht, "The Power of Thinking", em Günther Neske e Emil Kettering (Orgs.), *Martin Heidegger and National Socialism*, pp. 161-7, aqui pp. 161, 165-6.

34. Hannah Arendt, "Martin Heidegger at Eighty", em Michael Murray (Org.), *Heidegger and Modern Philosophy*, pp. 293-303, aqui p. 295.

35. R. Safranski, *Martin Heidegger*, p. 147, citando o manuscrito "Aufzeichnungen" de Hermann Mörchen.

36. Ver Martin Heidegger, *Introduction to Metaphysics*, p. 35. Aqui minha exposição deve muito ao clássico de Magda King, *Guide to Heidegger's Being and Time*, p. 16.

37. BT, p. 26/6. Ser e ente [em inglês, *Being and beings*]: o inglês não dispõe de um par conveniente de termos como o alemão, e assim os tradutores ou usam "*entity*" para *Seiende* ou

diferenciam "being" e "Being" com o uso da maiúscula. Macquarrie e Robinson usam ambos, ao passo que Stambaugh usa "being" e "beings", mas costuma também acrescentar o termo em alemão.

38. BT, p. 25/6; BT, p. 35/15.

39. BT, pp. 71/45 ss.

40. Martin Heidegger, Qu'est-Ce Que La Métaphysique?. Trad. de H. Corbin. Paris: Gallimard, 1938.

41. Günter Grass, Dog Years. Trad. de Ralph Manheim. Londres: Penguin, 1969, pp. 324, 330 (tradução levemente modificada).

42. George Steiner, Martin Heidegger, p. 11.

43. Ver R. Safranski, Martin Heidegger, p. 155.

44. BT, p. 63/39.

45. Martin Heidegger, Being and Time. Trad. de Stambaugh, pp. 312-27; Martin Heidegger, Sein und Zeit, p. 327.

46. Gertrude Stein, The Making of Americans: Being A History of A Family's Progress. Normal, IL e Londres: Dalkey Archive Press, 1995. "Estou sempre sentindo": p. 373. "E estou sempre sentindo em cada um deles": p. 383. "Pode ser limoso, gelatinoso": p. 349. Ver Janet Malcolm, Two Livres. New Haven e Londres: Yale University Press, 2007, p. 126. (O romance foi escrito entre 1902 e 1911, bem antes de Heidegger.)

47. BT, pp. 37-8/16; ver também BT, p. 69/43.

48. BT, pp. 78/52 ss.

49. Martin Heidegger, Sein und Zeit, p. 69. Em tradução: BT, p. 98/69.

50. BT, pp. 83-4/56-8.

51. BT, p. 97/68 traduz das Zeug como "equipamento", mas prefiro a solução de Stambaugh, "coisa útil": Martin Heidegger, Being and Time. Trad. de Stambaugh, p. 68/68.

52. BT, pp. 98-9/69-70. Stambaugh usa handiness para Zuhandenheit: Martin Heidegger, Being and Time. Trad. de Stambaugh, p. 69/69.

53. BT, p. 149/114.

54. Martin Heidegger, Ontology: The Hermeneutics of Facticity, p. 69, apud Kevin Aho, Existentialism, p. 39.

55. BT, p. 149/114. Mitwelt: BT, p. 155/118.

56. BT, p. 154/118.

57. Ibid., pp. 156-7/120.

58. Ibid., p. 154/118.

59. R. Safranski, Martin Heidegger, p. 155.

60. "Husserl's Marginal Remarks in Martin Heidegger, *Being and Time*", em Edmund Husserl, *Psychological and Transcendental Phenomenology and the Confrontation with Heidegger (1927-1931)*, pp. 258-422, em esp. p. 283 ("Mas isso é absurdo", na p. 12 da edição de 1927), pp. 419, 422 (interrogações e exclamações, nas pp. 424-37 da edição de 1927). Sobre as leituras de Husserl, ver Thomas Sheehan, "Husserl and Heidegger", no mesmo volume, pp. 1-32, em esp. p. 29. "Bobagem!": Theodore Kisiel e Thomas Sheehan, *Becoming Heidegger*, p. 402 (Husserl a Pfänder, 1 jan. 1931).

61. Theodore Kisiel e Thomas Sheehan, *Becoming Heidegger*, p. 372 (Heidegger a Löwith, 20 fev. 1923). "Ele vive com a missão": Martin Heidegger e Karl Jaspers, *The Heidegger-Jaspers Correspondence*, p. 47 (Heidegger a Jaspers, 14 jul. 1923).

62. Edmund Husserl, "'Phenomenology' (Draft B of the *Encyclopaedia Britannica* Article), with Heidegger's Letter to Husserl", em Theodore Kisiel e Thomas Sheehan, *Becoming Heidegger*, pp. 304-28. Uma versão mais completa com outros rascunhos: Edmund Husserl, "The *Encyclopaedia Britannica* Article (1927-28)", em Edmund Husserl, *Psychological and Transcendental Phenomenology and the Confrontation with Heidegger (1927-1931)*, pp. 35-196, com introdução de Sheehan apresentando a história da colaboração entre ambos. O verbete, com tradução de C. V. Salmon, foi publicado na *Encyclopaedia Britannica*, 14. ed. Londres: Encyclopaedia Britannica Co., 1929. Sobre a questão de não se expressarem com clareza: ver Martin Heidegger, *Letters to His Wife*, p. 108 (Martin a Elfride Heidegger, 5 fev. 1927), e Theodore Kisiel e Thomas Sheehan, *Becoming Heidegger*, p. 402 (Husserl a Pfänder, 1 jan. 1931).

63. Theodore Kisiel e Thomas Sheehan, *Becoming Heidegger*, pp. 401-2 (Husserl a Pfänder, 1 jan. 1931).

64. Martin Heidegger, "For Edmund Husserl on His Seventieth Birthday", 8 abr. 1929. Trad. de Thomas Sheehan, em Edmund Husserl, *Psychological and Transcendental Phenomenology and the Confrontation with Heidegger (1927-1931)*, pp. 475-7, aqui p. 475. Réplica de Husserl: Theodore Kisiel e Thomas Sheehan, *Becoming Heidegger*, pp. 418-20.

65. Theodore Kisiel e Thomas Sheehan, *Becoming Heidegger*, p. 402 (Husserl a Pfänder, 1 jan. 1931).

66. Friedrich Heinemann cita-o em 1931: "Heidegger se move no nível do senso comum" (*bewegt sich in der die natürlichen Einstellung*). Friedrich Heinemann, *Existentialism and the Modern Predicament*, p. 48.

67. Edmund Husserl, "Phenomenology and Anthropology" (preleção de jun. 1931), em Edmund Husserl, *Psychological and Transcendental Phenomenology and the Confrontation with Heidegger (1927-1931)*, pp. 485-500, aqui p. 485.

68. BT, p. 103/73. Alemão: Martin Heidegger, *Sein und Zeit*, p. 73.

69. Nicholson Baker, *The Mezzanine*. Londres: Granta, 1998, pp. 13-4.

70. BT, pp. 103-4/74. Ilumina o projeto: BT, p. 105/75.

71. Hugo von Hofmannsthal, "The Letter of Lord Chandos". Trad. de Tania e James Stern, em *The Whole Difference: Selected Writings*, Org. de J. D. McClatchy. Princeton & Oxford: Princeton University Press, 2008, pp. 69-79. Publicado originalmente em *Der Tag*, 18-9 out. 1902.

72. Por exemplo, Matthew Ratcliffe chama a atenção para a experiência de James Melton, cujo relato de uma depressão descreve um retraimento em que não consegue sequer chegar a uma cadeira para se sentar, pois o mundo perdeu "sua qualidade acolhedora"; Heidegger diria que ele não tinha *preocupação* com as coisas. Ver o relato de Melton em Gail A. Hornstein, *Agnes's Jacket*. Nova York: Rodale, 2009, pp. 212-3, e Matthew Ratcliffe, "Phenomenology as a Form of Empathy", *Inquiry*, v. 55, n. 5, pp. 473-95, 2012. Ver também os casos apresentados em Oliver Sacks, *The Man Who Mistook His Wife for a Hat*. Londres: Picador, 2011.

73. A conferência se deu de 17 de março a 6 de abril de 1929, com a presença de cerca de trezentos acadêmicos e estudantes. Ver Ernst Cassirer e Martin Heidegger, *Débat sur le Kantisme et la philosophie*; Peter Eli Gordon, *Continental Divide*; Michael Friedman, *A Parting of the Ways: Carnap, Cassirer, and Heidegger*. Chicago & La Salle, IL: Open Court, 2000, e Calvin O. Schrag, "Heidegger and Cassirer on Kant", *Kant-Studien*, v. 58, pp. 87-100, 1967. Ver também Martin Heidegger, *Kant and the Problem of Metaphysics*. 5. ed. Trad. de R. Taft. Bloomington: Indiana University Press, 1997. Sobre a influência de Kant em Husserl e Heidegger, ver Tom Rockmore, *Kant and Phenomenology*. Chicago e Londres: University of Chicago Press, 2011.

74. R. Safranski, *Martin Heidegger*, p. 185.

75. F. Poirié, *Emmanuel Lévinas: qui êtes-vous?*. Paris: La Manufacture, 1987, p. 79. Nem todos concordam com essa severa interpretação: ver Peter Eli Gordon, *Continental Divide*, p. 1.

76. Toni Cassirer, *Mein Leben mit Ernst Cassirer*. Hildesheim: Gerstenberg, 1981, pp. 181-3. Trad. de Peter Collier, em P. Bourdieu, *The Political Ontology of Martin Heidegger*. Cambridge: Polity, 1991, pp. 48-9. Maurice de Gandillac, que estava presente, comparou explicitamente a atração de Heidegger à de Hitler: Maurice de Gandillac, *Le Siècle traversé*, p. 134.

77. Peter Eli Gordon, *Continental Divide*, pp. 326-7, citando entrevista com Richard Sugarman, que conversou com Levinas em 1973.

78. Martin Heidegger, "What Is Metaphysics?", em *Basic Writings*, pp. 81-110, aqui p. 95.

79. Ibid., p. 109. (Sobre o estranho, ver também BT, p. 233/188.)

80. Ibid., p. 112.

81. H. W. Petzet, *Encounters and Dialogues*, p. 12.

82. Theodore Kisiel e Thomas Sheehan, *Becoming Heidegger*, p. 398 (Husserl a Ingarden, 2 dez. 1929) e p. 403 (Husserl a Pfänder, 1 jan. 1931).

4. O ELES, O CHAMADO [PP. 78-100]

1. Ver Martin Heidegger, *Letters to His Wife*, p. 55, 17 out. 1918.

2. Raymond Aron, *The Committed Observer*, p. 26.

3. Simone Weil, "The Situation in Germany", em *Formative Writings*, pp. 89-147, aqui pp. 97-8. Publicado originalmente em *L'École émancipée*, 4 dez. 1932 a 5 mar. 1933.

4. Ibid., p. 106.

5. Sebastian Haffner, *Defying Hitler*, p. 96.

6. POL, p. 146.

7. Ibid., p. 130.

8. Ibid., pp. 153-4.

9. Jean-Paul Sartre, "Cahier Lutèce", em *Les Mots et autres écrits autobiographiques*, pp. 207-35, aqui p. 210 (caderno escrito em algum momento entre 1952 e 1954).

10. POL, pp. 180, 184 (fev.); pp. 191-6 (jun.).

11. POL, p. 147.

12. Karl Jaspers, "On Heidegger", p. 119. Beauvoir sobre os estudantes franceses: POL, p. 180. Para os outros, ver também Sebastian Haffner, *Defying Hitler*, p. 156, e Joachim Fest, *Not I*, p. 42.

13. Bruno Bettelheim, *The Informed Heart*. Harmondsworth: Penguin, 1986, p. 268.

14. Sebastian Haffner, *Defying Hitler*, pp. 112, 126.

15. Hannah Arendt, *The Origins of Totalitarianism*, pp. 317, 478.

16. Id., *Eichmann in Jerusalem: A Report on the Banality of Evil*.

17. Ver Id., *The Life of the Mind*, I, p. 5.

18. A tradução em inglês dá como *What Is Called Thinking?*

19. BT, p. 164/126.

20. Stambaugh traduz como "*responsibility*", M&R como "*answerability*": BT, p. 165/127; Martin Heidegger, *Being and Time*. Trad. de Stambaugh, p. 127/124.

21. BT, p. 313/268. Despertar para seu Ser: BT, p. 319/274. Versão "estranha": BT, p. 321/276-7.

22. Apud Hugo Ott, *Heidegger*, p. 136.

23. Theodore Kisiel e Thomas Sheehan, *Becoming Heidegger*, p. 413 (Husserl a Dietrich Mahnke, 4-5 maio 1933).

24. Suas perguntas não foram preservadas, mas a resposta dele sim, em Hannah Arendt e Martin Heidegger, *Letters*, pp. 52-3 (Heidegger a Arendt, sem data, mas inverno de 1932-3).

25. Hugo Ott, *Heidegger*, pp. 189, 194.

26. Martin Heidegger, *Überlegungen*, Org. de Peter Trawny, GA, pp. 94-6 (2014), geralmente mencionados como *Schwarze Hefte* (Cadernos pretos), contendo suas anotações de 1931 a 1941. Heidegger queria que fossem por último em sua edição de obras reunidas, e o aparecimento deles provocou um grande debate. Ver, por exemplo, Richard Wolin, "National Socialism, World Jewry, and the History of Being: Heidegger's Black Notebooks", *Jewish Review of Books*, 6 jan. 2014; Peter Trawny, "Heidegger et l'antisémitisme", *Le Monde*, 22 jan. 2014; Markus Gabriel, "Der Nazi aus dem Hinterhalt", *Die Welt*, 13 ago. 2014; G. Fried, "The King is Dead: Heidegger's 'Black Notebooks'", *Los Angeles Review of Books*, 13 set. 2014; Peter E. Gordon, "Heidegger in Black", *New York Review of Books*, 9 out. 2014, pp. 26-8. Para um comentário mais extenso do organizador dos volumes, ver Peter Trawny, *Freedom to Fail: Heidegger's Anarchy*. Cambridge: Polity, 2015. A descoberta levou o professor Günter Figal, presidente da Sociedade Martin Heidegger da Alemanha, a renunciar em janeiro de 2015, dizendo que não queria mais representar Heidegger. Para indicações e elementos muito anteriores sobre o nazismo de Heidegger, ver Hugo Ott, *Heidegger*, e Richard Wolin (Org.), *The Heidegger Controversy*.

27. Martin Heidegger, "The Self-Assertion of the German University", 27 maio 1933. Trad. de William S. Lewis, em Richard Wolin (Org.), *The Heidegger Controversy*, pp. 29-39, cit. seções 34-6. Ver também matérias de jornal da época em Guido Schneeberger, *Nachlese zu Heidegger: Dokumente zu seinem Leben und Denken*. Berna: Suhr, 1962, pp. 49-57; e Hans Sluga, *Heidegger's Crisis: Philosophy and Politics in Nazi Germany*. Cambridge, MA: Harvard University Press, 1993, pp. 1-2.

28. Martin Heidegger, "Declaration of Support for Adolf Hitler and the National Socialist State", 11 nov. 1933. Trad. de em Richard Wolin (Org.), *The Heidegger Controversy*, pp. 49-52, aqui p. 51.

29. Hugo Ott, *Heidegger*, pp. 228-9, citando carta de Heidegger de 22 set. 1933 ao corpo docente da universidade.

30. Ibid., p. 176.

31. Elfride Heidegger a Malvine Husserl, 29 abr. 1933. Da carta resta apenas uma cópia transcrita por Frédéric de Towarnicki em seu "Visite à Martin Heidegger", *Les Temps Modernes*, pp. 717-24, 1 jan. 1946, aqui pp. 717-8, conforme tradução em Theodore Kisiel e Thomas Sheehan, *Becoming Heidegger*, pp. 411-2. Sobre a reação dos Husserl, ver Theodore Kisiel e Thomas Sheehan, pp. 412-3 (Husserl a Dietrich Mahnke, 4-5 maio 1933), e Hugo Ott, *Heidegger*, pp. 174-7.

32. Hugo Ott, *Heidegger*, p. 173.

33. Karl Jaspers, *Philosophy* II, pp. 178-9. Situações existenciais vividas: pp. 159, 335-6.

34. Jean-Claude Gens, *Karl Jaspers*, p. 50, citando Gertrud Jaspers a Arendt, 10 jan. 1966. Administrar energias: pp. 24-7. Respiração e pausas: pp. 113-5.

35. Martin Heidegger e Karl Jaspers, *The Heidegger-Jaspers Correspondence*, p. 29 (Arendt a Jaspers, 29 jan. 1946).

36. Karl Jaspers, *Philosophy* II, p. 100.

37. Jean-Claude Gens, *Karl Jaspers*, p. 158; Martin Heidegger e Karl Jaspers, *The Heidegger--Jaspers Correspondence*, p. 39 (Jaspers a Heidegger, 6 set. 1922), p. 42 (Jaspers a Heidegger, 24 nov. 1922).

38. Karl Jaspers, "On Heidegger", p. 110. Sensação estranha: Martin Heidegger e Karl Jaspers, *The Heidegger-Jaspers Correspondence*, p. 40 (Heidegger a Jaspers, 19 nov. 1922).

39. Karl Jaspers, "On Heidegger", p. 109. Concepções de estilo, questionamento e negativa: pp. 111-4.

40. Ibid., p. 112.

41. Ibid., p. 117.

42. Ibid., p. 118.

43. Suzanne Kirkbright, *Karl Jaspers*, p. 148, citando carta de Gertrud Jaspers aos pais, 20 jun. 1933. Grosseria de Heidegger: Hannah Arendt e Karl Jaspers, *Hannah Arendt/Karl Jaspers Correspondence*, p. 630 (Jaspers a Arendt, 9 mar. 1966).

44. Martin Heidegger e Karl Jaspers, *The Heidegger-Jaspers Correspondence*, p. 185 (Heidegger a Jaspers, 7 mar. 1950). Jaspers não acreditou: Hannah Arendt e Karl Jaspers, *Hannah Arendt/Karl Jaspers Correspondence*, p. 630 (Jaspers a Arendt, 9 mar. 1966).

45. Martin Heidegger e Karl Jaspers, *The Heidegger-Jaspers Correspondence*, p. 149 (Jaspers a Heidegger, 23 ago. 1933).

46. Karl Jaspers, "On Heidegger", pp. 118-20.

47. Bruno Bettelheim, *The Informed Heart*. Harmondsworth: Penguin, 1986, pp. 258-63.

48. Gabriel Marcel, "On the Ontological Mystery", em seu *The Philosophy of Existence*, pp. 1-31, em esp. p. 27.

49. Gabriel Marcel, "Conversations", em Marcel, *Tragic Wisdom and Beyound*, pp. 217-56, aqui p. 249. Ele escreveu algo similar em *Men Against Humanity*. Trad. de G. S. Fraser. Londres: Harvill, 1952, pp. 81-3.

50. BT, p. 39/17.

51. Ibid., p. 279/235.

52. Ibid., p. 351/304. Em se entregar: BT, p. 308/264.

53. Hans Jonas, "Heidegger's Resoluteness and Resolve", em Günther Neske e Emil Kettering (Orgs.), *Martin Heidegger and National Socialism*, pp. 197-203, aqui pp. 200-1.

54. Hugo Ott, *Heidegger*, pp. 240-1; carta de renúncia citada na p. 249.

55. Ibid., pp. 173, 178.

56. Martin Heidegger, "The Rectorate 1933/34: Facts and Thoughts", em Günther Neske e Emil Kettering (Orgs.), *Martin Heidegger and National Socialism*, pp. 15-32, aqui pp. 30-2.

57. Ibid., p. 17.

58. Frédéric Towarnicki, "Le Chemin de Zähringen", p. 125.

59. Martin Heidegger e Karl Jaspers, *The Heidegger-Jaspers Correspondence*, p. 186 (Jaspers a Heidegger, 19 mar. 1950).

60. Víctor Farías, *Heidegger and Nazism*, p. 197-202, citando a carta de Heidegger a Wilhelm Stuckart, 28 ago. 1934; ver também R. Safranski, *Martin Heidegger*, pp. 279-81.

61. Karl Löwith, *My Life in Germany*, pp. 59-60.

62. Max Müller, "Martin Heidegger: A Philosopher and Politics: A Conversation", em Günther Neske e Emil Kettering (Orgs.), *Martin Heidegger and National Socialism*, pp. 175-95, aqui pp. 189-90. (Entrevista com Bernd Martin e Gottfried Schramm em 1 maio 1985.)

63. O envolvimento de Heidegger era bastante conhecido desde o começo. Sartre soube em 1944, bem como os ocupantes franceses em sua área na Alemanha após a guerra. Houve outras revelações com a publicação de uma importante coleção de documentos em 1962: *Nachlese zu Heidegger*, de Guido Schneeburger. Quando eu estava estudando Heidegger no começo dos anos 1980, a questão nazista não tinha grande destaque, em parte devido a uma concepção dominante na época, segundo a qual as questões sobre a vida e a personalidade não tinham relevância no estudo da filosofia. Isso mudou em 1987, com *Heidegger y el Nazismo*, do historiador chileno Víctor Farías, obra que condenava toda a filosofia de Heidegger por estar contaminada com seu nazismo. Seguiu-se um "caso Heidegger", principalmente na França, em que alguns sustentavam que a filosofia de Heidegger não era afetada por sua política e outros se alinhavam à denúncia de Farías. Na Alemanha, o historiador Hugo Ott, de Friburgo, escreveu que "na França um céu caiu — *o céu dos filósofos*" (Tom Rockmore, *Heidegger and French Philosophy*, p. 155). Então, em 1992, Ott publicou sua exposição extensamente documentada sobre as atividades nazistas de Heidegger, incluindo muitos materiais dos arquivos municipais de Friburgo: *Martin Heidegger: unterwegs zu seiner Biographie* (*Martin Heidegger: A Political Life*). A discussão se amainou até o surgimento de um novo "caso Heidegger" em 2005, quando Emmanuel Faye apresentou em *Heidegger* outras indicações nazistas nos seminários de Heidegger em 1933-4, e chegou à análoga conclusão de que a filosofia heideggeriana era tingida de nazismo. Um caso Heidegger ainda mais recente teve início em 2014, com a publicação de seus cadernos particulares de 1931 a 1946 (GA, pp. 94-6), mostrando claras concepções pró-nazistas e antissemitas.

64. Por exemplo, a filósofa americana Marjorie Grene assistiu às aulas de Heidegger e leu *Ser e tempo* no começo dos anos 1930. Atormentou-se durante sessenta anos com a questão nazista, e então escreveu em seu *Testamento filosófico* (1995) que gostaria de ter descartado a importância de Heidegger, mas, como não conseguiu, decidiu preservar o que era essencial no pensamento dele, inserir num "arcabouço mais adequado" e abandonar o restante. Marjorie Grene, *A Philosophical Testament*. Chicago e La Salle, IL: Open Court, 1995, pp. 76-9. *Heidegger* de Grene (Nova York: Hillary House, 1957) foi um dos primeiros livros em inglês dedicados a Heidegger.

65. BT, pp. 157-9/121-2.

66. Hannah Arendt e Karl Jaspers, *Hannah Arendt/Karl Jaspers Correspondence*, p. 142 (Arendt a Jaspers, 29 set. 1949).

67. Jean-Paul Sartre, "A More Precise Characterization of Existentialism", em Michel Contat e Michel Rybalka (Orgs.), *The Writings of Jean-Paul Sartre*, II, pp. 155-60, aqui p. 156. Para mais elementos sobre a ideia de caráter em Sartre, ver Jonathan Webber, *The Existentialism of Jean-Paul Sartre*.

68. Martin Heidegger, *Introduction to Metaphysics*, p. 40.

69. Martin Heidegger e Karl Jaspers, *The Heidegger-Jaspers Correspondence*, p. 151 (Heidegger a Jaspers, 1 jul. 1935). Este é o coro de "Ode ao Homem" de Sófocles, *Antígona V*, pp. 332-75, aqui p. 332. A versão alemã de Heidegger é: "*Vielfältig das Unheimliche, nichts doch/ über den Menschen hinaus Unheimlicheres ragend sich regt*" (GA, pp. 13, 35). Os versos podem ser traduzidos de modo mais convencional como "*Wonders are many, and non is more wonderful than man*" (Trad. de R. C. Jebb, "Os assombros são muitos, e nenhum é mais assombroso do que o homem") ou "*Many things are formidable, and none more formidable than man!*" (Trad. de Hugh Lloyd-Jones, "Muitas coisas são tremendas, e nenhuma mais tremenda do que o homem!"). A palavra traduzida como *formidable* (tremendas) ou *wonderful* (assombrosas) é *deinà* (*deinos*), que também significa "terríveis": ela aparece nos escritos posteriores de Heidegger sobre a técnica. A tradução de Heidegger, "Chorlied aus der Antigone des Sophocles", está em *Aus der Erfahrung des Denkens*, pp. 35-6; ele encomendou uma impressão particular em 1943, como presente de aniversário para Elfride (GA, pp. 13, 246n).

70. Essa interpretação foi apresentada pela primeira vez em 1963, por William J. Richardson, um extraordinário estudioso americano que, segundo suas próprias palavras, elaborou-a enquanto vivia "praticamente isolado como capelão de um grupo de freiras beneditinas num claustro reformado na Floresta Negra". William J. Richardson, "An Unpurloined Autobiography", em James R. Watson (Org.), *Portraits of American Continental Philosophers*. Bloomington: Indiana University Press, 1999, p. 147, apud Martin Woessner, *Heidegger in America*, p.

200. Ver William J. Richardson, *Heidegger: Through Phenomenology to Thought*. Desde então, sua interpretação passou a prevalecer, embora alguns discordem: ver, por exemplo, Thomas Sheehan, *Making Sense of Heidegger: A Paradigm Shift*.

71. Martin Heidegger, "Why Do I Stay in the Provinces?", em Thomas Sheehan (Org.), *Heidegger: The Man and the Thinker*, pp. 27-30; ver também nota do editor, p. 30n.

72. Ver Walter Biernel, "Erinnerungen na Heidegger", em *Allgemeine Zeitschrift für Philosophie*, v. 2, n. 1, pp. 1-23, 1977, aqui p. 14.

73. Martin Heidegger, "The Thinker as Poet", em *Poetry, Language, Thought*, pp. 1-14, aqui p. 9. A frase foi gravada como placa num banco em Todtnauberg.

74. Hannah Arendt, "What Remains? The Language Remains", em P. Baehr (Org.), *The Portable Hannah Arendt*. Nova York: Penguin, 2003, pp. 3-22, aqui pp. 5-6 (entrevista com Günter Gaus na TV da Alemanha Ocidental, 28 out. 1964). A fuga de ambas: Elisabeth Young-Bruehl, *Hannah Arendt*, pp. 105-8.

75. Herman Leo Van Breda, "Die Rettung von Husserls Nachlass un die Gründung des Husserl-Archivs — The Rescue of Husserl's *Nachlass* and the Founding of the Husserl-Archives", p. 47.

76. Max Müller, "Martin Heidegger: A Philosopher and Politics: A Conversation", em Günther Neske e Emil Kettering (Orgs.), *Martin Heidegger and National Socialism*, pp. 175-95, aqui p. 186 (entrevista de 1 maio 1985).

77. "Lettre de M. le professeur Husserl: An den Präsidenten des VIII. Internationalen Philosophen-Kongresses Herrn Professor Dr Rádl in Prag", em *Actes du huitième Congrès international de Philosophie à Prague 2-7 septembre 1934*. Praga: Comité d'Organisation du Congrès, 1936, p. xli-xlv.

78. Edmund Husserl, "Vienna Lecture", em *Crisis*, Apêndice I, pp. 269-99, aqui pp. 290-9.

79. David Carr, "Introduction", em Edmund Husserl, *Crisis*, p. xvii.

80. Ronald Bruzina, *Edmund Husserl and Eugen Fink: Beginnings and Ends in Phenomenology, 1928-1938* (New Haven: Yale University Press, 2004), p. 69, citando notas traduzidas feitas por Elisabeth Husserl Rosenberg, filha de Husserl, "Aufzeichnungen aus Gesprächen mit Edmund Husserl während seiner letzten Krankheit im Jahre 1938", nos Arquivos Husserl. Sobre a doença de Husserl, ver também David Carr, "Introduction", em Edmund Husserl, *Crisis*, p. xvii.

81. Malvine Husserl e Karl Schumann, "Malvine Husserls "Skizze eines Lebensbildes von E. Husserl'", *Husserl Studies*, v. 5, n. 2, pp. 105-25, 1988, aqui p. 118.

82. Herman Leo Van Breda, "Die Rettung von Husserls Nachlass und die Gründung des Husserl-Archivs — The Rescue of Husserl's *Nachlass* and the Founding of the Husserl-Archives", p. 66.

83. Numa entrevista em 1985, Max Müller comentou que Heidegger "não compareceu ao funeral de Husserl, como a maioria de seus colegas de faculdade, porque estava doente". Max Müller, "Martin Heidegger: A Philosopher and Politics: A Conversation", em Günther Neske e Emil Kettering (Orgs.), *Martin Heidegger and National Socialism*, pp. 175-95, aqui p. 187.

5. MASTIGAR AMENDOEIRAS EM FLOR [PP. 101-22]

1. Maurice Merleau-Ponty, "The Philosophy of Existence", em *Texts and Dialogues*, pp. 129-39, aqui p. 134. Beauvoir lendo Husserl: POL, p. 201.

2. Colin Wilson, *Dreaming to Some Purpose*, p. 234.

3. Jean-Paul Sartre, "Notes sur la prise de mescaline" (1935), em *Les Mots*…, pp. 1222-33; também POL, pp. 209-10; and *Sartre by Himself*, p. 38.

4. Jean-Paul Sartre, "Foods", em Michel Contat e Michel Rybalka (Orgs.), *The Writings of Jean-Paul Sartre*, II, pp. 60-3.

5. Thomas R. Flynn, *Sartre: A Philosophical Biography*, p. 15. Sobre a história de *Melancholia* e outras versões manuscritas na Bibliothèque Nationale, ver M. Contat, "De 'Melancholia' à *La Nausée*: la normalisation NRF de la contingence", 21 jan. 2007, em ITEM (l'Institut des texts et manuscrits modernes): <www.item.ens.fr/index.php?id=27113>. Acesso em: 27 mar. 2017. [Versão revista do artigo originalmente publicado em *Dix-neuf/ Vingt*, p. 10, out. 2000.]

6. Jean-Paul Sartre, *A náusea*, pp. 9-10, 13, 19. "Devo dizer": p. 9.

7. Ibid., p. 190.

8. Ibid., pp. 35-8. Sartre escreve que a cantora era uma "negra", mas George Cotkin aponta que era mais provável que fosse a cantora judia Sophie Tucker, cuja marca registrada era justamente essa canção: George Cotkin, *Existential America*, p. 162.

9. Jean-Paul Sartre, *A náusea*, p. 252.

10. Id., *Words*, pp. 95-6. Lucien: Id., "The Childhood of a Leader", em *Intimacy*, pp. 130--220, aqui p. 138.

11. John Gerassi, *Sartre*, p. 115 (entrevista de 23 abr. 1971).

12. Jean-Paul Sartre, *Words*, p. 101.

13. Apud Francis Steegmuller, *Maupassant: A Lion in the Path*. Londres: Macmillan, 1949, p. 60.

14. POL, p. 48.

15. Chaplin: Ibid., p. 244. Keaton: ASAD, p. 197.

16. Jean-Paul Sartre, *A náusea*, p. 148.

17. BN, pp. 628-9. Ver uma nota sobre a forma de traduzir "*le visqueux*" em BN, p. 625n.

18. Gabriel Marcel, "Existence and Human Freedom", em *The Philosophy of Existence*, p. 36.

19. Jean-Paul Sartre e Jacques-Laurent Bost em *Sartre by Himself*, pp. 41-2.

20. Emmanuel Levinas, *On Escape*, pp. 52, 56, 66-7. Levinas desenvolveu as ideias em "Il y a", artigo de 1946 incorporado a *De L'Existence à l'existant* (*Existence and Existents*) em 1947. Seu amigo Maurice Blanchot também empregou esse conceito.

21. Emmanuel Levinas, *Ethics and Infinity*. Trad. de R. Cohen. Pittsburgh: Duquesne University Press, 1985, p. 48 (entrevistas de rádio com Philippe Nemo, fev.-mar. 1981).

22. Id, *Existence and Existents*, p. 54.

23. Id., *On Escape*, pp. 69, 73.

24. Ver Jacques Rolland, "Getting Out of Being by a New Path", em ibid., pp. 3-48, aqui pp. 15, 103n4; e Michael J. Brogan, "Nausea and the Experience of the "*il y a*': Sartre and Levinas on brute existence", *Philosophy Today*, v. 45, n. 2, pp. 144-53, verão 2001.

25. Jean-Paul Sartre, *War Diaries*, pp. 183-4. Ele voltou a Heidegger durante a Guerra, lendo em alemão. É incrível, mas não havia nenhuma tradução integral de *Ser e tempo* em francês até 1985, quando Emmanuel Martineau publicou uma edição privada, e em 1986 a Gallimard lançou a de François Vezin. Ver Gary Gutting, *French Philosophy in the Twentieth Century*. Cambridge: CUP, 2001, p. 106n.

26. Emmanuel Levinas, *On Escape*, p. 73.

27. Jean-Paul Sartre, *Witness to My Life*, p. 16 (Sartre a Simone Jollivet, carta sem data de 1926).

28. Simone de Beauvoir, "Literature and Metaphysics", em *Philosophical Writings*, p. 275.

29. POL, p. 106. Histórias de detetive: *Sartre by Himself*, p. 41.

30. Annie Cohen-Solal, *Sartre*, p. 116.

31. Simone de Beauvoir, *She Came to Stay*, p. 164.

32. Cit. por Merleau-Ponty, "Metaphysics and the Novel", em *Sense and Non-Sense*, pp. 26-40, aqui p. 26.

33. POL, p. 365.

34. Jean-Paul Sartre, *War Diaries*, p. 83-5.

35. MDD, p. 344.

36. Toril Moi, *Simone de Beauvoir*, p. 49.

37. Simone de Beauvoir, *Cahiers de jeunesse*, p. 362, 29 jun. 1927.

38. MDD, p. 246-8.

39. Emmanuelle Garcia, "Maurice Merleau-Ponty: Vie et oeuvre", em *Maurice Merleau-Ponty, Oeuvres*, pp. 27-99, aqui p. 30, citando entrevista na rádio com Georges Charbonnier, 22 maio 1959. A infância feliz de Merleau-Ponty também é mencionada por Beauvoir em MDD, p. 246, e FOC, p. 70.

40. Jean-Paul Sartre, *The Family Idiot*, I, p. 141.

41. Simone de Beauvoir, *Cahiers de jeunesse*, p. 388, 29 jul. 1927.

42. MDD, pp. 246-8.

43. Ibid., p. 260.

44. Simone de Beauvoir, *Cahiers de jeunesse*, p. 648, 12 maio 1929.

45. Elisabeth Lacoin, *Zaza*, p. 223; MDD, p. 248. Ver as cartas em Elisabeth Lacoin, *Zaza*, para o caso completo, em esp. pp. 357, 363, 369.

46. Deirdre Bair, *Simone de Beauvoir*, pp. 151-3; MDD, pp. 359-60.

47. Jean-Paul Sartre, *Words*, p. 66.

48. Id., *Sartre by Himself*, p. 20.

49. MDD, p. 336.

50. POL, p. 77.

51. Ibid., p. 23.

52. Simone de Beauvoir, *Beloved Chicago Man*, p. 212 (Beauvoir a Algren, 8 ago. 1948).

53. Ver Olivier Todd, *Un fils rebelle*, p. 117; Deirdre Bair, *Simone de Beauvoir*, p. 172.

54. POL, p. 22.

55. Ibid., p. 63.

56. Simone de Beauvoir, *Adieux*, p. 316.

57. MDD, p. 7.

58. FOC, p. 245.

59. POL, pp. 89-90.

60. Ibid., pp. 217-8.

61. Ibid., p. 93.

62. Ibid., p. 301.

63. BN, pp. 475-7.

64. Ibid., pp. 602-5, em esp. p. 605 sobre o esqui aquático.

65. Jean-Paul Sartre, *War Diaries*, p. 251.

66. Ibid., p. 244.

67. Jean-Paul Sartre, "Self-Portrait at Seventy", em *Sartre in the Seventies* (*Situations X*), pp. 3-92, aqui p. 68.

68. Deirdre Bair, *Simone de Beauvoir*, p. 183.

69. POL, p. 19.

70. Ibid., p. 61.

71. Ver Claude Lanzmann, *The Patagonian Hare*, p. 265; cf. Simone de Beauvoir, *She Came to Stay*, p. 17, onde ela atribui esse impulso à protagonista Françoise.

72. Alice Schwarzer, *Simone de Beauvoir: conversations 1972-1982*. Trad. de M. Howarth. Londres: Chatto & Windus/Hogarth, 1984, p. 110.

73. Jean-Paul Sartre e Simone de Beauvoir, entrevistados por Madeleine Gobeil e Claude Lanzmann, dir. Max Cacopardo, para teletransmissão pela *Radio Canada*, 15 ago. 1967.

6. NÃO QUERO COMER MEUS MANUSCRITOS [PP. 123-37]

1. David Schalk, *Roger Martin du Gard* (Ithaca: Cornell University Press, 1967), p. 139n, citando uma carta de 9 set. 1936, bem como a ocorrência de frases similares num romance. Ver também Eugen Weber, *The Hollow Years*, p. 19.

2. POL, p. 358.

3. David Gascoyne, *Paris Journal 1937-1939*. Londres: The Enitharmon Press, 1978, pp. 62, 71.

4. George Orwell, *Coming Up for Air*. Londres: Penguin, 1989; originalmente publicado em 1939, pp. 21, 157.

5. Sartre cita Woolf e Dos Passos: Jean-Paul Sartre, "Please Insert 1: 1945", em *The Last Chance: Roads of Freedom IV*, pp. 22-3, aqui p. 23.

6. Jean-Paul Sartre, *The Reprieve*, pp. 192, 232.

7. Ibid., p. 277.

8. Jean-Paul Sartre, *War Diaries*, p. 185.

9. Josef Novák, *On Masaryk*. Amsterdam: Rodopi, 1988, p. 145.

10. Ver Herman Leo Van Breda, "Die Rettung von Husserls Nachlass und die Gründung des Husserl-Archivs — The Rescue of Husserl's *Nachlass* and the Founding of the Husserl--Archives", pp. 39-69.

11. Esta é a frase de Daladier, ao sair do avião, com que Sartre termina *Sursis*: Jean-Paul Sartre, *Le Sursis*. Paris: Gallimard, 1945, p. 350; Id., *The Reprieve*, p. 377.

12. POL, p. 336.

13. Ver Ronald Bruzina, *Edmund Husserl and Eugen Fink* (New Haven: Yale University Press, 2004), p. 522, e seu "Eugen Fink and Maurice Merleau-Ponty", em Ted Toadvine e Lester Embree (Orgs.), *Merleau-Ponty's Reading of Husserl*, pp. 173-200, aqui p. 175.

14. Ver Edmund Husserl, "Recollections of Franz Brentano" (1919), em *Shorter Works*. Org. de P. McCormick e F. Elliston. Notre Dame, IN: University of Notre Dame Press, 1981, pp. 342-8, e Herbert Spiegelberg, "The Lost Portrait of Edmund Husserl", pp. 341-2. (A filha de Husserl o conservou na parede de seu apartamento em Friburgo, e tem-se usado uma foto dele para reconstituir sua aparência: ver ilustrações em Spiegelberg.)

15. J. C. M. Brentano, "The Manuscripts of Franz Brentano", *Revue Internationale de Philosophie*, v. 20, pp. 477-82, 1966, aqui p. 479. (O autor é o filho de Brentano.)

16. Ver Husserl-Archiv Leuven, *Geschichte des Husserl-Archivs = History of the Husserl Archives*, e o site: <hiw.kuleuven.be/hua>. Acesso em: 27 mar. 2017, além de uma listagem dos volumes da *Husserliana* em: <www.husserlpage.com/hus_iana.html>. Acesso em: 27 mar. 2017.

17. Herman Leo Van Breda, "Merleau-Ponty and the Husserl Archives at Louvain", em Maurice Merleau-Ponty, *Texts and Dialogues*, pp. 150-61, aqui pp. 150-2; Bruzina, "Eugen Fink and Maurice Merleau-Ponty", em Ted Toadvine e Lester Embree (Orgs.), *Merleau-Ponty's Reading of Husserl*, pp. 173-200, aqui p. 175. O volume inteiro é proveitoso quanto à relação entre suas ideias.

18. Edmund Husserl, *Crisis*, pp. 123-4; ver também D. Moran, *Husserl's Crisis of the European Sciences and Transcendental Phenomenology: An Introduction*. Cambridge & Nova York: CUP, 2012, pp. 178-217. A análise de Husserl tem muito em comum com a de sociólogos como Max Weber e W. I. Thomas, e também Alfred Schulz, que mais tarde escreveu um eloquente ensaio sobre as perturbações do "mundo" de um estrangeiro no exterior, parcialmente baseado em sua experiência pessoal como refugiado do nazismo (Alfred Schutz, "The Stranger: An Essay in Social Psychology", *American Journal of Sociology*, v. 49, n. 6, pp. 499-507, maio 1944. Husserl também pode ter recebido a influência do etologista Jakob von Uexküll, que escreveu sobre o *Umwelt* ou meio ambiente tal como é vivido por diferentes espécies. O mundo de um cão, por exemplo, é rico em cheiros, mas não em cores. J. von Uexküll, *Theoretical Biology*. Londres: Kegan Paul, 1926.

19. Edmund Husserl, *Crisis*, pp. 107-8; 161-4.

20. Ibid., pp. 331-2.

21. Edmund Husserl, "The Vienna Lecture", em *Crisis* (Apêndice I), pp. 269-99, em esp. pp. 279-89.

22. Gabriel Marcel, "On the Ontological Mystery", em seu *The Philosophy of Existence*, p. 27.

23. Dan Zahavi, "Merleau-Ponty on Husserl: A Reappraisal", em Ted Toadvine e Lester Embree (Orgs.), *Merleau-Ponty's Reading of Husserl*, pp. 3-29, aqui p. 7, citando uma carta de Husserl a Adolf Grimme, publicada em Edmund Husserl, *Zur Phänomenologie der Intersubjektivität* (Husserliana XV). Org. de Iso Kern (1973), p. lxvi.

24. R. Safranski, *Martin Heidegger*, p. 78.

25. POL, p. 359.

26. Ibid., p. 372.

27. Arthur Koestler, *Scum of the Earth*, p. 21.

28. POL, p. 375; Simone de Beauvoir, *Wartime Diary*, p. 39, 1 set. 1939.

29. Herman Leo Van Breda, "Merleau-Ponty and the Husserl Archives at Louvain", em Maurice Merleau-Ponty, *Texts and Dialogues*, pp. 150-61, aqui p. 152.

30. Id., "Die Rettung von Husserls Nachlass und die Gründung des Husserl-Archivs — The Rescue of Husserl's *Nachlass* and the Founding of the Husserl-Archives", p. 66. Destruição do retrato: Herbert Spiegelberg, "The Lost Portrait of Edmund Husserl", p. 342.

31. Sarah Borden, *Edith Stein*, pp. 13-5.

32. Ibid., p. 16.

33. "Die heilige Nazi-Gegnerin", *Süddeutsche Zeitung*, 17 maio 2010.

34. Herman Leo Van Breda, "Die Rettung von Husserls Nachlass und die Gründung des Husserl-Archivs — The Rescue of Husserl's *Nachlass* and the Founding of the Husserl-Archives", p. 66. Cinzas de Husserl: Herbert Spiegelberg, *The Context of the Phenomenological Movement* (Haia: Martinus Nijhoff, 1981), p. 192, n. 10, citando informações da filha do casal, Elisabeth Husserl Rosenberg.

7. OCUPAÇÃO, LIBERTAÇÃO [PP. 138-73]

1. Simone de Beauvoir, *Wartime Diary*, 3 set. 1939, pp. 42-3.

2. Ibid., 3 set. 1939, pp. 43-6.

3. Ibid., 11 set. 1939, p. 58.

4. Arthur Koestler, *Scum of the Earth*, p. 40.

5. Albert Camus, *Notebooks 1935-1942*, mar. 1940, p. 170.

6. Ibid., p. 176, s/d, mas começo de 1940.

7. Simone de Beauvoir, *Adieux*, pp. 387-8. Pingue-pongue: Jean-Paul Sartre, *Quiet Moments in a War*, p. 97 (Sartre a Beauvoir, 6 mar. 1940).

8. Jean-Paul Sartre, *Witness to My Life*, p. 312 (Sartre a Beauvoir, 24 out. 1939).

9. Simone de Beauvoir, *Wartime Diary*, 14 nov. 1939, p. 153, e Jean-Paul Sartre, *Witness to My Life*, p. 409 (Sartre a Beauvoir, 15 dez. 1939).

10. Simone de Beauvoir, *Wartime Diary*, 30 jun. 1940, p. 295.

11. Maurice Merleau-Ponty, "The War Has Taken Place", em *Sense and Non-Sense*, pp. 139-52, aqui p. 141.

12. Raymond Aron, *The Committed Observer*, p. 66.

13. Emmanuelle Garcia, "Maurice Merleau-Ponty: Vie et oeuvre", em Maurice Merleau-Ponty, *Oeuvres*, pp. 27-99, aqui pp. 43-4.

14. Simone de Beauvoir, *Wartime Diary*, 10 jun. 1940, pp. 272-6. Retorno num caminhão alemão: 30 jun. 1940, p. 290.

15. Jean Guéhenno, *Diary of the Dark Years*, 7 jan. 1941, p. 51.

16. Simone de Beauvoir, *Wartime Diary*, 30 jun. 1940, p. 288.

17. POL, p. 464.

18. Ibid., p. 511.

19. Ibid., p. 474. Em aula: p. 504.

20. POL, p. 504. Turbante: ver também Simone de Beauvoir, *Wartime Diary*, 22 nov. 1939, p. 166.

21. POL, p. 465.

22. Simone de Beauvoir, *Wartime Diary*, 6 jul. 1940, p. 304; POL, pp. 468-9. Ver também Simone de Beauvoir, *Ethics of Ambiguity*, p. 159.

23. Jean-Paul Sartre, *War Diaries*, 1 fev. 1940, p. 187; Id., "Cahier Lutèce", em Sartre, *Les Mots...*, p. 914; ver também Annie Cohen-Solal, *Sartre*, p. 153.

24. Id., *Quiet Moments in a War*, p. 234 (Sartre a Beauvoir, 22 jul. 1940). Suas cartas chegaram: p. 234 (Sartre a Beauvoir, 23 jul. 1940).

25. Id., *War Diaries*, 17 nov. 1939, p. 17. Cegueira num dos olhos: Id., "Self-Portrait at Seventy", em *Sartre in the Seventies* (*Situations X*), p. 3-92, aqui p. 3. A fuga: Annie Cohen-Solal, *Sartre*, p. 159.

26. Id., "The Paintings of Giacometti", em *Situations* [IV], pp. 177-92, aqui p. 178.

27. POL, pp. 479-80.

28. Ibid., pp. 503-4.

29. Annie Cohen-Solal, *Sartre*, p. 166.

30. Jean-Paul Sartre, "Merleau-Ponty", em *Situations* [IV], pp. 225-326, aqui p. 231.

31. Claire Paulhan, "Slogans des jours sombres", *Le Figaro Littéraire*, 27 abr. 1946. Ver O. Corpet e Claire Paulhan, *Collaboration and Resistance*, p. 266.

32. Jean Guéhenno, *Diary of the Dark Years*, 17 jul. 1941, p. 101.

33. Annie Cohen-Solal, *Sartre*, p. 164; Deirdre Bair, *Simone de Beauvoir*, pp. 251-2; Jean-Paul Sartre, "Merleau-Ponty", em *Situations* [IV], pp. 225-326, aqui p. 231. Escola e retrato: Marianne Merleau-Ponty, comunicação pessoal.

34. POL, pp. 490-1. Sobre as visitas a Gide, Malraux e outros, interpretadas como atividade da Resistência: Bernard-Henri Lévy, *Sartre*, pp. 291-2.

35. POL, p. 491. Dentes: pp. 495-6, 505.

36. Jean-Paul Sartre, "Paris Under the Occupation", em *The Aftermath of War* (*Situations III*), pp. 8-40, aqui p. 11. Originalmente publicado em *La France libre*, 1945.

37. Jean Guéhenno, *Diary of the Dark Years*, 22 fev. 1943, p. 195.

38. Maurice Merleau-Ponty, "The War Has Taken Place", em *Sense and Non-Sense*, pp. 139-52, aqui pp. 141-2.

39. POL, pp. 512, 525.

40. Jean-Paul Sartre, "Paris Under the Occupation", em *The Aftermath of War* (*Situations III*), pp. 8-40, aqui pp. 15-6.

41. POL, p. 535.

42. James Baldwin, "Equal in Paris", em *The Price of the Ticket*, pp. 113-26, aqui p. 114.

43. POL, pp. 579-80; ver também Simone de Beauvoir, *Adieux*, p. 272.

44. Ibid., p. 539. "Uma alma simples e alegre": p. 561. Engraçado, emotivo: FOC, p. 61. Em 2013, a descoberta de uma breve carta de Camus a Sartre confirmou que a amizade no início era calorosa: ver Grégoire Leménager, "Camus inédit: 'Mon cher Sartre' sort de l'ombre", *Le Nouvel Observateur*, 8 ago. 2013.

45. Ver o romance autobiográfico, Albert Camus, *The First Man*, p. 55; Olivier Todd, *Camus*, p. 5-6.

46. Albert Camus, *The First Man*, p. 158.

47. Id., *Notebooks 1935-1942*, maio 1935, p. 3.

48. Ver Id., "Three Interviews", em *Lyrical and Critical Essays*, p. 349-57, aqui p. 352 (entrevista com Gabriel d'Aubarède para *Les Nouvelles Littéraires*, 10 maio 1951).

49. Id., *The Outsider*, pp. 48, 51, 53.

50. Ibid., p. 111. A inspiração para o romance também veio das experiências de viagem de Camus pela Europa Central em 1937, e de se sentir desorientado por não falar a língua nem saber como se comportar: ver Id., *Notebooks 1935-1942*, p. 45.

51. Id., "Preface" (1955), *The Myth of Sisyphus*, p. 7. Ver também David Carroll, "Rethinking the Absurd: le mythe de Sisyphe", em E. J. Hughes (Org.), *The Cambridge Companion to Camus*. Cambridge: CUP, 2007, pp. 53-66, em esp. pp. 53-7.

52. Homero, *Odyssey*, Livro XI, pp. 593-600.

53. Albert Camus, *Myth of Sisyphus*, p. 19. Por que continuar a viver: pp. 11-3.

54. Ibid., p. 111.

55. Søren Kierkegaard, *Fear and Trembling*, p. 45.

56. Jean-Paul Sartre, "*The Outsider* Explained", em *Critical Essays*, pp. 148-84, aqui p. 173. O exemplo de Sartre é o rúgbi, mas o adaptei em homenagem ao fato de que Camus jogava futebol.

57. William Barrett, "Talent and Career of Jean-Paul Sartre", *Partisan Review*, v. 13, pp. 237-46, 1946, aqui p. 244.

58. BN, p. 48. "Bolsa de ar": Gabriel Marcel, "Existence and Human Freedom", em *The Philosophy of Existence*, p. 61.

59. BN, pp. 33-4.

60. Ibid., p. 35.

61. A piada está disponível on-line em: <www.workjoke.com/philosophers-jokes.html>. Acesso em: 27 mar. 2017.

62. BN, p. 48.

63. Ibid., pp. 53, 56.

64. Ibid., pp. 56-7.

65. Ibid., pp. 61-2.

66. Ibid., p. 63.

67. Ibid., p. 82.

68. Chesterton, "The Queer Feet", em *The Annotated Innocence of Father Brown*. Oxford e Nova York: OUP, 1988, pp. 64-83.

69. Jean-Paul Sartre, "The Childhood of a Leader", em *Intimacy*, pp. 130-220, aqui p. 216.

70. BN, p. 503.

71. Jean-Paul Sartre, *Existentialism and Humanism*, p. 48.

72. BN, p. 501.

73. Ibid., p. 574.

74. Simone de Beauvoir, *Adieux*, p. 184.

75. Ronald Hayman, *Writing Against*, p. 198, citando resenha em *Paris-Soir*, 15 jun. 1943.

76. Simone de Beauvoir, "Pyrrhus and Cineas", em *Philosophical Writings*, pp. 77-150, aqui p. 90.

77. Ibid., pp. 97-8.

78. POL, p. 579.

79. Ibid., p. 598. Para os acontecimentos anteriores: pp. 595-6.

80. Albert Camus, "Neither Victims Nor Executioners", pp. 24-43.

81. Simone de Beauvoir, "An Eye for an Eye", em *Philosophical Writings*, pp. 237-60, em esp. pp. 257-8. Sobre o julgamento de Brasillach, ver Alice Kaplan, *The Collaborator*. Chicago e Londres: University of Chicago Press, 2000.

82. Jean-Paul Sartre, "Self-Portrait at Seventy", em *Sartre in the Seventies* (*Situations X*), pp. 3-92, aqui p. 48.

83. BN, p. 645, e Jean-Paul Sartre, *Notebooks for an Ethics*. Trad. de D. Pellauer. Chicago e Londres: University of Chicago Press, 1992 (*Cahiers pour une morale*, 1983).

84. Maurice Merleau-Ponty, "The War Has Taken Place", em *Sense and Non-Sense*, pp. 139-52, aqui p. 147.

85. Jean-Paul Sartre, *What Is Literature? and Other Essays*. Cambridge, MA: Harvard University Press, 1988, p. 184. Para uma apresentação mostrando como Sartre se tornou um importante intelectual público nessa época, ver Patrick Baert, *The Existentialist Moment*. Cambridge: Polity, 2015.

86. FOC, p. 56.

87. Ibid., p. 22.

88. POL, p. 244.

89. Foram publicados excertos em *Les Temps Modernes* em 1949, depois reunidos a páginas inéditas em manuscrito para formar um quarto volume, *La Dernière Chance*. Sobre a declaração de Sartre de que o último volume solucionaria o enigma da liberdade: Michel Contat, "General Introduction for *Roads of Freedom*", em Jean-Paul Sartre, *The Last Chance: Roads of Freedom IV*, pp. 177-97, em esp. p. 193, citando a entrevista de Contat com Sartre em *L'Express*, 17 set. 1959. A introdução de Contat (p. 195) também cita uma entrevista inédita de 1974, em que Sartre afirmou que *Os mandarins* de Beauvoir constituía "o verdadeiro final de *Os caminhos da liberdade* conforme o concebi em 1950, mas com outro ponto de vista".

90. J. Glenn Gray, *The Warriors: Reflections on Men in Battle*. Lincoln, NE: University of Nebraska Press, 1998, p. 19-22. Originalmente publicado em 1959.

91. Gabriel Marcel, "Testimony and Existentialism", em *The Philosophy of Existence*, pp. 67-76, aqui p. 67 ("Subterrâneo" reconvertido em "Metrô").

92. FOC, p. 93.

93. Boris Vian, *Manual of Saint-Germain-des-Prés*.

94. Ibid., p. 141. Dançando e filosofando: Juliette Gréco, *Je Suis Faite Comme Ça*, pp. 98-9.

95. Juliette Gréco, *Jujube*, p. 129; ver também Anne-Marie Cazalis, *Les Mémoires d'une Anne*, p. 125.

96. Id., *Je Suis Faite Comme Ça*, p. 73.

97. Horace McCoy, *They Shoot Horses, Don't They?*. Originalmente publicado em 1935, foi traduzido como *On Achève Bien Les Chevaux*. Paris: Gallimard, 1946.

98. Jean-Paul Sartre, "On John Dos Passos and *1919*", em *Critical Essays (Situations I)*, pp. 13-31, aqui p. 30. Ver também seu ensaio "American Novelists in French Eyes", *Atlantic Monthly*, ago. 1946; e Simone de Beauvoir, "An American Renaissance in France", em seu *"The Useless Mouths" and Other Literary Writings*, pp. 107-12. Ver também Richard Lehan, *A Dangerous Crossing: French Literary Existentialism and the Modern American Novel*. Carbondale e Edwardsville, IL: Southern Illinois University Press; Londres & Amsterdam: Feffer & Simons, 1973.

99. James Sallis, "Introduction", Boris Vian, *I Spit on Your Graves*, pp. v-vi.

100. Jean-Paul Sartre, "A Sadness Composed of Fatigue and Boredom Weighs on American Factory Workers", em *We Have Only This Life to Live: The Selected Essays of Jean-Paul Sartre 1939-1975*, Org. de Ronald Aronson e Adrian Van den Hoven. Nova York: NYRB, 2013, p. 108. Originalmente publicado em *Combat*, 12 jun. 1945. Mais tarde soube-se que o FBI vigiava de perto os jornalistas, procurando simpatias comunistas ou tendências a criar problemas. Ver Annie Cohen-Solal, *Sartre*, pp. 242-3.

101. Lionel Abel, "Sartre Remembered", em Robert Wilcocks (Org.), *Critical Essays on Jean-Paul Sartre*. Boston: G. K. Hall, 1988, pp. 13-33, aqui p. 15.

102. Para um exemplo, ver Albert Camus, "Death in the Soul", em *Lyrical and Critical Essays*, pp. 40-51, descrevendo uma estadia confusa em Praga.

103. Albert Camus, "The Rains of New York", em *Lyrical and Critical Essays*, pp. 182-6, aqui p. 184.

104. Id., *American Journals*, pp. 42-3.

105. Simone de Beauvoir, *America Day By Day*, p. 25. Para que o público americano se enxergasse pelos olhos de um estrangeiro, ela também publicou "An Existentialist Looks at Americans", *New York Times Magazine*, 25 maio 1947, republicado em *Philosophical Writings*, pp. 299-316.

106. Ibid., *America Day By Day*, pp. 36, 214.

107. FOC, p. 25.

108. Jean-Paul Sartre, "Return from the United States". Trad. de T. Denean Sharpley--Whiting, em L. Gordon (Org.), *Existence in Black*, pp. 83-9, aqui p. 84. Originalmente publicado em *Le Figaro*, 16 jun. 1945.

109. Simone de Beauvoir, *America Day By Day*, 1999, pp. 44-5.

110. Juliette Gréco, *Je Suis Faite Comme Ça*, p. 135.

111. Michel Fabre, *Richard Wright: Books and Writers*. Jackson e Londres: University Press of Mississippi, 1990, p. 141 (citando o diário, 5 ago. 1947). Ver também George Cotkin, *Existential America*, p. 162.

112. Hazel Rowley, *Richard Wright*, p. 336. Dificuldades com o visto: pp. 328-9.

113. "Existentialism", *Time*, pp. 16-7, 28 jan. 1946, "A existencialista mais bonita": *New Yorker*, v. 23, pp. 19-20, 22 fev. 1947. Sobre a acolhida americana do existencialismo nessa época em geral, ver Ann Fulton, *Apostles of Sartre*, e George Cotkin, *Existential America*, em esp. pp. 105-33.

114. *Partisan Review*, v. 13, 1946. Ver George Cotkin, *Existential America*, p. 109, e Annie Cohen-Solal, *Sartre*, p. 271.

115. Jean Wahl, "Existentialism: A Preface", *New Republic*, pp. 442-4, 1 out. 1945.

116. Paul F. Jennings, "Thingness of Things", *Spectator*, 23 abr. 1948, e *New York Times Magazine*, 13 jun. 1948. Ver George Cotkin, *Existential America*, pp. 102-3.

117. William Barrett, "Talent and Career of Jean-Paul Sartre", *Partisan Review*, v. 13, pp. 237-46, 1946, aqui p. 244. Ver George Cotkin, *Existential America*, pp. 120-3.

118. F. W. Dupee, "An International Episode", *Partisan Review*, v. 13, pp. 259-63, 1946, aqui p. 263.

119. Ver, por exemplo, Bernard Frizell, "Existentialism: Post-War Paris Enthrones a Bleak Philosophy of Pessimism", *Life*, 7 jun. 1946; e John Lackey Brown, "Paris, 1946: Its Three War Philosophies", *New York Times*, 1 set. 1946. Ver Ann Fulton, *Apostles of Sartre*, p. 29.

120. Hazel Rowley, *Richard Wright*, pp. 246, 326-7.

121. Hannah Arendt, "French Existentialism" e "What Is Existenz Philosophy?", ambos em Id., *Essays in Understanding*, pp. 163-87, pp. 188-93. Versões originais publicadas em *Partisan Review*, v. 13, n. 1, 1946, e *Nation*, p. 162, 23 fev. 1946, respectivamente. Ver também Walter Kaufmann, "The Reception of Existentialism in the United States", *Salmagundi*, pp. 10-1, número duplo sobre "The Legacy of the German Refugee Intellectuals", outono 1969-inverno 1970.

8. DEVASTAÇÃO [PP. 174-204]

1. Stephen Spender, "Rhineland Journal", *New Selected Journals*, p. 34, jul. 1945. Originalmente publicado na *Horizon*, dez. 1945. Sobre a devastação alemã, ver também Victor Sebestyén, *1946: The Making of the Modern World* (Londres: Macmillan, 2014), em esp. p. 38 para o número de desabrigados.

2. Cerca de 12,5 a 13,5 milhões de alemães foram expulsos ou pressionados a ir para outros países europeus: ver Werner Sollors, *The Temptation of Despair: Tales of the 1940s*. Cambridge, MA e Londres: Belknap/Harvard University Press, 2014, p. 119; para a Europa em geral, ver Keith Lowe, *Savage Continent: Europe in the Aftermath of World War II*. Londres: Viking, 2012.

3. H. W. Petzet, *Encounters and Dialogues*, p. 193-5, aqui p. 194, traduzindo o relato da visita de Max Kommerell em 1941. Ver mesma fonte, p. 45, sobre Heidegger e a sensação de incompreensão de modo geral.

4. R. Safranski, *Martin Heidegger*, p. 8. Bietingen: Hugo Ott, *Heidegger*, p. 371.

5. Martin Heidegger, *Letters to His Wife*, p. 188. Martin a Elfride Heidegger, 15 abr. 1945.

6. Sobre todo esse episódio, ver Hugo Ott, *Heidegger*, pp. 302-5. Para obras sobre Hölderlin, ver Martin Heidegger, *Elucidations of Hölderlin's Poetry*.

7. Martin Heidegger, "Evening Conversation: In a Prisoner of War Camp in Russia, between a Younger and an Older Man", em *Country Path Conversations*, pp. 132-60, aqui pp. 132-3.

8. Ibid., p. 136.

9. Ibid., pp. 138-9.

10. Ibid., p. 140.

11. Toda essa apresentação é extraída de Towarnicki, "Le Chemin de Zähringen", pp. 87-90, com a transcrição e a tradução do coro de Sófocles por Towarnicki, pp. 91-4.

12. R. Safranski, *Martin Heidegger*, p. 351. Quanto às datas, ver Martin Heidegger, *Letters to His Wife*, p. 191 (primeira carta datada de 17 fev. 1946). Ele recebia visitas, inclusive de seu ex-professor Conrad Gröber, que o encontrou num estado de retraimento, e de Towarnicki. Frédéric Towarnicki, *À la Rencontre de Heidegger*, p. 197n. Era atendido pelo psiquiatra Viktor Emil Freiherr von Gebsattel e outros.

13. Martin Heidegger, *Letters to His Wife*, p. 194 (Martin a Elfride Heidegger, 15 mar. 1946; ver também nota do editor por Gertrude Heidegger, p. 191). Sobre o fato de Jörg ainda estar fora em 1949, ver Martin Heidegger e Karl Jaspers, *The Heidegger-Jaspers Correspondence*, p. 165 (Heidegger a Jaspers, 5 jul. 1949).

14. Schimanski, "Foreword", em Martin Heidegger, *Existence and Being*. 2. ed. Londres: Vision, 1956, pp. 9-11.

15. Martin Heidegger, "The Question Concerning Technology", em *The Question Concerning Technology and Other Essays*, pp. 3-35, aqui pp. 12-5.

16. Ibid., p. 15.

17. Ibid., pp. 16-7.

18. Ibid., p. 17.

19. Ibid., p. 27.

20. Ibid., p. 18.

21. Ibid., p. 28. Ele está citando o hino "Patmos" de Hölderlin: "Wo aber Gafahr ist, wächst/ Das Rettende auch". Para a íntegra do poema, ver Friedrich Hölderlin, *Selected Poems and Fragments*. Trad. de M. Hamburger. Org. de J. Adler. Londres: Penguin, 1998, pp. 230-1.

22. Martin Heidegger, "The Question Concerning Technology, em *The Question Concerning Technology and Other Essays*, pp. 3-35, aqui p. 32.

23. H. W. Petzet, *Encounters and Dialogues*, p. 75.

24. Martin Heidegger, "The Origin of the Work of Art", em *Poetry, Language, Thought*, pp. 15-88, aqui p. 31. Essa obra foi elaborada em 1935 e 1937, e publicada em 1950 em sua coletânea *Holzwege*.

25. Id., "Letter on Humanism", em *Basic Writings*, pp. 213-65, aqui p. 260. Os versos vêm de um poema tardio de Hölderlin, "In Lovely Blue" ("In lieblicher Blaue"), em *Hymns and Fragments*. Trad. de R. Sieburth. Princeton: Princeton University Press, 1984, pp. 248-53.

26. Id., *Introduction to Metaphysics*, p. 219.

27. *Cosmos* (escrito por C. Sagan, A. Druyan e S. Soter, primeira transmissão na rede PBS, 1980), episódio 1: "The Shores of the Cosmic Ocean".

28. Maurice Merleau-Ponty, "Cézanne's Doubt", em *Sense and Non-Sense*, pp. 9-25, aqui p. 17.

29. Ver, entre outros, R. Wolin, "National Socialism, World Jewry, and the History of Being: Heidegger's Black Notebooks", *Jewish Review of Books*, 6 jan. 2014; Tom Rockmore, *Heidegger and French Philosophy*; Karsten Harries, "The Antinomy of Being: Heidegger's Critique of Humanism", em Steven Crowell (Org.), *The Cambridge Companion to Existentialism*, pp. 178-98; Mikel Dufrenne, *Pour l'Homme*. Paris: Seuil, 1968, e L. Ferry e A. Renaut, *French Philosophy of the Sixties*. Trad. de M. H. S. Cartani. Amherst, MA: University of Massachusetts Press, 1990.

30. Martin Heidegger, "The Origin of the Work of Art", em *Poetry, Language, Thought*, pp. 15-88, aqui pp. 33-4.

31. Meyer Schapiro, "The Still Life as a Personal Object: A Note on Heidegger and Van Gogh" (1968), e "Further Notes on Heidegger and Van Gogh" (1994) em seu *Theory and Philosophy of Art*. Nova York: G. Braziller, 1994, pp. 135-42, 143-51. Ver em esp. pp. 136-8, para os sapatos como propriedade de Van Gogh, e p. 145, citando o colega François Gauzi, que descreveu Van Gogh comprando um par de sapatos velhos num mercado das pulgas em Paris — "os sapatos de um carroceiro, mas limpos e recém-engraxados. Eram sapatos de boa qualidade. Ele os calçou, numa tarde de chuva, e saiu para dar uma caminhada entre as fortificações. Enlameados, ficaram interessantes". Schapiro também cita uma nota marginal de Heidegger, registrando sua incerteza, numa edição de seu ensaio em 1960 (p. 150). Para mais elementos, ver Lesley Chamberlain, *A Shoe Story: Van Gogh, the Philosophers and the West*. Chelmsford: Harbour, 2014, em esp. pp. 102-28.

32. Martin Heidegger, "The Origin of the Work of Art", em *Poetry, Language, Thought*, pp. 15-88, aqui p. 42. Ainda sobre arquitetura, ver Martin Heidegger, "Building, Dwelling, Thinking", em ibid., pp. 145-61; e Adam Sharr, *Heidegger for Architects*. Nova York: Routledge, 2007.

33. Karl Jaspers, *Philosophy of Existence*, p. 12.

34. Martin Heidegger, "Letter on Humanism", em *Basic Writings*, pp. 213-65, aqui pp. 259, 262.

35. Hans-George Gadamer, *Philosophical Apprenticeships*, p. 156.

36. Hannah Arendt e Karl Jaspers, *Hannah Arendt/Karl Jaspers Correspondence*, p. 142 (Arendt a Jaspers, 29 set. 1949).

37. Herbert Marcuse e Martin Heidegger, "An Exchange of Letters", em Richard Wolin (Org.), *The Heidegger Controversy*, pp. 152-64, aqui p. 161 (Marcuse a Heidegger, 28 ago. 1947. Trad. de Wolin). Ver também Richard Wolin, *Heidegger's Children*, pp. 134-72.

38. Ibid., p. 163 (Heidegger a Marcuse, 20 jan. 1948. Trad. de Wolin).

39. Jacques Derrida, "Heidegger's Silence: Excerpts from a Talk Given on 5 February 1988", em Günther Neske e Emil Kettering (Orgs.), *Martin Heidegger and National Socialism*, pp. 145-8, aqui pp. 147-8.

40. Herbert Marcuse e Martin Heidegger, "An Exchange of Letters", em Richard Wolin (Org.), *The Heidegger Controversy*, pp. 152-64, aqui p. 163 (Heidegger a Marcuse, 20 jan. 1948. Trad. de Wolin).

41. Ibid., p. 164 (Marcuse a Heidegger, 12 maio 1948. Trad. de Wolin).

42. Mark W. Clark, *Beyond Catastrophe: German Intellectuals and Cultural Renewal after World War II, 1945-1955*. Lanham, MD e Oxford: Lexington, 2006, p. 52.

43. Ibid., p. 72.

44. Hugo Ott, *Heidegger*, p. 32, citando o parecer de Jaspers sobre Heidegger, 22 dez. 1945.

45. Karl Jaspers, *The Question of German Guilt*, p. 63.

46. Ibid., p. 71.

47. Ibid., p. 19.

48. Martin Heidegger e Karl Jaspers, *The Heidegger-Jaspers Correspondence*, p. 169 (Jaspers a Heidegger, 6 ago. 1949). Os textos enviados provavelmente incluíam a "Carta sobre o humanismo" de Heidegger, que contém a expressão "a morada do Ser".

49. Ibid., p. 190 (Heidegger a Jaspers, 8 abr. 1950). *Ereignis* era um dos conceitos prediletos de Heidegger nessa época. Ver, por exemplo, Martin Heidegger, *Introduction to Metaphysics*, pp. 5-6; Id., *Contributions to Philosophy (From Enowning)*. Bloomington: Indiana University Press, 1999.

50. Ibid., p. 197 (Jaspers a Heidegger, 24 jul. 1952).

51. Ibid., p. 186 (Jaspers a Heidegger, 19 mar. 1950).

52. H. W. Petzet, *Encounters and Dialogues*, pp. 65-6, citando Stroomann e *Aus meinem roten Notizbuch*. Stroomann, que manteve a amizade com Heidegger, mais tarde especializou-se em "doenças administrativas". Ver Josef Müller-Marein, "Der Arzt von Bühlerhöhe", *Die Zeit*, 18 abr. 1957.

53. Ibid., p. 75.

54. Calvin O. Schrag, "Karl Jaspers on His Own Philosophy", em seu *Doing Philosophy with Others*. West Lafayette: Purdue University Press, 2010, pp. 13-6, aqui p. 14.

55. Ver Hannah Arendt e Karl Jaspers, *Hannah Arendt/Karl Jaspers Correspondence*, p. 630 (Jaspers a Arendt, 9 mar. 1966).

56. Hugo Ott, *Heidegger*, pp. 26-7.

57. Martin Heidegger e Karl Jaspers, *The Heidegger-Jaspers Correspondence*, p. 199 (Heidegger a Jaspers, 19 fev. 1953).

58. Ibid., p. 200 (Jaspers a Heidegger, 3 abr. 1953).

59. Ibid., p. 202 (Jaspers a Heidegger, 22 set. 1959).

60. Marie-Anne Lescourret, *Emmanuel Levinas*, p. 120; Solomon Malka, *Emmanuel Levinas*, p. 67; sobre os insultos (citando conversa com Michael, filho de Levinas), p. 262.

61. Solomon Malka, *Emmanuel Levinas*, pp. 238-9.

62. Marie-Anne Lescourret, *Emmanuel Levinas*, pp. 126-7; Solomon Malka, *Emmanuel Levinas*, p. 80.

63. Solomon Malka, *Emmanuel Levinas*, pp. 70-1; Marie-Anne Lescourret, *Emmanuel Levinas*, pp. 120-3.

64. Emmanuel Levinas, "Preface", em seu *Existence and Existents*, p. xxvii; Marie-Anne Lescourret, *Emmanuel Levinas*, p. 127; Colin Davis, *Levinas, an Introduction*. Cambridge: Polity, 1996, p. 17.

65. Emmanuel Levinas, *Existence and Existents*, p. 1.

66. Ibid., p. 4.

67. Id., "The Name of a Dog, or Natural Rights", em seu *Difficult Freedom: Essays in Judaism*. Trad. de S. Hand. Londres: Athlone Press, 1990, pp. 152-3.

68. Martin Buber, *I and Thou*. Trad. de R. G. Smith. 2. ed. Londres e NY: Continuum, 2004, p. 15.

69. Emmanuel Levinas, *Existence and Existents*, pp. 97-9. Ver também sua primeira grande discussão sobre o rosto, nas preleções de 1946-7, "Time and the Other", em Emmanuel Levinas, *Time and the Other, and Additional Essays*. Trad. de Richard A. Cohen. Pittsburgh: Duquesne University Press, 1987, pp. 39-94. Nunca ficou claro se Levinas acreditava que o rosto devia ser humano, apesar do caso do cão. Indagado por entrevistadores, ele se esquivava: "Não sei se a cobra tem rosto. Não posso responder a essa pergunta". Peter Atterton e Matthew Calarco (Orgs.), *Animal Philosophy* (Londres e Nova York: Continuum, 2004), p. 49, citando "The Paradox of Morality: An Interview with Emmanuel Levinas" (por T. Wright, P. Hughes, A. Ainley), em Robert Bernasconi e David Wood (Orgs.), *The Provocation of Levinas* (Londres: Routledge, 1988), pp. 168-80, aqui p. 171.

70. Solomon Malka, *Emmanuel Levinas*, p. 240.

71. Ibid., p. 238, citando uma conversa com a filha de Levinas. As transcrições de entrevistas com Levinas corroboram o fato.

72. Em 1934, ela trabalhou numa fábrica de materiais elétricos para bonde e metrô. Ver Simone Weil, "Factory Journal", em *Formative Writings*, pp. 149-226, e Francine du Plessix Gray, *Simone Weil*, p. 83.

73. Ibid., p. 166.

74. Simone Weil, *The Need for Roots*. Londres: Routledge & Kegan Paul, 1952, pp. 1-5.

75. Gabriel Marcel, "On the Ontological Mystery", em seu *The Philosophy of Existence*, pp. 8-9.

76. Id., "An Essay in Autobiography", em ibid., pp. 90-1.

77. Id., "On the Ontological Mystery," em ibid., pp. 8-9.

78. Jean-Paul Sartre, *A náusea*, p. 173. Ver também outro texto do jovem Sartre, "Visages" (1939), em Michel Contat e Michel Rybalka (Orgs.), *Writings of Jean-Paul Sartre*, II, pp. 67-71.

79. BN, p. 431. Outros pontos semelhantes em Jean-Paul Sartre, *Anti-Semite and Jew*. Trad. de G. J. Becker (Nova York: Schocken, 1948), p. 55.

80. Frédéric Towarnicki, "Le Chemin de Zähringen", p. 30. Os cinco artigos de Beaufret foram publicados na revista *Confluences* (1945). Sobre suas visitas, ver também Frédéric Towarnicki, "Visite à Martin Heidegger", em *Les Temps Modernes*, pp. 717-24, 1 jan. 1946. Sobre Beaufret e a recepção francesa de Heidegger nessa época, ver Ehtan Kleinberg, *Generation Existential*, pp. 157-206, e Tom Rockmore, *Heidegger and French Philosophy*.

81. Ibid., "Le Chemin de Zähringen", p. 37. Foto de Nietzsche: pp. 47-8.

82. Ibid., p. 30 (Sartre) e p. 37 (Camus). Encomenda do artigo: pp. 56-8.

83. Ibid., pp. 61-3.

84. Richard Wolin, *Heidegger's Children*, p. 88, traduzindo a carta de Towarnicki, "Le Chemin de Zähringen", pp. 83-5 (Heidegger a Sartre, 28 out. 1945).

85. Dreyfus contou esse episódio a Bryan Magee numa entrevista de 1987 para a série de TV da BBC, *The Great Philosophers*: ver "Husserl, Heidegger and Modern Existentialism", em Bryan Magee, *The Great Philosophers* (Oxford: OUP, 1987), pp. 253-77, aqui p. 275.

86. Martin Heidegger, "Carta sobre o humanismo", que viria a ter enorme influência na filosofia pós-existencialista francesa. Sobre este e outros aspectos da recepção de Heidegger na França, ver Dominique Janicaud, *Heidegger en France*.

87. Richard Wolin, *Heidegger's Children*, p. 88, traduzindo a carta de Towarnicki, "Le Chemin de Zähringen", pp. 83-5 (Heidegger a Sartre, 28 out. 1945).

88. Frédéric Towarnicki, "Le Chemin de Zähringen", p. 63; cf. BN, pp. 602-5.

89. Max Müller, "Martin Heidegger: A Philosopher and Politics: A Conversation", em Günther Neske e Emil Kettering (Orgs.), *Martin Heidegger and National Socialism*, pp. 175--95, aqui p. 192.

90. FOC, pp. 153-4; ver também Simone de Beauvoir, *Beloved Chicago Man*, pp. 155-63 (Beauvoir a Algren, 31 jan.-1 fev. 1948). É possível que Sartre também tenha ido a Berlim em caráter menos público em 1947; o historiador Joachim Fest informa que o encontrou na época num apartamento particular em Charlottenburg (Joachim Fest, *Not I*, p. 265). Encenação de *As moscas* na zona francesa da Alemanha em 1947: ver Félix Lusset, "Un Episode de l'histoire...", p. 94.

91. Artigo de Sartre em *Verger*, p. 2, jun. 1947, apud Félix Lusset, "Un Episode de l'histoire...", p. 95.

92. Simone de Beauvoir, *Beloved Chicago Man*, p. 158 (Beauvoir a Algren, 31 jan.-1 fev. 1948). Sobre o inverno terrível, uma das razões pelas quais as pessoas iam ao teatro, para se aquecer, mesmo tendo de andar até lá com sapatos inadequados: Félix Lusset, "Un Episode de l'histoire...", pp. 93-4.

93. Jean-Paul Sartre, entrevista de 1979 com Rupert Neudeck, "Man muss für sich selbst und für die anderen leben", *Merkur*, dez. 1979.

94. O debate foi publicado em *Der Spiegel*, 7 fev. 1948. Ver Félix Lusset, "Un Episode de l'histoire...", p. 91-103; e "Jean-Paul Sartre à Berlin: Discussion autour des *Mouches*", *Verger*, v. I, n. 5, pp. 109-23, 1948. Aqui se encontram vários documentos: <www.sartre.ch/Verger.pdf>. Acesso em: 27 mar. 2017.

95. W. G. Sebald, *On the Natural History of Destruction*. Trad. de A. Bell (Londres: Hamish Hamilton, 2003), p. 35, descrevendo Hamburgo e citando Hans Erich Nossack, *Interview mit dem Tode*, p. 238.

96. FOC, p. 300.

97. Ibid., p. 301; H. W. Petzet, *Encounters and Dialogues*, pp. 81-2. Petzet diz que eles conversaram em alemão.

98. FOC, p. 301. *La Dimension Florestan* de Marcel foi transmitida em 17 out. 1953 e traduzida para o alemão como *Die Wacht am Sein* ("A vista do ser"), alusão à canção nacionalista "Die Wacht am Rhein". Ver Gabriel Marcel, "Postface", *La Dimension Florestan* (Paris: Plon, 1958), pp. 159-62, onde ele diz que admirava Heidegger, mas não gostava das liberdades que tomava com a linguagem. Ver também Id., "Conversations", em *Tragic Wisdom and Beyond*, p. 243, sobre a tradução alemã.

99. Gabriel Marcel, "Being and Nothingness," em *Homo Viator*, pp. 166-84; Id., "Existence and Human Freedom", em seu *The Philosophy of Existence*, pp. 32-66, em esp. pp. 62-6 (sobre a benevolência).

100. Jean Cau, *Croquis de mémoire*, pp. 253-4.

101. Ibid., p. 254. Esse episódio também foi mencionado por Frédéric Towarnicki, "Le Chemin de Zähringen", p. 86.

102. FOC, p. 301. Velho da Montanha: Jean Cau, *Croquis de mémoire*, p. 253.

9. ESTUDOS AO VIVO [PP. 205-23]

1. FOC, p. 103.

2. Simone de Beauvoir, *Beloved Chicago Man*, p. 208 (Beauvoir a Algren, 26 jul. 1948).

3. FOC, pp. 197-201, em esp. Albert Camus, FOC, p. 200.

4. Toril Moi, *Simone de Beauvoir*, p. 187; Moi comenta que Beauvoir não usou de pronto seu direito de votar e até chegou a dizer em 1949 que nunca votaria; talvez fosse por razões políticas, numa época em que a extrema esquerda recomendava que não se votasse para não legitimar o Estado.

5. Simone de Beauvoir, *The Second Sex*, p. 293.

6. Ibid., p. 296. Contos de fadas: pp. 313, 316. Papéis diferentes: p. 320.

7. Ibid., p. 182.

8. Iris Marion Young, "Throwing Like a Girl: A Phenomenology of Feminine Body Comportment, Motility and Spatiality", em seu *On Female Body Experience: "Throwing Like a Girl" and Other Essays* (Oxford: OUP, 2005), p. 41. Originalmente publicado em *Human Studies*, v. 3, pp. 137-56, 1980.

9. Simone de Beauvoir, *The Second Sex*, pp. 354-6. Ferimentos autoinfligidos: p. 377.

10. Ibid., pp. 296-7.

11. Ibid., p. 406. Gravidez: pp. 409-10. Prazer: p. 416.

12. Ibid., pp. 654-5.

13. Ibid., pp. 760-6.

14. BN, p. 576.

15. Sobre Beauvoir e Hegel, ver Nancy Bauer, *Simone de Beauvoir, Philosophy, and Feminism*. Sartre, como muitos outros, fora influenciado pelo ciclo de palestras de Alexandre Kojève sobre Hegel em Paris, nos anos 1930, que enfatizava a análise da dialética senhor-escravo.

16. BN, pp. 277-9.

17. Ibid., pp. 384-5.

18. Jean-Paul Sartre, "Paris Under the Occupation", em *The Aftermath of War* (*Situations III*), pp. 8-40, aqui p. 23.

19. Id., *No Exit*, em *No Exit and Three Other Plays*. Trad. de S. Gilbert, pp. 1-46, aqui p. 45. Para a explicação de "O inferno são os outros": Michael Contat e Michel Rybalka (Orgs.),

The Writings of Jean-Paul Sartre, I, p. 99: prefácio para uma gravação da peça para a Deutsche Grammophon. Para outra interpretação, em que os seres humanos se criam mutuamente um inferno caso não haja amizade e confiança, ver Simone de Beauvoir, "Existentialist Theater", em *"The Useless Mouths" and Other Literary Writings*, pp. 137-50, aqui p. 142.

20. BN, pp. 388-93.

21. Peter J. Conradi, *Iris Murdoch*, p. 271 (citando um registro de 1947 do diário de Murdoch).

22. Simone de Beauvoir, *The Second Sex*, pp. 6-7.

23. Ibid., p. 166.

24. Ibid., p. 17. Sobre a importância filosófica de *O segundo sexo*, ver Nancy Bauer, *Simone de Beauvoir, Philosophy, and Feminism*.

25. Margaret A. Simons, *Beauvoir and The Second Sex*, p. x.

26. Margaret A. Simons e Jessica Benjamin, "Beauvoir Interview (1979)", em Margaret A. Simons, *Beauvoir and The Second Sex*, pp. 1-21, aqui p. 10 (respondendo a uma pergunta de Benjamin).

27. BN, pp. 501-2. Agradeço a Jay Bernstein por me alertar para essa ligação. Para uma análise sutil desse aspecto da obra de Beauvoir, ver Jonathan Webber, *Rethinking Existentialism* (no prelo).

28. Ver Toril Moi, *Simone de Beauvoir*, p. xxiii. Sobre os elementos de fundo da tradução de Parshley e a controvérsia sobre ela, ver Richard Gillman, "The Man Behind the Feminist Bible", *New York Times*, 2 maio 1988.

29. Hazel Barnes, *The Story I Tell Myself*, p. 156.

30. Jean Genet, entrevista de 1975 com Hubert Fichte, em Jean Genet, *The Declared Enemy*, pp. 118-51, aqui pp. 125-6.

31. Edmund White, *Genet*, p. 408. Ver também Jean Genet, "Introduction to Soledad Brother", em *The Declared Enemy*, pp. 49-55. Um excerto de seu ensaio sobre Baader-Meinhof saiu em *Le Monde* como "Violência e brutalidade", 2 set. 1977, e gerou um escândalo: Edmund White, *Genet*, p. 683.

32. Edmund White, *Genet*, p. 592.

33. Andrew N. Leak, *Jean-Paul Sartre*. Londres: Reaktion Books, 2006, p. 97.

34. Jean-Paul Sartre, *Saint Genet*, p. 584.

35. Ibid., p. 17.

36. Ibid., p. 23.

37. Ibid., p. 37.

38. Ibid., p. 558. Santo: p. 205.

39. *Sartre by Himself*, p. 10. Deixou de ser alguém: Simone de Beauvoir, *Adieux*, p. 355.

40. *Baudelaire*. Trad. de Martin Turnell. Londres: Horizon, 1949, pp. 21-3, 87, 91-3.

41. Ele começou a escrevê-lo em 1953, depois o largou por longos períodos e veio a publicá-lo em 1963 em *Les Temps Modernes* e em 1964 como volume independente. Ver *Sartre by Himself*, p. 87, e M. Contat, *Pourquoi et Comment Sartre a écrit "Les Mots"* (Paris: PUF, 1996), p. 25.

42. Jean-Paul Sartre, "The Itinerary of a Thought" (entrevista, 1969), em *Between Existentialism and Marxism*, pp. 33-64, aqui p. 63.

43. Id., *Sartre by Himself*, pp. 88-9.

44. Id., *The Family Idiot*, I, p. 39.

45. Ibid., I, p. 140.

46. Ibid., I, p. 143.

47. Ibid., I, p. 223.

48. Id., "The Itinerary of a Thought" (entrevista, 1969), em *Between Existentialism and Marxism*, pp. 33-64, aqui p. 44.

49. Ibid., p. 39.

50. Id., "On *The Idiot of the Family*", em *Sartre in the Seventies*, p. 110.

51. ASAD, p. 55.

52. Ver Carol Cosman, "Translating *The Family Idiot*", *Sartre Studies International*, v. 1, n. 1-2, pp. 37-44, 1995.

53. Jean-Paul Sartre, *The Family Idiot*, I, pp. 137-8.

54. BN, pp. 645-6.

55. Ver J.-B. Pontalis, prefácio a Sartre, *The Freud Scenario*, p. viii. Sobre esse caso, ver também Élisabeth Roudinesco, "Jean-Paul Sartre: Psychoanalysis on the Shadowy Banks of the Danube", em seu *Philosophy in Turbulent Times*. Nova York: Columbia University Press, 2008, pp. 33-63.

56. John Huston, *An Open Book*, pp. 295-6; J-B. Pontalis, prefácio a Sartre, *The Freud Scenario*, p. viii. "De repente, no meio da discussão": J-B. Pontalis, citando e traduzindo Jean-Paul Sartre, *Lettres au Castor*, II, p. 358.

57. Simone de Beauvoir, *Adieux*, p. 273; Jean-Paul Sartre, "On *The Idiot of the Family*", em *Sartre in the Seventies*, p. 122.

58. Edmund White, *Genet*, p. 438, citando Jean Cocteau, *Le Passé défini*, II, p. 391.

59. Jean Genet, entrevista com Madeline Gobeil (1964), em *The Declared Enemy*, pp. 2-17, aqui p. 12.

60. Jean-Paul Sartre, *Saint Genet*, p. 79. Para mais elementos a respeito das noções de Sartre sobre a homossexualidade, ver sua entrevista de fev. 1980 em Jean Le Bitoux e Gilles

Barbedette, "Jean-Paul Sartre et les homosexuels", *Le Gai Pied*, 13, pp. 1, 11-4, abr. 1980. Trad. de G. Stambolian como "Jean-Paul Sartre: The Final Interview", em M. Denneny, C. Ortled e T. Steele (Orgs.), *The View from Christopher Street* (Londres: Chatto & Windus, The Hogarth Press, 1984), pp. 238-44.

61. Jean Genet, entrevista com Hubert Fichte (1975), em *The Declared Enemy*, pp. 118- -51, aqui p. 148.

62. Jean-Paul Sartre, *Saint Genet*, p. 77. Sobre a discussão: Edmund White, *Genet*, pp. 441-4.

63. Simone de Beauvoir, *The Ethics of Ambiguity*, pp. 9, 127.

64. FOC, p. 76.

10. O FILÓSOFO DANÇARINO [PP. 224-36]

1. MDD, p. 246. Ver também Monika Langer, "Beauvoir and Merleau-Ponty on Ambiguity", em Claudia Card (Org.), *The Cambridge Companion to Simone de Beauvoir* (Cambridge: CUP, 2003), pp. 87-106.

2. PP, p. 482/520.

3. Para mais sobre o assunto, ver George Lakoff e Mark Johnson, *Metaphors We Live by* (Chicago: University of Chicago Press, 1980) e *Philosophy in the Flesh: The Embodied Mind and Its Challenge to Western Thought* (Nova York: Basic Books, 1999), obras muito influenciadas por Merleau-Ponty.

4. Jean-Paul Sartre, *The Family Idiot*, I, p. 18.

5. PP, p. 238/275-6.

6. Ibid., pp. 241-2/279.

7. Ibid., p. 93/119.

8. Ibid., p. 108/136.

9. Ibid., p. 100/127.

10. Ibid., p. 102/129-30.

11. Ibid., pp. 143-4/177-8.

12. Ibid., p. 105/132-3. Sua experiência foi estudada pelos psicólogos da Gestalt Adhémar Gelb e Kurt Goldstein. Um recente caso extraordinário de perda da propriocepção e sua recuperação pela pura força de vontade é o de Ian Waterman. Ele não tem propriocepção do pescoço para baixo, mas mesmo assim controla os movimentos usando apenas a visão e o controle muscular deliberado. Ver Jonathan Cole, *Pride and a Daily Marathon*. Londres: Duckworth, 1991.

13. PP, p. 83/110.

14. Oliver Sacks, *Hallucinations*. Londres: Picador, 2012, pp. 270-1.

15. Id., *A Leg to Stand on*, p. 112. As experiências de Sacks provam como somos adaptáveis. Encontra-se a descrição de ajustes ainda mais extremos em Jean-Dominique Bauby, *The Diving Bell and the Butterfly*. Trad. de Jeremy Leggatt (Londres: Fourth Estate, 1997), história de sua perda quase total dos movimentos após um grave derrame. Bauby só podia se comunicar piscando os olhos, mas mesmo então continuava a sentir o corpo e tinha uma quantidade enorme de sensações fantasmas. Seu relato nos apresenta a situação mais desencarnada que um ser humano consciente pode viver, e mostra a importância de sensorialidade física, pensamento e movimento para todos nós.

16. PP, p. 368/409-10. O comportamento por imitação foi estudado por psicólogos da Gestalt e outros, e depois por Jacques Lacan. Sobre a fenomenologia do desenvolvimento social, ver também Max Scheler, *The Nature of Sympathy*. Trad. de Peter Heath. Londres: Routledge & Kegan Paul, 1954. Originalmente *Zur Phänomenologie der Sympathiegefühl und von Liebe und Hass*, 1913.

17. Maurice Merleau-Ponty, "The Child's Relations with Others". Trad. de W. Cobb, em J. M. Edie (Org.), *The Primacy of Perception*. Evanston, IL: Northwestern University Press, 1964, pp. 96-155, aqui pp. 115-6.

18. PP, p. 223/260. Ver também Maurice Merleau-Ponty, *The Visible and the Invisible*, p. 196 (notas de trabalho), onde ele utiliza a mesma imagem.

19. Maurice Merleau-Ponty, *The Visible and the Invisible*, p. 266.

20. Ibid., p. 266.

21. Ibid., pp. 130-1.

22. Ibid., p. 139.

23. Ibid., p. 146. Ver também Taylor Carman, "Merleau-Ponty on Body, Flesh, and Visibility", em Steven Crowell (Org.), *The Cambridge Companion to Existentialism*, pp. 274-88, em esp. pp. 278-9.

24. Emmanuelle Garcia, "Maurice Merleau-Ponty: Vie et oeuvre", em Maurice Merleau-Ponty, *Oeuvres*, pp. 27-99, aqui p. 33, citando entrevista no rádio com Georges Charbonnier, 22 maio 1959.

25. Maurice Merleau-Ponty, "Cézanne's Doubt", em *Sense and Non-Sense*, pp. 9-25, aqui p. 18.

26. Id., "Reading Montaigne", em *Signs*, pp. 198-210, aqui p. 203.

27. Stephen Priest, *Merleau-Ponty*. Londres: Routledge, 2003, p. 8.

28. Boris Vian, *Manual of Saint-Germain-des-Prés*, p. 141; Juliette Gréco, *Je Suis Faite Comme Ça*, pp. 98-9.

29. Todos a partir de Marianne Merleau-Ponty, em comunicação pessoal.

30. Jean-Paul Sartre, *Quiet Moments in a War*, p. 284 (Sartre a Beauvoir, 18 maio 1948). Sartre diz que soube disso por um mexerico.

31. Maurice Merleau-Ponty, cartas a Sonia Brownell, em Orwell Papers, University College London (S.109); ver também Hilary Spurling, *The Girl from the Fiction Department*.

32. Ver Maurice Merleau-Ponty a Sonia Brownell, 15 nov. [1947], em Orwell Papers, University College London (S.109).

33. Ver ibid., e Hilary Spurling, *The Girl from the Fiction Department*, p. 84. O título completo do livro do príncipe Leopold Loewenstein e William Gerhardi era *Meet Yourself As You Really Are, Different from Others Because You Combine Uniquely Features Present in Everyone: About Three Million Detailed Character Studies Through Self-Analysis*. Londres: Penguin, reeditado em 1942. Sobre o livro, ver Dido Davies, *William Gerhardie: A Biography*. Oxford & Nova York: OUP, 1990, p. 290.

34. Príncipe Leopold Loewenstein e William Gerhardi, *Meet Yourself As You Really Are...*, pp. 15-6.

35. Maurice Merleau-Ponty, *The Visible and the Invisible*, p. 144. Sartre certamente levava em conta a importância da experiência física, mas sua abordagem era outra. Ver em esp. Katherine J. Morris (Org.), *Sartre on the Body*. Basingstoke: Palgrave Macmillan, 2010, e seu *Sartre*. Oxford e Malden: Blackwell, 2008.

36. Jean-Paul Sartre, "Merleau-Ponty", em *Situations* [IV], pp. 225-326, aqui p. 298.

37. Maurice Merleau-Ponty, entrevista com Georges Charbonnier, maio 1959, em *Parcours deux*, pp. 235-40, aqui p. 237.

38. Martin Heidegger, *The Fundamental Concepts of Metaphyics: World, Finitude, Solitude*. Trad. de W. McNeill e N. Walker. Bloomington: Indiana University Press, 1995, p. 177. Sobre Heidegger e o corpo, ver Kevin A. Aho, *Heidegger's Neglect of the Body*. Albany: SUNY Press, 2009.

39. Polt, *Heidegger*, p. 43.

40. BT, p. 71/45 ss.

41. Numa série de transmissões radiofônicas em 1948, Merleau-Ponty também descreveu quatro grandes temas usualmente excluídos da filosofia: crianças, animais, doentes mentais e os chamados "povos primitivos". Maurice Merleau-Ponty, *The World of Perception*.

42. Id., *In Praise of Philosophy*, pp. 4-5.

11. *CROISÉS COMME ÇA* [PP. 237-63]

1. Maurice Merleau-Ponty, "Man and Adversity", em *Signs*, pp. 224-43, aqui p. 239 (palestra dada em Genebra, 10 set. 1951).

2. Jean-Paul Sartre, "The End of the War", em *The Aftermath of War* (*Situations III*), pp. 65-75, aqui pp. 71-2.

3. Albert Camus, "[On the bombing of Hiroshima]", em *Between Hell and Reason*, pp. 110-1; artigo sem título originalmente publicado em *Combat*, 8 ago. 1945.

4. FOC, pp. 103-4.

5. Ibid., p. 119; Jean-Paul Sartre, *Nekrassov*, em *Three Plays: Kean, Nekrassov, The Trojan Women*. Trad. de Sylvia e George Leeson. Londres: Penguin, [s./d.], pp. 131-282, aqui pp. 211-2.

6. Albert Camus, "[On the bombing of Hiroshima]", em *Between Hell and Reason*, pp. 110-1, aqui p. 111.

7. Gary Kern, *The Kravchenko Case*. Nova York: Enigma, 2007, p. 452; FOC, p. 183; Antony Beevor e Artemis Cooper, *Paris After the Liberation*, p. 338.

8. Tony Judt, *Postwar: A History of Europe since 1945*. Londres: Vintage, 2010, pp. 214-5.

9. Jean-Paul Sartre, "Les Animaux malades de la rage" ("Mad Beasts"). Originalmente publicado em *Libération*, 22 jun. 1953, republicado em Catherine Varlin e René Guyonnet (Orgs.), *Le Chant interrompu: histoire des Rosenberg*. Paris: Gallimard, 1955, pp. 224-8. Ver Michel Contat e Michel Rybalka (Orgs.), *The Writings of Jean-Paul Sartre*, I, p. 285 — os editores comentando: "Sua fúria gerou uma das coisas mais fortes que já escreveu". Ver também Ronald Hayman, *Writing Against*, p. 285.

10. Hannah Arendt e Karl Jaspers, *Hannah Arendt/Karl Jaspers Correspondence*, p. 220 (Jaspers a Arendt, 22 maio 1953).

11. Fiódor Dostoiévski, *The Brothers Karamazov*. Trad. de C. Garnett. Londres: Dent; Nova York: Dutton, 1927, II, p. 251.

12. Albert Camus, "Neither Victims nor Executioners", p. 41.

13. Id., *The Just*. Trad. de Henry Jones, em Albert Camus, *Caligula, Cross Purpose, The Just, The Possessed*, p. 163-227.

14. Id., "The Nobel Prize Press Conference Incident, December 14-17, 1957", em *Algerian Chronicles*, pp. 213-6, aqui p. 216n. Sobre isso, ver Robert Zaretsky, *A Life Worth Living*, pp. 84-5.

15. Maurice Merleau-Ponty, "The Philosophy of Existence", em *Texts and Dialogues*, pp. 129-39, transmissão radiofônica de 17 nov. 1959. Trad. Allen S. Weiss.

16. Stephen Spender, *New Selected Journals*, p. 220, 30 mar. 1956.

17. Arthur Koestler, "The Yogi and the Commissar", em *The Yogi and the Commissar, and Other Essays*. Londres: Hutchinson, 1965, pp. 15-25, aqui pp. 15-6. Ver também seu capítulo "Arthur Koestler", em Richard Crossman (Org.), *The God that Failed: Six Studies in Communism*. Londres: Hamish Hamilton, 1950, pp. 25-82.

18. Maurice Merleau-Ponty, "The Yogi and the Proletarian", em *Humanism and Terror*, pp. 149-77, aqui p. 176. Merleau-Ponty também era movido por sua antipatia pessoal por Koestler, em parte porque achava que Koestler tratara mal Sonia Brownell. Ver Merleau-Ponty a Sonia Brownell, 14 out. [1947], em Orwell Papers, University College London (S.109).

19. FOC, p. 120; Jean-Paul Sartre, "Merleau-Ponty", em *Situations* [IV], pp. 225-326, aqui p. 253; ver também Simone de Beauvoir, *Adieux*, p. 267.

20. FOC, pp. 118-9.

21. Ibid., pp. 149-50.

22. Ibid., p. 151.

23. Stephen Spender, *New Selected Journals*, pp. 79-80, 14 abr. 1950.

24. Sonia Brownell a Merleau-Ponty ("Domingo", s./d., mas provavelmente começo de 1948, depois do Natal que passaram juntos), em Orwell Papers, University College London (S.109).

25. Raymond Aron, *Memoirs*, pp. 218-9; Ronald Hayman, *Writing Against*, pp. 244-5. Sobre a relação de ambos, ver Jean-François Sirinelli, *Deux Intellectuels dans le siècle: Sartre et Aron*. Paris: Fayard, 1995.

26. Simone de Beauvoir, *Beloved Chicago Man*, p. 97 (Beauvoir a Algren, 5 nov. 1947) e pp. 90-1 (Beauvoir a Algren, 25 out. 1947, continuação da carta de 23 out.).

27. Henri Lefebvre, excerto de seu *L'Existentialisme* (1946), traduzido em seu *Key Writings*, Org. de S. Elden, E. Lebas e E. Kofman. Nova York e Londres: Continuum, 2003, pp. 9-11. Mais tarde, Lefebvre atenuou suas opiniões e se tornou mais simpático ao existencialismo.

28. Jean-Paul Sartre, *Dirty Hands*. Trad. de Lionel Abel, em *No Exit and Three Other Plays*, pp. 125-241. Sartre ficou aborrecido quando a peça foi utilizada pelos anticomunistas nos Estados Unidos como instrumento de propaganda, e em 1952 declarou que só autorizaria montagens em países onde o Partido Comunista local aceitasse a peça. Kenneth A. Thompson, *Sartre*, p. 78.

29. Annie Cohen-Solal, *Sartre*, p. 337. O comentário foi feito num congresso pela paz em 1948.

30. Ivan Klíma, *My Crazy Century*, p. 69.

31. FOC, p. 137.

32. Ibid., p. 143.

33. Ibid., p. 242; Jean-Paul Sartre, "Merleau-Ponty", em *Situations* [IV], pp. 225-326, aqui p. 285.

34. FOC, p. 243.

35. Simone de Beauvoir, *Beloved Chicago Man*, p. 406 (Beauvoir a Algren, 31 dez. 1950).

36. Ibid., p. 410 (Beauvoir a Algren, 14 jan. 1951).

37. FOC, p. 244.

38. Jean-Paul Sartre, "Merleau-Ponty", em *Situations* [IV], pp. 225-326, aqui p. 279.

39. Ibid., p. 274.

40. Ibid., p. 275.

41. Jacques Duclos, *Mémoires IV: 1945-1952: Des Débuts de la IVe République au "complot" des pigeons*. Paris: Fayard, 1971, pp. 339-492, em esp. a autópsia: p. 404. Os peritos: pp. 400-1. Reprodução do poema de Aragon: pp. 435-6. Ver também Jacques Duclos, *Écrits de la prison*. Paris: Éditions Sociales, 1952.

42. Jean-Paul Sartre, "Merleau-Ponty", em *Situations* [IV], pp. 225-326, aqui p. 287; ver também *Sartre by Himself*, p. 72, e FOC, p. 245 (sobre Beauvoir e as mudanças dele).

43. Ibid., aqui pp. 287-8. Id., *The Communists and Peace*. Originalmente publicado em partes em *Les Temps Modernes*, p. 81, jul. 1952; pp. 84-5, out.-nov. 1952; p. 101, abr. 1954.

44. Albert Camus, *The Rebel*, pp. 178, 253.

45. Ibid., p. 19.

46. Francis Jeanson, "Albert Camus, or The Soul in Revolt", em David A. Sprintzen e Adrian Van den Hoven (Orgs.), *Sartre and Camus: A Historic Confrontation*, pp. 79-105, aqui p. 101. Originalmente publicado em *Les Temps Modernes*, p. 79, maio 1952.

47. Albert Camus, "A Letter to the Editor of *Les Temps Modernes*", em David A. Sprintzen e Adrian Van den Hoven (Orgs.), *Sartre and Camus*, pp. 107-29, aqui p. 126. Originalmente publicado em *Les Temps Modernes*, p. 82, ago. 1952.

48. Jean-Paul Sartre, "Reply to Albert Camus", em David A. Sprintzen e Adrian Van den Hoven (Orgs.), *Sartre and Camus*, pp. 131-61, aqui pp. 131-2. Originalmente publicado em *Les Temps Modernes*, p. 82, ago. 1952, seguindo a carta de Camus. Também republicado em Jean-Paul Sartre, *Situations* [IV], pp. 69-105.

49. Albert Camus, "In Defence of *The Rebel*", em David A. Sprintzen e Adrian Van den Hoven (Orgs.), *Sartre and Camus*, pp. 205-21. Escrito em nov. 1952, mas publicado postumamente como "Défense de *L'Homme révolté*", em Albert Camus, *Essais*, pp. 1702-15.

50. FOC, p. 272.

51. Albert Camus, *The Fall*, p. 103. Sobre a novela, ver também FOC, p. 362.

52. Jean-Paul Sartre, *Saint Genet*, p. 598.

53. ASAD, p. 49.

54. E. P. Thompson, *The Making of the English Working Class*. Londres: Gollancz, 1980, p. 14. É uma frase citada com frequência, mas raramente em seu contexto próprio, que aqui parece relevante: "Estou fazendo de tudo para resgatar da enorme condescendência da posteridade o fazedor pobre de meias, o aparador ludista, o tecelão manual 'obsoleto', o artesão 'utópico' e mesmo o seguidor iludido de Joanna Southcott. Seus ofícios e tradições podiam estar morrendo. A hostilidade deles ao novo industrialismo podia parecer retrógrada. Seus ideais comunitários podiam ser estouvados. Mas eles viveram esses tempos de agudas perturbações sociais, e nós não".

55. Søren Kierkegaard, Caderno IV A 164; 1843 (D), em *A Kierkegaard Reader*, Org. de Roger Poole e Henrik Stangerup. Londres: Fourth Estate, 1989, p. 18; Jean-Paul Sartre, *Saint Genet*, p. 599.

56. Jean-Paul Sartre, "Merleau-Ponty", em *Situations* [IV], pp. 225-326, aqui p. 289.

57. Maurice Merleau-Ponty, *In Praise of Philosophy*, pp. 4-5, 63.

58. Jon Stewart (Org.), *The Debate Between Sartre and Merleau-Ponty*, p. 343 (Merleau-Ponty a Sartre, 8 jul. [1953]). A coletânea de Stewart inclui (pp. 327-54) uma tradução de toda a correspondência, publicada originalmente em *Le Magazine Littéraire*, 2 abr. 1994 e também incluída em "Sartre and MP: Les Lettres d'une rupture", em *Parcours deux, 1951-1961*, pp. 129-69, e Maurice Merleau-Ponty, *Oeuvres*, pp. 627-51.

59. Jean-Paul Sartre, "Merleau-Ponty", em *Situations* [IV], pp. 225-326, aqui p. 197.

60. Jon Stewart (Org.), *The Debate Between Sartre and Merleau-Ponty*, pp. 327-54, aqui p. 334 (Sartre a Merleau-Ponty, s./d., mas antes da réplica de Merleau-Ponty, de 8 jul. 1953).

61. Ibid., pp. 338-9 (Merleau-Ponty a Sartre, 8 jul. [1953]).

62. Ibid., p. 351 (Sartre a Merleau-Ponty, 29 jul. 1953).

63. FOC, p. 332.

64. Jean-Paul Sartre, "Merleau-Ponty", em *Situations* [IV], pp. 225-326, aqui p. 232.

65. Marianne Merleau-Ponty, comunicação pessoal.

66. Jean-Paul Sartre, "Merleau-Ponty", em *Situations* [IV], pp. 225-326, aqui p. 292.

67. Marianne Merleau-Ponty, comunicação pessoal; ver também Jean-Paul Sartre, "Merleau-Ponty", em *Situations* [IV], pp. 225-326, aqui p. 298.

68. Jean-Paul Sartre, "Merleau-Ponty", em *Situations* [IV], pp. 225-326, aqui p. 301.

69. Ibid., pp. 301-2. Sua filha também se lembra de um período sombrio.

70. Jean-Paul Sartre, "Merleau-Ponty", em *Situations* [IV], pp. 225-326, aqui p. 300.

71. Maurice Merleau-Ponty, "Sartre and Ultrabolshevism", em *Adventures of the Dialectic*, pp. 95-201, em esp. pp. 95-6.

72. Simone de Beauvoir, "Merleau-Ponty and Pseudo-Sartreanism", em *Political Writings*, pp. 195-258. Originalmente publicado em *Les Temps Modernes*, 1955.

73. Roger Garaudy, *Mésaventures de l'Anti-marxisme: Les Malheurs de M. Merleau-Ponty. Avec une lettre de G. Lukács*. Paris: Éditions Sociales, 1956. O comício ocorreu em 29 nov. 1955. Ver Emmanuelle Garcia, "Maurice Merleau-Ponty: Vie et oeuvre", em Maurice Merleau-Ponty, *Oeuvres*, pp. 27-99, aqui p. 81.

74. Jean-Paul Sartre, "Merleau-Ponty", em *Situations* [IV], pp. 225-326, aqui pp. 318-9. Marianne Merleau-Ponty também lembra que as saudações foram frias.

75. Ibid., p. 318. Para a perspectiva de Spender, ver Stephen Spender, *New Selected Journals*, p. 215, 26 mar. 1956. Sobre as contribuições de Merleau-Ponty para essa conferência, ver Merleau-Ponty, "East-West Encounter (1956)". Trad. de Jeffrey Gaines, em Maurice Merleau-Ponty, *Texts and Dialogues*, pp. 26-58.

76. Apud Paul Ricoeur, "Homage to Merleau-Ponty", em Bernard Flynn, Wayne J. Froman e Robert Vallier (Orgs.), *Merleau-Ponty and the Possibilities of Philosophy: Transforming the Tradition*. Nova York: SUNY Press, 2009, pp. 17-24, aqui p. 21.

77. Maurice Merleau-Ponty, *In Praise of Philosophy*, p. 63.

78. Jean-Paul Sartre, "Merleau-Ponty", em *Situations* [IV], pp. 225-326, aqui p. 293.

79. Ver FOC, p. 311; Claude Lanzmann, *The Patagonian Hare*, p. 235. Ambos concordam que o título foi sugestão de Lanzmann.

80. FOC, pp. 294-6.

81. Jean-Paul Sartre, "Relecture du Carnet I" (caderno, c. 1954), em seu *Les Mots...*, pp. 937-53, aqui pp. 950-1.

82. Simone de Beauvoir, *Adieux*, p. 275.

83. Jean-Paul Sartre, "Self-Portrait at Seventy", em *Sartre in the Seventies* (*Situations* X), pp. 3-92, aqui p. 64.

84. Raymond Aron, *The Opium of the Intellectuals*, p. ix.

85. Id., *Memoirs*, p. 329.

86. Olivier Todd, *Un Fils rebelle*, pp. 267-8; ver também Raymond Aron, *Memoirs*, pp. 447-9, e Ronald Hayman, *Writing Against*, p. 435.

87. Raymond Aron, *Memoirs*, p. 457. A entrevista com Bernard-Henri Lévy foi publicada em *Le Nouvel Observateur*, 15 mar. 1976.

88. Annie Cohen-Solal, *Sartre*, pp. 348-9, citando artigos publicados em *Libération*, 15-20 jul. 1954. Ver também FOC, pp. 316-23.

89. Simone de Beauvoir, *Adieux*, p. 366.

90. Jean Cau, *Croquis de mémoire*, pp. 236, 248.

91. Ver Sartre, "On *The Idiot of the Family*", pp. 109-32, em *Sartre in the Seventies* (*Situations X*), aqui p. 111.

92. Simone de Beauvoir, *Adieux*, p. 174.

93. Ronald Hayman, *Writing Against*, p. 1, citando Michel Contat e Michel Rybalka em *Le Monde*, 17 abr. 1980.

94. John Huston, *An Open Book*, p. 295.

95. Annie Cohen-Solal, *Sartre*, p. 281. Pit stop: Olivier Wickers, *Trois Aventures extraordinaires de Jean-Paul Sartre*. Paris: Gallimard, 2000, p. 23.

96. FOC, p. 397; ver também Annie Cohen-Solal, *Sartre*, pp. 373-4.

97. Simone de Beauvoir, *Adieux*, p. 318.

98. Ibid., p. 174.

99. Ibid., p. 181. Ele está falando de seu caderno de notas chamado "La Reine Albemarle" [A rainha Albemarle], escrito em 1951-2 baseando-se em viagens pela Itália em outubro de 1951: Jean-Paul Sartre, *La Reine Albemarle*, Org. de Arlette Elkaïm-Sartre. Paris: Gallimard, 1991. Ver Id., *Les mots...*, p. 1491.

100. Maurice Merleau-Ponty, entrevista com Georges Charbonnier, maio 1959, em *Parcours deux*, pp. 235-40, aqui p. 236.

101. Jean-Paul Sartre e Benny Lévy, *Hope Now*, p. 63.

102. Janet Flanner, *Paris Journal*. Org. de W. Shawn. v. 2. Nova York: Atheneum, 1965-71, I, p. 329, 4 nov. 1956. Sobre os acontecimentos na Hungria, ver Victor Sebestyén, *Twelve Days: Revolution 1956*. Londres: Weidenfeld & Nicolson, 2006.

103. *Les Temps Modernes*, 12e année, p. 131, jan. 1957, "La Révolte de la Hongrie". Sobre o torvelinho: FOC, p. 373.

104. FOC, p. 397.

105. Jean-Paul Sartre, "Self-Portrait at Seventy", em *Sartre in the Seventies* (*Situations X*), pp. 3-92, aqui p. 18.

106. Jean-Paul Sartre, *Critique of Dialectical Reason II*; ver Ronald Aronson, *Sartre's Second Critique*. Chicago: University of Chicago Press, 1987.

12. OS OLHOS DOS DESFAVORECIDOS [PP. 264-90]

1. Jean-Paul Sartre, *The Communists and Peace*, p. 180, parte 3. Originalmente publicado em *Les Temps Modernes*, p. 101, abr. 1954. A esse respeito, ver Robert Bernasconi, *How to Read Sartre*, p. 79, usando a tradução "*gaze of the least favored*".

2. Maurice Merleau-Ponty, "Sartre and Ultrabolshevism", em *Adventures of the Dialectic*, pp. 95-201, aqui p. 154.

3. Ver Robert Bernasconi, *How to Read Sartre*, p. 79.

4. Jean-Paul Sartre, "Black Orpheus". Trad. de J. MacCombie (revista), em Robert Bernasconi (Org.), *Race*, pp. 115-42, aqui p. 115. Originalmente publicado como prefácio a Léopold Senghor (Org.), *Anthologie de la nouvelle poésie nègre et malgache*. Paris: PUF, 1948, pp. ix-xliv.

5. Albert Memmi, *The Colonizer and the Colonized*. Trad. de Howard Greenfeld, com introdução de Sartre traduzida por Lawrence Hoey (Nova York: Orion Press, 1965). Tradução de *Portrait du colonisé précédé du portrait du colonisateur* (1957).

6. FOC, p. 607.

7. Frantz Fanon, *Black Skin, White Masks*, em esp. "The Lived Experience of the Black Man", pp. 89-119. Sobre Sartre e Fanon, ver Robert Bernasconi, "Racism Is a System: How Existentialism Became Dialectical in Fanon and Sartre", em Steven Crowell (Org.), *The Cambridge Companion to Existentialism*, pp. 342-60.

8. FOC, pp. 605-11; ver também Claude Lanzmann, *The Patagonian Hare*, pp. 347-8.

9. David Macey, *Frantz Fanon*, p. 485.

10. FOC, p. 610.

11. Jean-Paul Sartre, prefácio a Fanon, *The Wretched of the Earth*, pp. 7-26, aqui pp. 18-21. Sobre Sartre e a violência, ver Ronald E. Santoni, *Sartre on Violence: Curiously Ambivalent*. University Park, PA: Pennsylvania State University Press, 2003.

12. Olivier Todd, *Un fils rebelle*, p. 17.

13. Jean-Paul Sartre, "Self-Portrait at Seventy", em *Sartre in the Seventies (Situations X)*, pp. 3-92, aqui p. 65.

14. Gabriel Macey, *Frantz Fanon*, pp. 462-3, citando Josie Fanon, "À Propos de Frantz Fanon, Sartre, le racism et les Arabes", *El Moudjahid*, 10 jun. 1967, p. 6.

15. Simone de Beauvoir, *Adieux*, p. 148.

16. FOC, p. 315.

17. Ibid., p. 397. Ver também pp. 381-2.

18. Jean-Paul Sartre, prefácio a Henri Alleg, *La Question* (1958). Trad. de John Calder como *The Question*. Londres: Calder, 1958, pp. 11-28, aqui p. 12. Beauvoir escreveu sobre a vítima de tortura Djamila Boupacha inicialmente em *Le Monde*, 3 jun. 1960, e depois num livro em colaboração com a advogada de Boupacha, Gisèle Halimi: *Djamila Boupacha* (1962). Trad. de Peter Green como *Djamila Boupacha: The Story of a Torture of a Young Algerian Girl*. Londres: André Deutsch; Weidenfeld & Nicolson, 1962.

19. FOC, pp. 381, 626-8; David Detmer, *Sartre Explained: From Bad Faith to Authenticity*. Chicago: Open Court, 2008, p. 5 ("Atirem em Sartre"), p. 11 (De Gaulle).

20. Annie Cohen-Solal, *Sartre*, p. 451.

21. Claude Lanzmann, *The Patagonian Hare*, p. 4.

22. ASAD, pp. 52-4, Annie Cohen-Solal, *Sartre*, pp. 447-8.

23. W. E. B. Du Bois, *The Souls of Black Folk*. Nova York: Penguin, 1996, p. 5. Ver Ernest Allen Jr., "On the Reading of Riddles: Rethinking Du Boisian 'Double Consciousness'", em L. Gordon (Org.), *Existence in Black*, pp. 49-68, aqui p. 51.

24. James Baldwin, "Stranger in the Village", em *The Price of the Ticket*, pp. 79-90, aqui pp. 81-3. Originalmente publicado em *Harper's Magazine*, 1953.

25. Richard Wright, *The Outsider*, pp. 114-5, 585.

26. Ibid., em esp. pp. 588-92. As notas são de Arnold Rampersad.

27. Hazel Rowley, *Richard Wright*, p. 407 (citando Ellison a Wright, 21 jan. 1953); sobre Ellison achando que Wright estava se prejudicando, ver também p. 409 [citando entrevista de Ellison a A. Geller em 1963, em Graham e Singh (Orgs.), *Conversations with Ralph Ellison*, p. 84]. Sobre Wright, Ellison e o existencialismo, ver George Cotkin, *Existential America*, pp. 161-83.

28. Hazel Rowley, *Richard Wright*, p. 472 (citando Aswell a Wright, 24 jan. 1956).

29. James Baldwin, "Alas, Poor Richard", em *Nobody Knows My Name: More Notes of a Native Son*. Londres: Penguin, 1991, pp. 149-76, aqui p. 174. O ensaio foi originalmente publicado em 1961.

30. Hazel Rowley, *Richard Wright*, p. 352, retomando um comentário de Wright citado por Anaïs Nin em *The Diary of Anaïs Nin*, IV, pp. 212-4.

31. Richard Wright, *White Man, Listen!* (Nova York: Doubleday, 1957), dedicatória. Sobre essas obras, ver Hazel Rowley, *Richard Wright*, pp. 440-91.

32. Hazel Rowley, *Richard Wright*, pp. 477-80, em esp. p. 479. Sobre o interesse de Wright por *O segundo sexo*: George Cotkin, *Existential America*, p. 169; M. Fabre, *The Unfinished Quest of Richard Wright*. 2. ed. Urbana: University of Illinois Press, 1993, pp. 320-1. Sobre a influência de Wright em Beauvoir, ver também Margaret A. Simons, "Richard Wright, Simone de Beauvoir, and *The Second Sex*", em *Beauvoir and The Second Sex*, pp. 167-84.

33. Penny Forster e Imogen Sutton (Orgs.), *Daughters of de Beauvoir*, pp. 54-9.

34. Ibid., p. 45; ver também entrevista com Jenny Turner, igualmente influenciada pelas autobiografias: pp. 33-4.

35. Ibid., pp. 28-9.

36. Ibid., p. 103.

37. Para mais elementos sobre sua vida e pensamento, ver Viktor Frankl, *Man's Search for Meaning*. Londres: Rider, 2004. Originalmente publicado em 1946; e outras obras.

38. Sloan Wilson, posfácio em *The Man in the Grey Flannel Suit*. Londres: Penguin, 2005, p. 278.

39. Ver Spencer R. Weart, *The Rise of Nuclear Fear*. Cambridge, MA e Londres: Harvard University Press, 2012, p. 106.

40. Hannah Arendt, *Eichmann in Jerusalem*. Originalmente publicado em partes na revista *New Yorker*, fev.-mar. 1963, depois reunido em livro em 1963. Sobre as controvérsias a respeito, ver também Bettina Stangneth, *Eichmann Before Jerusalem: The Unexamined Life of a Mass Murderer*. Trad. de R. Martin. Londres: Bodley Head, 2014; Richard Wolin, "The Banality of Evil: The Demise of a Legend", *Jewish Review of Books* (outono 2014); e Seyla Benhabib, "Who's On Trial: Eichmann or Arendt?", *New York Times: The Stone Blog*, 21 set. 2014. Sobre experimentos, ver Stanley Milgram, "Behavioral Study of Obedience", *Journal of Abnormal and Social Psychology*, v. 67, n. 4, pp. 371-8, out. 1963, e *Obedience to Authority: An Experimental View*. Nova York: Harper, 1974; C. Haney, W. C. Banks e P. G. Zimbardo, "Study of Prisoners and Guards in a Simulated Prison", *Naval Research Reviews*, v. 9, pp. 1-17, 1973; Phillip Zimbardo, *The Lucifer Effect*. Nova York: Random House, 1971.

41. Norman Mailer, "The White Negro", em *Advertisements for Myself*, pp. 337-58. Originalmente publicado em *Dissent* (1957). Para mais dados sobre Mailer e o existencialismo, ver George Cotkin, *Existential America*, pp. 184-209.

42. Colin Wilson, *Dreaming to Some Purpose*, p. 244.

43. Mary Dearborn, *Mailer*. Boston: Houghton Mifflin, 1999, pp. 58-9. Referência a William Barrett, *Irrational Man*. Ver George Cotkin, *Existential America*, pp. 185-6.

44. Ambos Walter Kaufmann, *Existentialism*, p. 11.

45. Jean-Paul Sartre, *Being and Nothingness*. Trad. de Hazel Barnes, originalmente publicado em 1956. Durante a redação deste livro, está em andamento outra tradução, por Sarah Richmond. Zen: ver Hazel Barnes, *An Existentialist Ethics*, pp. 211-77.

46. Hazel Barnes, *The Story I Tell Myself*, pp. 166-8. A peça é uma adaptação do conto de M. Unamuno, "A loucura do dr. Montarco". Durante algum tempo, imaginou-se que a série de TV *Self-Encounter: A Study in Existentialism* (1961) havia se perdido, mas Jeffrey Ward Larsen e Erik.Sween localizaram uma cópia na Biblioteca do Congresso; hoje há outra cópia nos arquivos da Universidade do Colorado. Ver: <geopolicraticus.wordpress.com/2010/11/03/documentaries-worth-watching>. Acesso em: 27 mar. 2017.

47. Rudolf Carnap, "The Overcoming of Metaphysics Through Logical Analysis of Language". Originalmente publicado em 1932, em Michael Murray (Org.), *Heidegger and Modern Philosophy*, pp. 23-34. Carnap escolheu especificamente a frase "o nada nadifica" de *O que é a metafísica*, de Heidegger.

48. Iris Murdoch, *Sartre*, pp. 78-9. Sobre o existencialismo na Grã-Bretanha, ver Martin Woessner, "Angst Across the Channel: Existentialism in Britain", em Jonathan Judaken e Robert Bernasconi (Orgs.), *Situating Existentialism*, pp. 145-79.

49. Peter J. Conradi, *Iris Murdoch*, p. 216 (Murdoch a Hal Lidderdale, 6 nov. 1945). Seu encontro com Sartre: "Notes on a Lecture by Jean-Paul Sartre" (Bruxelas, out. 1945) em Murdoch Archive, University of Kingston, IML 682. Suas palestras: ver Peter J. Conradi, *Iris Murdoch*, p. 270. Originalmente, ela pretendia fazer um doutorado sobre Husserl em Cambridge, em 1947, mas depois optou por Wittgenstein: ver seu manuscrito sobre Heidegger em Murdoch Archive (KUAS6/5/1/4), p. 83, e Peter J. Conradi, *Iris Murdoch*, p. 254 (citando uma entrevista de Murdoch com Richard Wollheim, 1991).

50. Colin Wilson, *Dreaming to Some Purpose*, p. 113.

51. Humphrey Carpenter, *The Angry Young Men*, p. 107.

52. Colin Wilson, *Dreaming to Some Purpose*, p. 129.

53. Brad Spurgeon, *Colin Wilson*, pp. 66-7.

54. Humphrey Carpenter, *The Angry Young Men*, p. 112.

55. Geoffrey Gorer, "The Insider, by C*l*n W*ls*n", *Punch*, pp. 33-4, 11 jul. 1956. Ver Humphrey Carpenter, *The Angry Young Men*, p. 168.

56. Humphrey Carpenter, *The Angry Young Men*, p. 109, citando *Times Literary Supplement*, 14 dez. 1956.

57. Ibid., pp. 169-70.

58. Colin Wilson, *Dreaming to Some Purpose*, pp. 3-4.

59. Id., *Adrift in Soho*. Londres: Pan, 1964, p. 114.

60. Brad Spurgeon, *Colin Wilson*, p. 36, com materiais sobre outros escritores que o enfureceram com suas resenhas ou perfis: pp. 37-8, 47. O perfil feito por Lynn Barber em *Observer*, 30 maio 2004, é uma leitura interessante.

61. Iris Murdoch, resenha em *Manchester Guardian*, 25 out. 1957. Ela o chamou de imbecil numa carta a Brigid Brophy em 1962: ver Iris Murdoch, Org. de A. Horner e A. Rowe, *Living on Paper: Letters from Iris Murdoch 1934-1995*. Londres: Chatto & Windus, 2015, p. 222.

62. Id., "Against Dryness," em *Existentialists and Mystics: Writings on Philosophy and Literature*. Org. de P. Conradi. Londres: Penguin, 1999, pp. 287-95, aqui pp. 292-3.

63. J. Glenn Gray, "Salvation on the Campus: Why Existentialism Is Capturing the Students", *Harper's Magazine*, pp. 53-60, maio 1965. Sobre Gray, ver Martin Woessner, *Heidegger in America*, pp. 132-59.

64. Alain Robbe-Grillet, *For a New Novel*. Trad. de Richard Howard. Nova York: Grove, 1965, p. 64.

65. Michel Foucault, *The Order of Things*. Londres: Tavistock, 1970, p. 387. "Dissolver o homem": Claude Lévi-Strauss, *The Savage Mind*. Londres: Weidenfeld & Nicolson, 1966, p. 247.

66. Jean Baudrillard, *Impossible Exchange*. Trad. de C. Turner. Londres: Verso, 2001, p. 73. Ver Jack Reynolds e Ashley Woodward, "Existentialism and Poststructuralism: Some Unfashionable Observations", em Felicity Joseph, Jack Reynolds e Ashley Woodward (Orgs.), *The Continuum Companion to Existentialism*. Londres: Continuum, 2011, pp. 260-81.

67. ASAD, p. 358. *Mãos sujas* foi ao palco em novembro e *As moscas* em dezembro de 1968. Ver Michel Contat e Michel Rybalka (Orgs.), *The Writings of Jean-Paul Sartre*, I, p. 89.

68. Antonin Liehm, *The Politics of Culture*. Nova York: Grove, 1973, p. 146 (entrevista com Milan Kundera. Trad. de P. Kussi; originalmente publicada em 1968).

69. Václav Havel, *Letters to Olga*, 10 abr. 1982, p. 306.

70. Philip Roth, em George Plimpton (Org.) *Writers at Work: The Paris Review Interviews*, 7th series. Nova York: Penguin, 1988, pp. 267-98, aqui p. 296 (entrevista de Hermione Lee, originalmente publicada em *Paris Review*, verão 1983-inverno 1984).

71. Erazim Kohák, *Jan Patočka*, p. xi, traduzindo Patočka, "Erinnerungen an Husserl", em Walter Biemel (Org.), *Die Welt des Menschen — die Welt der Philosophie*. Haia: Martinus Nijhoff, 1976, pp. vii-xix, aqui p. xv; Patočka também descreve a relutância de Husserl em partilhá-lo com Heidegger: p. x.

72. Marci Shore, "Out of the Desert", pp. 14-5.

73. Paul Wilson, introdução a Václav Havel, *Letters to Olga*, p. 18, citando Václav Havel, "The Last Conversation" (1977), em *Václav Havel o lidskou identitu* (*Václav Havel on Human Identity*). Org. de Vilém Pricem e Alexander Tomský. Londres: Rozmluvy, 1984, pp. 198-9.

74. Jan Patočka, *Heretical Essays in the Philosophy of History*, pp. 134-5.

75. "Charter 77 Manifesto", *Telos*, v. 31, pp. 148-50, 1977. Ver também Jan Patočka, "Political Testament", *Telos*, v. 31, pp. 151-2, 1977. Sobre isso, ver Erazim Kohák, *Jan Patočka*, pp. 340-7.

76. Aviezer Tucker, *The Philosophy and Politics of Czech Dissidence from Patočka to Havel*. Pittsburgh: University of Pittsburgh Press, 2000, pp. 2-3.

77. Michael Zantovsky, *Havel*. Londres: Atlantic Books, 2014, p. 182.

78. Paul Wilson, introdução a Václav Havel, *Letters to Olga*, p. 18, citando Václav Havel, "The Last Conversation" (1977), em *Václav Havel o lidskou identitu* (*Václav Havel on Human Identity*). Org. de Vilém Precan e Alexander Tomský. Londres: Rozmluvy, 1984, pp. 198-9.

79. Patočka, "Political Testament", *Telos*, v. 31, pp. 151-2, 1977, aqui p. 151.

80. Erazim Kohák, *Jan Patočka*, p. 3; Zantovsky, *Havel*, pp. 183-4.

81. Ivan Klíma, *My Crazy Century*, pp. 350-1.

82. Marci Shore, "Out of the Desert", pp. 14-5; Ivan Chvatík, "Geschichte und Vorgeschichte".

83. Paul Ricoeur, "Patočka, Philosopher and Resister". Trad. de David J. Parent, *Telos*, v. 31, pp. 152-5, 1977, aqui p. 155. Originalmente publicado em *Le Monde*, 19 mar. 1977.

84. Václav Havel, "The Power of the Powerless", pp. 41-55.

85. Ibid., p. 99.

86. Ibid., pp. 117-8.

13. TENDO PROVADO UMA VEZ A FENOMENOLOGIA [pp. 291-307]

1. BN, p. 568.

2. Simone de Beauvoir, *A Very Easy Death*, pp. 91-2.

3. Id., *Old Age*, p. 492.

4. Richard Wollheim, *The Thread of Life*. Cambridge, MA: Yale University Press, 1999, p. 269.

5. Herbert Lottman, *Albert Camus*, p. 5.

6. FOC, pp. 496-7.

7. Jean-Paul Sartre, "Albert Camus", em *Situations* [IV], pp. 107-12. Originalmente publicado em *France-Observateur*, 7 jan. 1960.

8. "Simone de Beauvoir tells Studs Terkel How She Became an Intellectual and Feminist" (1960), audioentrevista, on-line: <www.openculture.com/2014/11/simone-de-beauvoir-talks-with-studs-terkel-1960.html>. Acesso em: 27 mar. 2017.

9. Hazel Rowley, *Richard Wright*, pp. 524-5. Sais de bismuto: p. 504.

10. Alguns foram incluídos em Ellen Wright e Michel Fabre (Orgs.), *Richard Wright Reader*. Nova York: Harper & Row, 1978, pp. 251-4. Outros estão on-line: <terebess.hu/english/haiku/wright.html>. Acesso em: 27 mar. 2017.

11. Ronald Bonan, *Apprendre à philosopher avec Merleau-Ponty*. Paris: Ellipses, 2010, p. 12; Maurice de Gandillac, *Le Siècle traversé*, p. 372; Emmanuelle Garcia, "Maurice Merleau-Ponty: Vie et oeuvre", em Maurice Merleau-Ponty, *Oeuvres*, pp. 27-99, aqui p. 93.

12. Jean-Paul Sartre, "Merleau-Ponty", em *Situations* [IV], pp. 225-326, aqui p. 320. Originalmente publicado como "Merleau-Ponty Vivant", em *Les Temps Modernes*, 17e année, pp. 184-5 (out. 1961), pp. 304-76.

13. Jean-Claude Gens, *Karl Jaspers*, p. 50 (Gertrud Jaspers a Arendt, 10 jan. 1966).

14. Ibid., p. 206 (Heidegger a Gertrud Jaspers, 2 mar. 1969; Gertrud Jaspers a Heidegger, 2 mar. 1969).

15. Karl Jaspers, "Self-Portrait", p. 3.

16. Martin Woessner, *Heidegger in America*, pp. 109-11.

17. Hannah Arendt, "Martin Heidegger at Eighty", em Michael Murray (Org.), *Heidegger and Modern Philosophy*, pp. 293-303, aqui p. 301. Originalmente publicado em *New York Review of Books*, out. 1971.

18. H. W. Petzet, *Encounters and Dialogues*, p. 91.

19. Gerhart Baumann, *Erinnerungen an Paul Celan*. Frankfurt am Main: Suhrkamp, 1992, pp. 58-82, aqui p. 66; James K. Lyon, *Paul Celan and Martin Heidegger: An Unresolved Conversation, 1951-1970*. Baltimore: Johns Hopkins University Press, 2006, p. 168.

20. Paul Celan, "Todtnauberg", em *Poems of Paul Celan*. Trad. de Michael Hamburger. Londres: Anvil Press, 1988, pp. 292-5 (em alemão e em inglês).

21. Martin Heidegger, *Sojourns*, p. 37.

22. R. Safranski, *Martin Heidegger*, p. 401 (Heidegger a Kästner, 21 fev. 1960).

23. Martin Heidegger, *Sojourns*, pp. 12, 19.

24. Ibid., pp. 36, 39-42.

25. Ibid., pp. 43-4.

26. Ibid., p. 54.

27. Ibid., pp. 57, 70, n. 20. Encontra-se na Coleção de Antiguidades do Estado em Munique.

28. Martin Heidegger, "'Only a God can Save Us': *Der Spiegel*'s Interview with Martin Heidegger", em Richard Wolin (Org.), *The Heidegger Controversy*, pp. 91-116, aqui p. 106. A entrevista só foi publicada após sua morte, em *Der Spiegel*, 31 maio 1976. A tradução de Maria P. Alter e John D. Caputo foi originalmente publicada em *Philosophy Today*, ano XX, v. 4, n. 4, pp. 267-85, 1976.

29. R. Safranski, *Martin Heidegger*, p. 432, citando Welte, "Erinnerung an ein spätes Gespräch", p. 251. Sobre Heidegger e o tema de volta ao lar, ver também Robert Mugerauer, *Heidegger and Homecoming: The Leitmotif in the Later Writings*. Toronto: University of Toronto Press, 2008, e Brendan O'Donoghue, *A Poetics of Homecoming: Heidegger, Homelessness and the Homecoming Venture*. Newcastle upon Tyne: Cambridge Scholars, 2011.

30. Raymond Geuss, "Heidegger and His Brother", em *Politics and Imagination*. Princeton e Oxford: Princeton University Press, 2010, pp. 142-50, aqui pp. 142-3. Sobre Fritz Heidegger em geral, ver Hans Dieter Zimmermann, *Martin und Fritz Heidegger*; R. Safranski, *Martin Heidegger*, pp. 8-9, citando Andreas Müller, *Der Scheinwerfer: Anekdoten und Geschichten um Fritz Heidegger*. Messkirch: Armin Gmeiner, 1989, pp. 9-11; e (em esp. sobre "Da-da-dasein" e "supermercado na lua") Luzia Braun, "Da-da-dasein. Fritz Heidegger: Holzwege zur Sprache", em *Die Zeit*, 22 set. 1989.

31. Martin Heidegger, *Parmenides*, p. 85, apud Richard Polt, *Heidegger*, p. 174.

32. R. Safranski, *Martin Heidegger*, p. 8; Raymond Geuss, "Heidegger and His Brother", em *Politics and Imagination*. Princeton e Oxford: Princeton University Press, 2010, pp. 142--50, aqui p. 149.

33. Jean-Paul Sartre, "J'Écris Pour Dire Que Je N'Écris Pas" (nota s./d.), em *Les Mots...*, pp. 1266-7.

34. O filme foi rodado em fev.-mar. 1972 e estreou em Cannes em 27 maio 1976. Assistindo juntos: Simone de Beauvoir, "A Farewell to Sartre", *Adieux*, p. 85. Assistindo à TV apesar da cegueira quase completa: Olivier Todd, *Un Fils rebelle*, p. 20.

35. Jean-Paul Sartre, "Self-Portrait at Seventy", em *Sartre in the Seventies* (*Situations X*), pp. 3-92, aqui p. 4.

36. Ronald Hayman, *Writing Against*, pp. 416-7.

37. Simone de Beauvoir, "A Farewell to Sartre", *Adieux*, p. 65.

38. Olivier Todd, *Un Fils rebelle*, p. 30.

39. Jean-Paul Sartre e Benny Lévy, *Hope Now*, pp. 63-4, 92, 100-3. As entrevistas foram originalmente publicadas em *Le Nouvel Observateur*, pp. 10, 17, 24 mar. 1980.

40. Ibid., p. 73.

41. Ronald Aronson, "Introduction", ibid., pp. 3-40, aqui p. 7.

42. Ibid., p. 8, citando Aron, "Sartre à 'Apostrophes'", *Liberation/Sartre* (1980), p. 49. Outros também se preocuparam; Edward Said descreveu seu encontro com Sartre e Beauvoir em Paris, em 1979, e comentou que ficou chocado que Lévy falasse em nome de Sartre durante grande parte do almoço. Quando Said pediu que o próprio Sartre se pronunciasse, Lévy hesitou e disse que então ficaria para o dia seguinte. Sartre falou, mas seguindo um texto preparado, que Said desconfiou ter sido redigido por Lévy. Edward Said, "Diary: An Encounter with Sartre", *London Review of Books*, 1 jun. 2000. Sobre o contexto mais amplo da entrevista e da colaboração de Sartre e Lévy, ver J.-P. Jean-Pierre Boulé, *Sartre Médiatique*. Paris: Minard, 1992, pp. 205-15.

43. Ronald Hayman, *Writing Against*, p. 437, referindo-se em esp. a uma foto em *Match* visivelmente tirada com uma objetiva.

44. Simone de Beauvoir, "A Farewell to Sartre", em *Adieux*, p. 127.

45. Raymond Aron, *Memoirs*, p. 450.

46. Id., *The Committed Observer*, p. 146.

47. Stanley Hoffman, "Raymond Aron (1905-1983)", *New York Review of Books*, 8 dez. 1983.

48. Deirdre Bair, *Simone de Beauvoir*, pp. 611-2; ASAD, p. 69.

49. Penny Forster e Imogen Sutton (Orgs.), *Daughters of de Beauvoir*, pp. 17 (entrevista de Kate Millett), 19.

50. Deirdre Bair, *Simone de Beauvoir*, pp. 612-3.

51. Ibid., pp. 615-6.

52. FOC, p. 674.

53. Simone de Beauvoir, *Old Age*, p. 406.

54. ASAD, p. 9.

55. Ibid., p. 10.

56. O manuscrito de Murdoch sobre Heidegger (versão datilografada, com suas correções feitas à mão) se encontra no Murdoch Archive na Universidade de Kingston, KUAS6/5/1/4; há uma versão manuscrita na Universidade de Iowa. Foram publicados excertos numa edição baseada em ambos os textos, aos cuidados de Justin Broackes: Iris Murdoch, "*Sein und Zeit*: Pursuit of Being", em J. Broackes (Org.), *Iris Murdoch, Philosopher*, pp. 93-114.

57. Iris Murdoch, "*Sein und Zeit*: Pursuit of Being", em J. Broackes (Org.), *Iris Murdoch, Philosopher*, p. 97.

58. Id., *Jackson's Dilemma*, pp. 13-4.

59. Ibid., p. 47.

60. Ibid., pp. 248-9.

14. A IMPONDERÁVEL EXUBERÂNCIA [PP. 308-18]

1. Sobre o existencialismo no cinema, ver Jean-Pierre Boulé e Enda McCaffrey (Orgs.), *Existentialism and Contemporary Cinema*. Nova York e Oxford: Berghahn, 2011, William C. Pamerleau, *Existentialist Cinema*. Basingstoke e Nova York: Palgrave Macmillan, 2009, e outros.

2. Ver Thomas Deane Tucker e Stuart Kendall (Orgs.), *Terrence Malick: Film and Philosophy*. Londres: Continuum, 2011, Martin Woessner, "What Is Heideggerian Cinema?", *New German Critique*, v. 38, n. 2, pp. 129-57, 2011, e Simon Critchley, "Calm: On Terrence Malick's *The Thin Red Line*", *Film-Philosophy*, v. 6, n. 38, dez. 2002, disponível on-line em: <www.film-philosophy.com/vol6-2002/n48critchley>. Acesso em: 27 mar. 2017. Malick traduziu Heidegger, *The Essence of Reasons*. Evanston, IL: Northwestern University Press, 1969.

3. Para um exemplo fascinante desse tipo, ver Daniel Kahneman, *Rápido e devagar: Duas formas de pensar* (Rio de Janeiro: Objetiva, 2012).

4. J. Baggini, *Freedom Regained*. Londres: Granta, 2015, p. 35, citando K. D. Vohs e J. W. Schooler, "The Value of Believing in Free Will: Encouraging a Belief in Determinism Increases Cheating", *Psychological Science*, v. 19, n. 1, pp. 49-54, 2008. Os participantes que haviam lido um trecho sugerindo que o comportamento é determinista mostraram maior propensão a trapacear numa tarefa do que os que não leram.

5. Martin Heidegger, "The Thinker as Poet", em *Poetry, Language, Thought*, pp. 1-14, aqui p. 4.

6. Iris Murdoch, manuscrito sobre Heidegger (versão datilografada com suas correções à mão), Murdoch Archive na Universidade de Kingston, KUAS6/5/1/4, p. 53.

7. Theodore Kisiel, *Genesis*, p. 287, citando transcrição manuscrita da primeira aula sobre Aristóteles (1 maio 1924), p. 1. A vida de Heidegger não interessa: H. W. Petzet, *Encounters and Dialogues*, p. 1. Cabe dizer que Husserl também mostrava pouco interesse por detalhes biográficos; nesse aspecto, ambos tinham a mesma concepção do empreendimento fenomenológico.

8. Joachim Fest, *Not I*, p. 265.

9. FOC, p. 273. Para uma avaliação positiva do dinamismo de Sartre, ver Hazel Barnes, *An Existentialist Ethics*, p. 448.

10. Esse comentário lhe foi atribuído numa entrevista de Michel Contat; Sartre concordou. Jean-Paul Sartre, "Self-Portrait at Seventy", em *Sartre in the Seventies* (*Situations X*), pp. 3-92, aqui p. 20.

11. Simone de Beauvoir, *Adieux*, p. 436.

12. Ibid., p. 445.

13. Martin Heidegger, "The Question Concerning Technology", em *The Question Concerning Technology and Other Essays*, pp. 3-35, aqui p. 4.

14. Friedrich Heinemann, *Existentialism and the Modern Predicament*, pp. 26, 28.

15. Herbert L. Dreyfus, *On the Internet*, pp. 1-2. Por outro lado, Don Ihde afirma que a filosofia de Heidegger não se aplica às tecnologias modernas, visto que ele estava pensando basicamente na era industrial: Don Ihde, *Heidegger's Technologies: Postphenomenological Perspectives*. Nova York: Fordham University Press, 2010, pp. 117-20.

16. E. M. Forster, "The Machine Stops", em *Collected Short Stories*. Londres: Penguin, 1954, pp. 109-46, aqui pp. 110-1. Originalmente publicado em *Oxford and Cambridge Review*, nov. 1909.

17. Ver, por exemplo, George Lakoff e Mark Johnson, *Philosophy in the Flesh: The Embodied Mind and its Challenge to Western Thought*. Nova York: Basic Books, 1999; Mark Rowlands, *The New Science of the Mind*. Cambridge, MA e Londres: Bradford/MIT Press, 2010, e Shaun Gallagher, *How the Body Shapes the Mind*. Oxford: Clarendon Press, 2005.

Bibliografia selecionada

*Nas notas encontram-se detalhes
de outras obras citadas.*

FONTES DE ARQUIVO

Sonia Brownell e Maurice Merleau-Ponty: Correspondence (S.109) em George Orwell Archive, University College London.

Iris Murdoch, *Heidegger: The Pursuit of Being* (KUAS6/5/1/4) e "Notes on a Lecture by Jean-Paul Sartre" (Bruxelas, out. 1945) (IML 682) em Murdoch Archive, Universidade de Kingston.

OBRAS PUBLICADAS

AHO, Kevin. *Existentialism: An Introduction*. Malden, MA e Cambridge: Polity, 2014.

ARENDT, Hannah. *Eichmann in Jerusalem: A Report on the Banality of Evil*. Ed. rev. e ampl. Harmondsworth: Penguin, 1977.

_____. *Essays in Understanding, 1930-1954*. Org. de J. Kohn. Nova York: Harcourt, Brace e Co., 1994.

_____. *The Life of the Mind*. Org. de M. McCarthy. Nova York: Harcourt Brace Jovanovich, 1977-8.

_____. *The Origins of Totalitarianism*. Londres: André Deutsch, 1986. (*Elemente und Ursprünge totaler Herrschaft*, 1951).

_____; HEIDEGGER, Martin. *Letters, 1925-1975*. Org. de U. Ludz. Trad. de A. Shields. Orlando: Harcourt, 2004 (*Briefe*, 1998).

_____; JASPERS, Karl. *Hannah Arendt/Karl Jaspers Correspondence 1926-1969*. Org. de L. Kohler e H. Saner. Trad. de R. e R. Kimber. Nova York: Harcourt Brace Jovanovich, 1992 (*Hannah Arendt/Karl Jaspers Briefwechsel*, 1985).

ARON, Raymond. *The Committed Observer: Interviews with Jean-Louis Missika and Dominique Wolton*. Trad. de J. e M. McIntosh. Chicago: Regnery Gateway, 1983 (*Le Spectateur engagé*, 1981).

_____. *Memoirs*. Trad. de G. Holoch. Nova York e Londres: Holmes & Meier, 1990 (*Mémoires*, 1983).

_____. *The Opium of the Intellectuals*. Trad. de T. Kilmartin. Londres: Secker e Warburg, 1957 (*L'Opium des intellectuels*, 1955).

BAIR, Deirdre. *Simone de Beauvoir*. Londres: Vintage, 1991.

BALDWIN, James. *The Price of the Ticket: Collected Non-Fiction 1948-1985*. Londres: Michael Joseph, 1985.

BARNES, Hazel. *An Existentialist Ethics*. Nova ed. Chicago e Londres: Chicago University Press, 1978.

_____. *The Story I Tell Myself: A Venture in Existentialist Autobiography*. Chicago e Londres: Chicago University Press, 1997.

BARRETT, William. *Irrational Man: A Study in Existential Philosophy*. Garden City: Doubleday, 1962 (originalmente 1958).

BAUER, Nancy. *Simone de Beauvoir, Philosophy, and Feminism*. Nova York: Columbia University Press, 2001.

BEAUVOIR, Simone de. *Adieux: A Farewell to Sartre*. Trad. de P. O'Brian. Londres: Penguin, 1985 (*La Cérémonie des adieux...*, 1981).

_____. *All Said and Done*. Trad. de P. O'Brian. Harmondsworth: Penguin, 1977 (*Tout compte fait*, 1972).

_____. *America Day By Day*. Trad. de C. Cosman. Londres: Phoenix, 1999 (*L'Amérique au jour le jour*, 1948).

_____. *Beloved Chicago Man: Letters to Nelson Algren 1947-64*. Org. de S. Le Bon de Beauvoir. Londres: Phoenix, 1999. [Ed. americana: *A Transatlantic Love Affair*. Nova York: New Press, 1998]. Originalmente publicado em edição francesa: *Lettres à Nelson Algren*. Trad. de S. Le Bon de Beauvoir, 1997; cartas depois retraduzidas para o original em inglês.

_____. *The Blood of Others*. Trad. de Y. Moyse e R. Senhouse. Harmondsworth: Penguin, 1964 (*Le Sang des autres*, 1945).

_____. *Cahiers de jeunesse 1926-1930*. Org. de S. Le Bon de Beauvoir. Paris: Gallimard, 2008.

_____. *The Ethics of Ambiguity*. Trad. de B. Frechtman. Nova York: Citadel, 1968 (*Pour une Morale de l'ambiguïté*, 1947).

_____. *Force of Circumstance*. Trad. de R. Howard. Harmondsworth: Penguin, 1968 (*La Force des choses*, 1963).

BEAUVOIR, Simone de. *The Mandarins*. Trad. de L. M. Friedman. Londres: Harper, 2005 (*Les Mandarins*, 1954).

_____. *Memoirs of a Dutiful Daughter*. Trad. de J. Kirkup. Harmondsworth: Penguin, 1963 (*Mémoires d'une jeune fille rangée*, 1958).

_____. *Old Age*. Trad. de P. O'Brian. Harmondsworth: Penguin, 1977 (*La Vieillesse*, 1970).

_____. *Philosophical Writings*. Org. de M. A. Simons, M. Timmermann e M. B. Mader. Urbana e Chicago: University of Illinois Press, 2004.

_____. *Political Writings*. Org. de M. A. Simons e M. Timmermann. Urbana, Chicago e Springfield: University of Illinois Press, 2012.

_____. *The Prime of Life*. Trad. de P. Green. Harmondsworth: Penguin, 1965 (*La Force de l'âge*, 1960).

_____. *The Second Sex*. Trad. de C. Borde e S. Malovany-Chevallier. Londres: Cape, 2009 (*Le Deuxième Sexe*, 1949).

_____. *She Came to Stay*. Trad. de Y. Moyse e R. Senhouse. Londres: Harper, 2006 (*L'Invitée*, 1943).

_____. "The Useless Mouths" *and Other Literary Writings*. Org. de M. A. Simons e M. Timmermann. Urbana, Chicago e Springfield: University of Illinois Press, 2011.

_____. *A Very Easy Death*. Trad. P. O'Brian. Harmondsworth: Penguin, 1969 (*Une Mort très douce*, 1964).

_____. *Wartime Diary*. Org. de M. A. Simons e S. Le Bon de Beauvoir. Trad. de A. Deing Cordero. Urbana e Chicago: University of Illinois Press, 2009 (*Journal de guerre*, 1990).

BEEVOR, Antony; COOPER, Artemis. *Paris After the Liberation: 1944-1949*. Ed. rev. Londres: Penguin, 2004.

BERNASCONI, Robert. *How to Read Sartre*. Londres: Granta, 2006.

_____. (Org.) *Race*. Malden, MA e Oxford: Blackwell, 2001.

BIEMEL, Walter. *Martin Heidegger: An Illustrated Study*. Trad. de J. L. Mehta. Nova York: Harcourt Brace Jovanovich, 1976 (*Martin Heidegger*, 1973).

BORDEN, Sarah. *Edith Stein*. Londres e Nova York: Continuum, 2003.

BRENTANO, Franz. *Psychology from an Empirical Standpoint*. Org. de O. Kraus. Trad. de A. C. Rancurello, D. B. Terrell e L. McAlister. Londres e Nova York: Routledge, 1995 (*Psychologie vom empirischen Standpunkte*, 1874, 2. ed. 1924).

BROACKES, Justin (Org.). *Iris Murdoch, Philosopher: A Collection of Essays*. Oxford e Nova York: OUP, 2012.

CAMUS, Albert. *Algerian Chronicles*. Trad. de A. Goldhammer. Cambridge, MA e Londres: Belknap/Harvard University Press, 2013 (*Chroniques algériennes*, 1958).

CAMUS, Albert. *American Journals*. Org. de R. Quilliot. Trad. de Hugh Levick. Londres: Abacus, 1990 (*Journal de voyage*, 1978).

_____. *Between Hell and Reason*. Trad. de A. de Gramont. Lebanon, NH: University Press of New England, 1991 (tradução de ensaios publicados originalmente em *Combat*).

_____. *Caligula, Cross Purpose, The Just, The Possessed*. Trad. de S. Gilbert e H. Jones. Londres: Penguin, 1984.

_____. *Essais*. Paris: Gallimard, 1965.

_____. *The Fall*. Trad. de J. O'Brien. Harmondsworth: Penguin, 1963 (*La Chute*, 1956).

_____. *The First Man*. Trad. de D. Hapgood. Londres: Penguin, 1996 (*Le Premier Homme*, 1994).

_____. *Lyrical and Critical Essays*. Org. de P. Thody. Trad. de E. Conroy Kennedy. Nova York: Knopf, 1969 (traduções de *L'Envers et l'endroit, Noces, L'Été* e outras fontes).

_____. *The Myth of Sisyphus*. Trad. de J. O'Brien. Harmondsworth: Penguin, 1975 (*Le Mythe de Sisyphe*, 1942).

_____. "Neither Victims nor Executioners". Trad. de D. Macdonald. In: GOODMAN, Paul (Org.). *Seeds of Liberation*. Nova York: G. Braziller, 1964, pp. 24-43 ("Ni Victimes, ni bourreaux", publicado em *Combat*, 1946).

_____. *Notebooks 1935-1942*. Trad. de P. Thody. Nova York: Modern Library, 1965 (*Carnets 1935-1942*, 1962).

_____. *The Outsider*. Trad. de S. Smith. Harmondsworth: Penguin, 2013 (*L'Étranger*, 1942).

_____. *The Plague*. Trad. de R. Buss. Londres: Allen Lane, 2001 (*La Peste*, 1947).

_____. *The Rebel*. Trad. de A. Bower. Londres: Penguin, 2000 (*L'Homme revolté*, 1951).

CARMAN, Taylor. *Merleau-Ponty*. Londres e Nova York: Routledge, 2008.

CARPENTER, Humphrey. *The Angry Young Men: A Literary Comedy of the 1950s*. Londres: Allen Lane, 2002.

CASSIRER, Ernst; HEIDEGGER, Martin. *Débat sur le Kantisme et la philosophie*. Org. de P. Aubenque. Paris: Beauchesne, 1972.

CAU, Jean. *Croquis de mémoire*. Paris: Julliard, 1985.

CAZALIS, Anne-Marie. *Les Mémoires d'une Anne*. Paris: Stock, 1976.

CHVATÍK, Ivan. "Geschichte und Vorgeschichte des Prager Jan Patočka-Archivs", *Studia phaenomenologica*, v. 7, pp. 163-89, 2007.

COHEN-SOLAL, Annie. *Album Jean-Paul Sartre: Iconographie*. Paris: Gallimard, 1991.

_____. *Sartre: A Life*. Trad. de A. Cancogni. Londres: Heinemann, 1987 (*Sartre*, 1985).

_____. *Une Renaissance Sartrienne*. Paris: Gallimard, 2013.

CONRADI, Peter J. *Iris Murdoch: A Life*. Londres: HarperCollins, 2001.

CONTAT, Michel; RYBALKA, Michel (Orgs.). *The Writings of Jean-Paul Sartre*. Trad. de R. McCleary. Evanston, IL: Northwestern University Press, 1974. v. 1: *A Bibliographical Life*. v. 2: *Selected Prose*.

COOPER, David E. *Existentialism: A Reconstruction*. 2. ed. Oxford: Blackwell, 1999.

CORPET, O.; PAULHAN, Claire. *Collaboration and Resistance: French Literary Life under the Nazi Occupation*. Trad. de J. Mehlman et al. Nova York: Five Ties, 2009 (*Archives de la vie littéraire sous l'Occupation*, 2009).

COTKIN, George. *Existential America*. Baltimore, MD: Johns Hopkins University Press, 2005.

COX, Gary. *The Sartre Dictionary*. Londres: Continuum, 2008.

CROWELL, Steven (Org.), *The Cambridge Companion to Existentialism*. Nova York e Cambridge: CUP, 2012.

DODD, James. *Crisis and Reflection: An Introduction to Husserl's Crisis of the European Sciences*. Dordrecht, Boston e Londres: Kluwer, 2004.

DORLÉAC, Bertrand. *Art of the Defeat: France 1940-44*. Los Angeles: Getty Research Institute, 2008.

DREYFUS, Herbert L. *Being-In-The-World: A Commentary on Heidegger's* Being and Time, *Division I*. Cambridge, MA e Londres: MIT Press, 1991.

_____. *On the Internet*. Londres e Nova York: Routledge, 2001.

_____. *What Computers Still Can't Do*. Cambridge, MA e Londres: MIT Press, 1992.

_____; WRATHALL, Mark A. (Orgs.). *A Companion to Phenomenology and Existentialism*. Oxford: Blackwell, 2006.

ETTINGER, Elzbieta. *Hannah Arendt, Martin Heidegger*. New Haven e Londres: Yale University Press, 1995.

FANON, Frantz. *Black Skin, White Masks*. Trad. de R. Philcox. Nova York: Grove, 2008 (*Peau noir, masques blancs*, 1952).

_____. *The Wretched of the Earth*. Prefácio de J.-P. Sartre. Trad. de C. Farrington. Harmondsworth: Penguin, 1967 (*Les Damnés de la terre*, 1961).

FARÍAS, Víctor. *Heidegger and Nazism*. Org. de J. Margolis e T. Rockmore. Trad. de P. Burrell e G. R. Ricci. Filadélfia: Temple University Press, 1989 (*Heidegger y el Nazismo*, 1987. Originalmente publicado em francês como *Heidegger et le nazisme*, 1987).

FAYE, Emmanuel. *Heidegger: The Introduction of Nazism into Philosophy*. Trad. de M. B. Smith. New Haven e Londres: Yale University Press, 2009 (*Heidegger: L'Introduction du nazisme dans la philosophie*, 2005).

FEST, Joachim. *Not I: A German Childhood*. Trad. de M. Chalmers. Londres: Atlantic Books, 2013 (*Ich nicht*, 2006).

FLYNN, Thomas R. *Sartre: A Philosophical Biography*. Cambridge: CUP, 2014.

FORSTER, Penny; SUTTON, Imogen (Orgs.). *Daughters of de Beauvoir*. Londres: The Women's Press, 1989.

FULLBROOK, Edward; FULLBROOK, Kate. *Sex and Philosophy: Rethinking De Beauvoir and Sartre*. Londres: Continuum, 2008.

FULTON, Ann. *Apostles of Sartre: Existentialism in America*. Evanston, IL: Northwestern University Press, 1999.

GADAMER, Hans-Georg. *Philosophical Apprenticeships*. Trad. de R. R. Sullivan. Cambridge, MA: MIT Press, 1985 (*Philosophische Lehrjahre*, 1977).

GALLAGHER, Shaun; ZAHAVI, Dan. *The Phenomenological Mind*. 2. ed. Londres e Nova York: Routledge, 2012.

GANDILLAC, Maurice de. *Le Siècle traversé*. Paris: Albin Michel, 1998.

GARFF, Joakim. *Søren Kierkegaard: A Biography*. Nova ed. Trad. de B. H. Kirmmse. Princeton: Princeton University Press, 2007.

GENET, Jean. *The Declared Enemy: Texts and Interviews*. Org. de A. Dichy. Trad. de Jeff Fort. Stanford: Stanford University Press, 2004 (*L'Ennemi déclaré*, 1991).

GENS, Jean-Claude. *Karl Jaspers: Biographie*. Paris: Bayard, 2003.

GERASSI, John. *Sartre: Hated Conscience of His Century*. Chicago: Chicago University Press, 1989.

_____. *Talking with Sartre: Conversations and Debates*. New Haven e Londres: Yale University Press, 2009.

GILLE, Vincent. *Saint-Germain-des-Prés, 1945-1950*. Paris: Pavillon des Arts, 1989.

GORDON, L. (Org.). *Existence in Black: An Anthology of Black Existential Philosophy*. Nova York e Londres: Routledge, 1997.

GORDON, Peter Eli. *Continental Divide: Heidegger, Cassirer, Davos*. Cambridge, MA e Londres: Harvard University Press, 2010.

GRAY, Francine du Plessix. *Simone Weil*. Londres: Weidenfeld & Nicolson, 2001.

GRÉCO, Juliette. *Je Suis Faite Comme Ça*. Paris: Flammarion, 2012.

_____. *Jujube*. Paris: Stock, 1982.

GUÉHENNO, Jean. *Diary of the Dark Years, 1940-1944*. Trad. de D. Ball. Oxford e Nova York: OUP, 2014 (*Journal des années noires*, 1947).

HAFFNER, Sebastian. *Defying Hitler: A Memoir*. Trad. de O. Pretzel. Londres: Weidenfeld & Nicolson, 2002 (*Geschichte eines Deutschen*, 2000).

HAVEL, Václav. *Letters to Olga*. Trad. e introdução de P. Wilson. Londres e Boston: Faber, 1990 (*Dopisy Olze*, 1990).

HAVEL, Václav. "The Power of the Powerless" (*Moc bezmocných*, 1978). Trad. de P. Wilson. In: WILSON, P. *Living in Truth: Twenty-Two Essays Published on the Occasion of the Award of the Erasmus Prize to Václav Havel*. Org. de Jan Vladislav. Londres: Faber, 1987, pp. 36-122.

HAYMAN, Ronald. *Writing Against: A Biography of Sartre*. Londres: Weidenfeld & Nicolson, 1986.

HEIDEGGER, Martin. *Basic Writings*. Org. de D. F. Krell. Ed. rev. e ampl. Londres: Routledge, 1993.

———. *Being and Time*. Trad. de J. Macquarrie e E. Robinson. Oxford: Blackwell, 1962 (*Sein und Zeit*, 1927).

———. *Being and Time*. Trad. de J. Stambaugh. Rev. de D. J. Schmidt. Albany: SUNY Press, 2010 (*Sein und Zeit*, 1927).

———. *Country Path Conversations*. Trad. de B. W. Davis. Bloomington e Indianápolis: Indiana University Press, 2010 (*Feldweg-Gespräche*, 2. ed. [GA 77], 2005).

———. *Elucidations of Hölderlin's Poetry*. Trad. de K. Hoeller. Nova York: Humanity Books, 2000 (*Erläuterungen zu Hölderlins Dichtung* (GA 4), 1981).

———. *Gesamtausgabe* (GA). Frankfurt am Main: V. Klostermann, 1976- (edição das obras reunidas de Heidegger).

———. *Introduction to Metaphysics*. Trad. de G. Fried e R. Polt. New Haven e Londres: Yale University Press, 2000 (*Einführung in die Metaphysik*, 1953).

———. *Letters to His Wife 1915-1970*. Org. de G. Heidegger. Trad. de R. D. V. Glasgow. Cambridge e Malden, MA: Polity, 2008 (*Mein liebes Seelchen!*, 2005).

———. *Off the Beaten Track*. Org. e trad. de J. Young e K. Haynes. Cambridge: CUP, 2002 (*Holzwege*, 1950).

———. *On Time and Being*. Trad. de J. Stambaugh. Nova York: Harper e Row, 1972 (tradução de várias fontes).

———. *Pathmarks*. Org. de W. McNeill. Cambridge: CUP, 1998 (*Wegmarken*, 1967. Ed. rev. 1976).

———. *Poetry, Language, Thought*. Trad. de A. Hofstadter. Nova York: Harper, 1975 (tradução de várias fontes).

———. *The Question Concerning Technology and Other Essays*. Trad. de W. Lovitt. Nova York: Harper, 1977 (*Die Frage nach der Technik*, 1953).

———. *Sein und Zeit*. 14. ed. Tübingen: Max Niemeyer, 1977.

———. *Sojourns: The Journey to Greece*. Trad. de J. P. Manoussakis. Albany: SUNY Press, 2005 (*Aufenthalte*, 1989).

———. *What Is Called Thinking?* Trad. de J. G. Gray. Nova York: Harper, 1968 (*Was heisst denken?*, 1954).

HEIDEGGER, Martin e JASPERS, Karl. *The Heidegger-Jaspers Correspondence (1920-1963)*. Org. de W. Biemel e H. Saner. Trad. de G. E. Aylesworth. Amherst, NY: Humanity Books, 2003 (*Briefwechsel*, 1990).

HEINEMANN, Friedrich. *Existentialism and the Modern Predicament*. 2. ed. Londres: Adam e Charles Black, 1954.

HOWELLS, Christina (Org.). *The Cambridge Companion to Sartre*. Cambridge: CUP, 1992.

HUSSERL, Edmund. *Cartesian Meditations: An Introduction to Phenomenology*. Trad. D. Cairns. Haia: Martinus Nijhoff, 1977 ("Cartesianische Meditationen", *Husserliana* I, 1950).

_____. *The Crisis of the European Sciences and Transcendental Phenomenology*. Org. de W. Biemel. Trad. de D. Carr. Evanston, IL: Northwestern University Press, 1970 (*Die Krisis der europäischen Wissenschaften und die transzendentale Phänomenologie*, 1954).

_____. *Husserliana*. Haia: Martinus Nijhoff; Dordrecht: Springer, 1950-. Edição de suas obras reunidas, com volumes suplementares.

_____. *Ideas: General Introduction to Pure Phenomenology*. Trad. de W. R. Boyce Gibson. Londres e Nova York: Routledge, 2012 (*Ideen*, 1913, 1952).

_____. *Logical Investigations*. Trad. de J. N. Findlay. Londres: Routledge & Kegan Paul; Nova York: Humanities Press, 1970 (*Logische Untersuchungen*, 2. ed., 1913-21).

_____. *Psychological and Transcendental Phenomenology and the Confrontation with Heidegger (1927-1931)*. Org. e trad. de T. Sheehan e R. E. Palmer. Dordrecht, Boston e Londres: Kluwer, 1997 (*Husserliana: Collected Works* VI).

HUSSERL-ARCHIV LEUVEN. *Geschichte des Husserl-Archivs = History of the Husserl Archives*. Dordrecht: Springer, 2007.

HUSTON, John. *An Open Book*. Nova York: Knopf, 1980; Londres: Macmillan, 1981.

INWOOD, Michael. *A Heidegger Dictionary*. Oxford: Blackwell, 1999.

JACKSON, Julian. *France: The Dark Years 1940-1944*. Oxford e Nova York: OUP, 2001.

JANICAUD, Dominique. *Heidegger en France*. Paris: Albin Michel, 2001.

JASPERS, Karl. *The Atom Bomb and the Future of Mankind*. Trad. de E. B. Ashton. Chicago: University of Chicago Press, 1961 (*Die Atombombe und die Zukunft des Menschen*, 1958).

_____. *Basic Philosophical Writings*. Org. de E. Ehrlich, L. H. Ehrlich e G. B. Pepper. Amherst, NY: Humanity Books (Humanities Press), 1994.

_____. "On Heidegger". Trad. de Dale L. Ponikvar. In: *Graduate Faculty Philosophy Journal*, v. 7, n. 1, pp. 107-28, 1978. Tradução do capítulo adicional *Notizen zu Martin Heidegger*. Org. de Hans Saner, na ed. rev. de Jaspers, *Philosophische Autobiographie*. Munique: Piper, 1989. Também incluído como inserção em "Philosophical Autobiography" (ver a seguir), p. 75/1-16.

JASPERS, Karl. *Philosophy*. Trad. de E. B. Ashton. Chicago e Londres: University of Chicago Press, 1969-70 (*Philosophie*, 1932).

_____. *Philosophy of Existence*. Trad. de R. F. Grabau. Oxford: Blackwell, 1971 (*Existenzphilosophie*, 1938).

_____. *The Question of German Guilt*. Trad. de E. B. Ashton. Westport, CT: Greenwood Press, 1978 (*Die Schuldfrage*, 1946).

_____. "Philosophical Autobiography". Trad. de P. A. Schilpp e L. B. Lefebre. In: SCHILPP, P. A. (Org.). *The Philosophy of Karl Jaspers*. 2. ed. La Salle, IL: Open Court, 1981, pp. 5-94.

_____. "Self-Portrait". Trad. de E. Ehrlich. In: EHRLICH, L. H.; WISSER, R. (Orgs.). *Karl Jaspers Today: Philosophy at the Threshold of the Future*. Washington, DC: Center for Advanced Research in Phenomenology, 1988, pp. 1-25 (entrevista radiofônica gravada em 1966-7 por Norddeutscher Rundfunk).

JUDAKEN, Jonathan; BERNASCONI, Robert (Orgs.). *Situating Existentialism*. Nova York e Chichester: Columbia University Press, 2012.

JUDT, Tony. *Past Imperfect: French Intellectuals 1944-1956*. Berkeley: University of California Press, 1992.

KAUFMANN, Walter. *Existentialism from Dostoevsky to Sartre*. Londres: Thames e Hudson, 1957.

KIERKEGAARD, Søren. *The Concept of Anxiety*. Trad. de E. e H. Hong. Princeton: Princeton University Press, 1981 (*Begrebet Angest*, 1844).

_____. *Concluding Unscientific Postscript to the Philosophical Crumbs*. Org. e trad. de A. Hannay. Cambridge: CUP, 2009 (*Afsluttende uvidenskabelig Efterskrift til de philosophiske Smuler*, 1846).

_____. *Fear and Trembling*. Trad. de A. Hannay. Londres: Penguin, 2005 (*Frygt og Baeven*, 1843).

KING, Magda. *A Guide to Heidegger's Being and Time*. Org. de J. Llewellyn. Albany: SUNY Press, 2001.

KIRKBRIGHT, Suzanne. *Karl Jaspers: A Biography — Navigations in Truth*. New Haven e Londres: Yale University Press, 2004.

KISIEL, Theodore; SHEEHAN, Thomas (Orgs.). *Becoming Heidegger: On the Trail of His Early Occasional Writings, 1910-1927*. Evanston, IL: Northwestern University Press, 2007.

KLEINBERG, Ethan. *Generation Existential: Heidegger's Philosophy in France, 1927-1961*. Ithaca: Cornell University Press, 2005.

KLÍMA, Ivan. *My Crazy Century*. Trad. de Craig Cravens. Londres: Grove, 2014. [Ed. americana: Grove/Atlantic, 2013].

KOESTLER, Arthur. *Darkness at Noon*. Londres: Macmillan, 1941.

_____. *Scum of the Earth*. Nova York: Macmillan, 1941.

KOHÁK, Erazim. *Jan Patočka: Philosophy and Selected Writings*. Chicago e Londres: Chicago University Press, 1989.

LACOIN, Elisabeth. *Zaza: Correspondance et carnets d'Elisabeth Lacoin (1914-1929)*. Paris: Seuil, 1991.

LANDES, Donald A. *The Merleau-Ponty Dictionary*. Londres: Bloomsbury, 2013.

LANZMANN, Claude. *The Patagonian Hare*. Trad. de F. Wynne. Londres: Atlantic, 2012 (*Le Lièvre de Patagonie*, 2009).

LESCOURRET, Marie-Anne. *Emmanuel Levinas*. 2. ed. Paris: Flammarion, 2006.

LES TEMPS MODERNES. Paris, 1 out. 1945.

LEVINAS. *Discovering Existence with Husserl*. Org. e trad. de R. A. Cohen e M. B. Smith. Evanston, IL: Northwestern University Press, 1998 (*En Découvrant L'Existence avec Husserl et Heidegger*, 1949).

_____. *Existence and Existents*. Trad. de A. Lingis. Introdução de R. Bernasconi. Pittsburgh: Duquesne University Press, 2001 (*De L'Existence à l'existent*, 1947).

_____. *On Escape – De l'évasion*. Trad. de B. Bergo, com ensaio introdutório de J. Rolland: "Getting Out of Being by a New Path". Stanford: Stanford University Press, 2003 (tradução do ensaio publicado em *Recherches Philosophiques*, 1935).

_____. *Totality and Infinity*. Trad. de A. Lingis. Pittsburgh: Duquesne University Press, 1969 (*Totalité et l'infini*, 1961).

LÉVY, Bernard-Henri. *Sartre: The Philosopher of the Twentieth Century*. Trad. de A. Brown. Cambridge: Polity, 2003 (*Le Siècle de Sartre*, 2000).

LEWIS, Michael; STAEHLER, Tanya. *Phenomenology: An Introduction*. Londres e Nova York: Continuum, 2010.

LOTTMAN, Herbert. *Albert Camus*. Nova York: Doubleday, 1979.

LÖWITH, Karl. *My Life in Germany Before and After 1933*. Trad. de E. King. Londres: Athlone Press, 1994 (*Mein Leben in Deutschland vor und nach 1939*, 1986).

LUSSET, Félix. "Un Episode de l'histoire de la Mission Culturelle Française à Berlin (1946--1948): Sartre et Simone de Beauvoir à Berlin à l'occasion des réprésentations des *Mouches* au théâtre Hebbel (janvier 1948)". In: VAILLANT, Jérôme (Org.). *La Dénazification par les vainqueurs: La Politique culturelle des occupants en Allemagne 1945-1949*. Lille: Presses Universitaires de Lille, 1981, pp. 91-103.

MACDONALD, Paul S. (Org.). *The Existentialist Reader: An Anthology of Key Texts*. Edimburgo: Edinburgh University Press, 2000.

MACEY, David. *Frantz Fanon: A Biography*. 2. ed. Londres e Nova York: Verso, 2012 (publicado antes nos Estados Unidos por Picador, 2000).

MAILER, Norman. *Advertisements for Myself*. Cambridge, MA e Londres: Harvard University Press, 1992.

MALKA, Solomon. *Emmanuel Levinas: His Life and Legacy*. Trad. de M. Kigel e S. M. Embree. Pittsburgh: Duquesne University Press, 2006 (*Emmanuel Lévinas: La Vie et la trace*, 2002).

MARCEL, Gabriel. "An Autobiographical Essay". Trad. de Forrest Williams. In: SCHILPP, P. A.; HAHN, L. (Orgs.). *The Philosophy of Gabriel Marcel*. La Salle, IL: Open Court, 1991, pp. 3-68.

_____. *Homo Viator: Introduction to a Metaphysic of Hope*. Trad. de E. Craufurd. Londres: Gollancz, 1951 (*Homo Viator*, 1944).

_____. *The Philosophy of Existence*. Trad. de M. Harari. Londres: Harvill, 1948 (tradução de várias obras).

_____. *Tragic Wisdom and Beyond: Including Conversations between Paul Ricoeur and Gabriel Marcel*. Trad. de S. Jolin e P. McCormick. Evanston, IL: Northwestern University Press, 1973 (*Pour Une Sagesse tragique et son au-delà*, 1968).

MERLEAU-PONTY, Maurice. *Adventures of the Dialectic*. Trad. de J. Bien. Evanston, IL: Northwestern University Press, 1973 (*Les Aventures de la dialectique*, 1955).

_____. *Humanism and Terror: The Communist Problem*. Trad. de J. O'Neill. New Brunswick e Londres: Transaction, 2000 (*Humanisme et terreur*, 1947).

_____. *In Praise of Philosophy*. Trad. de J. Wild e J. M. Edie. Evanson, IL: Northwestern University Press, 1963 (*Éloge de la philosophie*, 1953).

_____. *La Phénoménologie de la perception*. Paris: Gallimard, 2005.

_____. *Oeuvres*. Org. de C. Lefort. Paris: Gallimard, 2010.

_____. *Parcours deux, 1951-1961*. Paris: Verdier, 2000.

_____. *Phenomenology of Perception*. Trad. de D. Landes. Londres e Nova York: Routledge, 2012 (*La Phénoménologie de la perception*, 1945).

_____. *Sense and Non-Sense*. Trad. de H. L. Dreyfus e P. A. Dreyfus. Evanston, IL: Northwestern University Press, 1964 (*Sens et non-sens*, 1948).

_____. *Signs*. Org. e trad. de R. C. McCleary. Evanston, IL: Northwestern University Press, 1964 (*Signes*, 1960).

_____. *Texts and Dialogues*. Org. de H. J. Silverman e J. Barry Jr. Trad. de M. Smith et al. Nova Jersey e Londres: Humanities Press, 1992.

_____. *The Visible and the Invisible: Followed by Working Notes*. Org. de C. Lefort. Trad. de A. Lingis. Evanston, IL: Northwestern University Press, 1968 (*Le Visible et l'invisible*, 1964).

MERLEAU-PONTY, Maurice. *The World of Perception*. Trad. de O. Davis. Londres e Nova York: Routledge, 2008 (*Causeries 1948*, 2002).

MOI, Toril. *Simone de Beauvoir: The Making of an Intellectual Woman*. Oxford e Cambridge, MA: Blackwell, 1994.

MORAN, Dermot. *Edmund Husserl: Founder of Phenomenology*. Cambridge: Polity, 2005.

_____. *Introduction to Phenomenology*. Londres e Nova York: Routledge, 2000.

MURDOCH, Iris. *Jackson's Dilemma*. Londres: Chatto & Windus, 1995.

_____. *Metaphysics as a Guide to Morals*. Londres: Chatto & Windus, 1992.

_____. *Sartre: Romantic Rationalist*. Harmondsworth: Penguin, 1989.

_____. "Sein und Zeit: Pursuit of Being". In: BROACKES, J. (Org.). *Iris Murdoch, Philosopher: A Collection of Essays*. Oxford e Nova York: OUP, 2012, pp. 93-114.

MURRAY, Michael (Org.). *Heidegger and Modern Philosophy*. New Haven: Yale University Press, 1978.

NESKE, Günther; KETTERING, Emil (Orgs.). *Martin Heidegger and National Socialism: Questions and Answers*. Trad. de Lisa Harries. Nova York: Paragon, 1990.

OTT, Hugo. *Heidegger: A Political Life*. Trad. de Allan Blunden. Londres: Fontana, 1994 (*Martin Heidegger: unterwegs zu seiner Biographie*, 1988).

PATOČKA, Jan. *Heretical Essays in the Philosophy of History*. Org. de J. Dodd. Trad. de E. Kohák. Prefácio de P. Ricoeur. Chicago: Open Court, 1996 (*Kacířské eseje o filosofii dějin*, 1975).

PETZET, H. W. *Encounters and Dialogues with Martin Heidegger 1929-1976*. Trad. de P. Emade e K. Maly. Chicago e Londres: University of Chicago Press, 1993 (*Auf einen Stern zugehen: Begegnungen und Gespräche mit Martin Heidegger*, 1983).

POLT, Richard. *Heidegger: An Introduction*. Londres: UCL Press, 1999.

RÉE, Jonathan. *Heidegger*. Londres: Routledge, 1999.

RICHARDSON, William J. *Heidegger: Through Phenomenology to Thought*. Prefácio de M. Heidegger. 3. ed. Haia: Martinus Nijhoff, 1973.

ROCKMORE, Tom. *Heidegger and French Philosophy: Humanism, Antihumanism, and Being*. Londres: Routledge, 1995.

ROWLEY, Hazel. *Richard Wright: The Life and Times*. Chicago: University of Chicago Press, 2008.

SACKS, Oliver. *A Leg to Stand On*. Londres: Picador, 1986.

SAFRANSKI, R. *Martin Heidegger: Between Good and Evil*. Cambridge, MA: Harvard University Press, 1998 (*Ein Meister aus Deutschland: Heidegger und seine Zeit*, 1994).

SARTRE, Jean-Paul. *The Aftermath of War (Situations III)*. Trad. de C. Turner. Londres, Nova York e Calcutá: Seagull, 2008 (*Situations III*, 1949).

SARTRE, Jean-Paul. *The Age of Reason*. Trad. de E. Sutton. Harmondsworth: Penguin, 1961 (*Roads of Freedom I*) (*L'Âge de raison*, 1945).

_____. *Being and Nothingness*. Trad. de H. Barnes. Londres: Routledge, 2003 (*L'Être et le néant*, 1943).

_____. *Between Existentialism and Marxism*. Trad. de J. Matthews. Nova ed. Londres: Verso, 2008 (seleção de ensaios de *Situations VIII* e *IX*, e uma entrevista, "Itinerary of a Thought").

_____. *The Communists and Peace. With an answer to Claude Lefort*. Trad. de I. Cléphane. Londres: Hamish Hamilton, 1969 (*Les Communistes et la paix*, publicado em *Les Temps Modernes* em três partes: p. 81 [jul. 1952], pp. 84-5 [out.-nov. 1952], p. 101 [abr. 1954] e republicado em *Situations VI: Problèmes du Marxisme*, 1964).

_____. *Critical Essays* (*Situations I*). Trad. de C. Turner. Londres, Nova York e Calcutá: Seagull, 2010 (*Situations I*, 1947).

_____. *Critique of Dialectical Reason. Volume I: Theory of Practical Ensembles*. Org. de J. Rée. Trad. de A. Sheridan-Smith. Introdução de F. Jameson. Londres: Verso, 2004 (*Critique de la raison dialectique. I. Théorie des ensembles pratiques*, 1960).

_____. *Critique of Dialectical Reason. Volume II* (*Unfinished*). Org. de A. Elkaïm-Sartre. Trad. de Q. Hoare. Londres e Nova York: Verso, 2006 (*Critique de la raison dialectique. II*, 1985).

_____. *L'Être et le néant*. Paris: Gallimard, 1943.

_____. *Existentialism and Humanism*. Trad. de P. Mairet. Londres: Methuen, 2007 (*L'Existentialisme est un humanisme*, 1946).

_____. *The Family Idiot*. Trad. de C. Cosman. Chicago: University of Chicago Press, 1981-93 (*L'Idiot de la famille*, 1971-2).

_____. *The Freud Scenario*. Org. de J.-B. Pontalis. Trad. de Q. Hoare. Londres: Verso, 1985 (*Le Scenario Freud*, 1984).

_____. *Imagination: A Psychological Critique*. Trad. de F. Williams. Londres: Cressett; Ann Arbor: University of Michigan Press, 1962 (*L'Imagination*, 1936).

_____. *The Imaginary*. Trad. de J. Webber. Rev. de A. Elkaïm-Sartre. Londres e Nova York: Routledge, 2004 (*L'Imaginaire*, 1. ed. 1940, 2. ed., 1986).

_____. *Intimacy*. Trad. de L. Alexander. Londres: Panther, 1960 (*Le mur*, 1948).

_____. *Iron in the Soul*. Trad. de Eric Sutton. Harmondsworth: Penguin, 1963 (*Roads of Freedom III*) (*La Mort dans l'âme*, 1949).

_____. *The Last Chance: Roads of Freedom IV*. Trad. de C. Vasey. Londres e Nova York: Continuum, 2009 (*La Dernière Chance*, 1981).

_____. *Les Mots et autres écrits autobiographiques*. Org. de J.-F. Louette, G. Philippe e J. Simont. Paris: Gallimard, 2010.

SARTRE, Jean-Paul. *Nausea*. Trad. de R. Baldick. Harmondsworth: Penguin, 1965 (*La Nausée*, 1938).

———. *No Exit and Three Other Plays*. Trad. de S. Gilbert e L. Abel. Nova York: Vintage, 1989 (tradução de *Huis Clos*, 1944, e outras obras).

———. *Quiet Moments in a War: The Letters of Jean-Paul Sartre to Simone de Beauvoir 1940--1963*. Org. de S. de Beauvoir. Trad. de L. Fahnestock e N. MacAfee. Nova York: Scribner's, 1993 (*Lettres au Castor II*, 1983).

———. *The Reprieve*. Trad. de E. Sutton. Harmondsworth: Penguin, 1963 (*Roads of Freedom II*) (*Le Sursis*, 1945).

———. *Saint Genet: Actor and Martyr*. Trad. de B. Frechtman. Nova York: Pantheon, 1963 (*Saint Genet, comédien et martyr*, 1952).

———. *Sartre by Himself: A Film Directed by Alexandre Astruc and Michel Contat*. Trad. de R. Seaver. Nova York: Urizen, 1978 (*Sartre par lui-même*, 1977).

———. *Sartre in the Seventies: Interviews and Essays*. Trad. de P. Auster e L. Davis. Londres: André Deutsch, 1978 (*Situations X*, 1976). Publicado nos Estados Unidos como *Life/Situations*. Nova York: Pantheon, 1977.

———. *Situations* [IV]. Trad. de B. Eisler. Londres: Hamish Hamilton, 1965 (*Situations IV*, 1964). Também traduzido como *Portraits* (*Situations IV*). Trad. de C. Turner. Londres, Nova York e Calcutá: Seagull, 2009.

———. *War Diaries*. Trad. de Q. Hoare. Londres: Verso, 1984 (*Les Carnets de la drôle de guerre*, 1983).

———. *Witness to My Life: The Letters of Jean-Paul Sartre to Simone de Beauvoir, 1926-1939*. Org. de S. de Beauvoir. Trad. de L. Fahnestock e N. MacAfee. Harmondsworth: Penguin, 1994 (*Lettres au Castor I*, 1983).

———. *Words*. Trad. de I. Clephane. Harmondsworth: Penguin, 1967 (*Les Mots*, 1963).

———; LÉVY, Benny. *Hope Now: The 1980 Interviews*. Trad. de A. Van den Hoven. Introdução de R. Aronson. Chicago: University of Chicago Press, 1996 (*L'Espoir maintenant*, 1991).

SEPP, Hans Rainer (Org.). *Edmund Husserl und die phänomenologische Bewegung. Zeugnisse in Text und Bild*. Friburgo: Karl Alber, 1988.

SHARR, Adam. *Heidegger's Hut*. Cambridge, MA e Londres: MIT Press, 2006.

SHEEHAN, Thomas (Org.). *Heidegger: The Man and the Thinker*. New Brunswick e Londres: Transaction, 2010.

———. *Making Sense of Heidegger: A Paradigm Shift*. Londres e Nova York: Rowman e Littlefield, 2015.

SHORE, Marci. "Out of the Desert", *Times Literary Supplement*, pp. 14-5, 2 ago. 2013.

SIMONS, Margaret A. *Beauvoir and The Second Sex: Feminism, Race, and the Origins of Existentialism*. Lanham, MD: Rowman & Littlefield, 1999.

SPENDER, Stephen. *New Selected Journals 1939-1995*. Org. de L. Feigel e J. Sutherland, com N. Spender. Londres: Faber, 2012.

SPIEGELBERG, Herbert. "The Lost Portrait of Edmund Husserl by Franz and Ida Brentano". In: PALMER, Robert B.; HAMERTON-KELLY, Robert (Orgs.). *Philomathes: Studies and Essays in the Humanities in Memory of Philip Merlan*. Haia: Martinus Nijhoff, 1971, pp. 341-5.

_____. *The Phenomenological Movement: A Historical Introduction*. 3. ed. com a colaboração de Karl Schuhmann. Haia: Martinus Nijhoff, 1982.

SPRINTZEN, David A.; VAN DEN HOVEN, Adrian (Orgs.). *Sartre and Camus: A Historic Confrontation*. Amherst, NY: Humanity Books, 2004.

SPURGEON, Brad. *Colin Wilson: Philosopher of Optimism*. Manchester: Michael Butterworth, 2006.

SPURLING, Hilary. *The Girl from the Fiction Department: A Portrait of Sonia Orwell*. Londres: Hamish Hamilton, 2002.

STEIN, Edith. *On the Problem of Empathy*. 3. ed. Trad. de W. Stein. Washington, DC: Institute of Carmelite Studies Publications, 1989 (*Collected Works, III*) (*Zum Problem der Einfühlung*, 1917).

_____. *Self-Portrait in Letters, 1916-1942*. Trad. de J. Koeppel. Washington, DC: Institute of Carmelite Studies Publications, 1993 (*Collected Works V*) (*Selbstbildnis in Briefen*, 1976-7).

STEINER, George. *Martin Heidegger*. Harmondsworth: Penguin, 1978.

STEWART, Jon (Org.). *The Debate Between Sartre and Merleau-Ponty*. Evanston, IL: Northwestern University Press, 1998.

THOMPSON, Kenneth A. *Sartre: His Life and Works*. Nova York e Bicester: Facts on File, 1984.

TOADVINE, Ted; EMBREE, Lester (Orgs.). *Merleau-Ponty's Reading of Husserl*. Dordrecht, Boston e Londres: Kluwer, 2002.

TODD, Olivier. *Albert Camus: Une Vie*. Paris: Gallimard, 1995.

_____. *Albert Camus: A Life*. Trad. de B. Ivry. Londres: Chatto & Windus, 1997 (versão editada e resumida de *Albert Camus*, 1995).

_____. *Un Fils rebelle*. Paris: B. Grasset, 1981.

TOWARNICKI, Frédéric de. "Le Chemin de Zähringen", em seu *À La Rencontre de Heidegger: Souvenirs d'un messager de la Forêt-noire*. Paris: Gallimard, 1993, pp. 13-128.

VAN BREDA, Herman Leo. "Die Rettung von Husserls Nachlass und die Gründung des Husserl--Archivs – The Rescue of Husserl's *Nachlass* and the Founding of the Husserl-Archives". Trad. de D. Ulrichs e B. Vassillicos. In: *Geschichte des Husserl-Archivs = History of the*

Husserl Archives. Dordrecht: Springer, 2007, p. 39-69 (relato de Van Breda publicado inicialmente em 1959).

VIAN, Boris. *I Spit on Your Graves*. Trad. de B. Vian e M. Rosenthal. Introdução de J. Sallis. Edimburgo: Canongate, 2001 (*J'Irais Cracher Sur Vos Tombes*, 1948).

_____. *Manual of Saint-Germain-des-Prés*. Nova York: Rizzoli, 2005.

_____. *Mood Indigo*. Trad. de J. Sturrock. Nova York: Grove Press, 1968 (*L'Écume des jours*, 1947).

WEBBER, Jonathan. *The Existentialism of Jean-Paul Sartre*. Nova York e Londres: Routledge, 2009.

WEBER, Eugen. *The Hollow Years: France in the 1930s*. Nova York e Londres: W. W. Norton, 1994.

WEIL, Simone. *Formative Writings 1929-41*. Org. e trad. de D. Tuck McFarland e W. Van Ness. Abingdon e Nova York: Routledge, 1987.

WHITE, Edmund. *Genet*. Ed. corrigida. Londres: Picador, 1994.

WILSON, Colin. *Dreaming to Some Purpose*. Londres: Century, 2004.

_____. *The Outsider*. Londres: Gollancz, 1956.

WOESSNER, Martin. *Heidegger in America*. Cambridge: CUP, 2011.

WOLIN, Richard. *Heidegger's Children: Hannah Arendt, Karl Löwith, Hans Jonas, and Herbert Marcuse*. Princeton e Oxford: Princeton University Press, 2001.

_____. (Org.). *The Heidegger Controversy*. Cambridge, MA: MIT Press, 1993.

WRIGHT, Richard. *The Outsider: The Restored Text Established by the Library of America*. Com notas de A. Rampersad. Nova York e Londres: Harper, 2008.

YOUNG-BRUEHL, Elisabeth. *Hannah Arendt: For Love of the World*. 2. ed. New Haven e Londres: Yale University Press, 2004.

ZARETSKY, Robert. *A Life Worth Living: Albert Camus and the Quest for Meaning*. Cambridge, MA e Londres: Belknap/Harvard University Press, 2013.

ZIMMERMANN, Hans Dieter. *Martin und Fritz Heidegger: Philosophie und Fastnacht*. 2. ed. Munique: C. H. Beck, 2005.

Créditos das imagens

p. 11. Jean-Paul Sartre e Simone de Beauvoir, c. 1945 (*Bridgeman Images*)

p. 21. Café de Flore, 1947, por Robert Doisneau (*Getty Images*)

p. 24. *Søren Kierkegaard por Niels Christian Kierkegaard, 1838 (Interfoto/D.H. Teuffen/ Mary Evans Picture Library)*

p. 32. Existencialista suburbana (*coleção da autora*)

p. 34. "Marcações de juventude estranhamente enfáticas" (*coleção da autora*)

p. 43. Edmund Husserl, 1932 (*Keystone France/Gamma-Keystone via Getty Images*)

p. 57. Messkirch, mostrando igreja e a casa de Heidegger (a do meio) (*fotografia da autora*)

p. 58. Cooper, de Jan Luyken, *Het Menselyk Bedryf* (1694)

p. 59. Martin Heidegger, c. 1920 (*PVDE/Bridgeman Images*)

p. 61. O chalé de Heidegger em Todtnauberg, por Digne Meller Marcovicz (*BPK/Digne Meller Marcovicz*)

p. 71. Heidegger e Husserl, 1921 (© *J. B. Metzler e Carl Ernst Poeschel*)

p. 86. Karl Jaspers, anos 1930 (*Mary Evans/Suddeutsche Zeitung*)

p. 97. Banco em Todtnauberg, com placa dizendo "Im Denken wird jeglich Ding einsam & langsam" [No pensamento, todas as coisas ficam lentas e solitárias] (*fotografia da autora*)

p. 98. Hannah Arendt, anos 1930 (*PVDE/Bridgeman Images*)

p. 104. Castanheira em Cobham Park, de J. G. Strutt, *Sylva Britannica* (1822)

p. 105. Sophie Tucker, "Some of These Days", Columbia Records (1926)

p. 113. Simone de Beauvoir, c. 1914 (*Tallandier/Bridgeman Images*)

p. 117. Jean-Paul Sartre, 1907 (*PVDE/Bridgeman Images*)

p. 127. Padre Herman Leo Van Breda com Malvine Husserl em Louvain, 1940 (*Husserl Archives, Louvain*)

p. 148. Albert Camus em Florença, 1935 (*Tallandier/Bridgeman*)

p. 161. Combat, 25 de agosto de 1944 (*Coleção particular/Archives Charmet/Bridgeman Images*)

p. 166. Boris Vian, 4 de maio de 1949 (© *AGIP/Bridgeman Images/Keystone Brasil*)

p. 176. Wildenstein, de Matthäeus Merian, *Topographia Sueviae* (1643)

p. 186. Templo de Minerva, cabo Sunião, Grécia, gravura de J. Saddler a partir de W. Simpson, c. 1875 (*Coleção particular/Bridgeman Images*)

p. 195. Emmanuel Levinas, 1985 (*Album/Fotoarena*)

p. 196. Simone Weil (*Tallandier/Bridgeman Images*)

p. 206. Simone de Beauvoir, 2 de agosto de 1947 (*Charles Hewitt/Picture Post/Getty Images*)

p. 215. Jean Genet menino (*Coleção particular/Archives Charmet/Bridgeman Images*)

p. 226. Maurice Merleau-Ponty (*TopFoto/AGB Photo Library*)

p. 261. Anúncio de Corydrane (*Laboratories Delagrange*)

p. 272. Richard Wright, 1945 (*Bridgeman Images*)

p. 276. Sloan Wilson, *The Man in the Gray Flannel Suit* (Simon & Schuster, 1955)

p. 280. Iris Murdoch, 1958, por Mark Gerson (*Coleção particular/Photo © Mark Gerson/Bridgeman Images/Keystone Brasil*)

p. 281. Colin Wilson, 1956, por Mark Kaufmann (*Mark Kaufmann/The LIFE Picture Collection/Getty Images*)

p. 288. Jan Patočka, por Jindřich Přibík (*Jindřich Přibík/Jan Patočka Archives*)

p. 312. Martin Heidegger, por Digne Meller Marcovicz (*BPK/Digne Meller Marcovicz*)

p. 318. Simone de Beauvoir e Jean-Paul Sartre, 1967 (*TESSEYRE Jean/Getty Images*)

Todos os esforços foram feitos para localizar e contactar os detentores dos direitos de reprodução das citações e ilustrações. Caso haja alguma omissão ou algum erro por inadvertência, os editores terão prazer em corrigi-los na primeira oportunidade.

Índice remissivo

Os números de páginas em itálico indicam as ilustrações.

Abel, Lionel, 169
absurdo, 139, 148-52
Acossado (filme), 275
Action Française, movimento, 123
Adams, James L., 331
Agostinho, santo, 9, 53
Alemanha: Crise de Munique, 124, 129; desnazificação, 180, 189; expansionismo de Hitler, 123-4; Heidegger e os nazistas, 81-5, 88-97, 177, 180, 188-9, 341; Leis de Nuremberg, 97; nazistas assumem o poder, 78-81; pacto nazissoviético, 134; pós-guerra, 174-80, 190, 202-3; reação popular e filosófica aos nazistas, 80-100; Sartre sobre o futuro potencial da, 200-2; Segunda Guerra Mundial e, 140
Alexander, Lloyd, 173
Algren, Nelson, 21, 118, 170, 247-8
alienação, 209-12, 277
Alleg, Henri, 269
Allen, Woody, 309
ambiguidade, 40, 94, 95, 222-4, 235-6
"análise Dasein", 275

Anaximandro, 132
angústia: como tema de filme, 308-9; existencialistas sobre, 40, 154-5; Heidegger sobre, 77; Kierkegaard sobre, 26
Aragon, Louis, 250
Arendt, Hannah, 98; Heidegger e, 60-3, 83, 95, 295-6, 332-3; Jaspers e, 86, 89, 95, 188, 240; morte, 295-6; sobre a filosofia posterior de Heidegger, 188; sobre o casal Rosenberg, 240; sobre o totalitarismo, 81; vai da Alemanha nazista para os EUA, 98; vida nos EUA, 173; OBRAS: *Eichmann em Jerusalém*, 277; "O existencialismo francês", 173; "Martin Heidegger faz oitenta anos", 295; "O que é a filosofia da existência?", 173; *A vida do espírito*, 295
Argélia, 241, 268-9
Aristóteles, 56, 59, 311
armas nucleares, 237, 248
Aron, Raymond: formação, 10; morte, 303; nascimento do existencialismo e, 10, 12; *O ópio dos intelectuais*, 259; política,

403

245; Sartre e, 22, 245, 259-60; Segunda Guerra Mundial e, 134, 140; sobre a Alemanha entre guerras, 78
arte: Heidegger sobre, 183-7; liberdade e, 105-6, 217
árvores, 103, 104, 105
Aswell, Edward, 272
ativismo social e político, 163-4
Audry, Colette, 121
autenticidade, 40, 82, 91, 308; dramas de autenticidade, 275-6
autoquestionamento, 84
Ayer, A. J., 234

Bair, Deirdre, 121
Baker, Nicholson, 73
Bakewell, Sarah, 32; interesse em filosofia, 32-6
Baldwin, James, 146, 270-2
Barber, Lynn, 377
Barnes, Hazel, 173, 213, 279, 306
Barrett, William, 152, 172, 278, 309
Bauby, Jean-Dominique, 366
Baudelaire, Charles, 23, 214, 217
Baudrillard, Jean, 285
beat, escritores, 275
Beaufret, Jean, 199
Beauvoir, Françoise de, 112
Beauvoir, Simone de, 11, 113, 206, 318; aparência, 20; armas nucleares e, 238; atitude da Igreja Católica, 18-9; avaliação da autora, 317; Camus e, 147, 252, 292-3; caráter e gostos, 107, 119, 121, 166; Crise de Munique e, 129; dias finais e morte de Sartre e, 300, 302; encontro de Sartre com Heidegger e, 203; estilo de vida, 19, 21, 23; estilo e métodos de escrita, 261; Estados Unidos e, 168, 170-1; Fanon e, 266-7; fascismo e, 79-80, 124; fenomenologia e, 101; filosofia, 14, 39, 110-1, 159, 205-14, 223, 317; formação, 10, 111-5; no funeral de Sartre, 30-1; funeral e túmulo, 31, 304; habilidades literárias, 109-10; e a Libertação, 160-2; maio 1968 e, 29-30; Merleau-Ponty e, 111-6, 256-7; morte, 304; nascimento do existencialismo, 9-11; na obra de Sartre, 152; política, 162, 223, 242-4, 263, 268, 270, 286, 374; recusa de prêmios, 23; relação com Sartre, 21-2, 37, 110, 117-22, 258-9; religião e, 26, 314; Segunda Guerra Mundial e, 134-5, 138-42, 144-6; sobre a morte, 291; sobre O idiota da família, 219; vida amorosa e sexualidade, 21-2, 28, 110, 119, 138, 170, 211, 247, 259; vida pós-guerra, 247-8, 258-9, 268-9; visita a Berlim, 200-1; Wols e, 20-1; Wright e, 171, 273, 375; OBRAS: autobiografia, 23, 113, 253, 274, 304-5, 317; As bocas inúteis, 159; A convidada, 110-1, 138, 142; Os mandarins, 258, 353; "Pirro e Cineas", 159; Por uma moral da ambiguidade, 223; "O romance e a metafísica", 109; O sangue dos outros, 159, 164; O segundo sexo, 18, 28, 112, 205-13, 222, 273, 279, 317; "O teatro existencialista", 363; Todos os homens são mortais, 291; traduções em inglês, 173, 206, 213, 279; Uma morte muito suave, 113, 291; visão geral, 14
Beauvoir, Sylvie Le Bon, 304
Becker, Jacques, 167, 329
Beleza americana (filme), 309
Berland, Jacques, 158
Berlim, 12, 42, 200-2; socorro aéreo a, 202
Bettelheim, Bruno, 80, 89
Bienenfeld, Bianca, 138, 140
Bifur (revista), 11
Binswanger, Ludwig, 275

Blade Runner, o caçador de androides (filme), 308-9
Blanchot, Maurice, 345
Blochmann, Elisabeth, 83
Boss, Medard, 275
Bost, Jacques-Laurent, 110, 125, 134, 140, 248, 328
Boupacha, Djamila, 374
Brasil, 248
Brasillach, Robert, 162
Brecht, Bertolt, 66
Brender, Johann, 96
Brentano, Franz Clemens: arquivos, 126, 130; filosofia, 50, 56; formação, 43; Heidegger e, 56; Husserl e, 43-4, 50; influência, 290; recusa do ceticismo, 288; retrato perdido de Husserl, 130, 135, 347
Brilho eterno de uma mente sem lembranças (filme), 309
Brøchner, Hans, 25
Brophy, Brigid, 377
Brownell, Sonia, 233, 245, 369
Buber, Martin, 194
Bühlerhöhe, sanatório de, 191
Bukhárin, Nikolai, 242
burguesia: atitude existencialista em relação ao modo de vida, 20, 22, 112, 114-5, 141, 198, 218; controle da qualidade literária como luxo burguês, 260
Burroughs, William, 215

café e fenomenologia, 47, 332
Cain, James M., 167
Cairns, Dorion, 45
Camus, Albert, 148; armas nucleares e, 237; caráter, 253; Estados Unidos e, 168, 170-1; filosofia, 139, 149-51; formação, 147; e a Libertação, 160, 162; morte, 292-3; necrológio de Sartre, 293; política, 237-8, 241, 243, 248, 251-3, 269; relações com outros pensadores, 37; Robbe-Grillet sobre, 285; Sartre, Beauvoir e, 110, 147, 243-4, 251-2, 259, 292-3, 351; Segunda Guerra Mundial e, 139; sobre *O segundo sexo*, 206; Wilson e, 281-2; Wright e, 171; OBRAS: *Calígula*, 139, 151; *O estrangeiro*, 139, 147-9, 151-2, 168, 351; *O homem revoltado*, 251; *Os justos*, 241; *O mito de Sísifo*, 139, 147, 149-51, 279; "Nem vítimas nem carrascos", 241; *O primeiro homem*, 292; *A peste*, 159; *A queda*, 253; traduções em inglês, 279
Camus, Francine, 147
Camus, Lucien, 147
Carnap, Rudolf, 279
carne, 231
Carné, Marcel, 275
Carpenter, Humphrey, 283
Carta 77, 288
Cassirer, Ernst, 75-6, 98
Cassirer, Toni, 76
Cau, Jean, 204, 260, 261
Cazalis, Anne-Marie, 19, 20, 167
Celan, Paul, 296
Cervantes, Miguel de, 139
ceticismo, 47
Cézanne, Paul, 184, 232
Chamberlain, Neville, 124, 128
Chaplin, Charlie, 107, 163
Chesterton, G. K., 156
China, 248, 263
Chvatík, Ivan, 289
Cinderela em Paris (filme), 275
Clift, Montgomery, 221
Club Maintenant, 15
Clube Bremen, 191
clubes de jazz, 20, 166-7
Cocteau, Jean, 221
Coen, irmãos, 309

Cohen-Solal, Annie, 261
Collège de France, 232, 236, 254, 258
colonialismo e pós-colonialismo, 265-70
Combat (revista), 160, *161*, 168
computadores, 315
comunismo *ver* marxismo e comunismo
consciência *ver* mente e consciência
Contat, Michel, 36, 261, 300
contingência, 103-8, 156
coquetéis de damasco, 9, 11, 13
Corbin, Henry, 65
Coreia, Guerra da (1950-3), 248-9
Corniglion, Ettore, 134
Cosman, Carol, 219
Cosmos (série de tevê), 184
Cotkin, George, 344
crianças e infância: Beauvoir sobre, 118, 207-8, 227; Merleau-Ponty sobre, 227-8, 230; Sartre sobre, 156, 214, 218
crise, 72-5
Crise de Munique (1938), 124, 129
crispação, 90
Croix-de-Feu, movimento, 123
cuidado, 68

Daladier, Édouard, 124, 129
Darwin, Charles, 212-3
Dasein, 65, 67, 69-70, 72-7, 82, 91, 235, 291
Daughters of Beauvoir (programa de TV), 273-4
Davis, Miles, 171
Davos, 75-6
de Gaulle, Charles, 161, 245, 269
Dearborn, Mary V., 278
Defoe, Daniel, 139
deixar-ser *ver* Gelassenheit
Dennett, Daniel, 62
Derrida, Jacques, 188
Descartes, René, 25, 53, 67

desconstrucionismo, 33, 192
desenvolvimento e relações sociais, 230, 366
devastação, 178
Dewey, John, 69
dialética senhor-escravo, 209-11
disponibilidade, 90
Dos Passos, John, 125, 168, 172
Dostoiévski, Fiódor, 197, 240
Dreyfus, Hubert, 199, 315
Du Bois, W. E. B., 270
Dubček, Alexander, 286
Dubrovnik, 298
Duclos, Jacques, 249-50
Dupee, F. W., 172
Duras, Marguerite, 29-30, 330

Eckhart, Mestre, 183
Eichmann, Adolf, 81, 277
Elkaïm-Sartre, Arlette, 301
Ellison, Ralph, 271-2
encontro, estrangeiros, 132-3
en-soi [em-si], esfera, 153
epicurismo, 24, 125
epoché, 47-8, 290
escritores beat, 275
Ésquilo, 158
estoicismo, 23-4, 125, 157
estruturalismo, 33-4
estudantes e existencialismo, 284-5
Eterna ilusão (filme), 167, 329
Estados Unidos: armas nucleares, 237-8; atitude europeia pós-guerra, 238, 240; e os existencialistas, 168-73, 178, 275-80; FBI, 354; Guerra Fria e, 248; revolta estudantil, 275
Ex_machina: Instinto artificial (filme), 309
existencialismo: atitude da Igreja católica, 18-9; avaliação da autora, 310-1; celebridade, 165; contexto histórico,

18, 37; críticos, 33-4, 285; definição e princípios básicos, 39-40; engajamento com o mundo real, 35; estilo de vida existencialista, 21-3; imagem popular dos existencialistas, 173; indumentária existencialista, 20, 167; influência, 28-30, 290; marxismo/comunismo e, 19, 247; nascimento, 9-13; precursores e influências, 11-2, 23-7, 51-2; relação com o mundo moderno, 35-6, 308-10; relações entre existencialistas, 37; subcultura existencialista, 19-21, 165-7, 169; *ver também existencialistas individuais por nome*
experiência corpórea, 235-6, 316; *ver também* propriocepção

facticidade, 107, 157
Fadaiev, Aleksandr, 247
Fanon, Frantz, 266, 268, 374
Fanon, Josie, 268
Farías, Victor, 341
Faulkner, William, 168, 172
FBI, 354
Feldberg, 193
feminismo: atitude da Igreja católica, 18-9; influência de Beauvoir, 273-4; *O segundo sexo*, 18-9, 28, 112, 205-13, 222, 266, 273, 279, 317
fenomenologia: apreço dos tchecos, 287, 289-90; definição e princípios básicos, 45-53; história, 41-6; influência sobre os existencialistas, 11-2; Sartre sobre, 101-10; visão geral, 10-1; *ver também* Heidegger, Martin; Husserl, Edmund; Merleau-Ponty, Maurice
Fest, Joachim, 313, 361
Figal, Günter, 339
filmes, 82, 167, 275-6, 309
Fink, Eugen, 126-7, 129

Flaubert, Gustave, 23, 106, 114, 139, 214, 218, 220
Forster, E. M., 315
Foucault, Michel, 285
França: Argélia e, 269-70; colonialismo, 268-9, 374; Libertação, 160-2; Ocupação, 141, 144, 146, 158-9; pacifismo na década de 1930, 123-5; política do pós-guerra, 245; queda (1940), 140
Frankl, Viktor, 275, 375
Freud, Sigmund, 213-4, 220-1, 261-2
Friedman, Maurice, 327

Gadamer, Hans-Georg, 42, 58, 62, 187, 334
Gallimard, editora, 110, 215
Gallimard, Gaston, 110
Gallimard, Michel, 292
Gandillac, Maurice de, 337
Garland, Alex, 309
Gascoyne, David, 124
Gauzi, François, 357
Gebsattel, Viktor Emil Freiherr von, 356
Gelassenheit (deixar-ser), 183-7
Gelb, Adhémar, 365
Gelber, Lucy, 136
Genet, Jean, 23, 147, 214, 215, 216, 221
Gerassi, John, 105
Gerhardie, William, 234
Gestalt, teoria, 226
Giacometti, Alberto, 22, 147, 205
Gide, André, 90, 145
Godard, Jean-Luc, 275
Godzilla (filme), 277
Goffman, Irving, 277
Goldstein, Kurt, 365
Gollancz, Victor, 282
Gondry, Michel, 309
Goodfellow, Joyce, 274
Goodman, Paul, 277

Grass, Günter, 65
Gray, J. Glenn, 164, 284
Grécia e cultura grega antiga: Beauvoir e, 159; Camus e, 149; Heidegger e, 95, 131, 176, 180-2, 186, 297-8, 342; Husserl e, 132; Sartre e, 158
Gréco, Juliette, 20, 166, 171, 233
Grene, Marjorie, 342
Gröber, Conrad, 356
Guéhenno, Jean, 141, 145
Guerra Civil Espanhola (1936-9), 123

Haffner, Sebastian, 81
Halimi, Gisèle, 374
Hall, Radclyffe, 139
Hammett, Dashiel, 167
Havel, Václav, 286, 288-90
Hegel, G. W. F., 25-6, 142, 209, 211, 362
Heidegger, Elfride (née Petri): casamento e família, 59, 86, 95; compra de Todtnauberg, 60; cruzeiro pelo Egeu, 297; e os Husserl, 85; túmulo, 299; vida no pós-guerra, 177, 179
Heidegger, Friedrich, 56-7
Heidegger, Fritz, 56, 175, 299, 333
Heidegger, Hermann, 59, 175, 178, 180
Heidegger, Jörg, 59, 175, 178, 180
Heidegger, Marie, 56, 333
Heidegger, Martin, 59, 71, 312; ajuda do irmão, 299-300; ambiguidade e, 94-5; aparência e caráter, 58-9, 61-3, 75, 296-7, 311, 337; Arendt e, 60-3, 83, 95, 295-6, 332-3; atitude em relação à biografia, 311; avaliação da autora, 311-2; Carnap sobre, 279, 376; chá e, 331; colapso nervoso, 180; debate com Cassirer em Davos, 75-6; desconhecimento nos Estados Unidos, 173; estilo de ensino, 62-3; filosofia, 10-1, 55-6, 63-77, 81-2, 90-2, 94-7, 131-2, 291, 311-2, 314-5, 383; filosofia pós-*Kehre*, 96, 177-88, 342; formação, 56-63; Husserl e, 37, 54-6, 59-60, 69-72, 76-7, 83, 85, 95, 99-100, 131-2; influência, 191-2; Jaspers e, 70, 85-9, 93, 95, 189-93, 294; King e, 28; lar da infância, 58; linguagem, 65-7, 187; Malick e, 309, 382; morte, 296; Murdoch e, 306, 311, 377, 382; nazistas e, 81-5, 88-97, 177, 180, 188-9, 341; poetas favoritos, 176; relações com outros filósofos, 37; religião e, 59; Sartre e, 95, 108, 111, 125, 142, 152, 198-200, 203-4, 341, 345; túmulo, 299; vida no pós-guerra, 176-80, 185-8, 296-8; OBRAS: "Cadernos pretos", 84, 339; "Carta sobre o humanismo", 199; "Conversa vespertina", 177-9; *Holzwege* (Caminhos da floresta), 183; *Kant e o problema da metafísica*, 75; "A origem da obra de arte", 183, 185-6; "O que é a metafísica?", 11, 76, 108, 376; "A questão da técnica", 181-2, 277, 314-5; "O reitorado 1933/34: fatos e pensamentos", 92; *Ser e tempo*, 55, 63-70, 72-5, 82, 91, 108, 125, 142, 152, 295, 345
Heidelberg, 86
Heidelberg, Universidade de, 192
Heimat (sequência filmada), 175
Heinemann, Friedrich, 315, 336
Heisenberg, Werner, 182
Helmken, Ludwig, 297
Hemingway, Ernest, 168
Hepburn, Audrey, 275
Heráclito, 132
Hindenburg, Paul von, 79
Hiroshima, 237
Hitler, Adolf, 79, 88, 123-4, 128
Hofmannsthal, Hugo von, 74
Hölderlin, Friedrich, 93, 176-7, 182-3, 356
homem irracional, O (filme), 309

Um Homem sério (filme), 309
homossexualidade *ver* questões LGBT
Horizon (revista), 233
Huckabees: A vida é uma comédia (filme), 309
Hume, David, 152
humores, 77
Hungria, revolta (1956), 262-3
Husserl, Edmund, 43, 71; aparência, 42-3; atitude em relação a biografias, 383; cinzas e túmulo, 135, 137; filosofia, 10, 44-53, 70-2, 130, 132-3; formação, 41-5; Heidegger e, 37, 54-6, 59-60, 69-72, 76-7, 83, 85, 95, 99-100, 131-2; Jaspers e, 49; livros a respeito, 12; manuscritos, 45; Murdoch e, 377; nazistas e, 85; religião e, 59; resgate do *Nachlass*, 125-35; retrato perdido, 130, 135, 347; Sartre e, 108; Tchecoslováquia e, 287-90, 378; últimos dias e morte, 99-100; OBRAS: *A crise das ciências europeias e a fenomenologia transcendental*, 100, 130; *Ideias*, 130; *Investigações lógicas*, 59
Husserl, Elli, 44, 98
Husserl, Gerhart, 44, 85, 98, 137
Husserl, Malvine (née Steinschneider), *127*; casamento e família, 44, 99; Heidegger e, 60, 85; morte do marido, 100; papéis do marido e, 125-6, 130; Segunda Guerra Mundial, 135; últimos dias e morte, 137
Husserl, Wolfgang, 44, 137
Huston, John, 220, 261
Huxley, Aldous, 102

idealismo, 53
Igreja católica, 18-9
Ihde, Don, 383
imaginação, 101
inconsciente, 218, 220
O incrível homem que encolheu (filme), 82, 276

Indochina, 268
Inglaterra, e os existencialistas, 279, 281-4, 377
intencionalidade, 50-3, 101, 152, 182
internet, 315
Iselin, Ollie, 267
Itália, 80, 123, 164

Jägerschmidt, irmã Adelgundis, 128
James, William, 69
Jaspers, Gertrud, 86, 88, 97, 189, 294
Jaspers, Karl, *86*; Arendt e, 86, 89, 95, 188, 240; *Die Schuldfrage* [A questão da culpa], 190; ensaios a respeito, 173; filosofia, 85-6; formação, 49; Heidegger e, 70, 85-9, 93, 95, 189-93, 294; Husserl e, 49; influência, 330; morte, 294-5; nazistas e, 80, 97; saúde, 86; Segunda Guerra Mundial e, 189-90; teoria da história, 87
Jeanson, Francis, 251
Jennings, Paul F., 172
Jó, 9
Jolibois, Suzanne Berthe *ver* Merleau-Ponty, Suzanne Berthe
Jollivet, Simone, 109
Jonas, Hans, 62, 91-2, 178
Jouvenel, Bertrand de, 303
Juan-les-Pins, 134
Juventude transviada (filme), 275

Kafka, Franz, 139, 149
Kant, Immanuel, 75
Karp, David, 276
Kästner, Erhard, 297
Kaufmann, Walter, 279, 327
Kaunas, 193
Keaton, Buster, 107
Keats, John, 12
Khruschóv, Nikita, 257

Kierkegaard, Søren, 24; Beauvoir e, 26, 142; Camus e, 150; filosofia, 24-6, 142, 150; influência, 27; Sartre e, 13, 139; sobre o sentido da vida, 253; *Temor e tremor*, 150; visão geral, 24-6
King, Martin Luther, 28, 330
Klíma, Ivan, 247, 289
Knight, Steven, 309
Koestler, Arthur, 37, 134, 139, 242-4, 369
Koestler, Mamaine, 244
Kojève, Alexandre, 362
Kommerell, Max, 175
Kosakiewicz, Olga, 110, 138, 152, 248
Kosakiewicz, Wanda, 110
Kravchenko, Victor, 239-40
Kundera, Milan, 286

Lacan, Jacques, 366
Lagache, Daniel, 102
Laing, R. D., 275
Landgrebe, Ludwig, 126-7, 129
Lanzmann, Claude: Beauvoir e, 259, 270, 292, 304, 372; caráter, 259; Fanon e, 266-7; formação, 21; sobre o funeral de Sartre, 31
Larkin, Philip, 74
Larsen, Jeffrey Ward, 376
Le Coin/Lacoin, Elisabeth (ZaZa), 115-6
le vécu [o vivido], 218
Lebenswelt (mundo da vida), 131, 348
Leduc, Violette, 22
Lefebvre, Henri, 246, 257, 369
Leibniz, Gottfried von, 55
Leiris, Michel, 147, 205
Lem, Stanisław, 133
Les Lettres françaises (revista), 239
Levinas, Emmanuel, 195; caráter, 196; filosofia, 108, 194-6, 232; Friburgo e, 42; Heidegger e, 76; história da descoberta, 330; influência em Sartre, 12, 108, 306; morte, 305; mudança da Alemanha nazista para a França, 98; Segunda Guerra Mundial e, 193; OBRAS: *Da evasão*, 108; *Existência e existentes*, 108, 194; *La théorie de l'intuition dans la phénoménologie de Husserl*, 12; *Totalidade e infinito*, 194
Lévi-Strauss, Claude, 33, 207, 285
Lévy, Benny, 262, 301, 306, 381
Lévy, Bernard-Henri, 260
Libération (jornal), 22
liberdade: abordagem popular sobre, 19; atitude dos comunistas, 246; Beauvoir sobre, 207-13, 222; existencialistas sobre, 40; Heidegger sobre, 84; importância contemporânea do conceito, 35, 309-10; Kierkegaard sobre, 26; Merleau-Ponty sobre, 225; relações sexuais e, 21-2; Sartre sobre, 14-8, 51, 106, 152-8, 164, 200-2, 214-8, 222
Lieben, Ida von, 130
littérature engagée [literatura engajada], 163, 257
Locke (filme), 309
Löwith, Karl, 62, 93
Lubitsch, Ernst, 154
Lukács, György, 257
Luter, Claude, 20, 167

Machenschaft (maquinação ou mecanização), 181-2
má-fé (*mauvaise foi*), 156-7, 212, 259, 284
Mailer, Adele, 278
Mailer, Norman, 278, 376
maio de 1968, revoltas estudantis, 29, 285
Malcolm, Janet, 66
Malick, Terrence, 309, 382
Mallarmé, Stéphane, 23, 214
Malraux, André, 145
Mann, Thomas, 75-6
Mao Tsé-Tung, 247-8

Marburgo, 60
Marcel, Gabriel: filosofia, 90; formação, 89; morte, 295; Sartre e, 37, 107, 153, 203; sobre a celebridade do existencialismo, 19, 165; OBRAS: *La dimension Florestan*, 203, 361; "Existência e liberdade humana", 203; "O mistério do ser", 90, 133
Marcuse, Herbert, 188-9
Martin du Gard, Roger, 123
Marx, Karl, 213
marxismo e comunismo: Aron e, 260; Camus e, 251; concepção da história, 251; existencialistas e, 19, 247; na França, 245-6, 249-50; Guerra Fria e filmes anticomunistas, 277; Hungria e, 262-3; Sartre e, 242, 245-6, 248-58, 260, 263, 265; Thecoslováquia e, 286-7, 289-90; na União Soviética, 239
Masaryk, Tomáš, 43, 126, 287
Matrix (filme), 309
Maunz, Theodor, 93
Maupassant, Guy de, 106
Mauriac, François, 23
mauvaise foi ver má-fé
May, Rollo, 275
McCarthy, Mary, 295
McCoy, Horace, 168
medicina e fenomenologia, 48, 332
meditação, 50
Meet Yourself (livro de autoajuda), 234
Melton, James, 337
Memmi, Albert, 266
Mendes, Sam, 309
mente e consciência: existencialismo e, 52, 154-8; fenomenologia e, 50-1, 53, 184; inconsciente, 218, 220; Merleau-Ponty sobre, 230
Merleau-Ponty, Marianne, 145, 233, 255, 256
Merleau-Ponty, Maurice, 226; aparência e caráter, 113-4, 232-4; avaliação da autora, 316; Beauvoir e, 111-6, 256-7; casamento e vida familiar, 233; Crise de Munique e, 129; Fanon e, 266; fenomenologia e, 101, 130; filosofia e estudos de psicologia, 36, 111, 184, 224-36, 316-7; formação, 112; morte, 293-4; morte da mãe, 256; mulheres e, 233; necrológio por Sartre, 294; política, 163, 241-3, 248-9, 254-8; relações com outros pensadores, 37; Sartre e, 233-5, 254-8, 262, 293; Segunda Guerra Mundial e, 140, 145-6; sobre a história do século XX, 237; *Les Temps modernes* e, 163, 254-6; túmulo, 294; vida noturna parisiense, 20, 166; OBRAS: *As aventuras da dialética*, 256; *Elogio da filosofia*, 236; *A fenomenologia da percepção*, 34, 225-31, 316; "A guerra aconteceu", 163; "O iogue e o proletário", 243; "Metafísica e romance", 111; "Sartre e o ultrabolchevismo", 265; *O visível e o invisível*, 231, 235
Merleau-Ponty, Suzanne Berthe (née Jolibois), 145, 234, 294
Mésaventures de l'anti-marxisme: les malheurs de M. Merleau-Ponty, 257
mescalina, 102
Messkirch, 56-8, 299
Michalski, Krzysztof, 289
Milgram, Stanley, 277
Millett, Kate, 274, 304
misticismo, 197
mito, 207
Mitsein (ser-com), 94
Moi, Toril, 213, 362
Montaigne, Michel de, 232
Mörchen, Hermann, 63
morte, 291-2
movimento dos direitos civis, 28
mulheres *ver* feminismo

Müller, Max, 93-4, 99, 199, 343
O Mundo em perigo (filme), 277
Murdoch, Iris, *280*; apelo popular, 280; existencialismo e, 38, 211, 280; filosofia, 197, 306, 311, 377, 382; Heidegger e, 306, 311, 377, 382; influência sobre a autora, 38; morte, 306; sobre Wilson, 284, 377; Weil e, 197; OBRAS: "Against Dryness", 284; *O dilema de Jackson*, 306-7; *Heidegger; The Pursuit of Being*, 306, 382; *Sob a rede*, 280
música e fenomenologia, 47-8
Mussolini, Benito, 129

nada, 153-7
Nagasáki, 237
necessidade, 103, 105-6, 156
Nellen, Klaus, 289
Nietzsche, Friedrich, 24, 26-7, 207
Ninotchka (filme), 154
Nizan, Paul, 117, 124, 134, 140

ontologia *ver* Ser
ONU, 238
Orwell, George, 124, 233, 276
Ott, Hugo, 341

Paris: bairro de Saint-Germain, 19, 165-6; Bar Napoléon, 19; Bec-de-Gaz, 9; Café de Flore, 19, *21*, 146; cafés, 146; cemitério de Montparnasse, 31; cemitério Père-Lachaise, 294; clube de jazz Lorientais, 20, 167, 329; clube de jazz Tabou, 20; École Normale Supérieure, 112, 114-6; Hotel Danemark, 138; Les Deux Magots, 19; Libertação, 160-1; Lycée Carnot, 145; na obra de Sartre, 152-3; na Segunda Guerra Mundial, 138-40, 144-6; Salle des Centraux, 15; subcultura existencialista, 19-20, 164-9

Parmênides, 132
Parshley, Howard M., 213
Partido Nazista *ver* Alemanha
Pascal, Blaise, 9
Patočka, Jan, 38, 126, 287, *288*
Paulhan, Jean, 144
Peck, Gregory, 276
Pegg, Angie, 273
Peirce, Charles Sanders, 69
Petrarca, 120
Petri, Elfride *ver* Heidegger, Elfride
Petzet, Heinrich Wiegand, 77, 191, 203, 296
Picasso, Pablo, 147
Picht, Georg, 62-3
Platão, 55, 131, 332
Poe, Edgar Allan, 139
Polt, Richard, 236
pós-colonialismo *ver* colonialismo e pós-colonialismo
pós-estruturalismo, 33, 192
pós-modernismo, 33
Pouillon, Jean, 144
pour-soi [para-si], esfera, 153-7
Praga, 99, 126, 286, 289
preocupação, 68, 337
pré-socráticos, 132
problema do gordo, 16
problema do trem, 15, 240
propriocepção, 131, 227-8, 230, 365
Proust, Marcel, 172, 187
psicoterapia, 275

Queneau, Raymond, 20, 147
questões de gênero *ver* feminismo
questões LGBT, 28, 222, 271
questões raciais, 28, 170, 265-71
quiasma, 231, 236

Rampersad, Arnold, 375

Rassemblement Démocratique
  Révolutionnaire (RDR), 246
Ratcliffe, Matthew, 337
Reitz, Edgar, 175
religião: existencialistas e, 26, 301,
  314; Heidegger e, 59; Husserl e, 59;
  Kierkegaard e, 26; Nietzsche e, 26-7
Richardson, William J., 342
Richmond, Sarah, 376
Ricoeur, Paul, 289
Riesman, David, 277
Robbe-Grillet, Alain, 285-6
Roma, 80, 93
Rosenberg, Ethel e Julius, 240
Roth, Philip, 286
Rousset, David, 240
Russell, David O., 309
Rússia *ver* União Soviética
Rybalka, Michel, 261

Sachsen-Meiningen, príncipe e princesa
  de, 177
Sacks, Oliver, 48, 229
Sade, Marquês de, 139
Safranski, Rüdiger, 70, 133
Sagan, Carl, 184
Said, Edward, 381
Saint-Raphaël, 249
Salinger, J. D., 275
Sartre par lui-même [Sartre por ele mesmo],
  300
Sartre, Anne-Marie, 116, 122, 258, 269
Sartre, Jean-Baptiste, 116
Sartre, Jean-Paul, 11, *117*, *318*; aparência,
  9, 15, 22, 116; apreço dos estudantes,
  285; armas nucleares e, 237-8; atentado
  a bomba, 269; atitude da Igreja católica,
  18; avaliação da autora, 312-4; Camus e,
  110, 147, 243-4, 251-2, 259, 292-3, 351;
  caráter e gostos, 107, 120-2, 166, 216,
  234, 262, 312-4; celebridade, 14; Crise de
  Munique e, 124, 129; drogas e, 102, 247,
  261, 300; estatísticas de produtividade na
  escrita, 261; estilo de vida, 19, 21-3;
  Estados Unidos e, 168, 170-1, 353;
  fascismo e, 80, 124; fenomenologia e,
  11-2, 51-2, 101-10, 332; filosofia, 12-8, 39,
  51, 101-11, 151-8, 164, 200, 202, 209-11,
  214-22, 235, 313, 367; formação, 10,
  116-7, 216; funeral e túmulo, 30-1;
  habilidades literárias, 109-10; Heidegger
  e, 95, 108, 111, 125, 142, 152, 198-200,
  203-4, 341, 345; Husserl e, 108;
  influências, 107-8; Kierkegaard e, 13, 26,
  139; e a Libertação, 160-2; maio de 1968
  e, 29-30, 285; Marcel e, 37, 107, 153, 203;
  Merleau-Ponty e, 233-5, 254-8, 262, 293;
  métodos e estilo de escrita, 13, 109-10,
  261; Murdoch e, 38, 211, 280; nascimento
  do existencialismo, 9-13; política, 18, 162,
  164, 240-58, 260, 263-9, 286, 301, 313;
  recusa de prêmios, 23, 254, 270; relação
  com Beauvoir, 21-2, 37, 110, 117-22, 258-9;
  relações com outros existencialistas, 37;
  religião e, 26, 301, 314; representações
  literárias, 165, 172; Robbe-Grillet sobre,
  285; Segunda Guerra Mundial e, 134,
  139-46; sobre a homossexualidade, 222,
  364; sobre a morte, 291; sobre o amor,
  114; Tchecoslováquia e, 286; últimos dias
  e morte, 300-2; vida amorosa e sexual,
  21-2, 110, 119, 168, 210; vida no
  pós-guerra, 241-69; violência e, 267-9,
  301; visão, 9, 116, 143, 300; visita à União
  Soviética, 260; visitas a Berlim, 12, 42,
  80, 200-2; Wright e, 171; OBRAS: *Cahiers
  pour une morale*, 163; *Os caminhos da
  liberdade*, 110, 124, 139, 152, 164, 261,
  328, 347, 353; *Os comunistas e a paz*,
  250, 254, 264; *Crítica da razão dialética*,

263, 300; *Entre quatro paredes*, 210, 362; *A esperança agora*, 301, 306; *O existencialismo é um humanismo*, 15, 199; "O fim da guerra", 18; *A imaginação*, 101; *O imaginário*, 101; "A infância de um chefe", 105, 156; letras de música, 166; *As mãos sujas*, 247, 286, 369, 378; *As moscas*, 147, 152, 157-8, 200, 202, 286, 378; *A náusea*, 32, 103-10, 147, 151, 173, 198, 214; *Nekrassov*, 238; "Nourritures", 102; "Orfeu negro", 265; *As palavras*, 116, 214, 217, 364; *A prostituta respeitosa*, 170; "O quarto", 102; *A questão judaica*, 156; "A responsabilidade do escritor", 243; roteiro sobre Freud, 220-1, 261-2; *Os sequestrados de Altona*, 102; *O ser e o nada*, 107, 120, 139, 152-7, 162, 173, 198-9, 209-11, 220, 278, 291; *Sursis*, 124, 328, 347; *Teoria dos conjuntos práticos*, 263; traduções em inglês, 173, 206, 278; "Uma ideia fundamental da fenomenologia de Husserl: a intencionalidade", 51-2, 101

Schapiro, Meyer, 185
Schickele, René, 83
Schimanski, Stefan, 180
Schneider, Johann, 229
Scholl, Sophie, 137
Schrag, Calvin O., 192
Schulz, Alfred, 348
Schulze, Alfred Otto Wolfgang *ver* Wols
Scott, Ridley, 309
Segunda Guerra Mundial (1939-45): antecedentes, 123-5, 128, 130, 134; eclosão, 135; vida durante a Guerra, 134-60, 175, 193
Self-Encounter (série de tevê), 279, 376
Senghor, Léopold, 265
Ser: Heidegger sobre, 55-6, 63-71, 72-5, 77, 82, 91-2, 180-8, 235, 291; Levinas sobre, 194; Merleau-Ponty sobre, 224-32, 234-6
Shoah (documentário), 21
O Show de Truman (filme), 309
Si com o Outro, 194, 196
Sigmaringen, castelo de, 176
sionismo, 268
situações limite, 85
Socialisme et liberté, grupo, 144
Sócrates, 131, 284
Sófocles, 95, 180, 182, 342
Sorokine, Nathalie, 138
Sous la botte, grupo, 145
Spender, Stephen, 174, 242, 244, 257, 372
Spurgeon, Brad, 283
Stálin,Ióssif, 123
Steglich-Petersen, Asbjorn, 62
Stein, Edith, 45, 53-4, 136
Stein, Gertrude, 66-7, 173
Stein, Rosa, 136
Steinbeck, John, 168, 172
Steiner, George, 56, 65-6
Steininger, Alfons, 202
Steinscheneider, Malvine *ver* Husserl, Malvine
Stepun, Fiódor, 331
Stoel, Max van der, 289
Strasser, S., 331
Stroomann, Gerhard, 191, 358
Sunião, cabo, 186, 297
Sween, Erik, 376

Tchecoslováquia, 124, 129-30, 286-7, 289-90
tecnologia, 181-2, 276, 314-6, 383
Tempos modernos (filme), 163
Temps modernes Les (revista): artigos *Os comunistas e a paz*, 254; Beauvoir e, 163, 303; fundação, 22, 163; Merleau-Ponty e, 163, 254-6; número especial sobre

a Hungria, 263; resenha de *O homem revoltado*, 251; Towarnicki e, 199; visão geral, 163
Terkel, Studs, 293
Theunissen, Gert, 201
Thomas, W. I., 348
Thompson, E. P., 253, 371
Tillich, Paul, 28
Todd, Olivier, 267, 301
Todtnauberg, 60, 61, 97, 180, 296, 343
Towarnicki, Frédéric de, 92, 179, 198-9, 356
Trakl, Georg, 176
Trapaceiros, Os (filme), 275
Tucker, Sophie, gravações, 104, 105

Uexküll, Jakob von, 131, 348
Unamuno, M., 376
União Soviética: armas nucleares, 237-8, 247; atitude de Merleau-Ponty, 224; atitude ocidental pós-guerra em relação à, 238-43, 245-6, 249, 255, 263; atração de Beauvoir pela, 170; Heidegger sobre, 178; Hungria e, 262-3; pacto nazissoviético, 134; sob Stálin, 123; socorro aéreo a Berlim, 202, 203; Tchecoslováquia e, 286; visitas de Sartre, 260
Universidade de Friburgo: Celan e leitura de poemas, 296; desnazificação, 180, 189; Heidegger na, 59-60, 71, 76-7, 83, 92; Husserl na, 41-2, 44, 53-4; palestras de Sartre, 203-4; sob os nazistas, 83
Universidade de Louvain, 126-30, 135
Universidade Harvard, Biblioteca Houghton, 130
Unverborgenheit (desencobrimento), 183
URSS *ver* União Soviética

Vampiros de almas (filme), 277
Van Breda, Herman Leo, 38, 126-30, 127, 135-6

Van Gogh, Vincent, 185-6, 357
Vanetti, Dolorès, 168
Veneza, 257
Vian, Boris, 166; *A espuma dos dias*, 165; morte, 292; vida noturna parisiense e, 20, 165-6, 233, 243; *Vou cuspir no seu túmulo*, 168
Vian, Michelle, 20, 301
Viena, 99, 289
viscosidade, 107

Wachowski, irmãs, 309
Wagner, Richard, 187
Wahl, Jean, 172
Walters, Margaret, 274
Waterman, Ian, 365
Weber, Max, 86, 348
Weil, Simone, 78-9, 112, 196-7
Weir, Peter, 309
Welt, Bernard, 299
Wertheim-Freudenberg, príncipe Leopold Loewenstein, 234
Whyte, William, 277
Wickers, Olivier, 261
Wildenstein, 176, 177
Wilson, Colin, 102, 278, 281-3, 306
Wilson, Sloan, 276
Wittgenstein, Ludwig, 377
Wollheim, Richard, 291
Wols (Alfred Otto Wolfgang Schulze), 20
Woolf, Virginia, 125, 208
Wright, Richard, 171, 173, 248, 271, 272, 293

Yalom, Irvin, 275
Young, Iris Marion, 208

ZaZa *ver* Le Coin/Lacoin, Elisabeth
zazous, 166-7
Zimbardo, Phillip, 277-8
Zweig, Stefan, 248

1ª EDIÇÃO [2017] 2 reimpressões

ESTA OBRA FOI COMPOSTA PELA ABREU'S SYSTEM EM INES LIGHT
E IMPRESSA EM OFSETE PELA LIS GRÁFICA SOBRE PAPEL PÓLEN SOFT
DA SUZANO S.A. PARA A EDITORA SCHWARCZ EM JULHO DE 2022

A marca FSC® é a garantia de que a madeira utilizada na fabricação do papel deste livro provém de florestas que foram gerenciadas de maneira ambientalmente correta, socialmente justa e economicamente viável, além de outras fontes de origem controlada.